封面题字：金耀基

编辑委员会（以姓氏音序排列为序）：

Anagnost, Ann（美国华盛顿大学）
Christiansen, Flemming（英国利兹大学）
Duara, Prasenjit（美国芝加哥大学）
范　可（南京大学）
风笑天（南京大学）
Friedman, Edward（美国威斯康辛大学）
Goodman, David（澳大利亚悉尼大学）
Houlden, Gordon（加拿大爱尔伯特大学）
黄　平（中国社会科学院）
加加美光行（日本爱知大学）
金光亿（韩国首尔大学）
李路路（中国人民大学）
李培林（中国社会科学院）
李　强（清华大学）
李友梅（上海大学）
林　南（美国杜克大学）
刘　宏（新加坡南洋大学）
马　戎（北京大学）
Mohanty, Manoranjan（印度德里大学）
Perry, Elizabeth（美国哈佛大学）
乔　健（台湾东华大学）
Stafford, Charles（英国伦敦经济学院）
Unger, Jonathan（澳大利亚国立大学）
Vogel, Ezra F.（美国哈佛大学）
汪　晖（清华大学）
谢寿光（社会科学文献出版社）
阎云翔（美国加州大学洛杉矶分校）
杨念群（中国人民大学）
园田茂人（日本东京大学）
翟学伟（南京大学）
张乐天（复旦大学）
周大鸣（中山大学）
周晓虹（南京大学）

主编：
周晓虹　谢曙光
编辑部主任：
周培勤
编辑：
杨渝东
陆　远
周海燕
英文翻译：
秦　晨

中文社会科学引文索引（CSSCI）源刊

CHINA STUDIES **No.15**

周晓虹　谢曙光／主编

中国研究

2012年春季卷总第15期

中国研究
2012 年春季卷
总第 15 期

目　录

发刊词 ………………………………………………………………… / 1

特约文稿

主持人语 ………………………………………………… 周晓虹 / 1
孙本文对中国社会学巨大贡献的再认识 ………………… 郑杭生 / 3
孙本文与"社会学学院派" ……………………… 李培林　渠敬东 / 12
心理学派、文化学派，还是综合学派？
　　——孙本文社会学取向刍议 …………………… 谢立中 / 28
孙本文与 20 世纪上半叶的中国社会学 …………………… 周晓虹 / 43

主题研讨：孙本文与中国社会学的历史命运

近代社会学泰斗：孙本文先生 …………………………… 杨雅彬 / 69
孙本文与中国社会学社 …………………………………… 许妙发 / 80
孙本文与中国社会学学科建设
　　——以中央大学社会学系为例 ………………… 谢燕清 / 88
开山声远源流长：孙本文与社会学的中国化 …… 文　军　王　琰 / 102
孙本文的社会建设理论及当代启示 ……………… 宗媛媛　刘　欣 / 119

孙本文的文化建设论述与中国现代化 …………………… 宣朝庆 / 131

孙本文的文化社会学与中国社会 ……………………………… 郑　震 / 150

学术论文

寻找中国社会的"自性"

　　——梁启超"中国社会论"初探 ………………………… 田毅鹏 / 164

早期中国社会学的学科制度变迁

　　——基于六份历史文献的分析 …………………………… 陆　远 / 181

"门户私计"的社会逻辑

　　——从孙本文有关门阀的论述讲起 ……………………… 成伯清 / 196

重新认识文化研究在中国社会学中的地位

　　——兼论孙本文对文化社会学研究的贡献与局限 ……… 刘少杰 / 209

和弦与变奏：孙本文文化社会学与黄文山文化学之比较 … 杨渝东 / 219

乔启明的中国农村研究及其开创意义 ……………………… 张玉林 / 235

卫惠林民国时期思想研究 ……………………………………… 罗　敏 / 262

英文目录与摘要 ………………………………………………………… / 277

稿约 ………………………………………………………………………… / 285

发 刊 词

作为新兴的社会科学研究领域,"中国研究"(China Studies)可以看作是1949年后由中华人民共和国的横空出世所引发的一种必然的学术反应。而当1978年由改革开放所引发的"第二次革命"兴起之后,这门首先发端于"西方"的学术至少在如下两个方面发生了变化:一是研究阵容不断壮大,尤其是有越来越多的中国学者加入了对其生活其间的社会的研究;二是逐渐脱离了冷战时期作为"中国观察学"所带有的实用主义倾向和意识形态的束缚,研究领域不断扩展,并在近十年以来显示出走向繁荣的迹象。

不过,考虑到"渐进式改革"所引发的自然生态与社会景观的剧烈变迁,考虑到中国社会空间固有的复杂性和多样性,以及它的尚不确定的"复兴"可能造成的对于其本身和整个世界的同样不确定的影响,我们不能不承认,作为科学的"中国研究"似乎才刚刚起步。与这个巨大有机体浓缩了19、20和21三个世纪,凝聚了农业、工业及"后工业"三种社会的博大厚重相比,与它的庞大的人口及其散发的无尽的能量相比,与它的让人兴奋又令人困惑的矛盾性相比,现有的中国研究依然显得单薄、单调和单纯。从能够切近它的适当的研究方法,到足以解释它的经得住验证的理论,都仍然处于摸索阶段;从对于其制度和状况的具体描述,到对于其文化和哲学的抽象归纳,也依旧给人以支离破碎之感。

基于这种认识,我们决定出版《中国研究》。这份在中国本土编辑的以"当代中国"为研究客体的学术刊物,将成为面向全球中国学界的开放的学术园地,承担起海内外学术同仁沟通和交流的媒介作用,为促进中国研究领域的日益精进而努力。

《中国研究》将本着开放和务实的精神,坚持宏观视野和问题取向。这是它的办刊宗旨。

开放性是指它的跨学科性和综合性。《中国研究》将努力突破单一学科的局限和研究领域的禁区。政治、经济、社会、文化和环境等,都既属于它的研究范围，也成为它的研究视角。开放性同时也包括研究主体（研究者）的多样性，不同学术背景和志向的学者，只要他（她）坚守学术共同体所公认的伦理规范，将得到同样的尊重。需要强调的是，鉴于学术界目前的状况和学术事业发展的考虑，我们特别鼓励和支持学术新人的艰苦劳作。

务实性是指它的实证性和经验性。《中国研究》奉行"多谈些问题，少谈些主义"的主张，希冀重点置于中国的基层社会，从微观的问题或现实经验入手，在对许多单个领域、地域进行切实调查和深入研究的基础上，追求最终的对中国社会整体的通透认识。它当然期望博大而混沌的中国最终能产生宏大而精确的理论，但也努力避免"宏大理论"先行或抽象概念主导下的天马行空式的空谈。务实性还表现在鼓励朴实平易的文风和学风，倡导平和的学术批评氛围。

《中国研究》属于全球中国学界展示睿智的公共空间，而不是少数编辑、学者的封闭领地。为此，我们热切希望整个中国学界的广泛参与，希望有广泛而深层的互动。同时，我们也真诚欢迎来自学术界的监督和批评。这种严肃的监督和批评是《中国研究》健康成长的重要前提。

《中国研究》编辑委员会
2005 年 5 月

主持人语

周晓虹

孙本文先生（1892～1979年）是20世纪上半叶中国最负盛名的社会学家，也是中国抗日战争期间和抗战后社会建设运动的积极倡导者和推动者。在不到30年的社会学研究生涯中，孙本文先生不但在社会学和社会心理学领域留下了诸多至今仍然颇有价值的著述，更重要的是他创建了中国社会学社，创办了《社会学刊》，推动了1949年前中国社会学的学科发展和中国化尝试，并因此成为世所公认的中国社会学的一代宗师。

1926年留学归国后3年左右，孙本文先生就从上海来到南京，受聘担任中央大学社会学系教授，并随后长期担任系主任，为中央大学社会学学科的发展殚精竭虑，做出了重要贡献。1949年后，虽然不能继续从事社会学研究，被迫转任地理和哲学各系，但孙本文先生一直在由中央大学沿袭而来的南京大学任教，直至生命的最后时刻。因此我们可以说孙本文先生的一生与南京大学有着割不断的精神联系，他是南京大学社会学学科发展中的里程碑式的人物，而他的学术思想也成为永远值得南京大学社会学学人引以为傲的知识瑰宝。

2012年正值孙本文先生120周年诞辰，也是南京大学建校110周年。为此，南京大学社会学院与社会科学文献出版社、《社会学研究》编辑部于2012年5月19～20日联袂主办了"孙本文与中国社会学"学术研讨会，[1]并同时推出了由南京大学社会学院近十位同仁耗时数年编辑而成、由社会科学文献出版社出版的十卷本的《孙本文文集》。来自国内最重要的社会学系所的二十余位社会学家和澳洲悉尼大学David Goodman教授、日本静冈文化艺术大学孙江教授，以及孙本文家乡江苏省吴江市市长梁一

---

[1] 孙本文先生1926年自美国留学归国后先后工作过的华东师范大学（原大夏大学）社会学系和复旦大学社会学系作为协办单位，也参与了会议的组织工作。

波、孙本文的儿子孙世光等出席了会议，学者围绕"孙本文与中国社会学"这一主题做了精彩的发言，并对孙本文的社会学思想在中国社会学中的历史地位给予了充分肯定。鉴于孙本文先生是社会学中国化的首创者之一，我们特将本次研讨会的论文编辑成"孙本文纪念专刊"，[①] 作为《中国研究》2012年春季卷（总第15辑）隆重推出，以纪念这位中国社会学的卓越先行者120周年诞辰。

必须说明的是，为了完整地反映孙本文先生的一生及其学术思想，此次我们破例收入了多篇已经发表的相关学术论文。我们愿意通过再度发表这些学术论文，集中对孙本文的学术思想之阐释再做一次集体发声。

---

① 感谢帮助我编辑本次会议论文的我的四位研究生：苏媛媛、方莉琳、阎玉芳和李开颜。

孙本文对中国社会学巨大贡献的再认识*

郑杭生**

摘　要：孙本文是中国早期社会学的领军人物，在中国早期社会学的发展中发挥着难以替代的作用。这主要表现在三个方面：一是孙本文建立了一个综合性的社会学理论体系，是早期中国社会学理论研究最高成就的代表性人物，他身上体现出来的理论自觉意识尤其值得珍惜；二是孙本文通过界定社会学研究对象、推进社会学本土化和彰显社会学的应用价值，积极为社会学立法，是新中国成立前推进中国社会学学科发展壮大的代表性人物；三是孙本文身上体现出了中国社会学者报国为民、增促社会进步、有学派无宗派以及勤奋治学的精神，是体现中国社会学学科精神的代表性人物。所有这些都值得今天的中国社会学界学习借鉴。

关键词：孙本文　综合学派　理论社会学　理论自觉　学科精神

关于孙本文的学术思想，中国大陆、港澳台地区和日本的一些学者都做过不少研究。1999年我与李迎生合作在《江苏社会科学》上发表过专题研究论文，2000年我在与李迎生合作的《中国社会学史新编》一书中有过较为深入和全面的介绍。当时我们着重是对孙本文构建的社会学理论体

---

* 在本文开头，我必须感谢我的学术助手和合作者中国人民大学社会学理论和方法研究中心兼职副研究员王道勇博士在本文写作中的作用，他在我们进行的多次讨论中，提出了一些给人启发的观点，他收集了丰富的相关资料，使本文得以在很短的时间内完成。无疑，本文若有不当和错误之处，该由我负责。

** 郑杭生，中国人民大学社会学系一级教授（zhenghs@ruc.edu.cn）。

系、对社会问题的研究及社会心理学研究等进行了较为具体的分析（郑杭生、李迎生，2000：117~133；郑杭生、李迎生，1999）。本文想从更宏观一些的角度来审视孙本文的学术思想和学术活动。我想说明的主要观点是，从总体上讲，作为中国早期社会学的领军人物，孙本文在中国早期社会学发展中所发挥的作用是难以替代的，他对中国社会学发展的贡献巨大而深远，至今仍有许多方面值得当代中国社会学界学习借鉴。孙本文难以替代的学术地位主要体现在以下三个方面：一是构建出综合性的理论体系，是中国早期社会学理论研究最高成就的代表性人物；二是多方为社会学立法，是推动中国早期社会学学科发展的代表性人物；三是一生致力于推动社会发展进步，是体现中国社会学学科精神的代表性人物。

这里应当说明的是，近年来为纪念费孝通先生从事学术研究70周年和100周年诞辰，我就费老对中国社会学所做的巨大贡献进行了较多的讨论。费老的很多学术著作在新中国成立前就已经问世，但由于新中国成立时他还属于中青年学者（39岁），所以客观地讲，他那无人可以替代的历史地位主要是在新中国成立之后尤其是在中国社会学恢复重建过程中奠定的。今天回过头来看比费老年长一辈的老一代社会学家，我们应当承认，作为中国早期社会学的名门正宗，孙本文先生是当时中国社会学界的领军人物，他与吴文藻先生等人一起，为早期中国社会学的发展繁荣做出了卓越的贡献。这样看问题可能是更符合历史实际的。这也是"再认识"的一项内容。

一 构建综合性的理论体系，代表早期社会学理论研究的最高成就

在《中国社会学史新编》一书中我们提出，综合学派是中国早期社会学的正统，综合学派的社会学探索代表了中国早期社会学理论研究的最高成就，其影响甚至延续到中国社会学恢复与重建以后。孙本文先生是早期中国社会学综合学派的集大成者，如果从他1916年在北大哲学系学习社会学课程算起，他在新中国成立前的33年时间里对中国社会学理论体系的探讨逐步深入，代表着中国早期社会学理论研究的最高成就。

孙本文以"社会行为"为起点，在构建理论体系的方法论方面有所创新。一些人认为，孙本文深受美国社会心理学传统的影响，过于强调文化和心理因素的作用，他以"社会行为"为社会学的研究对象，具有明显的心理学派的倾向。实际上我以为这种观点值得商榷，如果从社会学方法论

角度来考虑的话可以有一些新的认识。作为一种工具理论，社会学方法论主要是探讨与学科体系和基本假设有关的一般原理问题，即指导社会研究的原则、逻辑基础以及学科的研究程序和研究方法等，一定的社会学理论背后都有其构建的方法论基础。我们以为，无论是早期强调文化因素，还是后来强调社会心理因素，都只是孙本文进行社会学研究的一个逻辑起点，其目标并不是简单地围绕当代社会学意义上的社会行为概念徘徊不前，而是想借由社会行为这一切入点来展现他对社会整体的认识，来构架他的整个社会学理论体系。具体理由有三：其一，孙本文认为，社会学是一门普通性的综合学科。孙本文借鉴孔德等人的科学分类法，把科学划分为物质科学、生物科学与社会科学。他又把社会科学分为普通的与特殊的两类，认为社会学研究社会的共通现象与共同原理，所以是一种普通的科学。既然社会学是研究普通和共通现象的，那么它的研究对象就不会局限于当代意义上的社会行为层面。其二，孙本文所讲的"社会行为"实际上是对社会整体的一种统称，比我们今天社会学所说的社会行为概念的范围宽泛得多。孙本文认为，所谓社会行为，就是人与人之间所表现的相互关联的行为，即社会生活和社会现象中所表现出的共通现象和共同规律（刘洪英，1998）。实际上也的确是这样，孙本文在研究过程中不仅仅是探讨当代社会学意义上的社会行为，他"重视文化，同时也重视心理因素，而且亦不蔑视其他如地境及生物因素"（孙本文，1948，下册：246），以他为代表的综合学派"要点在于认识社会的整体性及其各种因素的复杂性，并欲确立社会学的体系"（孙本文，1945）。其三，孙本文从社会行为角度出发，形成了完整的认识和分析社会现象的研究方法。孙本文在《社会学的观点》（1945）一文中提出，在研究社会行为的过程中，社会学者要运用多种视角来研究社会：要用社会整体的观点，从整个社会的角度来观察社会；要用社会结合的观点，把社会看成人与人的结合；要用社会有机的观点，视个人与社会是一个有机的关系；要用社会演进的观点，把社会看作是变动的而不是静止的；要用历史的发展的观点来分析社会（孙本文，1945）。由上可以看出，孙本文在研究方法论上有他独到之处，他主张全面地、动态与静态研究相结合地、综合地考察人类的社会行为。正因为如此，孙本文自认既非文化学派，也非心理学派，而"属于综合派之林"（孙本文，1948，下册：242）。孙本文从综合的视角出发，构建起较为健全的社会学理论体系。正是在上述这种方法论的基础上，孙本文以社会行为作为研究对象，在《社会学ABC》（1928）、《社会学原理》（1935）、《社会学体系发凡》（1945）等论著中，建构出了一个完整的社会学理论体系。有关这方面的内容我在以前的论著中重点进行了分析，这里不再详述。简单地说就是，孙本文从社会行为出发，提出有关社会行为的五类问题，即社会行为形成的因素（文化、心理、生理、地理等社会因素）、社会行为表现的过程（远离或接近等社会过程问题）、社会行为表现的机构问题（基本的或复合的社会机构问题）、社会行为表现的功能（或社会控制问题）、社会行为变迁的内容与方向（或社会变迁问题）（郑杭生、李迎生，1999）。从上述五类问题出发，孙本文展开了他的整个社会学理论体系，从而把当代社会学的主要研究内容都囊括在内。

从今天看来，孙本文所构建的理论体系确有它的不足之处。例如，在解释对社会行为的影响要素时，排斥了物质生活状况、经济地位等的影响，使得其社会学体系的理论基础较为薄弱。正因为如此，费老认为，孙本文的社会学体系，带有"用西洋传来的科学方法和已有的社会学理论去观察与分析中国现实的"的印记（费孝通，1984）。但从当时的历史条件来看，孙本文无论是在构建理论的方法方面，还是在元理论和本理论的系统化方面都把中国社会学理论研究大大地向前推进了一步。孙本文并没有完全摆脱西方社会学理论体系的束缚，但我们不应过于苛责前人，因为当时的中国社会学仍处于幼年时期，进行理论创新时可以参考的前人成果几乎是一片空白。即使到21世纪的今天，中国社会学也不敢说完全摆脱了西方社会学理论思维框架和方法论的影响。如今，我们还能看到仍然有一些社会学者为能够追踪到西方社会学的最新成果而扬扬得意，并且不顾实际地把它套用到中国的实践中，至于得出的结论到底在多大程度上能解释中国现实，对中国社会发展有多大的启示作用，则似乎不在他们的视野之内，甚至不管不问。这是一种缺乏理论自觉的重要表现。我一直强调中国社会学者要有理论自觉：要对自身理论和他人理论进行反思；要努力创造自己的有中国风格的理论，同时要正确地对待其他各种理论，特别是外来的理论；要加强自己在理论转型中的自主能力，并取得社会学学科为适应新情况而进行的理论选择、理论创造的自主地位；中国社会学要不断进行思想解放，从西方强势社会学理论和社会理论中解放出来，正确定位自己，加强自主性。如果从理论自觉性角度来看，六七十年前孙本文的理论自觉意识之强，是当代很多社会学者所无法望其项背的。

今天我们学习孙本文先生的社会学理论，不仅要学习他的理论内容，更要学习他在理论创新过程中所体现出来的那种强烈的理论自觉意识。因为理论内容总有陈旧和不适用之时，而理论自觉精神则能够帮助我们不断更新理论内容，创新理论学说。强烈的理论自觉会推动中国社会学者不断尝试对"中国经验"进行理论提升、对"传统资源"进行理论开发、对"西方学说"进行理论借鉴、对"学术话语"进行理论创新，通过"立足现实，高于现实；开发传统，超越传统；借鉴国外，跳出国外；以我为主，创造特色"，逐步推动中国社会学走向社会学世界格局的中心。

二 多方为社会学立法，对早期社会学学科发展发挥了关键性作用

我们说孙本文是中国早期社会学的领军人物，一个重要原因就是孙本文不仅仅是一个在社会学基本理论及其应用方面卓有建树的社会学家，他更是新中国成立前推动整个中国社会学学科不断繁荣发展的核心人物。作为一门新兴的社会科学，社会学必须向国家、民众和学术界论证清楚，社会学的存在有其合法性，从而为学科发展赢得必要的空间。这种合法性辩护具体表现为两个方面：一方面，向其他学科展现自身元问题、基本问题和研究对象的独特之处，从而在学科竞争中逐步巩固地位，这是社会学存在合法性的理论根源；另一方面，向国家和民众说清社会学与现实社会的契合性，这是社会学存在合法性的现实根源。与社会学本理论为社会实践"立法"不同，这种合法性辩护是社会学元理论的一部分，它实际上是在为社会学"立法"，为学科的未来发展赢得新的、更为宽广的空间。在为社会学立法方面，孙本文做了大量工作，进一步巩固了他在中国早期社会学界难以替代的地位。

界定社会学的研究对象，使社会学能够屹立于社会科学之林。孙本文以广义上的社会行为为社会学的研究对象，主张社会学是对人类社会普通和共同规律的一种认识，这是它跟其他社会科学，如法学、经济学、政治学区别分开的基本标准。孙本文还认为，社会心理学是社会学最重要的一个部门，它的研究对象是个人在社会中的行为，或社会中个人的行为（孙本文，1948，下册：242~243），它跟专门研究社会行为的社会学的分工非常明确，这就进一步让社会学的研究对象边界变得更加清晰。尽管对于孙本文所说的社会学研究对象，至今仍然有很多异议，但当时的社会学家大多长年埋首于具体社会问题研究，极少有人对社会学研究对象进行讨论，所以孙本文的这种通过析清研究对象来为社会学赢得发展空间的努力，说明他有很强的学科领导者胸怀，有推进学科发展的长远眼光。

促进社会学的本土化，使社会学能够独立于西方社会学而发展。孙本

文清楚地认识到，如果中国社会学仅仅是邯郸学步，对西方社会学亦步亦趋，那么最终的结果必然是东施效颦，贻笑大方，成为西方社会学在中国的翻版，甚至是西方利益在中国的代言。因此，孙本文大力提倡社会学的本土化，推进中国社会学与中国社会相结合，让社会学成为真正的中国学科之一。譬如，在《当代中国社会学》一书的结束语部分，孙本文分别从理论社会学和应用社会学两个方面，详细阐述了社会学中国化要着重做的工作。例如，在建立中国的理论社会学方面，要整理中国旧籍中固有的社会史料，实地研究中国社会的特性，系统编辑社会学基本用书；在建立中国的应用社会学方面，要详细研究中国社会问题，加紧探讨中国社会事业（社会工作）与社会行政，切实研究中国社会建设方案。

彰显社会学的应用价值，为社会学在政府和民众中赢得合法性。孙本文非常关注并重视研究重大的现实社会问题，以体现社会学的应用价值。他"希望今后社会学者能根据社会学理论与本国社会事业，创建一种适合于中国社会需要的应用社会学，藉以促进国家民族的向上发展"（孙本文，1948：286）。为此，孙本文对当时政府和民众面临的主要社会问题，如人口问题、家庭问题、贫困问题都进行了深入研究，引起了政府和民众的关注。其中尤其突出的是，他结合当时中国社会现实，大力提倡进行社会建设，并且对社会建设进行了深入分析研究。譬如，他在再版过11次的《社会学原理》一书中单辟"社会建设与社会指导"一节对社会建设问题进行讨论，撰写关于"社会建设"的专题文章，主持以"战后社会建设问题"为会议主题的中国社会学社年会（1943），联合中国社会学社和社会部合办《社会建设》月刊（1944）。另外，他还具体研究中国社会建设方案，认为社会学者应当从社会组织、社会福利、社会服务及社会运动方面，详细探讨当前及今后全国的需要，审慎拟定各种改革方案。所有这些在当时都产生了很大的社会影响，让政府与民众认识社会学存在的必要性和重要性。其中的一些观点甚至对今天的社会建设都有较强的借鉴意义。

正是因众多中国社会学者的共同努力，中国早期社会学在世界社会学界曾经占有很重要的地位。中国被誉为"生气勃勃的社会学活动的中心"。在第二次世界大战前，除北美和西欧之外，在思想质量上，中国是"世界上最繁荣的社会学所在地"。这是国际社会学界对中国早期社会学的一种承认。1941年，国民政府确定了包括所有文理学科在内的首批30名教育部部聘教授名单，孙本文先生作为社会学界唯一的代表获此殊荣，同时获聘的文史哲学科代表还有吴宓、陈寅恪、徐悲鸿、汤用彤、冯友兰等人，这是当时的政府、学界和民众对中国社会学学科的一种承认。总之，中国早期社会学成为西欧北美之外世界社会学的第三极，在中国学术界获得一席之地，以及赢得政府和民众的承认，所有这些都为新中国成立前中国社会学的发展赢得了巨大的空间。可以说，在为社会学立法方面，孙本文先生功不可没，甚至可以说是居功至伟。

三 致力推动社会发展进步，集中体现了中国社会学的学科精神

任何一个学科都有它独特的学科精神，都有它的核心理念。我一直倡导社会学要以"增促社会进步，减缩社会代价"为深层理念，这也是本人对当代中国社会学学科精神的一种概括和总结。孙本文在美国先后取得了硕士、博士学位，并且进行了博士后研究工作，是当时中国为数极少的学贯东西的精英。但回顾孙本文学成回国后的数十年工作经历，我们可以在他身上深深地感到那一代知识分子所独有的精神气质；孙本文数十年间一直以学者身份，致力于推动中国社会的发展进步，较为全面地体现了中国社会学学科精神。

报国为民精神。孙本文留洋之际，正是旧中国长期处于积贫积弱境地而无力自拔之时，所以孙本文是心怀报国为民的大志去"向西方寻求真理"的，"盖正当民族生存危疑震撼之秋，……则社会学与有责焉者矣"（孙世光，2007）。学成后他不为西方优裕生活条件所诱惑，毅然决然地回到贫穷苦难的祖国；他一生坚持学术研究不动摇，在1952年社会学学科被取消，他被迫转向其他学科后，仍然坚持研究人口问题，孜孜不倦地教书育人。他身上表现出来的强烈的振兴中华的爱国精神、对真理的追求精神，以及自强不息的奋斗精神，都值得我们今天拿来激励和引导青年社会学学子。

增促社会进步精神。正是由于心怀报国为民之志，孙本文从事社会学研究，并不仅仅是为学术而学术，他身上体现了强烈的推动社会发展进步的经世致用精神。他在《二十年来的中国社会学社》一文中就直接提出，中国社会学者要努力"促进国家民族的向上发展""进一步发展中国社会学，为民族作出贡献，并在国际社会学界取得一席地位"（孙世光，2007）。正因为坚持理论联系实际，孙本文先生的"问题"意识非常强烈。譬如，在社会建设方面，他在《关于社会建设的几个基本问题》（1936）一文开篇就提出："近年社会建设的呼声已渐渐引人注意。但社会建设的对象，究竟若何？其范围若何？社会建设的目的何在？其标准如何？社会

建设的途径及步骤又若何？社会建设的计划是否可以全部实现？其困难若何？"孙本文先生说：社会建设的目的就在于充实增进社会生活的内容，使全社会及各个人均得到健全而圆满的生活，并向上发展，社会学者应当为此不懈努力，"我们不能因社会现象的难以完全控制而却步，我们正应加倍努力，以期消除控制的障碍，而实现社会建设全部的计划。这是从事社会建设者应有的态度"（孙本文，1936）。为此他提议，社会建设需要人才、资源、组织和机构四大基本要素，要从法令、教育和宣导三个方面进行具体建设（孙本文，1936）。孙本文的这种经世致用精神与我后来所提的社会学要有"增促社会进步，减缩社会代价"理念异曲同工，它应当是中国社会学学科精神的精髓所在。

有学派无宗派精神。孙本文先生是当时中国社会学正统的综合学派的代表，是民国时期名副其实的学术权威。但从孙本文身上我们看到的却是他提倡学术上的平等争鸣，提倡有学派无宗派的基本理念。当时，他不仅延请大量不同观点的中外社会学家到中央大学任教，他还与潘光旦先生在《文化与社会》、上海《社会科学杂志》、《社会学刊》等学术期刊上，进行了多次友好的学术争鸣，引起很多社会学者参与讨论，一时传为学术界的佳话。今天的中国社会学也应当提倡这种有学派无宗派的精神。我一直强调在学术上要平等争鸣，不要把学派庸俗化为宗派，那种认为"不跟我一起跳舞的人都是我的敌人"的狭隘观念是千万要不得的。所以我以为，这种有学派无宗派的精神也应当是中国社会学学科精神的基本内容之一。

勤奋治学精神。孙本文身上还体现了一种敬业勤奋的学者治学精神，这也应当成为中国社会学学科精神的一个组成部分。孙本文一生勤于笔耕，著作等身。据不完全统计，新中国成立前，他共出版普通社会学著作25种，主编著作5部，发表学术论文近80篇；另外，他还翻译了14种世界社会学名著，其中译自美国的6种，英国的2种，法国的1种，日本的5种。为此，韩明谟教授在《中国社会学史》中总结说，孙本文是新中国成立前我国社会学界最有影响、著书最多的社会学者。在当时的中国，战乱纷争不休，学者长年颠沛流离，研究工作条件异常艰苦，要取得如此丰厚的学术成果，需要付出的代价远非现在的人们所能想象。而且值得一提的是，孙本文先生是当时中国的名人，美国出版的《世界名人录》（1948）和《中国手册》（1947）都有他的简传，他还曾经出任国民政府教育部高等教育司司长和中央大学校务维持委员会主任等职。但他对这些身外之物都看得很淡，他在《自传》中写道："我是以社会学为专攻的学问，而以教育为我终身的事业"（孙世光，2007）。那种身为社会学教师和研究者的自豪之感溢于言表，至今仍然让人感慨颇多。

参考文献

费孝通，1984，《中国社会学的成长》，北京：《社会学研究》第7期。
刘洪英，1998，《孙本文对社会学中国化的贡献》，徐州：《徐州师范大学学报》第2期。
孙本文，1936，《关于社会建设的几个基本问题》，上海：《社会学刊》第5卷第1期。
——，1945，《社会学的观点》，《社会建设》第1卷第3期。
——，1948，《当代中国社会学》，南京：胜利出版公司。
孙世光，2007，《我的父亲孙本文》，社会学视野网，http://www.sociologyol.org/yanjiubankuai/xuejierenwu/sunbenwen/2007-03-24/628.html。
郑杭生、李迎生，1999，《中国早期社会学综合学派的集大成者》，南京：《江苏社会科学》第6期。
——，2000，《中国社会学史新编》，北京：高等教育出版社。

（责任编辑：周晓虹、方莉琳）

孙本文与"社会学学院派"*

李培林 渠敬东**

摘 要: 20世纪上半叶,中国社会学经历了一个繁荣发展时期,形成了不同的学派,孙本文为代表的"社会学学院派"是其中重要一派。本文围绕孙本文和"社会学学院派"分别论述了学院派的四个分支,即以孙本文为代表的"文化综合学派"、以陈达为代表的"人口学派"、以杨开道为代表的"农村社会学研究"和以潘光旦为代表的"优生学研究"。

关键词: 孙本文 社会学学院派 文化综合学派

20世纪上半叶,中国社会学有一个繁荣发展的时期。在这个时期,社会学形成了一些不同的学派,比较有代表性的有三个:一是以陶孟和与李景汉为代表的"社会调查学派";二是以吴文藻和费孝通为代表的"社会学中国学派";三是以孙本文等为代表的"社会学学院派"。他们都深受西方社会学的影响,有在欧美接受社会学教育的背景,并且都致力于把西方社会学的理论和方法运用到对中国现实的研究,努力探索使社会学本土化。这三派有一些共同的特点,但也有思想分歧和研究路径的差异。

以孙本文等为代表的"社会学学院派",更注重社会学的规范化和学

---

* 本文为李培林以《20世纪上半叶中国社会学学术史》一文的部分内容为基础改写而成,曾作为李培林、渠敬东、杨雅彬主编的《中国社会学经典导读》(上下册)之导言,由社会科学文献出版社出版(2009)。

** 李培林博士,中国社会科学院社会学研究所研究员(lipl@cass.org.cn);渠敬东博士,中国社会科学院社会发展战略研究院研究员(qujingdong@yahoo.com.cn)。

科化，他们的一些著作在社会学的教学中占有主导地位，很多成为基本教科书；他们的一些专项研究，在学术史上占有重要地位。但他们对当时的唯物史观社会学持排斥态度，认为那是政治不是学问。他们与"社会调查学派"和"社会学中国学派"也存在一些张力。"社会调查学派"往往被视为缺乏理论，而"社会学中国学派"被视为有社会批判但缺乏社会建设。

从中国社会学的发展过程来看，改造社会和学科启蒙是社会学早期发展的两个重点，但在中国当时救亡图存的历史背景下，社会学改造社会的实践影响更大。在后来的社会学发展中，"社会学中国学派"成为主流，孙本文的学术思想从某种程度上说遭到忽视。孙本文是较早提出"社会建设"的社会学家，"社会学学院派"关于社会建设的思想在我国倡导社会建设的今天，更应该受到广泛重视。

以孙本文等人为代表的"社会学学院派"，又可以分出几个分支：一是以孙本文为代表的"文化综合学派"；二是以陈达为代表的社会学"人口学派"；三是以杨开道为代表的"农村社会学研究"；四是以潘光旦为代表的"优生学研究"。

本文仅限于对"社会学学院派"这个体系进行梳理。

一　文化综合学派

孙本文在中国社会学学术史上具有重要地位。有的学者认为，他是"解放前我国社会学界最有影响、著书最多的社会学者"（韩明谟，1987）。这不仅是因为孙本文自身的学术造诣，还因为他曾为社会学的传播普及和学科建设做过全局性的工作。他主持成立的"东南社会学社"及后来发展而成的"中国社会学社"，将全国范围的社会学者组织起来，在教学、调查、研究等诸多方面全面推进了中国社会学的整体建设。

孙本文通常被视为中国社会学"文化综合学派"的代表人物，他的理论深受美国文化学派的影响，而他的理论综合，首先是对美国社会分析、文化分析和心理分析之不同学派的综合，然后是对中国社会文化和心理特质的综合。

孙本文在《社会学原理》的首页，便开宗明义地指出，荀子所谓"人生不能无群"，就是群学（即社会学）原理的本质。因此，撇开东西方文化差异，社会学必须从一个一般性的原理出发，即"人的行为就其实质来是交互的、共同的和群体的行为"，既是物质意义上的客观实在，同样也为文化意义上的规则所制约；因此，社会分析必须从构成社会交互性和群体性的诸因素起步，找到起连带的结构和机制的本质（孙本文，1935：1）。在这个意义上，社会学作为一门学科，必定是综合的，因为构成人的"群"的要素由三个方面构成，既有地境、气候、血气等自然因素，即物的方面；也有风俗、道德、宗教和法律等非物质的文化方面。从人的方面来说，既包括社会性的交互关系与行为，也包括人的生物特质和心理特质；同时，我们也必须考虑到"社会的体具"，即历史方面的社会变迁及其连带的效果。因此，任何一项社会研究，必涉及构成人的上述诸因素的总体综合效应，社会本身既是"体"，又是"心"，不可偏废任何一面。任何社会分析都不可缩减为一个局部因素的关照。换言之，即便是最具体的社会研究，也必须窥见上述诸因素的综合效果。

孙本文对于社会学一般原理的研究，并非仅限于理论上的研讨，在两部著作中，他都不惜笔墨地讨论一般原理如何转化为社会应用、社会实践和社会事业的重要议题。孙本文强调，社会学一般原理的讨论，其目的是"社会建设"，"依社会环境的需要与人民的愿望而从事的各种社会事业，谓之社会建设。举凡关于人类共同生活及其安宁行都等各种事业，皆属之。有时此等事业，属于改革性质，就固有之文物制度而加以革新。有时属于创造性质，系就外界传入，或社会发明之文物制度，而谓之创建。无论创建或改革，皆为社会上建设之事业"。他慨言道："梁任公有言：'不努力者终身失败者也，努力者有成有败者也'；我则曰：'不努力于社会建设者，必趋于衰败，努力于社会建设者，必趋于进步'。"（孙本文，1935）

孙本文的这种分析，也是吴泽霖在《社会约制》中所贯彻的基本精神。用"社会控制"的概念来分析社会现象，在中国社会学界是相当晚近的事情。1930年，吴泽霖撰写的《社会约制》由世界书局出版，这标志着社会控制（Social Control）这一概念的最初引进。不过，虽然吴泽霖的见解借由西方社会学家而来，但他并没有单纯强调这一概念来自单方面的强制性特征，将其译作"社会制裁"或"社会控制"，而是突出了此概念所含的交互性特征，将其译作"社会约制"。吴泽霖认为，社会约制的需要主要来自四个方面：生物的（性和男女自然冲突的调剂）、心理的（不同气质和品行人的安置及对不平等遗传的制约）、社会的（人们机会的不平等和不同民族或文化的冲突）、其他方面（职业和志趣的不同、经济竞争、政治信仰冲突等）。由此，社会约制的工具也就根源于人们四种比较普遍的心理：保守心、好新心、求显心、社交心。这四种心理是人类一切行为的原动力。因而这四种心理就可以作为社会约制的工具。吴泽霖接着指出，社会约制可分为两大类：武力的约制（即用体力来达到约制的目的）

和会意的约制（即通过言语表示出来的社会约制）。有时在各种方法都不能见效的情况下，采取武力约制可直接得到所希望的结果。所以，武力的方法是应急所需，但却往往又很不彻底、不经济，流于表面，不能持久；而对于越来越复杂的现代社会而言，会意的约制也越来越显露出其重要的意义（参见吴泽霖，1930）。会意方法亦可分为两类：一是直接的会意，包括惩罚、酬报、理喻、命令四种；二是间接的会意，包括讥讽、诒諛。同样，社会约制的组织也可分为具体的和非具体的两类，前者包括家庭、学校、政府、教会这些看得见的组织系统，而后者则包括舆论、风化、信仰等一些宗教道德的要素。

吴泽霖的上述约制思想，突破了传统上仅靠法家学说来理解社会约制的路向，指明了道德教化对于社会约制的根本作用。1935年，孙本文在他的《社会学原理》中，便汲取了吴泽霖在《社会约制》中提出的基本思想，将社会约制纳入有关社会存在的一般理论的范围，并将此概念延展到社会心理学的分析之中。事实上，吴泽霖的社会约制理论，反映出将人类的政治、经济、法律、道德和心理等因素综合起来来考察某些社会现象，从而采用跨学科的视角来构建综合社会学的努力，这一努力最终体现在了孙本文《社会学原理》所创建的综合学派的观念之中。无论是孙本文，还是吴泽霖，都将孟德斯鸠以降的社会理论传统，纳入一个总体的分析结构中。正如孙本文在《社会学原理》（1935）中所说："社会上有无数的行为规则及制度，去约束人类的行为。此类行为规则及制度的总体，具有相当交互与一致的关系者，通常谓之社会组织。"因此，社会组织的运作逻辑便不仅仅限于制度的框架之内，亦与社会的总体文化价值发生关联。

严景耀也是从文化变迁的角度来研究与社会约制紧密相连的社会犯罪问题，他将社会问题、文化环境与犯罪现象联系起来考察。在中国当时缺乏犯罪统计的情况下，严景耀把"燕京学派"主张的社会人类学参与观察的方法引入犯罪问题研究。他在1927年亲自去北京市第一监狱做一名志愿"犯人"，亲尝铁窗滋味，和犯人同住、同食、同生活。他在监狱住了三个月，之后每周去监狱两天，取得了大量第一手资料，积累了各类犯罪典型个案200余例。1930年初，在中央研究院社会科学研究所及燕京大学社会学系的赞助下，严景耀率领学生到河北、山西、河南、湖北、江西、安徽、浙江等地20个城市的监狱对犯人和监狱管理进行调查，取得了犯罪典型个案史料300余件。他在芝加哥大学的博士论文《中国的犯罪问题与社会变迁的关系》，就是根据20个城市的调查资料写成的（严景耀，1986/1934）。在犯罪学研究方面，严景耀的工作具有开拓性的意义。

孙本文于20世纪30年代在中央大学社会学系的同事言心哲教授，亦始终追随着中国社会学的这种致用精神，毕生献身于现代社会事业的推进工作。言心哲撰写的《社会事业与社会建设》《现代社会事业》等著作，是国内讨论"社会事业"问题最出色的作品。言心哲认为，投身现代社会事业，必须坚持义理与事业并举的原则，社会事业必由社会原理出发，而社会原理必经社会事业挍成。言心哲（1944）指出："现代社会事业在我国这次抗战以前，是被忽视的一种事业，我国以往误民族复兴与国家建设的，很少有人把社会事业看做一个部门，殊不知社会事业的兴办与研究，为增进社会福利，提高人民生活的一种重要工作，是以欧美先进诸邦，莫不努力倡办各种社会事业，以期减少人民困苦，培养国家元气。"

言心哲的上述看法，与当时"国民政府"的行政改革密切相关。1940年，国民党政府社会部成立，各大学纷纷开设社会事业和社会行政科目。此后，一些有关社会事业的作品也相继发表。当时，言心哲、马宗荣、蒋旨昂、柯象峰、吴瑜珍、张鸿钧等学者开展了此方面的教学和研究工作，成为中国社会工作专业的先导。其中，蒋旨昂的《社会工作导论》、柯象峰的《社会救济》、吴瑜珍的《社会个案工作方法概要》、张鸿钧编的《社会行政概论》都成为与言心哲的《现代社会事业》同样具有学科建设意义的成果。

孙本文的社会学"文化综合学派"，从一般社会原理的研究到社会事业的开展，从理论到实践，为中国社会学提供了一套系统的整体建设方案。

二　人口学派

中国的社会学家很早就把人口问题视为中国最大的社会问题，进行了深入的研究。围绕对人口问题的研究，也形成了一个注重人口问题的学术群体，即社会学"人口学派"。这个"人口学派"并不局限于对人口总量和人口结构问题的研究，他们从人口问题出发，对中国的乡村建设、城市化道路、生活水平、劳资关系、贫困、犯罪等一系列中国社会变迁中出现的突出问题，进行了广泛的研究，但其共同的特点，是把人口问题视为社会发展的首要问题。这个学术群体以陈达为代表，包括许仕廉、吴景超、言心哲、陈士蘅等人。

当时对人口问题进行研究的首推清华大学陈达教授。陈达对人口问题的关注，直接来自于中国特有的人口问题以及人口结构所牵连出来的基本社会问题。陈达等人在很大程度上均受到马尔萨斯人口论的影响，他们不仅关注人口数量及结构的问题。也从遗传、人文地理环境、自然选择和社会选择等角度出发，关注人口品质的问题。此外，他们还密切关注人口增长、人口迁徙与工业改造和社会分化的关系，并由此形成了明确的社会政策的研究取向。

人口问题的研究与社会调查统计是紧密联系的。陈达在 1923～1952 年的 29 年中，曾主持和参加约 24 次社会调查。其中规模最大的一次，是抗日战争时期对云南昆明地区所做的人口普查。此次调查共调集了 1300 多人，为中国人口普查的先河。陈达于 1923 年在美国获得博士学位后回国，他先后对北京市镇状况、上海工人生活状况、闽粤侨乡状况、昆明地区的人口和农业状况、重庆工人生活状况等进行了调查，并深入其他国家和地区，对日本和朝鲜的劳工状况、南洋和夏威夷华侨社会生活状况、印度加尔各答地区的农业状况、德国和意大利的工人生活状况、苏联的集体农民的生活状况等进行考察。

陈达的《人口问题》是中国早期人口研究的经典作品。陈达 1924 年在清华大学主讲社会学原理时，即注重讲授人口理论。他 1926 年正式开设人口问题课程并自编讲义，经逐年修改最后形成《人口问题》，1934 年由商务印书馆出版，作为大学丛书之一。在这本著作中，陈达（1934）全面介绍了马尔萨斯等数十位中外学者的人口理论，阐述了人口调查、人口登记、人口估计、生育率、死亡率、自然增长率等有关人口数量的问题，分析了遗传、环境、自然选择、社会选择以及区别生育率等有关人口品质的问题，还联系国际社会，介绍了各国人口增长、人口迁徙、工业发展以及人口政策等问题。

陈达在人口理论方面的贡献，是提出了"人口竞争"理论。他把人口竞争分为"生存竞争"和"成绩竞争"，"生存竞争"决定人口的数量，而"成绩竞争"决定人口的素质。因此，若要提高人口品质，既要实行符合优生原则的区别生育率，也要发展教育、改善卫生，对中国人的整体生活结构和方式加以改造。

随着工业化的发展，劳工问题也成为人口学家关心的一个主要问题。陈达在对国内劳工问题调查研究和对国外劳工考察的基础上，于 1929 年发表《中国劳工问题》一书。陈达在这本书中，详细讨论了中国工人生活、工会组织、罢工斗争、工资和工时、生活费、福利设施、劳工法规等问题。在分析中，一方面他使用了大量中国的调查材料，如在分析中国工人罢工问题时，他列举了 1918～1926 年 9 年间每年的罢工次数、参加罢工的人数和罢工日数等资料，非常翔实；另一方面他在论述每个问题时，都与国外情况做比较分析。

陈达（1929）认为，劳工问题主要包括三个方面的研究：一是关于工人本身的研究，如生活费、工资、工作时间等；二是关于劳资关系的研究，如劳资争议、劳工移动、罢工失业等；三是关于劳工的社会研究，如福利设施、工业和平等。陈达非常强调在人口和劳工研究中使用科学的方法，而他所谓"科学的方法"，就是实验法和统计学。实验法是将自然科学推及于社会科学的科学方法，即进行事实搜集、测量、分类、结论、证实，抛弃抽象式的玄想，采用实验式的观察；统计学也是科学方法，但适用于社会现象，其精确的程度可与实验法媲美。

陈达还把他的"人口竞争"理论运用于劳工研究，认为中国工界有两个重要的问题，即劳工阶级的"生存竞争"与"成绩竞争"，前者属于经济性质的问题，即关于工资、工作时间、待遇问题等，后者属于社会性质的问题，即工人除谋生之外，必须在社会中有些贡献。

陈达的研究领域非常广泛，但主要集中在三个方面：一是人口问题研究，他通过分析中国的耕地面积、生产水平、生活程度等因素，明确提出中国人口太多，应当节制生育，限制人口数量，提倡"每对夫妻只生一对子女"，即实行"对等的更替"，可以说，陈达是在中国最早提出节制生育和"每对夫妇只生一对子女"的学者之一。二是都市劳工问题的研究，他认为工业化改变了原有自然经济中的城乡格局，城市劳工队伍迅速壮大，劳工成为中国历史上从未出现过的重要社会阶层，劳工问题关系工界、雇主、社会和政府等所有方面，治理劳工问题之本，是运用科学的方法了解工人的生活程度，尽快制定工会法、工厂法和保险法，实施科学的工厂管理制度，改善劳资关系。三是中国海外移民（华侨）研究，在《中国移民》一书中，陈达特别强调了中国海外移民的特有属性，指出中国移民不仅对当地经济做出了巨大贡献，更重要的是，中国都市生产的重要投资来源首推海外华侨。陈达（1938）的《南洋华侨和闽粤社会》一书，通过社区比较和分类比较等方法，对华侨在移入地的总体生活方式和社会配置关系做了深入细致的分析，成为了移民领域具有国际性学术影响的经典作品。

许仕廉是社会学"人口学派"的另一位代表人物，他的《人口学纲要》是中国早期另一部人口研究的经典。许仕廉认为，研究人口问题是研究一切社会问题的入手点，"人口是社会与国家的原料，是文化与财富的生产者，所以要研究各种社会问题，经济问题，政治问题，教育文化问题，必从人口入手"。许仕廉从人口品质理论和优生理论出发，认为人口数量并非是人口问题的关键，人口学要处理的最核心的议题是人口素质和财富分配问题，人口学研究的家庭规模、婚姻状况、职业分配、城乡关系、教育方式等，都是围绕其核心议题展开的。许仕廉指出，"人口问题的全体，非仅为人口多寡之问题，凡人口之品质，经济之效率，与分配之平均，皆在其中。换言之，非独人数之问题，盖亦财富与优生之问题也"（许仕廉，1934）。

节制生育几乎是当时社会学"人口学派"的一种共识，他们普遍把人口数量过多视为中国贫穷的一个根本原因，而且他们与晏阳初、李景汉等人的假设一样，认为中国社会存在的根本问题是"贫、愚、弱、私"，贫穷是一种社会病态。在这个问题上，许仕廉与当时另一位人口学家陈长蘅在《三民主义与人口政策》中的判断是近似的，他们都认为中国陷入贫穷状况，是人口总额超过"中时点"这一现象的反映。若不愿实行节育，即需改变生活习惯，减低生活程度。而将来科学进步，能否有新的发明，根本解决"人浮于食"的困难，是一个"很空幻的希望"。

柯象峰从人口问题出发，对贫穷问题进行了非常系统的研究，他不到36岁就完成了两部著作的写作，即《中国贫穷问题》和《中国人口问题》。柯象峰认为，个人（或一个家庭）在某社会中，在某一个时期内，不能维持该团体所认为最低的生活程度时，其生活状态谓之贫困。他区分了"生活水平"和"生活标准"，认为"生活水平"是指人们实际享受的生活，而"生活标准"是指为增进效能起见而应为人们享受的生活，是一种理想的标准。前者可以分为四级：贫穷级、生存级、健康或舒适级、奢侈级；后者可以分为两等：生存的生活标准（可以视为贫困线）、舒适的生活标准（随社会不同而不同）。在柯象峰看来，社会总的生活水平是由三个要素结合造成的，即人口数量、可利用的土地或资源，以及技术水平。中国贫穷的原因，可以从物质、生物、政治、经济和社会等因素加以考察分析；同时，贫穷还具有循环性，还可以带来其他社会问题。其预防与救治就是要标本兼治，治本的方法着重预防，措施主要是改善自然环境、采取适当的人口政策、改善政治经济社会环境等；治标的方法重在救治，措施是发展救济事业。柯象峰还认真研究了贫困线的问题，他根据各种已有的调查数据，推算出当时中国农村的贫困人口约占全国人口的60%，城市贫民约占全国人口的5%，因此若以全国当时总人口4.5亿人计算，中国贫民至少占全国人口的65%，总数约3亿人（参见柯象峰，1935）。

在20世纪上半叶，中国还没有人口普查，中国一直到1953年才进行了第一次人口普查，在没有全国人口普查的情况下，对全国人口总数的估计，是人口学家普遍关心的问题。

言心哲1935年所撰写的《中国乡村人口问题之分析》，虽然只有几万字，但已经具有非常现代的研究水平。他收集了来自各方面的调查资料，利用有限的统计数据，全面分析了当时中国乡村人口的数量、结构、年龄分布、性别比例、生育率和死亡率、婚姻状况、职业状况、人口增减趋势、乡村人口变迁等，推算出当时中国的乡村人口有3.4亿人，约占全国总人口的74.5%。他在《中国乡村人口问题之分析》中指出，根据乔启明1929~1931年在河北省的调查，家庭平均人数为5.43人；根据李景汉同时期在定县等处的调查，家庭平均人数为5.80人；根据乔启明在1926~1928年对山西清源县143农户所做的跟踪调查，1926年的数字是143户，838人，户均5.86人，1927年是835人，1928年是839人，户均分别为5.84人和5.87人。这样5.8成了一个比较稳定的户均人口数字（言心哲，1935）。

言心哲的《中国乡村人口问题之分析》出版后，成为比较权威的人口分析著作，被多方引用。而且，言心哲在这本著作中，也涉及许多当时农村的热点问题，其中一个热点问题，就是"农民离村问题"。"离村"是当时社会学界惯用的词汇，就如今人惯用"农民工"一样，"离村"就是农民暂时性地或永久性地离开自己所居住的村落。离村的原因相当复杂，如参军、求学、投亲访友、出嫁、做官等，但迫于生计而背井离乡在近代中国是特定的历史情境，所以"离村农民"有时几乎就是"流民"的代名词。当时的一些乡村研究专著，几乎都或多或少地涉及"农民离村"问题：如浩平的《中国农民离村问题之研究》，翟克的《中国农村问题之研究》，黑山、徐正学的《农村问题——中国农村崩溃原因的研究》，柯象峰的《中国贫穷问题》，言心哲的《中国乡村人口问题分析》，金轮海的《中国农村经济研究》，孙本文的《现代中国社会问题》等。

三　农村社会学研究

"学院派"的大多数学者都具有留学欧美的背景，杨开道也不例外，而且他是中国获得农村社会学博士学位的第一人。他先后在美国艾奥瓦农工学院和密歇根农业大学学习农村社会学，获得硕士和博士学位，1927年回国后，历任大夏大学、复旦大学、中央大学农学院社会学教授，并担任过燕京大学社会学教授兼系主任、法学院院长。

杨开道从美国归来后,也是首先引入了西方社会学研究农村社会的核心概念"community",杨开道在翻译 community 这个概念时用的不是"社区",而是"地方共同社会"。他提出,农村不同于一般的"共同社会",它是一种以农业为主要职业的"地方共同社会"。"地方共同社会"有时也被称为"农村地方社会",在"农村地方社会"的上面,是"乡镇共同社会",而在"农村地方社会"的下面,是"邻里区域",它们共同组成农村社会的三层结构。

杨开道认为,中国农村生活不发达主要有五个方面的原因:一是教育不良;二是经济困难,农民所耕土地面积太少,耕地不满 10 亩的农家占 1/3;三是工作太忙,农民拼命工作,把精神生活给抛弃了;四是农村社会相互间距离太远,交通不便,结果农民只有家庭生活,没有社会生活,也没有充分的人力和财力去组织社会事业;五是农民毫无组织,农村是散漫的社会,农民不知组织的利益和方法。与梁漱溟的看法接近,杨开道也把组织农民视为农村发展最紧要的事情。在他看来,农村问题必须以人为主体,也就是以人与人的关系为主体,中国农村问题不同于农业问题,其关键之处是农村的社会组织问题,因此"农村自治"是"整个的农村生活改良的最基本的方法"。但是,杨开道坚决反对政府自上而下地推行地方自治的农村建设办法,他认为,"自上而下的政治,无论方法如何良善,组织如何严密,办理如何周到,总是官治,是被治,不能算是自治"(杨开道,1930),自治的意志,必须来自于村民的合意,只有农民真正集体地愿意处理而且能够处理自己的事务,农村自治才能获得其应有之义。

杨开道等"学院派"学者,也并不是躲在象牙塔里闭门读书的学者,中国文人的文以载道传统,使杨开道很早就有"以农立国"的志向,而且他非常强调理论研究和实地调查相结合,主张用科学的方法去研究中国的农村。他在《农村自治》的"序言"中曾说道:我六年前还是农学生的时候,就"感觉到农业界一个重要的缺点。……(农民)还是在那吃苦,在那发愁,和国内的农学士、国外的农博士,没有一点儿缘分。当时下了一个决心,不愿意再做和农民不相干的助教、专家、教授,而愿意作农民的朋友,作农民和专家中间的一个介绍人,使专家能够服务农民,农民能够利用专家"(杨开道,1930)。

杨开道积极地将他的理论运用于实践,他与许仕廉等人一起,利用美国洛克菲勒基金部的资助,在北京郊区的清河镇建立了实地观察点"清河试验区"。这个"清河试验区"成为"燕京学派"社区研究方法的一部分，而且在"燕京学派"自身看来，这是他们区别于梁漱溟和李景汉等人"社会运动式"乡村建设和社会调查的典范。

杨开道等人认为，他们提出的乡村建设方法，比梁漱溟等人搞的乡村建设运动更加科学，所以杨开道也不回避这种分歧，并且还积极介入相关的争论。梁漱溟1929年春到广东、江苏、河北和山西考察农村自治后，在《村治月刊》第一卷第四期发表了《北游所见记略》，列出了村治七大难题，并客气地说自己一点不能解答。而杨开道针对这七大难题，写了七篇题名为《梁漱溟先生村治七难解》的系列文章，连续发表在国立中央大学农学院主办的《农业周报》上。与梁漱溟从中国文化要义出发探索乡村建设道路不同，杨开道认为，如果按照自然顺序进行中国农村生活的改良，就会耗去许多精力和时间，而如果按照原理和成例的教训去计划中国的农村生活运动，则可以省掉许多精力和时间，成绩也许更好。而杨开道所说的"原理和成例的教训"，就是西方发达国家的经验，为此他曾系统地将英、美、丹麦、法等西方国家农村改革和建设经验介绍到中国。

即便是在学院派中，杨开道的思路与后来费孝通等人提出的乡村工业化道路也有很大差距，杨开道依据西方的经验，主张发展"机械农业"，他甚至提出要"废除农村手工业"，认为将农村建设为自治的公民社会，手工业的废除是一个先决条件，因为一天到晚十几个小时都在那里运用肌肉，哪里有余闲去运用脑子呢！

杨开道并没有局限于对农村社会学基本原理的阐发，他在学术上的一个贡献，就是从社会史出发写作的《中国乡约制度》，这是中国对乡约进行系统的社会学研究的第一本著作。杨开道希望通过对乡约史的研究，来探讨中国农村社会自治传统的历史基础。

杨开道（1937）认为，所谓"乡约"，是指在农村地方社会中，邻里乡人相互劝勉，共同遵守约定俗成的社会准则，并以相互协助、相互救济为目的的一种组织制度。乡约制度通过乡民受约、自约和互约三个层面的交往机制，使乡土社会诸阶层的成员得以维系共同生活和共同进步。这种制度，也颇类似于孟子有关井田制的理想规划，即乡民"死徙无出乡，乡田同井，出入相友，守望相助，疾病相扶持，则百姓亲睦"（《孟子·滕文公问为国》）。

杨开道通过系统考察中国乡治传统的来龙去脉，指出所谓与中央对应的"地方"概念，在中国由来已久。中国乡约制度自周代起便有了一些最基本的要素，他通过对《周礼》的研究，认为周代的农村组织可谓是中国乡治的理想模型，如"五家为比，十家为联，五人为伍，十人为联，四闾为族，八闾为联。使之相保、相受，刑罚庆赏相及、相共，以受邦职，以役国事，以相葬埋"（《周礼·地官·族师》）。春秋战国以降，由于"士"这一阶层的兴起，改变了农村的政治社会面貌。"士"既是贵族的门客，也常常作为文吏从政，还有一些成了儒生，散落在民间讲学主礼。"士"如有失意，大多会回到乡间，因此孔子以来官学下移的现象常有发生，城乡之间除了政治差别，并无多大文化上的差异，这种状况一直延续到清代中叶。只是东汉后的一段时期里，中国部分地区经历了从豪族到世族的统治，农民也一度沦为农奴和半农奴，但南北朝以后，乡里政权的虚化基本上成为一种趋势，后来无论北宋王安石变法搞的保甲改革，还是明代推行的里甲与社学社仓制度，农村的行政区划基本上还是以自然村为基础。满人入关后，乡治被分割为各个片断，由专门的部门来管理，乡约制度由此衰落。中国乡村行政机构的称谓一直很乱，如镇、保、都、庄、乡、村、里、图、甲、社、约等，甚至有堡、寨之类的说法，这说明县以下的行政机构，其实并非实体化的，因此在许多文献和地方习惯里，都把乡村的行政机构笼统地叫作"地方"。

杨开道研究中国乡约史，还是出于他对农村自治这一形势问题的关注，他曾说："历史学家的止点，便是社会学家的起点，因为历史学家的目的在寻求真实的史料，社会学家的目的便在应用已有的史料去推求前后的因果及至社会的原理"（杨开道，1937）。杨开道的治史风格，在很大程度上体现了社会史的精义所在，即将历史的考察与当下实质的社会问题结合起来，使历史成为当今社会分析的起点。他翻考历史本义，为施行农村自治寻求民间的历史资源，以乡约制度为基础，系统整理了中国农村自治的民治传统，在这项研究过程中，杨开道表达了他将自治希望寄托于民众，希望中国能复兴乡约传统，从而为今天的乡村建设实践找到了历史的逻辑和基于文明肌理的实质精神。

四 优生学研究

潘光旦是中国社会学界的一个奇才，他在美国哥伦比亚大学就读时，曾师从摩尔根教授，后来又曾获得优生学家达文波特的学术指导。他把优生学、社会学、伦理学以及社会史研究融汇在一起，开辟出一条社会研究的新路径。潘光旦曾就读于清华大学，他身上渗透着"清华学派"的那种学贯中西、融汇古今、打通文理的学术灵气。

1926年回国后，潘光旦大力传播优生学的知识，而对于那时的中国学界来说，优生学还是陌生的事物。潘光旦（1928）指出，优生学的要务，"在研究人类品性之遗传与文化选择之利弊，以求比较良善之蕃殖方法，而谋人类之进步"。他从社会优生学入手，试图通过中国多种历史资料来分析影响中国人口素质的社会、经济、文化等因素，他把这种研究路径称为"新人文思想"。

"新人文思想"强调，社会学必须要从人的自然本性即人性出发，而对人性的认识，则必须综合生物、遗传、生理、心理、病理[①]等学问，同时依据哲学、历史、宗教、文艺的人文传统，只有在这个意义上，社会学才能成为一种总体的学问。[②]

"位育"是理解潘光旦"新人文思想"的一个十分重要的观念。"位育"是潘光旦对 adaptation 一词的本土化释义，他没有把这个词直译为"适应"，而是结合中国文化传统，改译成古色古香的"位育"。潘光旦从"天地位焉，万物育焉"的古训出发，强调人作为生物的个体或团体，必须与环境相互协调，而所谓环境，既包括自然环境，也包括人文和制度环境。在人与环境的相互作用之中，人始终应当是主，环境应当是宾；人固然不能妄自尊大，但也不能听任环境的摆布，自居于一个卑微的地位。关键还是两者之间如何"相位相育，安所遂生"。

按照"位育"的理论，人与人的社会关系，首先是建立在生物性和心理性基础上的道德伦理关系，所以实现"位育"，要通过"人化"和"明伦"的养教，而作为中国伦理本位关系的家庭，便成为中国社会结构最重要的基础。潘光旦指出，"家庭向为我国社会组织之中心，社会之治安系焉"。在潘光旦看来，家庭是一切社会规范（social norm）的基础（参见潘光旦，1929：1）。家庭的关系有三个基本层面：一是与父母的赡养关系以及与祖先的祭祀关系；二是夫妻之间的姻亲连带关系及家庭内部的组织关系；三是与子女的养育关系、教化关系和继嗣关系。所有这些关系，都成为社会的经济、文化、宗教和价值关系的模本。在这个意义上，中国的家庭结构既不能照搬西方家庭的结构和模式，仅从西方的价值观上确立家庭内部的角色和位置，同时也无法完全维系传统的大家庭结构，将家庭内部的位育功能与控制功能混同在一起。因此，在综合了优生学和社会改良的视角后，潘光旦提出了一种带有保守性质的"折中制家庭"方案，即以"养教"和"赡养"两个概念为核心，建立父母和子女承担相互义务的家

---

① 有关病理学的研究，参见潘光旦最早的作品《冯小青》。
② 分别参见潘光旦，《优生概论》（1928）、《优生原理》（1949）、《人文史观》（1937）。

庭体制。这样，既可以避免西方小家庭制中只有父母对子女的养育，而无子女对父母的侍奉的个人主义弊端，同时也克服了中国传统大家庭制中妨碍个人发展的约制关系。

潘光旦的"位育"理论反映了他那一代学人的学术特质和学术追求，即希望通过本土化研究，超越中西方的文化对立，在现实的创新中传承历史。"位育"这个概念的塑造，既包含了对西方演化论思想的改造，也包含了对中国传统礼教思想的反思，是一种超越个体与社会、静态与动态、社会性与生物性等对立关系的人道主义社会理想。

与杨开道一样，潘光旦也把对现实问题的关照与对社会史的研究结合起来，在历史的长河中寻找中国位育之道的血脉绵延和传承机制。在这个方面，潘光旦的两部代表作《中国伶人血缘之研究》和《明清两代嘉兴的望族》，堪称为中国乃至国际上社会史研究的经典范例。

潘光旦从优生学的立场出发，特别着重依据族谱学的材料来考察中国特定历史时期的特殊人才延承的社会性机制。① 在《中国伶人血缘之研究》中，潘光旦系统整理了从春秋战国到民国时期有关伶人的文献和记录，特别是绘制了自清代嘉庆十七年（1812）到民国二十三年（1934）约120年共十份伶人血缘的社会网络，共计近180个家系的伶人材料。他指出，伶人在地理、社会阶层、移殖和血缘关系上，都有着特殊的分布形态，这非常贴近于社会生物学所说的"类聚配偶律"（Law of Assortative Mating）。从社会阶层来看，在血亲和姻亲方面，伶人与其他社会阶层之间存在特定的"区隔"事实，潘光旦通过对43个家系及其间婚姻关系的血缘网图的分析，指出无论是在阶层之间还是在阶层内部，都存在因区隔而形成的社会角色和戏剧角色的世代蝉联。从阶级分布看，潘光旦认为，在他集中考察的120年中，前期伶人以寒微的农民及工役阶段为多，但后期的三四十年间，中西新的文化势力交流时期，商贾与仕宦贵族阶级突然增多占了优势。但无论所出的阶级是什么，除梨园世家之外，从事伶业的人十之八九是经济地位很低的家庭子弟。而仕宦人家子弟加入伶业，在经济原因之外，更有一个心理的原因，即从舞台的演出获得一种心理的满足和心态平衡，高人玩票下海则由最初出于娱乐的需要而到迷恋（潘光旦，1941）。

在《明清两代嘉兴的望族》一书中，潘光旦一方面注重采用族谱资料，另一方面也注意收集方志中的名门望族资料，并从行状、墓志、乡会

---

① 除上述两部作品外，潘光旦这一领域的研究成果还包括《近代苏州的人才》（1935）。

试的朱卷中寻找证据来补充论证。他认为这样的资料有助于我们发现氏族由来、世代蝉联、人物事迹、族际婚姻等家系结构中的各种重要机制。不仅如此，他还采用了血系分图、血缘网络图、世泽流衍等形式描画了嘉兴望族的分布状况。潘光旦首先将《嘉兴府志》中所有有关"巍科"人物（即会元、状元、榜眼、探花和传胪）的记载整理出来，再按照其血缘关系归并为血缘系统，将不同血系之间的婚姻关系联结成一张血缘网，内含血系90多个。紧接着，他开始用优生学的理论来考察与"血缘网"之间的关系。他认为，明清两代嘉兴府共产生了40个"巍科"人物，其中有27人缠绕在"血缘网"之中。因此，"博学鸿词科的人物也可以帮同证明我们的血缘网是很有'毓秀'的（aristogenic）价值的"（潘光旦，1991/1937）。在九十几个血系中，至少有44个已知是从外地移入的，而移民之易形成世家大族，因此，望族的形成又与他一直强调的移民的遗传效果有关。不仅如此，潘光旦还发现，嘉兴的每个血系的世泽流衍平均到8.3世之久，而非古人所说的"君子之泽，五世而斩"。在这些血系中，潘光旦发现了560根红线，标志着280次婚姻关系，这也正说明了"婚姻能讲类聚之理，能严选择之法，望族的形成，以至于望族的血缘网的形成，便是极自然的结果"（潘光旦，1991/1937）。沿着这样的思路，在《近代苏州的人才》中，除地理和血缘等因素外，潘光旦又加入了学风、师承关系等文化因素，来考察科举人物的遗传作用，从而再次证明了他所说的类聚婚姻律作为历史存在和社会存在的事实。

总之，社会学"学院派"的共同特点：一是注重学科在学理上的系统性，全面地吸纳和引进西方的社会学知识；二是注重社会学的中国化或本土化，用现代社会学的知识改造中国的传统学问；三是坚守文以载道的文人社会责任和改造中国的社会理想，注重学问的经世致用；四是强调从中国历史文化传统中建立知识的根基，注重对社会史的研究。

参考文献

陈达，1929，《中国劳工问题》，上海：商务印书馆。
——，1934，《人口问题》，上海：商务印书馆。
——，1938，《南洋华侨与闽粤社会》，上海：商务印书馆。
韩明谟，1987，《中国社会学史》，天津：天津人民出版社。
柯象峰，1935，《中国贫穷问题》，南京：正中书局。
潘光旦，1928，《优生概论》，上海：新月书店。

潘光旦，1929，《中国之家庭问题》，上海：新月书店。
——，1935，《近代苏州的人才》，北京：国立清华大学社会科学第一卷第一期单行本。
——，1937，《人文史观》，上海：商务印书馆。
——，1941，《中国伶人血缘之研究》，重庆：商务印书馆。
——，1949，《优生原理》，上海：观察社。
——，1991/1937，《明清两代嘉兴的望族》，上海：上海书店。
孙本文，1935，《社会学原理》上下册，上海：商务印书馆。
吴泽霖，1930，《社会制约》，上海：世界书局。
许仕廉，1934，《人口论纲要》，上海：中华书局。
严景耀，1986/1934，《中国的犯罪问题与社会变迁的关系》，吴桢译，北京：北京大学出版社。
言心哲，1935，《中国乡村人口问题之分析》，上海：商务印书馆。
——，1944，《现代社会事业》，重庆：商务印书馆。
杨开道，1930，《农村自治》，上海：世界书局。
——，1937，《中国乡约制度》，济宁：山东省乡村服务人员训练处。

（责任编辑：周晓虹、苏媛媛）

心理学派、文化学派,还是综合学派?

——孙本文社会学取向刍议

谢立中*

摘 要:当我们问道"孙本文到底是一个心理学派的社会学家,还是一个文化学派的社会学家,拟或是一个综合学派的社会学家"时,实际上是预设了一个学术思想前后一贯、恒定不变的孙本文。而事实上,正如我们大家都明白的那样,仔细浏览一下孙的著作,我们就会看到,孙的思想前后是有变化的。孙本文最早的思想的确是属于心理社会学派,而20世纪40年代的思想也的确是属于综合论社会学派。因此,笼统地问孙是一个心理学派社会学家、文化学派社会学家,还是一个综合学派社会学家?或者笼统地回答孙是一个心理学派社会学家、文化学派社会学家,还是一个综合学派社会学家,应该都是不合适的。

关键词:孙本文 心理学派社会学 文化学派社会学 综合学派社会学

一 关于孙本文社会学取向的不同说法

孙本文的社会学理论到底属于何种取向?这是中国社会学史研究文献中常有人讨论甚至争论的一个问题。有人说,孙本文的社会学理论应该属于文化论社会学派。例如,一位名叫如松的作者在1931年发表的评论文章中就将孙本文认定为文化派社会学者,将孙本文早期著作中的内容都认定

---

* 谢立中博士,北京大学社会学系教授(lzxbjdx@sina.com)。

为是文化社会学（胡炼钢，2010）；燕京大学社会学教授赵承信在1948年的一篇文章中也认为中国社会学的主要派别是文化学派和辩证唯物论学派，而孙本文则是文化学派的主要代表（周晓虹，2011：329）。但也有人说孙的社会学理论应该属于综合论社会学派。主张这种观点的人有孙本文自己的说法做依据。在《当代中国社会学》一书中，孙曾明确写道："不能说自己属于心理学派"（孙本文，2011/1948：254），"不可误会视著者为文化学派"（孙本文，2011/1948：259），并自诩为"属于综合派之林"（孙本文，2011/1948：255）。另外，周晓虹教授在最新的一篇纪念孙先生的文章中，则称呼孙为"文化决定论与心理还原主义的综合学派"（周晓虹，2012）。

那么，孙本文的社会学理论到底属于哪一派呢？

我觉得这可能是一个由于错误的提问方式而生发出来的假问题。当我们问道"孙本文到底是一个心理学派的社会学家，还是一个文化学派的社会学家，拟或是一个综合学派的社会学家"时，我们实际上是预设了一个学术思想前后一贯、恒定不变的孙本文，或是预设了孙有一个前后一贯、恒定不变的社会学理论。而事实上，正如我们大家都明白的那样，仔细浏览一下孙的著作，我们就会看到，孙的思想前后是有变化的。孙本文最早的思想的确是属于心理社会学派，而20世纪40年代的思想也的确是属于综合论社会学派。因此，笼统地问孙是一个心理学派社会学家、文化学派社会学家，还是一个综合学派社会学家？或者笼统地回答孙是一个心理学派社会学家、文化学派社会学家，还是一个综合学派社会学家，应该都是不合适的。

二 心理社会学派：孙本文社会学思想的起点

陈定闳先生在提到孙本文的思想倾向时，有过这样一段评论："尽管他在早期的《社会学ABC》中即表明文化与态度并重，但孙师早期的论著实是以文化为主，他的社会学学说，应属于文化学派的理论。他在教学中所灌输给学生的，是以文化学派理论为主。当时他主持中央大学社会学系所开设的课程侧重于文化学派，除他自己开设的社会学原理、社会变迁固贯穿文化学派的理论外，又有黄文山的文化社会学、卫惠林的民族学、何联奎的中国民族文化研究。因之，孙师早期的社会学理论是文化学派的社会学"（陈定闳，2012/1992：212）。

孙本文最早的社会学取向到底是不是可以称作文化社会学派呢？为了说清这个问题，我们首先需要说清楚什么是"文化社会学派"？

我认为，文化社会学派的基本特征是：以"文化"而不是以文化以外的其他因素（地理环境、人的生物特性、社会结构、社会制度等）来作为解释社会行为和社会现象的直接变量。如果这个说法可以接受的话，那么，我们就可以来看看，孙本文早期的社会学著述是否符合这一界定。

阅读孙本文最早的一些社会学作品，我们可以看到，他的社会学思想并不符合上述特征。在孙本文最早的社会学著述中呈现的基本特征并非是以"文化"因素来作为解释社会行为和社会现象的直接变量，而是以"社会态度"这种心理因素来作为解释各种社会问题产生和变化的直接变量。

什么是"社会态度"？按照孙本文的解释，"态度"就是个人人格中对于某种行为的趋势。孙本文说："行为的发动，在人格方面观察，有一种行为的趋势。此种行为的趋势，是人格特质可能性实现的动机，可以断定个人的行为。个人行为的性质、范围、迟速等等，都为行为的趋势所决定。行为的趋势，在社会学上称为态度。"孙本文认为："一切社会行为，其始都发源于态度；态度的交互刺激与反应，产生社会上种种行为。故态度为社会行为的基础。"（孙本文，2012a/1935：174~175）

在《何谓社会问题》一文中，孙本文主要以"社会态度"来作为解释社会问题产生和变化的直接因素。

> 社会问题，就是社会制度或社会标准变迁时社会上发生之问题。因为社会制度或社会标准，不时变迁，故社会上不时发生问题。但其变迁之主要原因，则不在社会制度之本身，而在执行此社会制度之一群人对此制度之态度。
>
> 大概一种社会问题，必包含两种要素，即：一、客观的社会状况——社会制度变迁前或变迁时社会上之状况。二、主观的社会态度——社会制度变迁时，社会上各个人对于社会状况之态度。而此二要素中尤以社会态度为社会问题发生之**必要条件**①。故我人可说：凡社会上许多人认为必须调整之任何社会状况，皆成为社会问题。换言之，凡社会上许多人对于任何社会制度或标准，认为必须变革时，则该社会即发生社会问题。
>
> 如是，社会问题之产生，其关键全在社会态度。换言之，即使社会状况如何不良，社会制度如何不适用，如其社会上多人不注意，不领会，不承认，则社会上亦自无问题。所以可说：社会问题之有无，全视社会上多人态度为转移。（孙本文，2012d：53~54）

---

① 字体加粗为本文作者所为，后同。

孙本文举例说，"例如：旧式婚姻，在二三十年前，即使女子如何无智识、不识字、缠足、迷信、不开通等等，在为丈夫者并不认为不满意。换言之，为丈夫者之态度未变，故不成为问题。到如今，欧风传来，情形大变。为丈夫者对于由'父母之命、媒妁之言'所娶之妇，为不自由；故对于旧式女子为不满意。举凡从前不成问题之条件，到现在都成问题。换言之，为值得对于旧式婚姻之态度既变，故产生此类旧式婚姻问题"，"又例如：劳工问题，如工作时间之长，工资之低，待遇之苛等等，在二三十年前，我国各工厂、各作场、各大商店内之工人店夥，常常如此。大家视为固然，所以并无问题。到如今，情形不同。劳工方面及社会民众，渐渐注意劳动生活状况；觉得工作不应太长，工资不应太低，待遇不应太苛等等，于是就成为社会问题。换言之，从前社会态度未变，所以即使劳工生活如何贫苦，并不成为问题。现在社会态度既变，此种状况便成为问题"（孙本文，2012d：54）。

可见，"同是一事，在一时代不成为社会问题；在他时代便成为社会问题。以同理推之，同是一事，在一国或一地成为问题；在他国或他地，不成为问题"，"例如：美国有两大社会问题，即禁酒与移民是也。而在中国则二者并不成为问题"，"所以单有不良之社会状况，不能产生社会问题。问题之有无，全视社会上多人对此状况之态度变迁与否。社会态度未变，则任何社会制度，全社会之人，奉之为行为标准而莫敢违背，故不发生问题；社会态度一经变迁，则任何社会制度，即虽保其固有之标准价值；而社会问题，因此发生"，"要之，社会问题之成立与否，全视社会态度为转移"（孙本文，2012d：54）。

孙指出，社会问题之发生，完全由于社会态度之变迁。然而，社会态度的变迁又是由什么因素引起的呢？

孙本文认为，社会态度之变迁，或者起因于与异种社会制度或文化之接触，或者起因于内部之新发明。新态度与旧制度交互作用，乃产出一种社会问题，并由此而产出一种新运动，因以造成一种新制度。其关系可见图1。

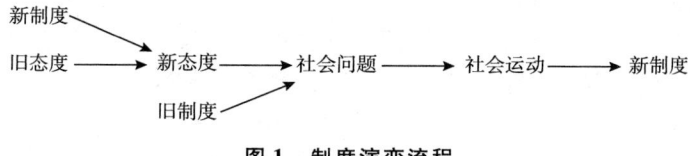

图1　制度演变流程

但孙本文认为，归根结底，引发社会问题的根本原因还是社会态度的变化。孙明确地说："就社会问题而言，其发生之枢纽，还在社会态度之变迁。我人固知社会态度之变迁，是由于与新制度之接触。但反言之，社会接触，不一定能改变社会态度。譬如中西文化之接触，为日已久。我国近年社会制度之变迁，固大率由于欧化输入之故。但何以欧美各国未尝因与我国文化接触而发生变迁。又如非洲黑人之在美国者几已无全为美国文化所同化；但在美国人民方面，则未尝因与黑人接触，而发生何种变迁。"（孙本文，2012d：56）可以说，在这段话里，孙本文不仅再次强调了社会态度的变化对于社会问题发生的关键作用，而且还已经隐约意识到并表达了社会态度的变化具有一定程度的相对独立性，并不必然随文化接触而转移这样一个道理。

因此，很自然，孙本文明确提出："社会制度之变迁，固由于与异种制度接触；但社会问题之成立与否，毕竟还视态度之变迁与否以为断。故欲解决社会问题，全在转移社会态度。社会态度若能转移，则社会标准即变迁；社会标准既变，则社会问题即已解决矣"（孙本文，2012d：56）。

孙举例说明道："当胡适之辈提倡新文学时，不知有多少人出而反对；可见当时之社会态度，赞成旧文学反对新文学。但到如今，社会上对于文学之态度已转移，多数人赞助新文学，反对旧文学。到此，可谓社会标准已变迁，而此问题亦已解决矣。""又如女子缠足之风俗，在从前即智识阶级之人，多视缠足为女子美观要素之一。择娶者以此为选择标准；可见缠足为当时社会标准。而其时社会态度对于此缠足风俗极端赞成。但自与欧化接触后，知缠足之种种弊害；提倡放足，鼓励天足；到如今，社会态度已变，少年择配不但不以缠足为美观要素，而且视为唯一之反对条件。到此，社会态度已转移，社会标准亦变迁，可说此问题已解决矣。"由此可见，"社会制度之变迁，全视对此制度之社会态度为转移。所以欲解决社会问题即在转移社会态度。转移社会态度之途径有三：（一）教育，（二）宣传，（三）立法。教育为人群根本之改革；宣传所以启牖民众；立法所以范围民行。而此三者尤赖有领袖人才与致密组织以执行而实现之也"（孙本文，2012d：57）。

总而言之，在《何谓社会问题》一文中，孙本文是一个地道的心理主义者，其主要表现是：①他完全是以"社会态度"这种心理因素为直接因素来解释各种社会问题的产生和变化；②他明确指出社会态度的变化虽然是由与新制度或新文化的接触而引起，但这种接触只是引起社会态度变化的必要条件，而非充分条件；③在提到可能导致社会态度变化的触媒时，他虽然提到了新文化，但只是把它作为与新制度并列的因素之一，而且，在更多的时候，他提到的是新制度，而非新文化。

因此，我们有充分的理由可以得出结论说，至少在写作《何谓社会问题》这篇文章时，孙本文不是一个文化学派社会学家，而是一个比较典型的心理学派社会学家，以至于孙本文本人也不得不承认，他在此文中是"全从心理的观点，解释社会问题。以'社会态度'一概念，说明社会问题的起因"（孙本文，2011/1948：254）。

不过，一年之后，在《文化失调与中国社会问题》一文中，孙本文的观点就有了重要的变化。

三　走向文化社会学派：孙本文社会学取向的第一次演变

在《文化失调与中国社会问题》一文中，孙本文开始尝试主要以"文化"因素作为解释社会问题产生的直接因素。

孙本文（2012e：58）说："我国目前有许多社会问题，若从纯粹的文化观点去分析，便可发见，其根本症结，在文化失调。"一个社会的文化可以划为物质文化（房屋、车辆、船舶、机器、衣服、食物等）和非物质文化（道德、政治、信仰、风俗、科学、哲学等）这两大类。这两部分之间是互相依赖、互相适应的。尽管在许多情况下，物质文化变迁的时候，与之相关的非物质文化也会跟着变迁以适应之。但实际上，在物质文化变迁的时候，也有很多与之相关的非物质文化未必跟着变迁，那时，物质文化和非物质文化之间，便发生一种失调的现象。"举一个浅近的譬喻，马车是物质文化；驾驶马车的方法，是非物质文化。今若以驾驶马车的方法，去使用马车，自然是适应而无问题。但是，假使把马车换了汽车；那末，驾驶马车的方法，全不适用，那时，若非改用驾驶汽车的方法，对于汽车就成了失调的现象。一个社会，对于新文化的失调，也往往如此。"（孙本文，2012e：58）这种文化失调的现象，就会引起一定的社会问题。

孙本文认为，中国当时不少社会问题就是由当时中国文化变迁的失调造成的。

例如，劳工问题。孙指出，"自从工业革命以后，机械愈加发展，资本愈加增多；社会上经济状况，大改旧观。而人类生活的物质需要，就大大变迁。但是社会上大部分风俗、制度，却不能和这种极重大极迅速的物质上的变迁相适应。于是物质状况大变，而处理物质状况的种种风俗制度，往往因仍未变，或略变而不彻底；结果，社会上就发生一种失调的现象。我国目前的劳工问题,可说就是这一种失调的表现"(孙本文,2012e:59)。孙具体解释说,在从前纯粹小规模的手艺工业时代,中国的工业生产过程主要有以下一些特点:①工作不是很严格,所以工作时间也往往较长。②工资足以维持工人生计。③工作是很安全的。④工人和场主的关系是很亲密的。但是到了机械工业发达以后,盛行工厂制度,工作过程的特点也就大变:①工作是很严格的。②工资不够维持生计。③工作是很危险的。④劳资两方是不相接近的。然而,虽然物质生产过程已和旧时小规模手艺工业时代大不相同,但是旧时适用于小规模手艺工业的种种风俗制度,却还没有完全改变。因之,工业社会就发生一种杌陧不安的失调现象:①在现今严格的机械工业的工作状况之下,还是要应用从前长时间的工作制度。②在现今生活程度已经加高的时候,还是要应用从前低薄的工资制度。③在现今容易发生危险的工厂里工作,而还是没有适当的赔偿和保险的保障制度。④在现今劳资两方极无感情的工业状况之下,而还是没有相当的方法,去消弭冲突。这就是目前中国工业社会失调的现象,也就是中国目前所发生的劳工问题。

再如婚姻问题。婚姻自由和社交自由,原是关系极密切的两种制度。社会上男女交际必须极自由,那么,婚姻方可有自由择配的余地。假使社会上男女间交际,还是不很公开,那么,通行婚姻自由的制度,实际必定有许多困难。在从前父母代主婚姻的时代,婚姻是不必自己费心的。由父母之命,媒妁之言,就可得到一个现成的配偶;用不着社交,用不着结识。所以采用社交不公开的制度,自然是互相适应而没有问题的。中国进入20世纪以来,婚姻自由的制度,似乎已经风行于社会了,尤其是智识阶级。但是实际除开男女同学的学校外,在普通社会上,男女交际,还是很不公开,就是男女同学的学校,通常女生总是占数极少。男女间交际,还不平衡。在这样的社会状况之下,实行婚姻自由的制度,自然一定要经过困难。青年男女间,或者完全缺乏交际的机会,或者仅有极褊狭的交际机会,其结果就发生三种现象:①一个人遇到一个异性朋友的时候,往往因为机会难得,就做终身配偶之想。②一个人所遇有限的异性朋友,都是性情志趣不相投,就致缺乏择配的机会。③一个人因为眼界太高——如学问、地位等——凡所能遇见有限的异性朋友,都不合意,就致无结识和选择的余地。这种婚姻制度改变,而社交制度尚未改变的情况,就是今日中国青年的一种婚姻问题。

再如离婚问题。"我国社会,关于婚姻制度固有的文化模式和欧西社会的文化模式,大不相同。我国近年以来,社会上已风行婚姻自由和离婚自由的制度。但是他种社会制度,却还没有大变——譬如社交和女子职业等。因此,社会上便发生一种失调的现象。""在从前婚姻和离婚不自由的时代,社会上注重名节,不许女子再嫁的;而且女子是照例依赖男子,不必有经济独立的能力;所以女子可以无职业的。到了现在,婚姻和离婚,已经可以自由了;但是社会上,还是死守着'妇人从一而终'的礼教,不许女子有再嫁的可能和机会。而同时凡被离婚的女子,因为从前女子职业的不发展,全都缺乏经济独立的能力,依旧是要靠着他人生活的。在从前时候,女子结了婚,无经济独立的能力,不成什么问题;因为可以依赖丈夫的。现在被丈夫离弃了;说再嫁罢,因为礼教的束缚,没有可能;就是说可以再嫁了,机会也是很少。说谋生罢,毫无职业知识和技能的弱女子,到那里去糊口呢?这样一来,中国社会上就发生一种文化失调的现象,成了目前的一种离婚问题。"(孙本文,2012e:64)

孙本文总结说:"有数千年根深蒂固的文化背景的中国,而处于今日社会变迁剧激而迅速的时代,文化各部分之间,当然不能同时得到一种互相适应的秩序。换句话说,在这个社会剧激变迁的时代,当然随时随处,可以发见文化失调的社会问题。"(孙本文,2012e:64)

孙本文认为,至于这类社会问题的解决法,说来很简单,就在调整既经失调的文化现象。"就是说,把既经失调的文化现象,使之互相适应而调和罢了。因为在文化失调的时候,社会上才感觉到发生问题,一到失调的文化,既经适应而调和的时候,社会问题,自然也就解决了。"(孙本文,2012:64~65)譬如:①劳工问题。假使我们能够把工资的标准加高,使其和生活程度相应,那么工资问题就解决了。假使我们能够把工作时间的标准减短,使其和工作状况相合,那么,工作时间问题就解决了。假使能够制定适当的工人教育、工人赔偿和工人保险法,那么,工人待遇问题也至少解决了一部分。假使能够制定适当的调解纠纷方法,组织适当的工人团体和雇主团体,那么,劳资冲突问题也就容易消弭了。②婚姻问题。假使社会上男女间社交能够完全公开,那么,自由婚姻制度绝对可以不生问题了。③离婚问题。假使社会上能够通行再嫁制度,能够使男女在职业上平等,能够使女子有经济独立的能力,那么,这种离婚问题也就不成问题了。

至此,我们看到,与在《何谓社会问题》一文中不同,在这篇文章中,孙本文几乎完全是在用文化失调一类的宏观因素而非社会态度一类的微观心理因素来解释各种社会问题。回顾一下孙本文在前述《何谓社会问题》一文中对劳工等问题的解释,可以看到此处的解释与彼处有很大的不同。

例如，对于工作时间之长、工资之低、待遇之苛等劳工关系方面的问题，在《何谓社会问题》一文中，孙本文认为产生这一问题的主要原因是"社会态度"的转变：这些现象以前也有，但大家视为固然，所以并无问题；而现在劳工及社会民众，渐渐觉得工作不应太长，工资不应太低，待遇不应太苛，等等，于是就成为社会问题。而在《文化失调与中国社会问题》一文中，孙对劳工问题产生的解释则是"物质生产过程已和旧时小规模手艺工业时代大不相同，但是旧时适用于小规模手艺工业的种种风俗制度，却还没有完全改变"，譬如过去手工业时代，工作不是很紧张，所以劳动时间长一点也不成为问题，但在今天的机械工业时代，工作过程已经非常紧张，再像以前那样长时间地工作，劳工就很难坚持了，所以觉得长时间劳动是一个问题；再如手工业时代物价不高，所以低工资也不会对工人的生计造成问题，但今天物价不断增长，低工资就难以维持工人的生计了；过去企业小，劳资双方接触机会多，感情比较好，出现了矛盾也容易解决，但今天企业大，劳资之间接触机会少，感情淡漠，出现了矛盾再用以前的老方法来处理就不够了；等等。这里对劳工问题的解释似乎完全无须"社会态度"一类的心理因素出场，纯粹是由于文化失调这样一些客观的因素造成的。对于婚姻问题的解释，情形也是如此。也正因为如此，在讨论解决问题的主要方法时，孙本文也认为解决问题的主要办法是要"把既经失调的文化现象，使之互相适应而调和"（例如把工作时间缩短、把工资标准提高、制定调节劳资纠纷的方法等），而不是调整人们的社会态度。"失调的文化，既经适应而调和的时候，社会问题，自然也就解决了。"由此而言，我们似乎完全有理由将孙本文此时的社会学取向称之为"文化社会学派"。

然而，比较麻烦的是，作者本人却似乎并不完全愿意成为上述这样一种文化学派社会学家。对于之前采用来解释社会问题的主要因素"社会态度"，孙本文并不想彻底放弃。在文章的末尾，作者笔调一转，指出"我们必须知道，上面所讲，是从纯粹的文化立点说。实际，文化和社会态度，有极密切的关系"（孙本文，2012e：65）。孙指出："文化常跟着社会上人们对于这文化的态度的变迁而发生变迁的。假使社会上人们对于这文化的态度未变，文化决不会自身变迁的。""所以文化失调决不是文化自身会能失调的；因为社会上人们对于文化的态度的失调的缘故。譬如我国社会上，有的是赞成婚姻自由，所以采取这种制度了；有的还是赞成男女社交不公开，所以还是把男女的界限看得很严。这就是社会态度失调的证例。""这样看来,文化失调,是起于社会态度的失调;而社会问题,是起于文化失调;所以社会态度的失调,就是社会问题发生的根本要素。""要解决社会问题,就在调整既经失调的文化;要调整既经失调的文化,在转移既经失调的社会态度。"(孙本文,2012e:65~66)从这些论述来看,在文化和态度两者之间,孙本文似乎还是更倾向于以态度来解释社会问题的产生。这就使得我们在把孙本文的社会学取向称为"文化学派"时,不能不犹疑起来。但这种强调社会态度为社会问题之直接诱因的论述和我们刚才看到的孙本文对劳工问题、婚姻问题等具体社会问题的重新解释并不一致,也使得我们对这些论述难以理解。

在另外一些地方,孙本文似乎认为是文化和态度两者之间的相互作用引发了各种社会现象的产生。例如,在《社会学原理》一书第十一章论述文化和态度的关系时,孙本文明确写道:"我们必须注意,态度不能单独产生社会现象的。态度必须在社会环境中表现而活动的。社会环境中不外人与文化。是可以态度表明的。故质言之,社会环境中不外文化与态度。文化是客观的,属于物的;态度是主观的,属于人的。文化与态度的交互作用,乃产生种种社会现象。文化固然常受态度的影响,而态度亦常受文化的影响,二者互为因果,不能分离。本节是从态度的立场,讨论其与社会生活的关系,故偏重态度的影响。其实态度是在文化环境中陶冶而成。态度的本身,即是文化的反映,原无独立势力之存在,要之,就态度之活动言,固可影响于社会现象,但就其起源言,则态度亦出于文化环境之陶冶,固不能与文化脱离关系"(孙本文,2012a/1935:196~197)。若以此为据,我们似乎可以说孙本文此时既不是一个文化学派社会学家,也不是一个心理学派社会学家,而是一个文化-心理相互作用学派社会学家。但这和我们看到的孙本文在《文化失调和中国社会问题》一文中对劳工问题、婚姻问题等具体社会问题的重新解释也并不一致,使得我们在对孙的社会学取向做这种归属时也不能不依然犹疑不决。

不过,还未待这些理论问题彻底解决,孙本文的思想就很快又发生了重要的变化。

四 走向综合社会学派:孙本文社会学思想的再演变

在《公民社会问题》和《现代中国社会问题》两书中,孙本文对社会问题起因的解释又有了很大的变化,他不再只以文化和社会态度来作为社会问题形成的主要因素,而是将它们列为导致社会问题产生的因素之一。

例如，在《公民社会问题》一书中，孙写道："我们既知社会问题的发生，由于共同生活发生障碍。而此障碍的来源，却不一致：有从自然环境的剧变而产生的；有从生物的自然过程而产生的；有从心理的变迁而发生的；也有从文化的变动与失调而发生的。自然环境的剧变，如水灾、旱灾、虫灾、震灾等等，一经发生，则人民的生命财产，即受巨大的损失，而社会秩序，因此大乱。不仅受灾的社会，当时发生灾荒问题，急须临时的救济，而且人民被灾以后，元气大伤，农田产量减少，衣食不能自给，于是发生普遍而永久的贫穷问题。其次，人口之自然增长，虽受文化的影响，但仍不能越出生物法则的范围。或出生超过死亡过多，而使人口增长过速，于是发生食料不足，人口过剩之患。或出生死亡同时减低，而使人口增长过缓，于是发生人口停滞或减少之忧。这些都是因生物现象而发生的人口问题。其次，社会的变迁，受文化变动的影响为最大。近世大部分社会问题，都是因为文化变动甚速，社会状况不能得相当的适应而起。中国自海桐以来，欧美文化源源输入，于是社会顿呈剧急的变迁。新旧制度的冲突，变迁速率的参差，在足以引起共同生活的障碍。于是家庭问题、劳工问题、妇女问题等等，同时发生。这都是受文化变迁的影响。可是生活的障碍，不完全是由文化的变动上产生出来，有时这种障碍，是发生与我们心理上的觉察。文化尽可变迁，我们如不觉察它的缺陷，则虽有变迁，而不生障碍。如果觉察它的缺陷，则障碍立见。同是大家庭制度，在往时不察觉它的缺陷，所以相安无事；到了现代，我们察觉它的缺陷，于是就发生问题了。同理，妇女问题、劳工问题，都有同样情形。这都是受心理影响的原故"。

总而言之，"共同生活的障碍，其来源不外四类：即环境方面、生物方面、心理方面和文化方面。这四方面所生的障碍，再综括言之，不外两大类：即客观的事实方面和主观的心理方面。客观方面的事变，使共同生活顿生不可避免的障碍，明确严重，显而易见。例如天灾人祸的影响，有客观的事实在，决非人类的心理态度所能左右。此为障碍之生于外界环境者"。"社会问题既起于人类共同生活的障碍，则凡足以妨碍共同生活的任何现象，均可归入于社会问题范围之内。如是以推，共同生活的障碍无限，则社会问题的范围亦无限。但是共同生活的障碍虽无限，而其主要的来源，则不外四端，即上述的地境、生物、心理和文化四方面。起于地境方面的障碍者，如灾荒问题、贫穷问题；起于生物方面的障碍，如人口问题，起于心理方面和文化方面的障碍，如家庭问题、妇女问题、劳工问题、农村问题、犯罪问题、失业问题等。此种分析,仅就障碍来源的大端而言;若就各问题的原因,详加分析,则可发现其直接间接、主要和次要的因素甚多,并不限于一种的原因。同一贫穷问题,有的起于天灾,有的起于人祸,有的起于个人品性,有的起于经济制度,有的起于文化落后,要看各种社会实际状况而定。同一家庭问题,有的起于感情冲突,有的起于环境影响,有的起于经济压迫,要视家庭中各分子的品性、感情以及其他家庭的境遇与一般社会的环境而定。每一种社会问题,既起于很复杂的原因,而每一种原因,亦可产生各种不同的社会问题。故社会问题的内容,至为复杂,而其范围,亦殊难确定"(孙本文,2012b/1927:219~221)。

在《现代中国社会问题》一书中,孙也写道:"社会问题,不全起于文化失调。例如因水旱而起的灾荒问题,显然不是由于文化失调。我们不能谓灾荒不是社会问题;但灾荒是自然环境剧变的结果;与社会文化只有间接的关系,而无直接的关系。所谓间接的关系,如因水利失修而致水灾;因灌溉无法而生旱灾。但水利不讲求,与灌溉无技术,可说是文化不进步,而非文化失调。故社会问题有时固起于文化失调,有时却与文化失调无关。"(孙本文,2012c/1943:6)孙还在注释中检讨说:"著者于民国十七年在《社会学界》第二卷所著《文化失调与中国社会问题》一文中,备述文化失调与社会问题的关系,似偏重于文化失调一观念。当时列举各问题都起于文化失调,但并未抹煞其他原因。"(孙本文,2012c/1943:16~17)孙还说:"社会问题,不一定起于社会上多人的注意,或公认为危害。例如盗匪问题,与公共卫生问题,不管社会上人是否注意,或是否公认为危害,而自成为问题。盗匪横行,侵扰闾阁,这是客观的事实,无关主观的心理。所以即使人们不认为严重,而自成为问题。疠疫流行,死亡相继,这也是客观的事实,不是心理所可转移的。所以这种问题,即使社会不注意不公认,也自成问题的。至如灾荒问题、人口问题等,那更不容说了。"(孙本文,2012c/1943:6)总之,"共同生活或社会进步的障碍,其来源不外五方面,故社会问题的起因,即在此五方面;就是地境方面、生物方面、心理方面、文化方面与社会方面。这五方面,若再综括言之,可归纳成两大类:即客观的事实方面,与主观的心理方面。客观事实应包括地境、生物、文化、社会四方面;主观心理,则在我人自己对于问题的觉察而已。大概客观方面的事变,可使共同生活或社会进步发生不可避免的障碍;明确切实,显而易见,决非人类心理态度所能左右。例如:灾荒、犯罪、失业、贫穷等皆是。这是外界环境的障碍。至于社会上文物制度的影响，如家庭生活、婚姻关系等，常不如灾荒、犯罪、失业等明确而易见。故此等障碍的有无，不尽在客观的事实方面，而常在个人的心理觉察方面。这是内界心境的障碍"（孙本文，2012/1943：10）。孙还特别强调道："社会上多人主观态度，可以发见社会障碍，产生社会问题。但这种就主观的心理方面言；同时，我们不可忽略客观的事实方面。因为许多社会问题，起于客观的事实的障碍，决不是我们心理态度所能转移的。"（孙本文，2012c/1943：11）及至写于1945年的《五十年来的社会学》一文中，孙本文更是明确地表白自己在《社会学原理》一书中的立场是"虽重视文化因素，而非纯粹的趋向"（孙本文，2012f/1945：275）。

由此可见，到了写作《公民社会问题》和《现代中国社会问题》这两本书的时候，孙本文对社会问题和社会现象的解释的确变得更加"综合"了。他不仅不再单用社会态度一类心理因素，而且也不再用文化或文化和社会态度之间的相互作用，而是用包括环境、生物、心理和文化等方面因素在内的多种因素来解释社会问题的产生，将这些因素并列为解释社会问题的不同因素（虽然还在纠结文化和心理因素的相互作用）。自此以后，孙本文就一直以"综合学派"社会学家自居，反映出他对"综合学派"取向的偏爱和中意。

五 结语

综上所述，我们可以看到。

1. 为了找到一个在自己看来更为合适的社会学理论解释框架，穷其一生，孙本文的社会学取向至少有过两次变化，前后形成过三种不同的社会学取向。在他社会学研究生涯的起始点，他的理论取向基本上是一种心理主义的；但很快他就转变成为一个带有强烈文化主义色彩的社会学家，尽管此时及此后他一直纠结于心理主义和文化主义之间；几年之后，他再次改变了自己的理论取向，自觉地转变成为一个他自己所称的"综合学派"社会学家。所以，笼统地问孙是一个心理学派社会学家、文化学派社会学家，还是一个综合学派社会学家？或者笼统地回答孙是一个心理学派社会学家、文化学派社会学家，还是一个综合学派社会学家，应该都是不合适的。

2. 周晓虹教授在《孙本文与20世纪上半叶的中国社会学》一文中将孙本文的社会学取向命名为"文化决定论和心理还原主义的综合学派"，

这一命名既揭示了孙本文社会学思想中实际存在过的"心理还原主义""文化决定论"和"综合学派"三种成分，又试图以"综合学派"为落脚点或最终归宿将这三种成分有机地结合起来，将孙本文的社会学定位为具有"文化决定论"和"心理还原主义"色彩的"综合学派"，具有一定启发性。不过，按照我们前面所做的描述和分析，我推测孙本文本人可能并不一定会完全认同这一命名。因为，尽管孙本文在《何谓社会问题》等文章中的具体论述确实给人以"心理还原主义"的印象，在《文化失调和中国社会问题》等文章中的具体论述也确实给人以"文化决定论"的印象，但无论是在前一篇文章中，还是在后一篇文章中，孙本文自己却都明确地否定自己是一个"心理还原主义"者或"文化决定论"者，而认为自己的主张是文化和心理因素的相互作用。因此，我推测孙本文可能会更乐意接受"文化与心理相互作用论的综合学派"这一命名，虽然我觉得这一命名依然有忽略孙本文思想演变过程这一不足。

3. 对于孙本文在社会学取向上从早期的心理学派到稍后的文化学派再到后来的综合学派这样一个演变过程，至少可以有两种不同的解读。第一种解读将这样一种思想历程解读为孙本文的社会学思想在不断地从片面向全面进步。换句话说，随着他从一个心理学派的社会学家向综合学派社会学家的转变，孙本文的社会学思想在内容上变得更加丰富，在视角上变得更加全面，在立论上变得更加可靠。从心理学派到文化学派再到综合学派，每一个后来的取向都比前一个更为接近真理（我推测孙本文自己也是这样看待自己的思想历程的。正因为如此，他才特别青睐"综合学派"这一取向，并在自己后来的著述中反复强调自己是属于"综合学派"）。第二种解读则认为，这样一种思想历程虽然从表面上看似乎使孙本文的社会学思想在内容上变得更加丰富，在视角上变得更加全面，在立论上变得更加可靠，但其实他所放弃的前两种社会学取向并不一定就比"综合学派"这一最后被他选定的取向更无价值。从某种意义上讲，无论是最初的心理主义取向，还是后来的文化主义取向，在对社会现实的解释力和对人们认知的启发力方面，比之最后的"综合学派"取向，可能并不逊色。因此，孙本文在社会学取向上的这种思想演变历程，只应该被解读为他在某种动力的驱动下从一种取向向另一种取向的转变过程，而不应该被解读为其社会学思想日趋成熟的进步过程。我觉得，虽然这两种解读可能都有道理，但后一种解读却有可能为我们带来更多的收获。

参考文献

陈定闳，2012/1992，《孙本文研究》，载《孙本文文集》第 10 卷，北京：社会科学文献出版社。

胡炼钢，2010，《1949 年以前孙本文的学术思想变迁——基于脉络和文本的分析》，南京大学硕士学位论文。

孙本文，2011/1948，《当代中国社会学》，北京：商务印书馆。

——，2012a/1935，《社会学原理》，载《孙本文文集》第 1 卷，北京：社会科学文献出版社。

——，2012b/1927，《公民社会问题》，载《孙本文文集》第 5 卷，北京：社会科学文献出版社。

——，2012c/1943，《现代中国社会问题》，载《孙本文文集》第 6 卷，北京：社会科学文献出版社。

——，2012d，《何谓社会问题》，载《孙本文文集》第 8 卷，北京：社会科学文献出版社。

——，2012e，《文化失调与中国社会问题》，载《孙本文文集》第 8 卷，北京：社会科学文献出版社。

——，2012f/1945，《五十年来的社会学》，载《孙本文文集》第 9 卷，北京：社会科学文献出版社。

周晓虹，2012，《孙本文与 20 世纪上半叶的中国社会学》，载《孙本文文集》第 1 卷，北京：社会科学文献出版社。

（责任编辑：周晓虹、方莉琳）

孙本文与20世纪上半叶的中国社会学*

周晓虹**

摘　要：作为20世纪上半叶居于主流地位的社会学综合学派的代表人物，孙本文在其从事研究的近30年间对中国社会学的早期建设做出了突出贡献。留学美国哥伦比亚大学和芝加哥大学的经历直接影响他从文化和心理因素入手，建构社会学综合学派的学术努力，这使他的学说带有鲜明的文化决定论和心理还原主义的色彩。在那社会动荡、战争频仍的年代，孙本文充当了中国社会学建设者和评论者的双重角色，最早尝试用社会学理论来推动苦难中国的社会建设，并致力于创建一种中国化的社会学理论体系。这林林总总的努力，既反映了知识分子面对危机时的天真与无奈，也反映了社会学家介入现实时的执拗与不甘。而1949年新中国成立之前由他个人写成的《当代中国社会学》，庶几也就成了即将黯然退场的旧中国社会学家的集体谢幕词。

关键词：孙本文　20世纪上半叶　中国社会学

20世纪上半叶是中国历史上一个充满矛盾和悖论的时代：一方面，王朝崩溃、军阀混战、外敌入侵、内战频仍将中国人民一次次置于水深火热

---

* 本文首次发表在《社会学研究》2012年第3期；谨以此文纪念孙本文先生120周年诞辰、南京大学校庆110周年。

** 周晓虹博士，南京大学社会学系教授（xhzhou@nju.edu.cn）。

之中；另一方面，民国初生、思潮汹涌、民情鼎沸、百业待兴也带给苦难的中国一次次重生之希望。在这一时期中，因急速的社会变迁而获得生命力的中国社会学，也在传入中国之后获得了第一次勃兴，尤其在1937年日本入侵之前达到了欧美以外的巅峰地位（O'Hara，1961；阿古什，1985：73），并且迄今难以超越。而赋予这一时期中国社会学以学术灵魂的，当属三大学派：其一是以吴文藻为代表的在人类学调查和社区研究基础上发展而来的社会学"中国学派"（李培林，2008）；其二是在社会主义思潮基础上生发而来的唯物史观社会学（李培林，2009）；其三则是以孙本文为代表的强调文化与心理因素对社会之影响的"综合学派"（郑杭生、李迎生，1999）。从某种意义上说，本文将讨论的孙本文及其代表的综合学派更是在那个时期的学院社会学中居于正宗地位的主流形态。[①]

一 从踌躇登场到仓促退场：历史的馈赠与剥夺

1892年1月23日，孙本文生于江苏省吴江县震泽镇吴溇乡张港村（现为七都镇吴溇村），[②] 后随父迁至邻近的薛埠村。张港和薛埠毗邻太湖，距离费孝通研究的吴江庙港镇开弦弓村都不过10余公里，因此有着十分相近的农业生态，居民大多以蚕业为生。尽管古吴越地区为"兵圣"孙武后裔聚集和繁衍之地，包括孙本文家在内的吴溇孙氏亦为孙子后裔，[③] 但吴溇孙家却世代为儒，有"十三代秀才"之美誉，其祖父孙忆轩是秀才，其父孙禄是贡生，都以乡村塾师为业，同时辅以蚕业为生，这后来甚至影响

---

① 早在1948年，燕京大学社会学教授赵承信就提出，中国社会学的主要派别是：孙本文代表的文化学派和辩证唯物论派，但前者是在社会学界占优势的正宗、主流，后者尽管在青年中影响很大，但并非正宗（赵承信，1948）。在这里，赵承信没有提及同在燕京的吴文藻及其学派，恐怕是将这一学派主要视为人类学而非社会学的学派。其实，作为这一学派主要成员的费孝通教授也承认：在旧时"中国的大学里人类学或民族学这个牌子挂不大出来，所以一直混在社会学系里。……我们这些东西混在社会学系里并不是为当时所有社会学界所同意的，至少并不是正宗。所以我觉得一直有些搞私货的味儿，说得好听一些，是一个旁出的学派"（费孝通，1999d/1957：18）。

② 在诸多有关孙本文的生平介绍中，都因混淆了阴历和公历日期，而误将孙本文的出生之年写成1891年（如许妙发，1984；陈树德，1984；韩明谟，1987）。准确地说，孙本文出生于清光绪十七年十二月二十四日，公历应为1892年1月23日（陈定闳，1992）。

③ 据《七都镇志》所载，"孙子第五十六世孙孙元缌于宋时由浙江泗安徙居吴溇庄桥，自成一支，为吴溇孙氏始祖"（丁学明，2001：第十二卷第四章）。

到孙家子女的职业选择。①

孙本文4岁开始启蒙，在父亲孙禄开设的私塾中苦读10年。13岁后先后在震泽镇明体学堂和吴江县立小学接受新式教育。1909年，小学毕业后的孙本文考入苏州的江苏省立第一师范，毕业后到吴江县立小学任教。1913年，孙本文以优异成绩考取北京大学哲学系。在大学四年中，孙本文一向学业优秀，而更为重要的是在三年级之时，选修了留学日本的康宝忠（字心孚）教授首次开设的社会学课程，这不仅对他后来由哲学转向社会学的职业选择产生了极大的影响，而且因为康宝忠心仪美国社会学家富兰克林·吉丁斯（Franklin Henry Giddings，旧译"季亭史"）的学说之故，孙本文也成为了像吉丁斯一样的具有鲜明的心理还原主义色彩的社会学家。

1918年9月，大学毕业以后的孙本文受南京高等师范附中之聘，担任国文及哲学教员。1920年，孙本文考取江苏公费留美生，翌年4月赴美。1921年7月~1922年6月，孙本文入美国伊利诺大学研究院，攻读社会学，并获伊利诺大学硕士学位。硕士毕业后，孙本文前往纽约，入哥伦比亚大学社会学系。哥伦比亚大学吸引孙本文的地方在于它不仅设有仅晚于芝加哥大学的世界上第二个社会学系（Faris，1967：11），而且名师聚集，除了有"世界上第一批社会学教授"（周晓虹，2002）之称的社会学系主任吉丁斯，还有因研究社会变迁而名闻遐迩的社会学家奥格本（William F. Ogburn，旧译"乌格朋"），以及在心理学系任教的社会心理学家加德纳·墨菲（Gardner Murphy）和罗伯特·伍德沃思（Robert S. Woodworth，旧译"吴伟士"）。两年以后，因为考虑到能够节省开支，孙本文在完成博士研究之后去芝加哥大学社会学系"朝圣"。在那之前他已从哥伦比亚大学转至纽约大学，师从美国早期社会学中心理学派的另一代表性人物莱斯特·沃德的追随者彭德尔（R. M. Binder）。1925年，孙本文凭《美国对华舆论之分析》一文，②获纽约大学博士学位。这一年的9月，孙本文来到

---

① 孙本文的弟弟孙本忠，后来成为中国著名的桑蚕专家，1949年前任中央大学桑蚕系主任、教授，1949年后任中国农业科学院桑蚕研究所研究员。其实，受到这样影响的还包括同属吴江的费孝通一家。不仅费孝通的姐姐费达生一生以蚕丝为业，而且还义无反顾地嫁给了自己的老师——中国蚕桑界的泰斗郑辟疆。选择蚕桑为业，也许和杨清媚所说的一样，也是那一代知识分子对乡土工业的一份"士绅的关怀"（参见杨清媚，2010：106）。其实，无论是孙本忠，还是费达生，他们投身于桑蚕这类乡土工业，不仅因为这些乡土知识分子或者说"新士绅"大多有留学背景，掌握了现代科学知识和技术技能，而且因为他们熟悉乡土社会，和乡民有着千丝万缕的联系，因此能够成为乡土社会变革的向导。

② 孙本文博士论文的英文标题为：*China in the American Press: A Study of the Basis and Trend of American Public Opinion toward China as Revealed in the Press*。

芝加哥大学社会学系，在短短的半年中，他选修了罗伯特·帕克（Robert Park）的"集体心理"以及埃尔斯沃斯·法里斯（Ellsworth Faris）的"高级社会心理学"和"社会态度"等课程，并受到托马斯（William Thomas，旧译"汤麦史"）等人的深刻影响（孙本文，1989：241，261）。

1926年，回到上海的孙本文在大夏大学担任了一学期课程后，于当年9月应聘担任复旦大学社会学系教授。3年后，孙本文应中央大学之邀，担任社会学系主任和教授，并在此后20年中先后任民国政府教育部高教司司长（1930～1932）、中央大学教务长、师范学院院长等职，1941年担任民国政府教育部首批"部聘教授"。1949年后，中央大学改名为南京大学，1953年院系调整中社会学系被取消，孙本文调任地理系教授，讲授统计学及国民经济计划；1963年，孙本文调任政治系教授，从事资产阶级社会学之批判；1977年南京大学哲学系恢复后调任哲学系教授。1979年2月21日，孙本文病逝于南京。

从1892年到1979年，人生绵延87载，不能不谓之"长寿"。但令人遗憾的是，因为1949年后社会学在中国被无情"取缔"，孙本文真正的学术生涯从1921～1949年实际上不到30年。在此之前，从4岁开始启蒙，13岁接受新式教育，一直到北大哲学系毕业后28岁那年考取公费留学，是孙本文人生的第一个阶段。在这第一个阶段的近四分之一个世纪的时间里，从"四书五经"读到西洋哲学，旧学和新学的熏陶为孙本文后来的研究打下了牢固的基础。数十年中西方思想的浸淫，不但使后来的孙本文立志"始终以阐明社会理论为职志"（孙本文，1998/1932），而且事实上也影响到他后来的社会学中国化之努力。

孙本文人生的第二个阶段，从1921～1949年，其中尤为重要的是1921～1926年留学美国的5年，这是他的学术思想形成的主要时期。在这5年中，孙本文受到了美国早期社会学中的心理学派的深刻影响，这种影响主要来自其攻读博士学位期间所在的哥伦比亚大学和纽约大学，也来自其后来短期访学的芝加哥大学。尽管芝加哥大学的社会学家对社会行为的解释持一种齐美尔式的互动观点，并不能够归入心理还原主义阵营，但他们和信奉心理主义的哥伦比亚大学的吉丁斯、纽约大学的彭德尔一样，都对社会心理学充满了浓厚的兴趣。① 孙本文的另一思想来源是文化学派的

---

① 事实上，在1930年前，社会心理学是美国社会学家的常规选择专业。据统计，1930年在美国社会学协会的1832名会员中，37%的人是社会心理学家；而到了1990年，这个比例在13265名会员中下降到19%（参见 Riley，1960；Ennis，1992）。

奥格本，虽然孙本文一再申明自己"属于综合派之林"（孙本文，1989：242），而不是单纯的文化学派或心理学派，但他又坚信："人类社会活动的根本活动的要素，就是心理影响和文化影响"（孙本文，1928：24）。我们后面会看到，这种观点事实上一直支配着1949年前孙本文长达近30年的社会学学术生涯。

孙本文人生的第三个阶段，始自1949年，终于1979年，长达整整30年。尽管孙本文本人并不反对中国共产党领导的革命，他还在事实上支持了第二个儿子孙世实参加中国共产党的地下活动，[①] 并于1949年在中央大学教授会的推荐下担任了校务维持委员会主任，积极护校，直到将中央大学移交至接管南京的军管会，但1949年的革命毕竟在客观上提前结束了他的社会学研究生涯。虽然从理论上说，1949年后的孙本文仍然一直在南京大学担任教授之职，但在这30年中他和社会学唯一沾边的工作，就是用他早先就熟悉但并不激赏的马克思主义批判自己一生心仪的学科。作为长期受西方文化熏陶又在美国获得博士学位的社会学家，孙本文对马克思主义的态度是可以想象的。1949年前，孙本文（1948，下册：235）写道："我们反对用唯物史观解释社会学，使社会学误为一种史观，一种主观的见解"，乍看上去是想维护社会学的实证或经验品质，但却表明了他对激进的马克思主义敬而远之的疏离心态。1949年后，迫于急速转变的政治形势和越来越强大的外部压力，孙本文几度宣布"与资产阶级社会学"决裂（孙本文，1956，1957），转而学习马克思主义，甚至回信给向他索要著述的西方学者说："我终于明白，我的所有著作只值得付之一炬，因此我无可奉送。以前我忽视了卡尔·马克思的著作的学习，现在我每天都要花几个小时来读他的书。请不要再来信"（O'Hara，1961）。但他对马克思主义的接受毕竟是被动的，甚至可以说是不情愿的。[②] 如果说，孙本文在1949年后的30年中有什么值得庆幸的事的话，大概要首推他竟然躲过了大多数社会学家都没有躲过的"1957之劫"。历史的吊诡在，或许因为1949年前与国民政府走得太近，革命胜利后的孙本文对政治乃至对自己的专业一直报以谨慎的态度，这反而使他未像北京的社会学家一样因幻想着恢复社会

---

① 孙世实早年在清华大学求学时加入中国共产党，是"一二·九"运动学联领导党组成员之一，抗日战争期间在武汉附近牺牲，1949年后被授予"革命烈士"称号。

② 1963年，也就是在1957年社会学学科的"复辟"潮流被迎头棒喝后不过6年，在重建社会学完全无望的境况下，孙本文私下里还十分认真地将自己1927~1948年发表和出版的著述编辑成20卷。从这近乎"唐吉诃德"式的"反抗"中，我们能够看到孙本文对待社会学的真实态度，工整的抄录中浸透着这位73岁的老人内心的悲凉、执拗与不甘。

学而在1957年的"反右"斗争中被一网打尽。①

纵观孙本文的一生,20世纪20年代和20世纪50年代是两个重要的时间结点。1921年,孙本文赴美留学,并在5年后满腹经纶回到自己的祖国,此时的中国帝制崩溃、民国初生,刚刚席卷中国的"五四"新文化运动以"打倒孔家店"为诉求,燃点起焚烧中国传统文化的火焰,处在大变革时代的中国人向西方急切寻求一切良策,包括思想、主义和制度,孙本文信奉的社会学和他不太信奉的马克思主义都一股脑地涌入变迁中的中国,这为年轻的孙本文及在中国同样年轻的社会学踌躇登场拉开了大幕。虽然1937年后,"中经国难,进步迟缓"(孙本文,1945),但总体上说"中国社会学在近二十余年中,发展尤速"(孙本文,1948)。与此同时,多少有些"自觉"的与倡导"改朝换代"的马克思主义拉开距离的学院派社会学家孙本文,到1949年前也已成为中国社会学界甚至中国知识界的主流人物。他不仅长年担任中国社会学社的领导人,而且进入国民政府担任过公职,并成为20世纪40年代国民政府社会建设事业实际上的倡导者和筹划者之一。

如果说20世纪20年代后的孙本文受到了历史过多的馈赠,那么,自20世纪50年代起,一场新的、更为激进的革命却迫使他提前仓促退场,并几乎将他先前获得的一切剥夺殆尽。虽然因为为人谨慎,加之"革命烈士"亲属的身份庇佑,除"文化大革命"中遇到的横扫一切外,孙本文并未遭到激烈的批判或冲击,但是他内心却十分清楚,作为"前朝遗老",在新的时代像他所心仪的学科社会学一样,自己早已处在社会和学术的边缘。

长期以来,社会学家与中国革命间的错综复杂的关系一直为人所不解,其实,他们的命运是由其投身的学科本身带有的激进和保守的双重性质决定的:前者追求"进步",后者维护"秩序"。② 如此,一方面,几乎

---

① 在1956年年底到1957年上半年,非常积极活动欲图恢复社会学学科建制的包括陈达、吴景超、费孝通、吴文藻、潘光旦、雷洁琼、袁方等在北京的社会学家,与孙本文不同,他们中的许多人在1949年前就与新生的红色政权有着千丝万缕的联系。后来,除雷洁琼以外,这些社会学家几乎无一漏网,成了"右派分子"。而对社会学同样无法割舍的孙本文却采取了极其冷静的态度,在回信给问及恢复社会学事宜的先前中央大学的学生陈定闳时,孙本文写道:"此乃北方诸教授之主张,我愿观其变"(陈定闳,1992)。

② 写在社会学之父孔德的实证主义大旗上的四个字就是:"秩序"与"进步"(阿隆,1988:23)。因为现代社会学不仅是相信进步和发展的启蒙主义的产物,也是与其对应的怀念秩序和稳定的传统主义的产物,它的出现"最初乃是对法国大革命及革命造成的旧秩序崩溃后果的消极回应"(周晓虹,2002:18),所以"秩序"与"进步"决定了社会学的学术品格。

所有社会学家都同情共产党，① 除孙本文外，他们在 20 世纪 40 年代大多
成了这股改朝换代的新兴力量的同盟者，在当时处于统治地位的国民党眼
中他们是蛊惑民心的"左派"；另一方面，现代社会学自诞生之日起就因
迫切需要解决秩序问题而带有浓郁的保守性质，在中国也不例外——几乎
所有的社会学家也都对"革命"抱着敬而远之的态度，② 他们希望以渐进
式的改良来解决中国社会的问题——因此，在倡导不断革命的共产党人尤
其是其领袖人物毛泽东眼中，他们又是标标准准的"右派"。可以说，正
是这种激进和保守的双重性质，使得社会学 1949 年前不被看好，1949 年
后同样不受待见。可以想象，即使没有 1957 年的"反右斗争"，即使诸多
社会学家不在此役中几乎"全军覆没"，在倡导"不断革命"的毛泽东时
代也是难有"社会学的春天"的。从这样的意义上说，1949 年后社会学在
中国"被废黜"的命运是由这一学科的固有品质与那一时代的社会性质之
间的内在冲突决定的。

二 文化决定论与心理还原主义的综合学派

自 1927 年出版《社会学之上的文化论》一书，1949 年前的 22 年间孙
本文出版的个人著作有 19 种之多，其中最为著名的有《社会学原理》
(1935/1944)、《现代中国社会问题》(1942～1943)、《社会心理学》
(1946)，以及《当代中国社会学》(1948)。在这些著作中，孙本文系统
阐发了自己的社会学观点和理论体系。有意思的是，尽管孙本文一生鼓吹
文化和心理两大因素对人类社会行为的决定性作用，但他却毫不犹豫地将
自己列为"整体论者"或"综合学派"，并发愿"应采孙末楠，汤麦史二

---

① 后来，台湾学者叶启政思考社会学的学术品质时，还奇怪当年蒋介石撤离台湾时为何未带走任何一位社会学家。他曾就此问题请教过费孝通先生，得到的回答是"几乎所有的社会学家都厌恶国民党，而同情共产党"。由此，叶启政认为社会学天生带有某种"左倾"的批判锋芒（叶启政，2003），但他未能指出社会学其实也具有维护秩序的"右倾"或保守功能。
② 李景汉有一段话表明了社会学家对改良和革命的不同态度："现在有一个很时髦的口号是'打倒'。凡不顺某人之眼，或不合某派之心的事事物物，统在打倒之列。……如此乱打乱倒不大要紧，老百姓夹在打与倒的中间可就大受其罪了。社会调查的工作，不是破坏是建设，是要调查出来何者的确应该打倒，如何才能打倒，打倒的步骤为何，打倒以后拿甚么较好的来代替，否则先慢着打倒。吃粗粮固然不好，而犹胜于无粮饿死，破屋固然不好，而犹胜于无屋冻死。好食物有了准备之后再弃粗粮，好屋建筑之后再拆破屋。否则非弄成鸡飞蛋打，国困民穷，甚至亡国灭种不可"（李景汉，1933：5）。

氏之方法，乌格朋之观点，冯维史（L. Von Wiese）之系统，麦其维（R. M. Maelver）之深思，沙罗坚（P. A. Sorokin）之广博，而加以卫史德麦克（E. Westermarck）之切实"（孙本文，1998/1932）。在他看来，综合学派"代表一种综合的趋向，其要点在于认识社会的整个性，及其各种因素的复杂性，并欲确立社会学派的体系"（孙本文，1989：257）。

尽管孙本文将自己归于"综合学派"，并一再声称："著者重视文化，同时也重视心理因素，而且并不蔑视其他如地境及生物因素"（孙本文，1989：241），但事实上真正贯穿其社会学研究的主要线索就是两条：文化和心理，就像他多次表示的那样："著者个人见地，以受美国乌格朋、汤麦史两教授的影响为最大"（孙本文，1989：261）；而"人类社会行为的根本活动的要素，就是心理影响和文化影响"（孙本文，1928：24）。

孙本文的文化决定论观点来自于哥伦比亚大学教授威廉·奥格本。在1922年写成的《社会变迁》一书中，奥格本提出了后来为文化学派所恪守的两个原则：第一，社会变迁主要是文化的变迁，促成文化变迁的四大因素是发明、积累、传播和调适（Ogburn，1950：377）；第二，"由于现代社会变迁的源泉主要在于物质文化"，而知识、信仰、制度和风俗等非物质文化或适应文化总是略慢一步，因此，在不同文化及其变迁之间存在差异，即所谓文化滞差或文化堕距（Culture Lag）（Ogburn，1950：200）。

作为奥格本的弟子和传人，孙本文对上述文化理论的传播称得上不遗余力。不仅他自诩为"国内社会学界提倡重视文化研究的第一人"（孙本文，1989：246），而且人们也公认："在中国，孙本文是第一个介绍和研究文化理论的，因此他被视为文化社会学家"（Li and Others，1987）。在他"最有分量的代表作"（韩明谟，1987：120）《社会学原理》中，孙本文以一种与奥格本酷似的语气写道："文化为人类社会普遍的要素，无文化既无社会。人类之所以异与禽兽者以其有文化，故文化为人类的特产，亦即为人类所不可或离的要素"；如果用简单的语言来说，"文化实为社会成立的基本要素"（孙本文，1935：297~298）。既然孙本文和奥格本一样将文化视为社会的基本要素，他自然也会再进一步，在社会变迁和文化变迁之间画上等号："社会变迁，简单说，就是社会现象的变迁"，而最终"社会变迁似只是文化变迁而已"（孙本文，1935：544~545）。

尽管孙本文是中国社会学界倡导文化研究的"第一人"，但显然这一时期对"文化"有兴趣的绝非一个孙本文。用孙本文自己的话来说，包括"孙（本文）、黄（文山）、陈（序经）、吴（文藻）、费（孝通）五氏，可说是中国社会学中文化论者的重镇"（孙本文，1945）。虽然观点各异，但上述 5 人多数受到奥格本的影响,其中孙本文、黄文山和吴文藻还是奥格本的学生。在奥格本之外,中国社会学家对文化研究的另一兴趣,来自英国人类学家马林诺夫斯基及其功能论学派。尽管奥格本强调文化的变迁尤其是物质文化的变迁,而马林诺夫斯基则强调文化的"功能",即它对"应用文化的人们所具有的意义"(费孝通,1999a/1937:510),但显然学者对文化的宽泛理解并没有什么不同,以致同时受惠于两者的吴文藻会说:"现代社区的核心为文化。因此,也可以说,社会学便是社区的比较研究,文化的比较研究,或制度的比较研究"(吴文藻,2010/1940:4~5)。其实,无论是孙本文还是吴文藻,将文化等同于社会,既受到英美社会学和人类学的影响,① 也是倡导从文化入手革故鼎新改变中国社会面貌的"五四"一代知识分子的普遍倾向。比如,倡导"全盘西化论"的上述"五氏"中的陈序经氏,在 1933 年题为《中国文化之出路》的讲演中,开宗明义的第一句就是:"中国的问题,根本就是整个文化的问题"(陈序经,2004/1933:3)。如此,无论是改造中国文化,还是引进西方文化,通过文化的变迁推动中国社会之改造自然会成为包括孙本文在内的那一代社会学家的共同看法。

如果说孙本文的文化决定论的观点来自奥格本,那么他的心理还原主义的观点如上所述则来自一系列美国早期社会学家。按时间顺序,孙本文接受的影响先后来自哥伦比亚大学的吉丁斯、纽约大学的彭德尔和芝加哥大学的托马斯。其实,在这些人的背后,还有一个孙本文虽未直接接触,但却无法摆脱其影响的布朗大学教授莱斯特·沃德。不仅彭德尔是沃德的学生,作为美国社会学会第一任主席,沃德事实上影响到整个美国第一代社会学家,包括萨姆纳(William Sumner,旧译"孙末楠")、吉丁斯、罗斯和埃尔伍德,"一直到 20 世纪二三十年代,我们还可以在社会学芝加哥学派对社会心理因素的强调中,发现莱斯特·沃德的精神踪迹"(周晓虹,2002:194~195)。

美国第一代社会学家基本上都是倡导心理进化的还原主义者,是 19 世

---

① 比如,众所周知,在美国称之为文化人类学的学科,在英国则称之为社会人类学。这说明文化和社会在人类学家看来并没有什么本质的不同。一般来说,社会学家或人类学家都同意,"文化最简单的定义可说是某一社区内居民所形成的生活方式;……文化也可以说是一个民族应付环境——物质的、概念的、社会的和精神的环境——的总成绩"(吴文藻,2010/1936:485),它与作为人类共同体重要形态的"社会"当然有所区别。但是,既然文化就是社会或人类共同体的生活方式之总和,是其最重要的本质特征,在一定意义上这两个概念当然也就可以互换使用。

纪下半叶生物还原主义退场后的顶班人。此时，凭借着自然科学的进步泛滥而起的形形色色的自然主义社会学派，已经无法依赖粗俗的生物学甚至是机械学类比应对人们进一步揭示社会生活本质的要求，解释社会的力量开始从斯宾塞时代的生物学转向冯特时代的心理学。如此，自19世纪下半叶开始，一种后来被称为"心理学主义"（psychologism）的思潮开始在社会学领域蔓延。用索罗金的话来说，这样一种思维方式"始于将个体的心理特征作为研究变量，并试图将社会现象解释为心理特征的衍生物或具体体现"（Sorokin, 1928: 600）。这种带有还原论倾向的心理学主义具有实证主义、规避进化论、唯名论、非互动主义和反理智论五大特征（Szacki, 1979: 246~247），它在欧洲的代表人物是那个痴迷于人类非逻辑行为的意大利人帕累托，以及那个将模仿视为"最根本的社会事实"的法国人加布里尔·塔德。我们知道，正是在与塔德的心理还原主义对峙的基础上，迪尔凯姆提出了"社会事实只能通过社会事实来解释"的社会学主义（Sociologism），反对将具有"突生性质"的社会事实还原到个体的或心理的层面去解释。

不过，在美国人接触社会学并参与社会学的创建工作时，"迪尔凯姆还只是来自海外的一种社会学声音而已"（Faris, 1967: 9），更有影响的声音还是来自生物学尤其是心理学的各种还原主义主张。比如，前述几位美国社会学的奠基人就无一例外都是心理还原主义者：沃德推崇斯宾塞的进化论，但他感兴趣的不是有机体的进化而是精神的进化，因为他坚信"社会力量也是在人的群体状态中发生作用的心理力量"（Ward, 1893: 123），他对用心理规律解释社会过程怀有坚定的信心；萨姆纳既是斯宾塞鼓吹的社会达尔文主义的拥戴者，但同时也是心理还原主义者，在他著名的"民俗"成因的解释中，一是个人和群体的生存利益，另一就是饥饿、性欲、恐惧和虚荣四种本能欲望；而吉丁斯同样认定："社会，就其词语原意来说，是指同伴关系、交谈和交往，一切真正的社会事实就其本质而言，都是心理事实"（Giddins, 1896: 3）。

从哥伦比亚大学到纽约大学，再到芝加哥大学，孙本文在美国的5年学术生涯决定了他与心理社会学进而与心理学主义的终生纠葛。他的心理还原主义倾向鲜明地表现为这样几个方面：①和自己的老师吉丁斯一样，孙本文认为社会事实就是心理事实，因为"从本质上讲，社会只是人与人的活动——人与人的行为；仅就这'行为'的观点说，竟可以把'社会'看作'心理'的现象"（孙本文，1989: 242）。②既然"我们所见人类社会上种种方面的活动，无非是人类社会行为的表现"（孙本文，1928:

24），那么，十分自然的是，"社会学是研究社会行为的科学，凡与社会行为有关系的各种现象，社会行为的共同特点，以及社会行为间的互相关系，社会行为的规则及其变迁等，都在社会学研究范围之内"（孙本文，1944b：16）。③受到托马斯的影响，孙本文对"社会态度"给予了高度的关注，并较早用此来解释在社会问题的浮现过程中主观建构的意义（Blumer，1971；Spector & Kitsuse，1987），他意识到"社会问题的有无，须视社会上多数人态度为转移"，因此，"社会问题的产生，其关键在社会态度"（孙本文，1989：242）；其实，单单论及社会态度对社会问题的建构作用并不足以说明一个人就持有心理主义立场，孙本文的问题在：止步于此，未再进一步追述社会问题的客观基础，以及人们建构时所依赖的解释性框架还受制于客观的社会及舆论环境（Gamson，1992：52）。④正因为信奉心理主义，作为中国社会学的一代宗师，孙本文的"社会心理学"用今天的眼光来看却并不属于"社会学家的社会心理学"；我们这样说的理由在，孙本文虽然"视'社会心理学'为社会学中一基本部门"（孙本文，1989：242），但他研究的却是"社会中个人的行为；一方面研究社会对于个人行为的影响，一方面研究社会所受个人的影响"（孙本文，1991/1946：21），或者说，"现代社会心理学在内容方面注重个人在社会中的调适行为，并重视整个社会情境的背景"（孙本文，1944a），在这些表述中，研究的焦点是"个人"，而从齐美尔到乔治·米德所倡导的个体和群体间的"互动"是没有位置的。因此，借用孙本文先生自己的话来说，他的"社会心理学亦可谓之'个人社会学'或'心理社会学'"（孙本文，1991：22），与倡导群体和互动研究的"社会学的社会心理学"基本上还是南辕北辙。

三 中国社会学的建设者与评论人

对于20世纪上半叶的中国社会学而言，孙本文最重要的贡献并不是上述社会学思想、体系和观点，而是1926～1949年的20余年间，他对中国社会学学科的制度化建设所起的推动作用。我们知道，在社会学不到二百年的短暂历史中，美国人阿尔比恩·斯莫尔（Albion W. Small）是一个不可或缺的人物：1892年，他在芝加哥大学建立了世界上第一个社会学系；1895年，他创办了世界上第一本社会学专业杂志——《美国社会学杂志》（AJS）；1905年，他又创办了至今统治着美国社会学界的美国社会学协会的前身——美国社会学学会（American Sociological Society）。上述学术建制的重要性在 1978 年后中国社会学的重建中再度体现出来：费孝通将"学会、研究所、学系、图书资料中心和书刊出版部"称之为"五脏"，将与之对应的包括社会学概论、社会调查方法、社会心理学等在内的六门课程称之为"六腑"（费孝通，1999e/1982：287），费孝通为重建中国社会学的"五脏六腑"做出了卓越的贡献。

从某种意义上说，孙本文在 20 世纪上半叶的中国社会学中所扮演的角色，就是此前斯莫尔在美国社会学中的角色，或此后费孝通在 20 世纪 80 年代重建中的中国社会学中的角色。虽然早在 1903 年严复就翻译了斯宾塞的《群学肄言》，成为"西洋社会学输入中国的起点"（许仕廉，1931）；1906 年，京师法政学堂首次开设社会学课程；1913 年，美国人葛学溥（Daniel Kulpll）在上海私立沪江大学首创社会学系；甚至 1922 年留美社会学家余天休还创建了中国最早的社会学团体——中国社会学会，并出版了双月刊《社会学杂志》，但这些零散的努力在 20 世纪 20 年代之前并未形成气候，"中国社会学会"更是在成立不久便无形消散（许妙发，1983）。历史似乎在等待着孙本文出山。

1928 年，留学美国的吴景超博士回国出任金陵大学社会学系主任，途经上海时，复旦大学教授孙本文为吴景超洗尘，遍邀上海各大学社会学教授作陪。席间，清一色留美博士孙本文、吴景超、吴泽霖、应成一和钱振亚提议成立地区性的东南社会学会。10 月，学会成立，并出版会刊《社会学刊》，孙本文等出任首任编委。这一地区性学会的成立推动了全国性的社会学团体的成立。1929 年，已经出任中央大学社会学系主任的孙本文联袂北京的许仕廉、陶孟和、陈达，以及东北的刘强，联合发起在原有东南社会学会的基础上，成立中国社会学社，并担任第一任正理事（会长）。1930 年 2 月，中国社会学社在上海成立，《社会学刊》也改为中国社会学社会刊。

在此后近 20 年内，尽管其间历经八年抗战，中国社会学社却先后召开过 9 次年会，主题涉及人口、家庭、社会规划和战后社会建设等，而"中国社会学社的中心人物是孙本文"（Wong，1979：21）。鉴于中国社会学社是 1949 年前近 30 年间中国社会学界"唯一的学社"（孙本文，1989：279），孙本文在中国社会学社的地位事实上反映出他在整个中国社会学界的地位。作为那一时期中国社会学界尤其是学院社会学的领头羊，孙本文不仅是社会学的建设者，而且常常跳出局外，充当了"首席评论人"的角色。我们这里一再引证的《当代中国社会学》就既是中国社会学的一部简史，也是其发展状况的一份诊断书。

在《当代中国社会学》开篇中，孙本文写道："本书讨论当代中国社会学,似应限于现时中国流行的社会学;但现时流行的社会学是由过去社会学演进而来,不有过去,何有现在!而况中国社会学从西洋传入以来,甫逾五十年,凡奠定中国早期社会学的基础之人,都是当代学者。因此,本书虽名为当代社会学,实则无异一部中国社会学简史"(孙本文,1989:序言)。按照孙本文的自述,他撰写《当代中国社会学》的目的在:①使初学之人明了中国社会学的起源与发展的经过状况;②使初学之人能在此小册子中知道中国社会学发展时期中各种译著的性质与内容,以及各位社会学者的学历景况,借以明白中国社会学思想的来历及其流派(孙本文,1989:3)。虽然孙本文一再声明,这本书是为"初学之人"了解中国社会学而撰写的,但显然作者更加希望通过这一著作对社会学在中国的50年历程做出历史性的总结。

《当代中国社会学》全书不过20余万字,分为上下两编,但两编的篇幅却极不相称:上编占全书正文的80%,述及中国社会学的起源与发展,包括普通社会学、社会进化与社会变迁、社会问题、社会心理学、社会思想与社会学史、农村与都市社会学、社会学方法、社会事业与社会行政以及其他社会学等9个部门的发展进程,并在最后一章介绍了实地调查、社会学课程、社会学团体和刊物的具体情况;下编仅占全书正文的20%,讨论分析了20世纪上半叶中国社会学的主要派别和基本观点,其中包括注重心理、文化、生物、经济、整体(综合)、社会问题和社会实地调查7个社会学学派。孙本文之所以能够在社会学界纵横捭阖,不仅在于他留学美国期间曾受到了最好的社会学训练,而且在于他回国后"始终参加这20余年以来的社会学运动;比较对社会学有贡献的学者无不相熟,他们的个性和造诣大体上知道得还清楚"(孙本文,1989:3),这一切使他成为那个时代中国社会学最合适的评论人。

但是,令人遗憾的是,无论是作为建设者,还是作为评论人,严格说来孙本文的行动和视野都基本限于学院社会学或经院社会学的大墙内,他忽视了同一时期中国社会学界发生着的其他重要甚至更有意义的努力。比如,尽管在8年抗战期间中国社会学界基本上悉数转移到大后方,在民族危亡的关头继续研究,使得"社会学不仅未见衰落,反有进步的气象",但在孙本文眼中其成就还是限于"社会学知识渐见推广""社会学学理渐见系统化",以及"注重社会学应用的研究"(孙本文,1944a);他没有看到,"抗战把以前门禁森严的大学疏散到了后方的乡村里,把以前可以终日和普通人民毫无接触的学者送入了破庙和农舍里,书籍的丧失和国外杂志的断绝,使他们无法在图书馆里去消磨研究的精神,再加上国家的危机,实际问题的严重,他们无法不正视现实"(费孝通,1999c/1947:413)。这种现实的逼迫,使得抗战前为吴文藻、费孝通等社会学"中国学派"所倡导的社会研究,通过此时在中国西南地区所进行的一系列实地研究,"成了战时中国社会学的共同风气"(费孝通,1999c/1947:413)。

如果说孙本文对深入现实的实地研究还只是忽视的话,那么他对导源于社会主义的唯物史观的社会学则基本上持警惕的疏离态度。早在1933年,孙本文就一再申明,要了解社会学就必须厘清有关社会学的两种误解:一是将社会学与社会主义相混;二是将社会学当作唯物史观(孙本文,1933)。抱着与社会主义和唯物史观撇清关系的"纯学术"态度,孙本文及其综合学派,未介入过唯物史观社会学在20世纪30年代所引发的关于中国社会性质、中国社会史和中国农村社会性质的诸种大争论(李培林,2009),它们相互处在费孝通所说的"碰不上的平行线上",以致这两个学派虽然都因"五四"运动而起,但在"激烈的社会变迁的过程"中却最终"分道扬镳"(费孝通,1999c/1947:410,413)。

既然不愿将社会学演变为社会调查,或将社会学锻造成"社会革命的实际运动"(费孝通,1999c/1947:410),同时恪守"书生事业之大半,在读书研究"(孙本文,1998/1932),孙本文所代表的学院派社会学自然最终只能执著于"影响社会现象的各种因子间孰为重要的辩论",以致"西洋的社会学不论哪一个派别,都反映着一部分社会现实,但是当它被带进中国来,却只剩了一套脱离了现实的空洞理论"(费孝通,1999c/1947:411~412)。其实,希望将社会学"关在教室里"(费孝通,1999c/1947:411)成为一种"特别的学问"(孙本文,1944a),不仅源于孙本文的书生本性以及因此形成的与现实生活的隔膜,而且更重要的恐怕也是为了防止社会学与倡导"革命"的社会主义或唯物史观纠缠不清,并因此伤及单纯的学院社会学在实行"思想统制"的中国社会的成长。①

---

① 尽管作为饱受西方文化之熏陶的社会学家,孙本文信奉民主自由,但他和费孝通等同时代的知识分子不同,从来就不是一个与国民政府的"思想控制"政策"唱反调"的社会学家。相反,1938年,在《战时社会统制的必要》一文中,孙本文还写道:"思想问题,在知识分子方面,尤其是知识青年,是一种非常重要的问题。思想不统一,非但足以妨害国家中心信仰,而且可以摇动后方人心;关系于抗战前途者至大。我政府与最高领袖屡次表明,三民主义是建国的最高原则,这是无可移易而无可支援的。因此,凡与这个最高原则冲突的思想,政府应加以统制"(孙本文,1938)。考虑到自此到稍后的一段时期内,"国民党对师生的思想控制,在联大导致了尖锐的冲突"(费正清、费维恺,1993:473),在国民政府的"第一学府"中央大学任教的孙本文的观点起码是与国民政府的政策相吻合的。

事与愿违的是，尽管孙本文一生都刻意与"社会主义"尤其是"革命"保持某种距离，但是在翻天覆地的中国，无论他个人还是他所心仪的学科最终都没能摆脱革命的"眷顾"：轰轰烈烈的革命不仅将他的儿子孙世实卷入到洪流之中，也促成了他作为社会学家角色的仓促退场，同时还"废黜"了从西洋流入、在中国生长了近半个世纪的社会学。考虑到《当代中国社会学》出版于1948年5月，这离国民党政府的彻底溃败和中华人民共和国的成立不过一年半的时间，我们几乎可以说作为20世纪上半叶中国学院社会学的"掌门人"，孙本文似乎已经觉察到一个时代的行将就木，而恰逢此时由他个人写成的这本《当代中国社会学》，庶几也就成了即将黯然退场的旧中国社会学家的集体谢幕词。

四 从社会学建设走向社会建设

孙本文终生从教，是1949年前学院派社会学家的杠鼎式人物。尽管孙本文一直恪守所谓"纯粹学术之精神"（孙本文，1947），以免社会学成为一种像唯物史观那样的倡导社会革命的"主观见解"，但他也一直尝试着将其所学知识服务于社会。① 这种服务社会的动机来源于两个方面：其一，像那个时代的所有知识分子尤其是留洋知识分子一样，孙本文也希望用所学之知识，造福民众，推动中国社会之进步；他在早年写成的《士说》一文中，就借"士"之形象直抒胸襟："用则出其经纶，展其抱负，以福尔黎民"（孙本文，1915）。其二，可能更为根本的是，孙本文希望通过将社会学知识服务国家与社会，弱化这一学科的左翼性质和批判锋芒，从而为社会学在本身就险象环生的中国社会的发展赢得"合法的"空间。正是在这双重动机的推动下，自20世纪30年代起，孙本文就一直力求从相对狭隘的社会学建设走向更为宽广的社会建设。

在一般人的头脑中，"社会建设"一词始于中国共产党的十六届四中全会（2004），但事实上这一概念却早在20世纪10年代和20世纪30年代就曾两度流行（陆学艺，2008；鞠春彦，2008）。1917年，在张勋复辟之

---

① 应该指出的是，为了确立"纯粹学术之精神"，孙本文一直将社会学研究严格限于一种学术活动。他明确写道："社会学虽可分为理论与应用两部分，但其本身只是一种学术。即在应用方面，亦仅重视学理的研究，初不汲汲于用世，即近年同人注意于社会工作与社会行政之研究与应用，亦仍限于学理的探讨与分析，及此项人才之训练，与真正社会技术工作，在态度与方法方面，自有多少不同。此社会学者之所以为社会学者也。"（孙本文，1947）

后，孙中山先生有感于中国民主政治建设的缺失，撰写了《民权初步（社会建设）》一文，其后收入《建国方略》，构成了他关于国家建设基本构想内容的重要组成部分。1935年，孙本文在《社会学原理》中专辟"社会建设与社会指导"一节，并于次年写成《关于社会建设的几个基本问题》，再做深入探讨。1942~1943年，孙本文出版了4大册《现代中国社会问题》，从社会建设之角度讨论了中国社会因变迁而导致的家族、人口、农村和劳资4大类40小类社会问题（孙本文，1943，第4册：202）。1943年，担任副理事的孙本文主持了以"战后社会建设问题"为主题的中国社会学社第7次年会，① 1944年更是联合中国社会学社和国民政府社会部合办了《社会建设》月刊，自任主编，连续多年探讨社会建设问题（韩明谟，1987：73~74），并最终"确立了现代社会建设思想的基本体系"（宣朝庆、王铂辉，2009）。

比较而言，尽管都使用了"社会建设"的概念，但孙中山侧重的是政治建设，他将宪政和民主自治视为现代国家社会建设的主要内容；而孙本文虽然认定"社会建设的范围甚广"，但他侧重的却是原本意义上的"社会"的建设。1934年，孙本文写道："凡依社会环境的需要而从事的各种社会事业，通常谓之社会建设"（孙本文，1934）；1936年，他进一步论述道："我们所谓社会建设，其实质言之，只是谋社会的生存与发展的各种建设的总名。凡可以维持社会的生存，促进社会的发展的，无论其为物质建设、经济建设、政治建设、心理建设、文化建设，均应在社会建设范围之内。我们故不必谓一切建设，都为社会建设。如此广泛的意义，殊不能表明社会建设的真谛。但社会建设的范围，确为最广；物质、经济、政治等建设，确不能完全划出范围之外。要之，社会建设是整个社会的建设，其着眼点在整个的社会，而不在物质、不在经济、不在心理等等，却同时注重物质、经济、心理、政治等等的建设"（孙本文，1936）。

从20世纪30年代开始一直延续到20世纪40年代末期的社会建设运动，是在现代化或社会变迁和民族复兴的双重变奏下推进的（宣朝庆、王铂辉，2009），其转折点是1940年国民政府社会部的建立。从现代化或社会变迁的角度说，自1840年西方资本主义进入中国后的近百年间，一方

---

① 在7届中国社会学社中，孙本文曾担任第1~2届正理事（会长），其后正理事分别由陈达（第3届）、许仕廉（第4届）、吴景超（第5届）、吴泽霖（第6届）和柯象峰（第7届）担任，并同时设副理事一名。唯独第7届因考虑战时联系不便，在正理事之外，设两位副理事：陈达和孙本文（孙本文，1989：235）。

面，在来自外部世界的生存挑战和现代化示范面前，中国被迫踏入现代的门槛，一个有着数千年历史的农业文明在向自己十分陌生但却充满生机的工业文明做出让步之后，也开始了向后者的缓慢但越来越迅速的转变；另一方面，在西方的冲击下，传统的农耕文明几近崩溃，社会秩序和社会结构濒临瓦解，贫困问题、人口问题、劳工问题和农村问题日益突出，连曾任孙中山秘书的国民党元老邵元冲也提出，为了民族的生存发展和国家基础的建立，需要从社会方面做一番切实的建设工作（邵元冲，1934）。在这样的背景下，不但当时的国民政府在慈善公益、劳动救济和合作互助方面颁布了一系列的法规，而且许多知识分子也开始投身社会变革与社会建设，希望以一己之力，实现"民族自救"或"民族富强"。20世纪30年代晏阳初和梁漱溟领导的"乡村建设运动"，以及孙本文的"社会建设"主张都是这种努力的典型体现。① 其中，孙本文更是明确提出，中国社会建设的主要动因，就是解决剧烈社会变迁造成的种种社会失调问题（孙本文，1936）。

除社会建设的内涵和动因之外，孙本文还充分阐明了社会建设的目的、要素和途径。就社会建设的目的而言，简单地说，就在于充实增进社会生活的内容，使全社会及各个人均得到全面完满的生活，并向上发展。而实现社会建设的四种基本要素是：人才、资源、计划和组织。在这四大要素中，包括行政人才和专业人才在内的人才为第一要素；第二要素"资源"是当时颇为困难的经费来源，1936年前的中国尽管希望初起、百业待兴，但毕竟千疮百孔、民生凋敝，能够用于社会建设的资金是十分有限的；第三要素是详密周到且切实可行的计划，孙本文意识到，"指导社会变迁的手段是进行社会建设，核心是制定有效的社会计划"（宣朝庆、王铂辉，2009）；第四要素是组织即实施社会建设计划的机构，用孙本文自己的话来说："大概人才工作的支配，资源的挹注，计划的推进，以及建设时期一切事项的进行，全依仗组织的完善"（孙本文，1936）。最后，孙本文将社会建设的主要途径归为法令、教育和宣导三条，认为由此推进，"那么社会建设的完成，自有相当的把握"（鞠春彦，2008）。

1937年后，随着日本帝国主义的入侵，不仅乡村建设运动陷于失败，

---

① 事实上，无论是梁漱溟、晏阳初，还是孙本文，都将乡村建设运动视为中国社会建设的一部分。为此，孙本文在《现代中国社会问题》第20章中，专门述及"中国农村建设运动"，并且颇为赞同地引用梁漱溟的观点："今日中国问题，在其千年相沿袭之社会组织构造，既已崩溃，而新者未立；乡建运动，实为我民族社会建设一新组织构造的运动"（孙本文，1943，第3册：81）。

整个中国社会和中国民众面临的生存危机更是空前紧迫,一时间百业萧条、人民流离失所,难民问题及相关的社会救济成为战时国民政府面临的巨大难题。在这样的背景下,"鉴于社会建设系一切建设之基础,深感有建立社会行政专责机构之必要"(秦孝仪,1983:1),国民政府于1940年11月将原先属于国民党中央执行委员会的中央社会部,改隶于行政院,希望将社会建设纳入国家建设的轨道。尽管国民党中央社会部最初的建立目标,是为了强化国民党对社会的控制,将其作为所谓"训政"时期"以党治国"的手段,但其建立尤其是改隶之后,作为国民政府推行民生主义和建设现代国家的措施之一,社会部还是在民众动员、社会救济、慈善捐助、稳定秩序方面做了大量的工作(王超,2011),成为中国"现代社会行政之肇始"(秦孝仪,1983:1)。

面对社会变迁尤其是民族生存的双重压力,以孙本文为代表的中国社会学家意识到了用社会学知识改造中国社会,实现救亡图存的重要性,他们积极参与了国民政府社会部的工作,帮助拟定社会政策、建立社会行政体系、推广社会服务、培养社工人才(阎明,2004:219~225)。在《二十年来之中国社会学社》一文中,孙本文写道:"自社会部成立以来,本社社员历次被邀参加社会行政设计,拟定社会政策,编制社会法规等项实际工作,均经审慎研究,尽力贡献意见,俾期对国家民族有所裨益。凡此,皆系依据本社共同意志,以谋社会学理论之实际应用"(孙本文,1947)。而随着抗日战争胜利在望,孙本文更是深谋远虑,他意识到了在战后恢复中社会建设的重要性,因此将1943年在重庆、昆明和成都三地举行的中国社会学社第7届年会的主题定为"战后社会建设问题",并于次年率中国社会学社与民国政府社会部合办起《社会建设》的刊物,探讨社会行政、儿童福利、劳工救济、国民住宅、社会安全等诸多问题。

必须指出的是,尽管孙本文一生希望恪守"纯粹学术之精神",为此刻意与社会主义和各种社会运动保持距离,但他信奉"三民主义"的政治立场,曾经供职于国民政府的个人经历,以及在学术圈内始终雄踞的主流地位,还是使他不可避免地与20世纪上半叶的中国复杂的社会政治生态交织在一起。他不仅是国民政府推行社会建设和社会改造的积极倡导者,而且也是各种社会政策和社会行政的参与者;甚至在国共全面交战的1948年,在中国共产党的军队已经从战略防御转为战略反攻的背景下,孙本文还想着"切实研究中国社会建设方案……借供政府参考"(孙本文,1989:285~286)。在旧的社会大厦将倾之际,书生气十足的孙本文还在思考修补之策,既反映了社会学家介入现实时的执拗与不甘,也反映了知识分子面对危机时的天真与无奈；而他为之呕心沥血的社会建设之宏图，最终也只能是水中月与镜中花。

五 创建一种中国化的社会学体系

社会学是发源于欧美社会的一门社会科学，因此，自社会学在清末进入中国之后，长期以来从事社会学研究的中国学者都面临着如何用西方的知识解释中国社会现实的问题。早在20世纪三四十年代，中国第一代社会学家在用西方的理论和方法研究中国社会的现实时，就产生了使社会学知识适用于中国社会即使之中国化的具体设想。"当时提出中国化的设想，既是中国沦为半封建半殖民地、且不断接受西方文化后产生的一种独特的社会现象，又是中国知识分子不满足于被动地接受包括社会学和社会心理学知识在内的西方文化、作西方文化传声筒的一种特定的心理状态。"（周晓虹，1994）在社会学中国化的第一波浪潮中，以吴文藻为代表的社会学"中国学派"和以孙本文为代表的学院社会学"综合学派"都做出了自己的艰苦努力。如果说有什么区别的话，那么可以说"认识国情和改造社会，这是社会学'中国学派'的主旨追求"（李培林，2008），而建立符合中国现实的社会学理论体系则是学院社会学家的着力所在。

其实，从更为广泛的社会背景上说，使西方文化或知识体系"中国化"的努力在这一时期还不仅出现在社会学或整个社会科学界，而且出现在中国共产党所领导的社会革命中。此时，对刚刚在陕北站住脚的中国共产党及其领袖毛泽东而言，不仅在理论上而且在实践上也都遇到了如何用自己所信奉的来自西方的马克思主义，解决中国革命所面临的实际的问题。1938年10月，毛泽东写道："共产党员是国际主义的马克思主义者，但是马克思主义必须和我国的具体特点相结合并通过一定的民族形式才能实现。……离开中国特点来谈马克思主义，只是抽象的空洞的马克思主义"（毛泽东，1969：499~500）。和中国社会学家面临的困窘相似，如果说这种"马克思主义中国化"的努力涉及不肯亦步亦趋、维护"民族尊严"的问题，那么更为重要的是，毛泽东和中国共产党人也深信："来自西方的思想在中国的环境里不适用，除非让这种思想适应中国民众的心理和条件"（费正清、费惟恺，1993：963）。

在学院社会学家的"中国化"努力中，孙本文是一个中流砥柱式的人物。早在1930年2月中国社会学社成立之时，在孙本文的主导下就明确提出："把建设一种中国化的社会学"作为自己的目标；而孙本文则清楚地意识到: "采用欧美社会学上之方法, 根据欧美社会学家精密有效的学理, 整理中国固有的社会思想和社会制度, 并依据全国社会学实际状况, 综合而成有系统有组织的中国化的社会学", 是中国社会学界"今后之急务"(孙本文, 1932: 18～19)。虽然我们下面将会谈道, 这种设想未必能够实现真正意义上的中国化的社会学, 但毕竟社会学"中国化"的概念始自孙本文, 而"这标志着社会学本土化运动在中国的正式开始"(陈新华, 2003)。

孙本文建构中国化的社会学理论体系的努力, 突出地表现在他的《社会学原理》(1935/1944)和《社会心理学》(1946)两书中。最早在撰写《社会学原理》一书时, 孙本文就力图"引证事实之处, 凡可得本国材料, 即用本国材料……盖欲使此书成为我国人适用之书"[孙本文, 1944b: (例言)2]。10多年后, 在撰写《社会心理学》一书时, 孙本文更是集22年教学之大成, "以取材本国历史故事为主, 兼及西史与报章时事, 并尽量采择重要实验例证"(孙本文, 1991: 序), 这使得《社会心理学》一书在作者自己看来, "确已做到社会心理学中国化的地步"(孙本文, 1989/1948: 131)。

在这一系列努力之下, 1948年, 在《当代中国社会学》中, 孙本文继续阐发了三年前在《五十年来的中国社会学》(1945)一文中提出的社会学中国化的设想。孙本文将这一设想分为三个部分: 第一, 建立中国自己的理论社会学, 其具体的路径包括: ①整理中国固有的社会史料; ②实地研究中国社会的特性; ③系统编辑社会学基本用书。第二, 建立中国自己的应用社会学, 其具体的路径包括: ①详细研究中国社会问题; ②加紧探讨中国社会事业与社会行政; ③切实研究中国社会建设方案。第三, 训练社会学人才(孙本文, 1989: 284～286)。

平心而论, 尽管孙本文在1949年前的20多年间, 为建立中国化的社会学理论体系做出了自己的努力, 他甚至也在《现代中国社会问题》(1942～1943)一书中依据当时中国的社会实际深入讨论了家族、人口、农村和劳资等主要的社会问题, 但毋庸讳言, 用今天的眼光来看, 孙本文甚至20世纪上半叶整个学院派社会学家"有关'社会学中国化'的认识是肤浅的, 所作的努力也是初步的"(郑杭生、李迎生, 1999)。我们看到, 在《当代中国社会学》中, 孙本文给出的社会学中国化的基本路径是: "充分收集并整理本国固有的社会资料, 再根据欧美社会学家精审的理论创建一种完全中国化的社会学体系"(孙本文, 1989: 285)。在这里, 显而易见的是, 完全中国化的社会学体系＝欧美社会学家的理论＋中国固有的社会资料。这种中国化的努力显然可以归入费孝通后来所批评的"用西洋传来的科学方法和已有的社会学理论去观察与分析中国现实的社会生活"（费孝通，1999c/1947：415）的旧模式。

和同一时期吴文藻、费孝通的社会学"中国学派"一样，孙本文及其综合学派的社会学中国化的设想客观说也没有忽视中国的现实，甚至没有忽视中国社会的特点，他也明确地意识到了中国社会与欧美社会的巨大差异，并由此意识到了改造西方社会科学，使之成为中国化的社会科学的必要性。在《当代中国社会学》中，孙本文清醒地告诫社会学界："除整理历史材料以供研究我国社会的特性外，尚应从多方面对现实社会作详尽精密的调查与研究，借以彻底了解我国社会的本质"（孙本文，1989：284）。显然，在孙本文那里，对中国社会本质的了解无外乎两个方面：传统和现实，这没什么错。进一步，这里的问题似乎也不在孙本文或综合学派在何种程度上把握了中国社会的本质，因为如果把握得不对或把握得不深，起码也能够为后来人留下一条继续对接上一代社会学家"中国化之努力"的路径。对比我们一会儿将继续讨论的"中国学派"的努力，孙本文的中国化设想或分析模式存在的主要问题，可能还是在于他一开始就等于假设，欧美社会学家的所谓"精审理论"是"放之四海而皆准"的，因此我们可以不假思索地"拿来"解释中国社会的现实。在这里，借用马克思的术语来讨论，"批判的武器"本身是不需要经过"武器的批判"的。

西方理论对中国社会的解释力的问题，自西方社会科学进入中国以后就一直是一个常常引起争议的问题。今天，大多数从事社会科学研究的学者都已经认识到，包括社会学在内的整个现代社会科学都是18～19世纪欧洲社会转型或所谓"现代性"的产儿，这一点决定了社会学及一般社会科学中的基本理论都源于西方的历史经验和西方人对社会结构及人类行为的认识。又鉴于人类社会及人类行为存在不同程度的共性，应该承认这些知识体系也具有不同程度的普适价值。但是，如果我们不假思索地就将这些舶来的观点用于中国社会的解释与分析，不但会出现用西方的理论"裁剪"中国社会的现象，而且也会在有关中国社会的研究中最终丧失中国学术的主体性或主体价值（黄宗智，2007；吕德文，2007）。

孙本文提出的社会学中国化的设想不可谓不宏大，但其中所存在的问题也不可谓不鲜明。从今天的角度来看，造成孙本文的设想停留在"肤浅"层次的主要原因恐怕来自两方面：其一，像那个时代的许多社会学家或社会科学家一样，最早接触西方思想的这代人，常常迫于为近代以来越来越窘困的中国社会找出路，为一个延续了数千年的文明在面临外部世界冲击时的孱弱不堪寻良方，他们自然倾向于将那个船坚炮利的"西方"视为改造中国的样板或希望，同样容易将西方社会科学视为解释人类社会之奥秘的圭臬；孙本文也不例外，严格说此时的他还难以形成对西方社会科学本身的反思意识，因此其人生宏愿不过是"彻底研究社会理论"，并在中国文献中"搜集足为印证之实例"（孙本文，1998/1932）。其二，就像我们前面一再论述的那样，由于不愿与现实发生过多的纠缠，尤其常常刻意回避与中国社会的走向密切相关的历史事件，孙本文的中国化努力不过是要建立一种能够在中国社会找得到事实印证的、同时又与西方学术本质上不相左的理论体系而已；换句话说，正是他终生信奉的"纯粹学术之精神"，成了最终阻碍他将自己和"学院社会学"带入既严酷又丰富多彩的社会现实中的羁绊。

在孙本文却步的地方，由费孝通所笑称的"混在社会学系"的人类学家所组成的那个"旁出的学派"——社会学"中国学派"，在社会学中国化的道路上却走出了相对坚实的一步。这个学派的奠基人吴文藻，1940年在为《社会学丛刊》作序时，胸有成竹地表述了自己的中国化设想："我们的立场是：以试用假设始，以实地证验终。理论符合事实，事实启发理论，必须理论和事实揉和一起，获得一种新综合，而后现实的社会学才能根植于中国土壤之上，又必须有了本此眼光训练出来的独立的科学人才，来进行独立的科学研究，社会学才算彻底的中国化"（吴文藻，2010/1940：4）。显然，在这里，社会学中国化可以分为三大步骤：首先是"试用"西方理论，和孙本文不同，这种"试用"一开始就对西方理论抱着审视的态度，试用者意识到西方社会学理论是18世纪以来西方社会变迁的产儿，因此它与一个传统厚重刚刚走向现代性的中国不可能没有相当的隔膜，所以他们抱以的态度是"试用"，有时甚至主张"调查者不要带理论下乡，最好让自己像一卷照相的底片，由外界事实自动的在上射影"，这虽然会"埋没了很多颇有意义的发现"（费孝通，1999b/1940：224），但也确实避免了用西方理论"图解"中国现实的危险。其次是运用实地调查的方法来"证验"理论，既然对来自西方的理论的态度是小心翼翼的"试用"，吴文藻所代表的"中国学派"自然会去寻找验证这些理论的"试金石"——这就是中国社会的现实。其实，这"验证"的过程也包括两个层面：一方面，通过社会学调查或"社区研究"验证西方社会学理论的可靠性或普适性；另一方面，可能更为重要的是，通过实地调查认识中国国情。虽然孙本文也并不忽视中国社会的现实，但是，如果说"中国学派"了解现实的目的是为了用理论服务于现实；那么，受追求"纯粹学术之精神"的影响，孙本文了解现实的目的则是为了建设一种符合现实的社会学理论体系，这最终使他止步于中国社会的现实。最后，社会学中国化的目标是，"理论和事实揉合在一起，获得一种新综合"。短短的一句话中包含着诸多值得解读的思想：显然，社会学中国化的目的不是为了彻底抛弃"理论"或西方理论重起炉灶，而是为了使外来的社会学知识与中国的文化传统和现实需要相符合，同时用中国的事实检验、启发和修正原有的西方理论，从而获得一种新的、在解释力上更为贴切的理论。这样一种通过新的综合形成的理论，既不会与一般的社会科学知识相背离，又能够解释中国社会的特殊性，并因此最终能够将西方舶来的社会科学植根于中国社会的土壤之中。

从 20 世纪 40 年代到今天，70 多年过去了，中国社会学的重建也有了 30 个年头。单单从规模上来说，今天的中国社会学早已达到了令 1949 年前的旧中国社会学"望其项背"的地步，但是社会学的中国化问题非但没有彻底解决，而且因为现在越来越迅疾的全球化的到来而显得愈加突出。比如，如果说 70 年前的中国与西方和世界多多少少还隔着相当的距离，能够读洋书的不多，能够直接去西方留学、"啃洋面包"的更是少之又少，那么，今天大规模的"留学潮"和"出国热"，以及更大规模的西方思想和学术的即时引进，"过度进食"使得中国人原本就"食洋不化"的问题更加严重。又比如，如果说 1949 年前的中国社会学家还只是面对如何用西方理论来解释中国现实的问题，那么，今天随着海外中国研究的崛起，我们开始面对的问题是越来越多的西方人在用西方的理论解释中国现实，而我们则常常不得不接受"读着'洋书'去认识中国的场景"（刘东，2004）。还比如，尽管我们曾经设想在中国研究领域建立一种"主客体并置"的研究范式，随着全球化的推进和中国经验的意义提升，在不同的研究主体之间甚至在研究主体和行动主体（研究客体）之间，通过相互间的理解产生某种共识或知识的共通性（周晓虹，2010）；但显然，只要不同的研究主体之间、研究主体和行动主体之间在社会地位、政治支配、资源获取、国际背景、文化资本甚至语言使用方面存在差异，平等地取得共识或共通性就依旧只是一种天方夜谭。从这样的意义上说，无论今天有关社会学或社会科学中国化的讨论如何深入，也无论今天给出的理论设想与孙本文时代相比如何精进，但我们所面临的问题及问题的性质并没有改变，而这也许就是我们在这位社会学家 120 周岁诞辰之际，重新咀嚼孙本文思想的价值之所在。

参考文献

阿古什，戴维，1985，《费孝通传》，董天民译，北京：时事出版社。
阿隆，雷蒙，1988，《社会学主要思潮》，葛智强等译，上海：上海译文出版社。
陈定闳，1992，《孙本文研究》，未发表的研究手稿。
陈树德，1984，《孙本文和〈社会学原理〉》，北京：《读书》第 3 期。
陈新华，2003，《留美生与 20 世纪二三十年代的中国社会学》，成都：《社会科学研究》第 2 期。
陈序经，2004/1933，《中国文化之出路》，载余定邦、牛军凯编《陈序经文集》，广州：中山大学出版社。
丁学明（编），2001，《七都镇志》，南京：江苏古籍出版社。
费孝通，1999a/1937，《论马氏文化论》，载《费孝通文集》第 1 卷，北京：群言出版社。
——，1999b/1940，《禄村农田》，载《费孝通文集》第 2 卷，北京：群言出版社。
——，1999c/1947，《中国社会学的长成》，载《费孝通文集》第 5 卷，北京：群言出版社。
——，1999d/1957，《为社会学说几句话》，载《费孝通文集》第 7 卷，北京：群言出版社。
——，1999e/1982，《关于社会学的几个问题》，载《费孝通文集》第 8 卷，北京：群言出版社。
费正清、费维恺（编），1993，《剑桥中华民国史：1912 – 1949》（下卷），刘敬坤等译，北京：中国社会科学出版社。
韩明谟，1987，《中国社会学史》，天津：天津人民出版社。
黄宗智，2007，《学术理论与中国近现代史研究——四个陷阱和一个问题》，黄宗智，《经验与理论：中国社会、经济与法律的实践历史研究》，北京：中国人民大学出版社。
鞠春彦，2008，《孙本文社会建设思想评述》，武汉：《学习与实践》第 8 期。
李景汉，1933，《实地社会调查方法》，北京：星云堂书店。
李培林，2008，《20 世纪上半叶社会学的"中国学派"》，长春：《社会科学战线》第 12 期。
——，2009，《20 世纪上半叶的唯物史观社会学》，济南：《东岳论丛》第 1 期。
刘东，2004，《熬成传统——写给〈海外中国研究丛书〉十五周年》，广州：《开放时代》第 6 期。
陆学艺，2008，《关于社会建设的理论与实践》，北京：《国家行政学院学报》第 2 期。
吕德文，2007，《在中国做海外中国研究》，上海：《社会》第 6 期。
毛泽东，1969/1938，《中国共产党在民族战争中的地位》，载《毛泽东选集》（一卷本），北京：人民出版社。
秦孝仪（主编），1983，《革命文献》第 96 辑《抗战建国史料——社会建设（一）》，台北：中央文物供应社。
邵元冲，1934，《三十年来中国社会建设之演进》，《东方杂志》第 31 卷第 1 号。

孙本文，1915，《士说》，北京：《中华学生界》第1卷第1期。
——，1928，《社会学ABC》，上海：世界书局。
——，1932，《中国社会学的过去、现在和将来》，载中国社会学社编《中国人口问题》，上海：世界书局。
——，1933，《社会学上几条基本原则及其对于人类知识的贡献》，上海：《社会学刊》第3卷第3期。
——，1934，《论控制社会变迁之困难及其可能范围》，《国立中央大学社会科学季刊》第1卷第2期。
——，1935，《社会学原理》，北京：商务印书馆。
——，1936，《关于社会建设的几个基本问题》，上海：《社会学刊》第5卷第1期。
——，1938，《战时社会统制的必要》，《新民族》第2卷第2期。
——，1944a，《社会心理学之近今趋势》，南京：《国立中央大学社会科学季刊》第2卷第1期。
——，1944b，《社会学原理》（修订版上下册），北京：商务印书馆。
——，1945，《五十年来的社会学》，载潘公展主编《五十年来的中国》，重庆：胜利出版社。
——，1947，《二十年来之中国社会学社》，《中国社会学讯》第8期。
——，1948，《晚近中国社会学发展的趋向》，上海：《社会学刊》第6卷合刊。
——，1956，《帝国主义时代资产阶级社会学的思想内容及其对旧中国的影响》，北京：《新建设》第11期。
——，1957，《坚决反对资产阶级社会学复辟》，上海：《文汇报》10月4日。
——，1989/1948，《当代中国社会学》，载《民国丛书》第一编，上海：上海书店。
——，1991/1946，《社会心理学》，台湾：商务印书馆。
——，1998/1932，《个人计划》，载刘仰东编《梦想的中国——三十年代知识界对未来的展望》，北京：西苑出版社。
王超，2011，《论抗战时期国民政府社会部的社会救济》，武汉：华中师范大学未发表的硕士论文。
吴文藻，1999/1936，《〈花蓝瑶社会组织〉导言》，载《费孝通文集》第1卷，北京：群言出版社。
——，2010/1940，《〈社会学丛刊〉总序》，载《论社会学中国化》，北京：商务印书馆。
许妙发，1983，《旧中国的社会学团体》，上海：《社会》第4期。
——，1984，《论孙本文在旧中国社会学界的作用和影响》，上海：《社会》第1期。
许仕廉，1931，《中国社会学运动的目标经过和范围》，《社会学刊》第2卷第2期。
宣朝庆、王铂辉，2009，《一九四〇年代中国社会建设思想的形成》，北京：《中国社会科学》第6期。
阎明，2004，《一门学科与一个时代：社会学在中国》，北京：清华大学出版社。
叶启政，2003，《台湾社会学的知识-权力游戏》，《政治大学社会学报》第35期。
赵承信，1948，《中国社会学的两大派》，天津：《益世报》1月22日。
郑杭生、李迎生，1999，《中国早期社会学综合学派的集大成者》，南京：《江苏社会科学》第 6 期。

周晓虹, 1994,《全球化与本土化:社会心理学的现代双翼》, 北京:《社会学研究》第 5 期。

——, 2002,《西方社会学历史与体系(第一卷·经典贡献)》, 上海:上海人民出版社。

——, 2010,《中国研究的可能立场与范式重构》, 北京:《社会学研究》第 2 期。

Blumer, H. 1971, "Social Problems as Collective Behavior", *Social Problem*, 18 (3): 298 – 306.

Ennis, James G., 1992, "The Social Organization of Sociological Knowledge: Structural Models of the Intersections of Specialties", *American Sociological Review*, 57: 259 – 265.

Faris, R., 1967, *Chicago Sociology*: 1920 – 1932, San Francisco: Chandler Publishing Company.

Faris, Robert E. L., 1967, *Chicago Sociology*, 1920 – 1932, San Francisco, California: Chandler Publishing Company.

Gamson, William A., 1992, *Talking Politics*, New York: Cambridge University Press.

Giddins, Franklin H., 1896, *Principle of Sociology*, New York: Macmillan.

Li, Hanlin and Others, 1987, "Chinese Sociology, 1898 – 1986", *Social Forces*, 65 (3): 612 – 640.

O'Hara, Albert R., 1961, "The Recent Development of Sociology in China", *American Sociological Review*, 26 (2): 928 – 929.

Ogburn, William F., 1950, *Social Change, With Respect to Culture and Original Nature*, New York: The Viking Press.

Riley, Mathilda White, 1960, "Membership of the American Sociological Association: 1950 – 1959", *American Sociological Review*, 25: 914 – 926.

Sorokin, P., 1928, *Contemporary Sociological Theories*, New York: Harper & Brothers.

Spector M. & Kitsuse, J. I., 1987, *Constructing Social Problem*, Second Edition, New York: Aldine de Gruyter.

Szacki, J., 1979, *History of Sociological Thought*, Westport, Connecticut: Greenwood Press.

Ward, Lester F., 1893, *The Psychic Factors of Civilization*, Boston: Ginn & Co.

Wong, Siu – lun, 1979, *Sociology and Socialism in Contemporary China*, London: Routledge & Kegan Paul.

(责任编辑:陆远)

近代社会学泰斗：孙本文先生

杨雅彬[*]

摘　要：致力于社会学的发展，为社会学学科建设做出了重要贡献的孙本文先生可谓著作等身，本文选取了孙先生的四本著作，依次进行了介绍。这四本著作涉及社会学的基本原理、中国社会问题分析、社会心理学和社会学的当代发展，分别对社会学的学科理论体系建设、社会学在中国的应用、社会文化和心理相结合进行研究以及总结和指引社会学在当时的发展起到了重要作用。孙先生的著述注重考虑中国社会的实际，对我们推进社会学的研究和发展仍然具有很大的启发性。

关键词：孙本文　中国社会学　社会问题　社会心理

一　孙本文先生是中国近代社会学发展时期的统帅大家

孙本文先生处于社会学传入中国逾50年的后20多年，这正是中国社会学的发展时期。他综合国内外的社会学理论，并力图与中国社会相结合，为中国社会学的发展奠定了基础。

在这20多年里，在教学和科研中，他孜孜不倦地总结各方面的研究成果，吸纳百家进行综合的研究，并有自己的独到之见。他既侧重于社会文化与心理因素的研究，着力于文化与态度的交互作用，并运用此二因素认识社会行为，剖析社会现象，说明社会问题，又能吸纳综合各家所长。因此，他出版了涉及社会学各个主要领域的著作，如涉及普通社会学、部门

---

[*] 杨雅彬，中国社会科学院社会学研究所研究员。

社会学、社会问题、社会心理学、社会学史、社会实地调查与方法等方面的著作，其著作颇丰且造诣颇深。他的巨著是中国社会学发展的代表性结晶，为社会学的教学和培养人才做出了贡献。

从20世纪20年代社会学发展开始，直到1949年，孙先生一直热情地致力于组织全国社会学界的力量，推动社会学的教学和科研工作与社会相结合。他团结率领社会学的队伍，不断总结社会学的发展状况，并指出中国社会学发展的目标。他提出并致力于社会学的中国化，为建立中国社会学体系做出了努力。

孙先生的著作与教学不但让学者明了社会学的理论与应用，而且也让生活在社会上的每个人懂得人与人、社会团体与社会之间应该如何互动及相互影响，从而使人成为有人格的社会人，发扬民族优秀的文化，努力使社会朝着公道合理的方向发展。

孙先生不但为教育发展培养人才，为当时的社会学做出了贡献，而且他的理论与应用的巨著，至今仍滋养哺育着社会学的恢复与重建。其理论仍然是现代中国社会学者认识社会的基础，他对社会的责任和治学的精神与方法仍激励着我们。虽说中国的社会学中断了30年，有人据此判断中国社会学是一片空白，这是无知的。如果我们回首20世纪三四十年代的中国社会学，还是会看到中国社会学的发展与世界社会学的发展是并行的。当我们读了孙本文这样的前辈的理论和对社会的认识与实践的著作，便会得豁然开朗之启迪，会有相知恨晚之感。我们中国的社会学者仍肩负着孙本文先生40年代所指出的对社会学瞻望的任务，即如何在挖掘继承前人的研究成果的基础上，吸收现代社会学的长处，建立中国社会学的体系。现在我们可以说，孙本文先生不但是对中国近代社会学有贡献的大家，也是中国社会学的泰斗，无人可比。

是孙先生的《社会学原理》领我进入了社会学。他的《当代中国社会学》适应了社会学恢复的需要，把我引进了研究学科史。他的《现代中国社会问题》《社会心理学》等著作，使我对社会的现实有所认识和醒悟。我由衷地敬佩这位社会学的泰斗。

下面介绍孙本文先生的几部代表作，作为上述观点的佐证。

  孙本文先生与《社会学理论》（社会学体系理论）
  孙本文先生与《现代中国社会问题》（社会学的应用）
  孙本文先生与《社会心理学》（社会文化与心理研究的侧重）

孙本文先生与《当代中国社会学》（总结社会学研究，组织统领社会学队伍发展社会学，为建立中国社会学体系而努力）

二 孙本文先生与《社会学原理》

在社会学发展的初期，为了适应社会学教学的实际需要，孙本文先生的研究重心趋于整体和综合研究的途径。首先是为满足对普通社会学的需求，孙先生著有《社会学 ABC》一书，该书于 1928 年 7 月由世界书局出版。该书内容浅显简要，是后来孙先生所著《社会学原理》的基础，就概念和体系来说二者的轮廓是相同的。该书虽是普通社会学，但不失孙先生的独到之处。此书材料的排列，是出于孙先生的独断，不依任何社会学书籍成例。其书特点是注重文化与态度二概念。作者相信，一切社会行为，不外乎文化与态度的交互作用，所以全书对文化与态度的论述较详。而且该书有些观点是前人所没有论及的：关于社会行为的意义；关于社会要素的区分，如限制的要素与活动的要素；关于社会标准与社会控制的关系；关于文化失调与社会问题的关系。

此书出版后，孙先生深感大学中作为教本或参考的社会学书籍太少，为短时期内解决这一难题，孙先生邀请社会学界同仁协助完成编写了一套社会学丛书。该丛书包括普通社会学的各个方面，全书分 15 种，孙先生自写 3 种（社会学的领域、社会的文化基础、社会变迁），其余 12 种分别请吴景超（都市社会学、社会组织、社会的生物基础）、黄凌霜（社会进化）、吴泽霖（社会约制）、杨开道（农村社会学、社会研究方法）、李剑华（社会学史纲）、游嘉德（人类起源）等九位先生编写。在 1929~1930 年两年中，由世界书局先后全部出版。孙先生组织编辑这套丛书的目标有：阐明社会学的性质及范围；介绍社会学上各派学说的历史发展，及其在各国的现状，以资比较；考虑到国家在百端待理的社会建设时期，要建设健全的社会需根据适当的社会学理论，故该书意在为社会建设提供必需的基本知识。该书从内容上分为两大类：介绍社会学学理及方法的著作、介绍社会学历史的著作。各书篇幅务求简短，而陈述务求详明，单成一种专著，合者可谓社会学全体的大成，实属创举。之后由孙先生主编、合编为《社会学大纲》，由世界书局于 1931 年出版。该书优点在就所长自成一编，而其缺点在于理论材料稍欠一贯，尚需要有一系统、有组织的教本，以补其缺陷。于是孙先生撰写了《社会学原理》，1935 年由商务印书馆列入大学丛书出版。

孙本文先生的《社会学原理》初印精装本一册，继出平装本二册，全本6编共26章。该书是一部有系统的教材。作者自1926年担任社会学课程教学工作，起初用西籍为教本，但感觉其颇不符合中国学生之用，因此陆续搜罗资料自编讲稿，并先后修订七次以适学校的需要。

该书总论论述了社会学的基本概念、性质、范围及其与社会科学的关系，社会学研究的单位及材料、方法、目标、分部与内容，其后各编为社会要素与社会生活的关系、社会过程、社会组织与社会控制、社会变迁与社会进步，最后总结为社会学原理的应用。

全书注重文化与态度的探讨，其理论基础建立在文化社会学的观点之上，认为社会学研究的中心是人类的文化。而文化具体体现为人类的社会行为，据此把社会学界定为研究社会行为的科学，同时也不排斥吸纳其他各家的观点。该书虽是阐述社会学概念的基本理论、社会学研究的基本问题及研究方法的专著，但其各章节都很注重应用，尤其最后总结的社会学原理的应用部分，甚是有价值。

在社会学原理的应用部分，孙先生指出，1. 社会学的几条基本原则及其对人类的贡献：①人是社会的产物，②社会环境是人的产物，③个人与社会息息相关不可分离，④社会现象是相对的而非绝对的，⑤社会的发展是累积的而非凸现的；2. 人力控制社会的困难及范围；3. 社会建设与社会指导；4. 文化为人类社会的枢纽。孙先生特别重视社会学原理的应用部分，基于当时中国外有环境之窘迫，内有人民之需求，正当民族生存危机之时，"如何满足人民之需求，解除环境之侵迫以谋妥善之调适，此则有俟乎文化之发展，谋中国文化发展，以求中国民族更优胜之生存，此则社会学者与有责焉者矣"（孙本文，1935：1）。

此书的特点：①采各家之长，凡社会学上重要方面，无不论及。循序渐进，欲使社会学全部知识，成为一有机的体系。②本书的论断，取欧美社会学上最新思潮，并使其较为正确者，其有争论之点，亦常附以对方意见，或参考书籍，使学生因有所引导，而自为判断。③作者受美国奥格本、托马斯两教授影响最大，因此全书注重文化与态度讨论，但对于其他各家的论断凡可以说明社会行为现象的亦予引述，以资比较研究。④本书引论事实之处，凡可得本国材料者，即用本国材料。其来源约分二类，一为历史事实，二为统计资料。盖欲使此书成为我国人适用之书，但所憾者，材料收集甚难，尚不能尽量采用耳（孙本文，1935：2）。⑤该书说理务求浅显，引证务求翔实，著述时参考书数百种，凡一章一节均是著者深思熟虑的结果。⑥书末附有中英文重要参考书二种，以供进研高深者入门之用，并附有学名人名汉译表，供查社会学专名、世界社会学家及主要著作之便。⑦该书之成得到了吴景超、许仕廉、陈达、朱亦松、应成一、吴泽霖、潘光旦、李震东、柯象峰、黄建中、潘菽、胡鉴民、黄文山、言心誓、邓深泽、王子政、何联奎、游嘉德等人的协助、审阅、建议、讨论、切磋与鼓励，因此具有相当的权威性。

该书是我国社会学界注重社会整体或综合研究的代表之著。它把整个社会中人与人之间社会行为的各方面，做一种综合观察所可分析的体系，即用社会整体的观点、社会结合的观点、社会有机的观点、社会演进的观点，进行分析。这是社会学的四种基本观点，这也是与其他社会学大不相同的，也可以说是发扬民族文化与社会学结合的结晶。

此书自出版后数年之中，颇受社会学界欢迎，采为大学教本，于1940年经教育部学术审议会采为部定大学用书。之后又经修订全书分上下两册，共28章，于1944年9月由重庆商务印书馆印行。在大学中孙先生用以讲授32次，觉适用，但仍在搜集新资料，以再修订以期渐趋完善。

从孙先生在《社会学原理》的教学与写作过程中，我们看到他既有很深独到之见的造诣，又有吸纳百川的统帅之量，更有精益求精、孜孜不倦的科学精神，为国家铺垫着社会学之路。《社会学原理》是一部系统社会学理论的巨著，至今难以被超越。

三　孙本文先生与《现代中国社会问题》

孙本文先生不但是位社会学理论大家，而且非常重视社会学理论与中国社会的实际应用。他著的《现代中国社会问题》是这方面的代表之作。该书共四册，自1942年7月至1943年11月出齐，由商务印书馆列入大学丛书出版。全书讨论家族、人口、农村、劳资四种问题，共34章。作者在自序中明晰地说明了编此书的宗旨、理论、范围、材料、方法、立场，这也是本书性质和内容的表明。该书的宗旨是：研究社会问题，必须根据事实分析，不可以空泛论。因为此时各种实际社会状况的调查，无论在家庭、人口、农村与劳资团体等方面都更臻细密与详赡，正应利用此类累积的材料，做比较详细与综合的叙述与分析，以供有志研究社会问题者参考。

本书在理论方面，依社会学原理为讨论的根据。作者对社会问题的意见，是为共同生活或社会进步发生障碍的问题。进一步说所谓的社会问题，有二方面：或为共同生活调整，或为社会改进问题。本书所论述的诸问题，不外是这二种。

读书讨论的范围主要是讨论国内的四种主要问题,即家庭问题、人口问题、农村问题、劳资问题。每种问题又按其内容分别为数种问题,再论以非常时期的社会问题,全书讨论的问题达 40 多种,虽不能概括国内的全部问题,但主要的社会问题大致多已论及。因此,本书在内容方面尚称充实。

在应用材料方面,大都是作者 10 多年来在各大学讲授社会问题时陆续搜集的,有统计材料,有历史材料,也有法律条文及专家的意见,以能阐明问题的真相而不远离事实为归。书中附表有 270 种,附图 12 幅,自第二册起在书末附有关法规及人口统计表等 32 种。此书所引材料到 1942 年止,因此,此书在取材方面比其之前所出此类之各书都要新。

在方法方面,务求先根据各种事实详加分析,然后给以论断。对每个问题的探讨,必先述其意义和范围,次述其历史背景,再述其内容特点与现状,最后提出解决办法。每论一问题,必先介绍欧美各国情形及其所发生的特殊问题,借以与我国问题做一比较。

最后,在立场方面,各种问题分析,均以我国问题为本,以社会学观点为中心,以三民主义见地为归宿。

在该书的第四册中提示解决社会问题的原则、方法与途径。

解决社会问题的原则有八:①应以国家民族的利益为中心;②应以国家中心思想为准绳;③应不背国家政定的社会政策;④应顾及社会各方面的利益;⑤应顾及问题的地方性与时代性;⑥应顾及问题的起因与影响;⑦应治标治本双方兼顾;⑧应知社会问题的解决无一劳永逸的办法。

关于问题解决的方法:首先应该知道社会问题的症结所在,社会问题的症结不外两方面,即客观的环境方面与主观的心理方面。症结在环境方面的社会问题,其主要的解决方法在于改变环境的状况以适应问题的需要。症结在人事或心理方面的社会问题,其主要解决方法在于改变问题当事人的心理态度以适应环境的需要。因此,从环境方面谋社会问题的解决不外三方面:①革新社会机构,②调整环境状况,③提高文化水准。从人事或心理方面谋社会问题的解决方法有二:一为养成问题当事人应有的基本态度,互相谅解、互相尊重、互相退让、互相合作。二为训练问题当事人应有的智能与习惯,即增进职业技能、增进普通知道、改善日常习惯与人生态度。

至于解决社会问题的途径,即从法律、政治、教育、经济与社会运动五个方面谋社会问题的解决。

从该书的写作宗旨、理论、范围、材料、立场,及所提出解决社会问题的原则、方法与途径足以说明,这套书是孙先生社会学理论联系中国社会实际的结晶,也是社会学结合中国社会的代表作。现今读起来很有启示,具有很强的适用性。

四 孙本文先生与《社会心理学》

孙本文先生所著《社会心理学》,于1946年11月由商务印书馆出版,全书分上下两册,共计6编30章。该书是孙先生集国内外社会心理学研究之大成,为纪念抗战胜利一周年而出版。这是一部既融合社会心理学各流派和学说为一体,又广泛取材于中外的有关资料的一部巨著,同时作者为社会心理学中国化方面做出了贡献。

孙本文先生阐明了社会心理学研究的原则、对象与范围。他认为,社会心理学就是研究个人在社会中的行为。其基本原则有五个:①个人为满足需要而调适环境时表现的种种活动。人在活动之时,必定竭尽其智慧、才能、毅力、德性,以期圆满达成目的。因此,人不得不与他人发生交涉,与文物制度发生接触,人也不得不接受社会的规范,应付社会的要求或刺激,控制或影响社会的活动。②个人的需要、愿望与一般行为趋向,都是在特殊的社会中养成的,而且在特殊社会中表现出来。人的行为除极小部分属非学习之外,几乎全是在社会中经历制约而形成的。这类制约的反应又必定是在某种特殊社会中,在具有特殊的文物制度、思想态度的社会中逐渐形成的,所以各人的行为特质不能完全相同,从而各人所表现的行为也不能完全相同。③个人在社会中的表现,受个人需要,愿望的推动与人格特质的限制,并为当时社会情境所制约。也就是说,个人行为的实际情况,取决于各人的人格状态与当时的社会情境两者的变化。④社会情境从心理与文化两方面影响人的行为,无论个人人格的形成还是行为特质的临时表现,都不免要受社会情景中的心理或文化的影响。心理方面有人的主观态度、意见之类,文化方面有物的客观的文物制度之类,二者常常同时刺激或制约人的行为,而使人接受社会的影响。⑤个人行为,尤其是伟人的行为,可以极大地影响当时的社会情境,并领导社会的较永久的变迁与进步。出类拔萃的人常能转移社会风气,增进人类智慧,革新社会制度,改进人生态度,改良生活技术,安定社会秩序,对人类社会有重要而持久的贡献(孙本文,1946:1~2)。

以上五个基本原则,是孙先生《社会心理学》一书的理论基础,也是他研究社会中个人行为的立场和范围。该书分为六编:第一编探讨社会心理学的目的、对象与范围以及源流派别,第二编综述人类行为的基础与型式，第三、四编讨论社会情境对个人行为的影响及社会制约个人行为的法则，第五编讨论个人行为对社会的影响及个人调适于社会情境的法则，第六编专论社会心理学的应用。

孙先生的《社会心理学》是以理论为经、以应用为纬，交织而成一完整体系。上述五个基本原则是贯穿全书的理论基础。同时全书理论与应用并重，各章在分析理论之后，继以实际应用的探讨。最后又综合各种原则略述其在社会各方面的应用，如在家庭、教育、商业、工业、政治及日常生活方面的应用。其社会心理学的应用目的有二：一为如何了解社会心理，二为如何指导或控制社会心理。孙先生将社会心理学应用于社会各方面的原则既未背离我国固有的优良思想，即尊理性、重中庸、重自治、崇德化；又符合现代世界潮流，即重科学、尊民主、崇法治为主。书中所引资料，以本国历史故事为多，兼及西史与报章时事，并尽量采择重要例证，总以增进读者的兴趣，而又不背科学的原理与社会道德的标准。

书末附有社会心理学重要文献年表，包括书籍论文243种，社会心理学重要作家小传，列举欧美社会心理学者58人及中文书籍检目、学名索引、西文人名索引等。

该书有数点为其他书所没有的，应该说是对我国社会心理学的贡献。

（1）此书有显明的系统，前后一贯；（2）此书尽量引用本国资料，确已做到社会心理学中国化的地步；（3）此书对于下列各方面加以详细的探讨，而向来社会心理学中甚少注意，或仅做简单的叙述：
①行为觉知的研究，
②态度的分析与谣言及群众行为的探究，
③社会领导的法则及领导人物的特质，
④一般人对于社会的影响，
⑤个人对于社会环境调适的法则，
⑥社会心理学在社会各方面的应用；
（4）此书在各章各节中随处注意到引导读者走向正义公道与合理正学的道路，以期养成高尚的人格，崇高的理想，并发扬我民族固有文化的光辉。(孙本文，1946：131~132)

该书是孙先生集社会心理学理论与应用于社会的大成之著，既汇集了中外深邃的理论又以深入浅出得益于学者和世人明了的语言而行文。虽是半个世纪前出的书，但现今读起来还是那么透彻和亲切可行。

五　孙本文先生与《当代中国社会学》

孙本文先生的《当代中国社会学》于 1948 年 5 月由胜利出版公司出版。该书虽称之为当代中国社会学，应是现时中国流行的社会学，但追溯现时的社会学的演进，必谈到奠定中国早期社会学的奠基之人，因此该书实是一部中国社会学简史。全书分上下两编。上编采用分题讨论的方法，首先综述了社会学的起源，然后就普通社会学、社会进化与社会变迁、社会问题、社会心理学、社会思想、社会学史、农村社会学与都市社会学、社会学方法、社会事业与社会行政，及其他社会学研究部门，分述其自初以来发展的状况，并对社会实地研究、社会课程、社会学团体等做了概述。下编采用分派讨论的方法，就当时各家的研究重心与兴趣所在，分述注重心理、文化、生物、经济诸因素，以及综合观察、社会实地研究等趋向。最后综述过去中国社会学发展的状况，并瞻望未来的发展。此书如能与孙先生 1947 年 1 月由商务印书馆出版的《近代社会学发展史》配合读，可明了中西社会学发展的关系。

《当代中国社会学》的内容是著作与人物并重，使初学之人读后可知前辈学者的学术造诣与研究精神。孙先生编著《当代中国社会学》的目的是："第一，使初学之人明瞭，中国社会学的起源与发展的经过状况。一方面可以知道前辈社会学者如何筚路蓝缕开辟社会学研究的道路，以及他们努力探讨的精神；另一方面也可以知道，中国社会学发展迟缓的原因及其现状，俾与各国比较，藉知中国社会学尚需积极推进，及后辈学者责任的重大。

第二，使初学之人能在此小册子中知道中国社会学发展时期中各种译著的性质与内容，以及各位社会学者的学历景况，藉以明白中国社会学思想的来历及其流派。

本书著者初习社会学系在距今三十二年之前，而在近二十七年中尤专心研究未敢一日懈怠。中国社会学比较发达的时期，只在近二十余年以来的社会学运动；比较对社会学有贡献的学者无不相熟，他们的个性与造诣大体上知道得还清楚，具有这样的历史基础，很忠实地把所知道的中国社会学发展状况，编成一部中国社会学简史，似乎值得每一个中国社会学者的注意。"（孙本文，1948：3~4）

从本书对中国社会学的研究、人才的培养及学术团体的组织等内容的概况介绍，和著作与人物并重的写法，可以看出孙先生对中国社会学的发展了如指掌；对中国社会学各大家研究成果造诣的精当准确的评价及其研究精神的赞扬，这是对各大家的了解和尊重。像孙先生这样的大家自然在社会学界成为领军人物。

　　1922年余天休先生曾发起的中国社会学会已停止了活动，基于上海各大学社会学的发展，孙先生于1928年9月发动组织吴景超、余天休、吴泽霖、潘光旦、王际昌、应成一、俞颂华、李剑华、温崇信、游嘉德等成立"东南社会学会"，以联络东南各省专攻社会学者共同研究为宗旨。10月29日，孙本文当选为常务委员兼编辑主任，吴景超当选为编辑，吴泽霖当选为书记兼会计。至此"东南社会学会"正式成立，创办刊物《社会学刊》，孙本文任主编，由上海书局出版。

　　1929年，"东南社会学会"负责人与北平各大学社会学教授陶孟和、许仕廉、陈达等商定，将原东南社会学会扩大范围，改为"中国社会学社"借以联络全国社会学者共同研究。1930年2月，在上海青年会开成立大会，11月，"中国社会学社"正式成立。第一届理事9人，包括孙本文（正理事兼编辑主任）、许仕廉（副理事）、吴景超（书记）、吴泽霖（会计）、陈达、陶孟和、潘光旦、游嘉德、钱振亚。《社会学刊》从第2卷第1期起，改由中国社会学社编辑，仍由孙本文先生任主编。孙本文先生任三届理事会的正理事，并一直担任理事会的理事之职。孙先生团结组织全国的社会学队伍，共同研究，培养人才。

　　孙先生在总结社会学研究的基础上，指出中国社会学发展的方向。他认为中国社会学虽有50年发展史，但发展比较快的是近20多年。中国社会学的发展表现在：注重实地调查研究；注重本国资料的分析与引证；注重名篇巨著的翻译；重视社会学理论体系的探讨；重视新学说的介绍；重视社会事业与社会行政的研究。这说明中国社会学的发展已经到了相当有根基的时期。

　　他指出今后应从事的工作，第一，中国理论社会学的建立，今后社会学者应致力于中国化的社会学的建立：①整理中国固有的社会史料，②实地研究中国社会的特征，③系统编辑社会学基本用书。充分搜集整理本国固有的社会材料的基础上，吸收欧美社会学家精审的理论，创建一种完全中国化的社会学体系。第二，中国应用社会学的建立：①详细研究中国社会问题，②加紧探讨中国社会事业与社会行政，③切实研究中国社会建设方案，借供政府参政。第三，社会学人才的训练。

　　我们今天重读孙先生对社会学的瞻望，仍因感到切合实际而备感亲切。他对社会学发展前途的乐观，增强了我们今天研究的信念。同时，他指出社会学发展的目标,仍是我们今天社会学发展的目标,让我们感到革命尚未成功,学人仍须努力完成此重任。

参考文献

孙本文,1935,《社会学原理》,上海:商务印书馆。
——,1946,《社会心理学》,上海:商务印书馆。
——,1948,《当代中国社会学》,南京:胜利出版公司。

(责任编辑:周晓虹、苏媛媛)

孙本文与中国社会学社

许妙发[*]

摘　要：孙本文是中国社会学社的主要创建者和领导者。他明确提出了社会学中国化的奋斗目标，对中国社会学的成长发展起了积极的推动作用。中国社会学社举办的八届年会，承载了中国社会学者不懈的学术追求和可贵的探索精神，收集保存了大量丰富而珍贵的社会历史资料，从一个侧面客观而真实地反映了当时中国社会学的学术概貌、时代特点和学术演变的轨迹。这其中也包含了孙本文坚持不懈的学术引领和认真踏实的苦干精神。

关键词：孙本文　东南社会学会　中国社会学社

在中国社会学界曾经流传过这样一种说法，叫作"北陈南孙"（袁方、全慰天，1980）。"陈"指社会学家、人口学家陈达教授；"孙"即著名的理论社会学家孙本文。这种称谓表明，在众多的中国社会学家里，孙本文是一位享有极高学术殊荣和具有重大影响的社会学家。

孙本文先生是中国社会学的开创性人物，他长期从事社会学的教学研究工作，不仅在社会学理论研究方面学贯中西，著作等身，同时也培养了不少社会学教学与研究方面的人才。此外，他还是中国社会学社的主要创建者和组织者，在推动社会学在国内的传播和发展、推进社会学中国化等方面做出了极其重要的贡献。

在中国社会学发展的历史进程中，中国社会学社并不是国内最早成立

---

[*] 许妙发，上海社会科学院社会学所研究员（xmf@ sass. org. cn）。

的社会学研究团体。早在 1922 年，当时的北京师范大学社会学教授余天休就曾发起成立过中国社会学会，这是自西方社会学传入中国以后在我国出现的第一个社会学团体组织。学会还出版了由余天休主编的《社会学杂志》（双月刊）作为会刊。虽然，中国社会学会的建立，给当时正在艰难成长中的中国社会学带来了些许欣喜，但也很快暴露出其先天不足的无奈。由于当时国内研习社会学者人数甚少，参加者寥寥无几，"而余（指余天休，作者注）亦因事不遑兼顾，以致该会不久即无形消散"（孙本文，1932）。《社会学杂志》从 1922 年 3 月出版第一卷第 1 期起，全凭余天休一人苦苦撑持才勉强维持到 1925 年 8 月。三年半时间仅出版了两卷，共 8 期，其中二期合刊者有三次。由此可见当时社会学研究人员缺乏、稿源稀少之窘态。中国社会学会的夭折，虽然使人感到痛惜，但在当时的历史条件下，有其必然的原因。其一，此时的中国社会学正处于介绍和引进西方社会学理论与学说的缓慢起步阶段，出版的社会学译著数量少而又少，且除严复的《群学肆言》系直接译自西方社会学原著外，其余则都是从日文转译而来。其二，与此相似的是，社会学的课堂教学在国内也是寥若晨星。大学校园里，"社会学在当时研习者甚少，而普通学者更不知社会学为何物。即有一二学者知此科目，亦仅阅及如《群学肆言》等类的书籍耳，未必有多大的研究"（孙本文，1948：19）。正是在这样的学术环境下，中国第一个社会学研究团体便成了无源之水、无本之木，最终只能悄然退出社会学的历史舞台。

不过幸运的是，随着时间的推移，中国社会学的生存环境在短短几年后发生了重大的变化。20 世纪 20 年代中期以后，一大批奔赴海外尤其是美国留学的青年社会学者陆续学成归来，开始出现在国内的社会学教学与实地调查研究的舞台上，并迅速地推动了中国社会学的教学与科研机构的体制化建设。社会学也开始逐渐由少数大学科目，推广至一般大学课程；由大学选教科目进而为专设学系。至 20 年代末，全国设立社会学系的高等院校已达 15 所之多。尤为可喜的是，担任这些院校社会学教学工作的绝大部分是中国年轻一代的社会学家。以当时最具影响的燕京大学社会学系为例。1926 年由留美归来的许仕廉教授接替美国社会学家步济时（又译伯吉斯）担任系主任后，在该系担任社会学教学工作的教职人员队伍也发生了重大变化。在 1927～1928 学年期间，该系聘任的 15 名社会学教授中，有 11 人为本国学者。其中，主讲社会学原理等课程的是吴文藻，讲授农村社会学课程的是杨开道，严景耀开设社会犯罪学和监狱行政课程，雷洁琼负责社会福利事业等课程，还有阳翰笙主持的农民运动课程和许地山的人类学课程，等等（傅憙东，1982）。

随着社会学教学体制的迅速建立和社会学专业调查研究机构的相继出现，以孙本文先生为首的上海各大学教授，颇感有组织一个共同研究社会学学术团体的必要。不过，这一次他们显得谨慎得多。一开始并没有马上建立全国性的社团，而是从组织地方性的学术团体着手，然后再逐步发展，扩大范围。孙本文先生认为：成立社会学研究团体，"一方面是仿效美国的社会学组织，另一方面也是为了砥砺和交流教学经验，并为组织一个全国性的社会学会创造条件"（吴泽霖，1981a）。这正如老一辈社会学家吴泽霖先生曾经指出的那样："尽管任何新兴学科总是时代需要的产物，但它在初建时并不都是一帆风顺，它不免会招受责难、阻挠而被人摒弃或忽视。因此，需要创造条件扶植它，推广它。首先，学科本身除须具备一定的创见，经得起核实、考验或实践外，还要获得一定人数的拥护。其次，要有一定数量和不断的著述，既要出版书籍，也要出版定期刊物，借以扩大影响。再者，要设立机构，在同好中组织学会，交流思想，在学校里设置课程，建立学系，俾能承上启下，传播苗种"（吴泽霖，1981b）。1928年9月，时任复旦大学社会学系教授的孙本文以自己的学术影响力为号召，暨欢迎吴景超博士留美归来之际，遍邀上海各大学及在沪社会学教授聚会。席间，孙本文、吴泽霖和应成一等人提出建立一个地区性的社会学研究团体的设想，获得全体与会者的一致赞成。讨论结果，决定成立"东南社会学会"，以联络东南各省专攻社会学者共同研究社会学理论、社会问题，促进用科学的方法研究社会为宗旨，并创办《社会学刊》（季刊）为定期刊物。10月29日，出席聚会的各位教授以通信选举的方式选出学会负责人。孙本文先生被推选为常务委员兼编辑主任。

东南社会学会的成立和学刊的创办，不仅为国内迅速发展的社会学教学、科研活动和社会实地调查研究提供了一个重要的学术交流平台，而且也是获取国内外社会学最新发展动态和学术信息的重要窗口，因而引起了国内社会学界的热烈反响，参加人数不断增加。据1929年8月份的统计，东南社会学会在成立不到一年的时间里，已经有会员73名。更为重要的是，东南社会学会的出现，对组建全国性的社会学团体起到了直接的推动作用。1929年秋，以陶孟和、许仕廉为代表的一批北方社会学家向孙本文等人建议，以东南社会学会为基础，扩大范围，吸收国内各大学社会学教授和对社会学有研究兴趣的中外人士共同参与，成立一个全国性的社会学学术团体。对此，孙本文先生深表赞同。年底，双方商定成立中国社会学社，并成立了由孙本文、吴景超、吴泽霖、许仕廉等七位教授组成的筹备委员会，负责具体的筹建事务。

1930年2月8日上午9时，中国社会学社成立大会暨第一届年会在上海四川路青年会礼堂举行。来自中央、复旦、燕京、北大、金陵、厦门、沪江、光华、大夏、协和等国内各大学的代表一百多人出席会议。大会推选孙本文为会议临时主席，并由他向各位代表报告东南社会学会的改组情况以及中国社会学社的筹备经过。接着，会议宣读通过了《中国社会学社社章》。学社章程载明："本社以研究社会学理论、社会问题、以及社会行政为宗旨"，学社的主要任务是：研究社会学理、讨论社会问题、举行社会调查、提倡社会工作、发行社会学定期刊物、编辑社会学书籍、举行社会学讲演和设立社会学图书馆八项内容。随后，大会投票选举社会学社第一届理事会成员。开票结果，孙本文当选为正理事兼学刊常务编委。蔡元培先生特地到会祝贺并做了"社会学与民族学之关系"的演讲。成立大会结束后，开始分组进行学术交流。大会分成人口问题、家庭问题、社会心理学、社会教学、社会调查研究、社会工作和农村社会学七个专题组进行研讨，宣读的学术论文共计有16篇。

中国社会学社的成立，是中国社会学成长发展到一定历史阶段的产物，也是判断社会学在中国发展水平的一个重要标志。它把全国绝大部分的社会学者团结和组织起来了，加强了各大学之间的学术交流和校际联系，进一步促进了社会学学说的传播和影响，也极大地提升了社会学在社会科学领域中的学科地位。从大会宣读的论文内容看，无论是在普通社会学的研究领域，还是在社会学分支学科以及社会实地调查研究上，中国的社会学者都取得了长足的进步。面对中国社会的实际情况和众多的社会问题，他们开始进行独立的思考和研究。这表明，中国社会学在经历了对欧美社会学相当时间的移植和模仿后，希望跳出西方社会学的窠臼，走自己发展的道路。而孙本文先生作为中国社会学社的主要创建者和组织者之一，发起倡议、联络同好、统筹协调、制定章程，做了大量实际而有成效的工作，功不可没。

虽然《中国社会学社社章》规定"每年举行一次年会"，然由于各种各样的原因未能实际做到。学社从1930年成立直至1948年停止活动时止，总共举行过8届年会，其概况简述如下。

1930年12月底，第二届年会在南京中央大学科学馆致知堂提前举行，年会的主题是"人口问题"。40余名代表出席大会，共宣读了32篇论文。这些论文绝大部分都是有关中国人口问题、人口调查和移民问题的研究成果。如陈长蘅教授在《研究中国人口问题应注意的几个问题》中提出，缓解中国人口压力的根本途径，在于提倡比欧美各国更加健全和彻底的、以节育和优生为内容的"生育革命"。只有控制人口数量，保持适度人口，才能有利于国家和人民的生存和发展。陈达教授也在《生育节制与我国人口问题》的论文中指出，用向国外移民和边疆移民的办法解决我国人口问题，是一种不切实际的想法，"而生育节制则是解决我国人口问题比较圆满的办法"（陈达，1932），西方国家已有先例。假如我们采用这种方法，或能得到相似的成绩。在此次年会上，理事会还作出了设立社会学研究奖励基金、编辑社会学词典、拟定社会学译名表等多项决议。最后，孙本文先生作了题为《中国社会学之过去、现在及将来》的重要演讲。孙先生在回顾了中国社会学的发展历程后指出："自中国社会学社成立，合全国社会学者共同努力，以期研究社会学理，了解社会现状，商榷社会问题，而中国社会学始入一新时期"。他认为，在今后着重要做的几项工作中，首先要把"建设一种中国化的社会学"作为全体中国学者明确的奋斗目标。其具体的实施途径是"采用欧美社会学上之方法，根据欧美社会学家精密有效的学理，整理中国固有的社会思想和社会制度，并依据全国社会实际情况，综合而成有系统有组织的中国化的社会学，此诚今后之急务"（孙本文，1932）。这是中国社会学家第一次正式提出"社会学中国化"的口号，并以此作为中国社会学界共同追求"进一步发展中国社会学，为民族做出贡献并在国际学术界取得一席"的理想，从而对中国社会学的发展产生了重要的影响。

1932 年 9 月，中国社会学社在北平燕京大学举行第三届年会，年会主题为"家庭问题"。20 余位代表出席会议，宣读论文和研究报告 16 篇。因故未能到会的孙本文正理事在给大会的年会报告中指出："就现在世界社会学发展的趋势，及目前中国社会的需要而言，本社应负两种使命：（1）合全国社会学者与世界社会学者共同研究社会学理，以期对于社会科学知识有所贡献。（2）合全国社会学者共同研究目前中国社会之纷乱状况及各种实际问题，以期对于国家和社会有所贡献"（《社会学刊》，1933）。此后，中国社会学社又先后于 1935 年 2 月和 1936 年 1 月，分别在上海和南京举行第四、第五届年会。遗憾的是，有关这两届年会的资料均无处查觅。据作者查考分析，主要原因是学社主编的《社会学刊》因经费短缺，不得不在 1935 年和 1936 年停刊二年所致。

1937 年 1 月，中国社会学社在上海八仙桥青年会礼堂举行第六届年会，年会主题是"社区研究"。有 20 余名代表出席会议，宣读论文和社会实地调查报告 10 篇。大会通过了关于在各大学内积极推行社区研究以及相互间通力合作的提议案，并由学社出面与各大学社会学系联系有关事宜。

抗战爆发以后，北平、上海、南京等地的大学和科研机构纷纷内迁西南各省，大批社会学家亦随校迁移而云集于云、贵、川三地。国家的危亡，民族的危难，"把以前门禁森严的大学疏散到了后方的乡村里，把以前可以终日和普通人民毫无接触的学者送入破庙和农舍里。书籍的丧失和外国杂志的断绝，使他们无法在图书馆里去消磨研究的精神"（傅悚东，1982）。尽管当时的物质生活条件极度有限，绝大多数社会学家仍然以强烈的爱国热情，用多年熟习的理论开展战时社会服务，进行人口普查实验，对少数民族地区和内地农村的风土民俗、经济生活、社区管理等做专题研究和实地调查，先后发表了一批有着重要影响的学术论著和社会实地调查报告。即便在那样艰苦的环境下，中国社会学社仍然于1943年2月举行了以"战后社会建设"为主题的第七届年会。由于人员分散，交通不便，因而采取了在重庆、成都、昆明三地同时举行的方式。可惜的是，由于《社会学刊》已停刊多年，有关这届年会的详细情况没能留下相关的文字资料。

1947年10月，中国社会学社第八届年会分别在南京、北平、广州、成都四地同时举行，年会的主题是"中国社会学今后应取之途径"。南京会场有300余名代表出席，宣读了16篇论文。随后大会又围绕中国社会学今后的发展途径展开讨论，并提出了五个方面的指导意见：一是大学社会学系的教育方针，力求做到使社会学理论与社会事业的应用结合起来；二是要加强社会学研究工作，建议在已经设立社会学系的大学里，增设社会学研究所，增加社会学公费留学名额；三是建立和加强大学社会学系与社会行政机关的联系；四是调查全国所有机关所需社会行政人员数量和各大学每年的毕业生数量；五是建立中国社会学的过程可分三步走，首先是研究中国过去社会的特征，其次是调查中国现实社会的状况，然后是编著适合于中国国情的书籍。在广州会场，出席年会的代表有53人，宣读论文15篇。在成都会场，有50余位社员到会，宣读论文15篇。北平会场出席人数不详，宣读论文5篇。

此外，有必要对《社会学刊》的情况做一个简单介绍。1930年10月起该刊改由中国社会学社主办。后因经费短缺，曾经于1935~1936年停刊过两年。1937年恢复出版至第5卷第3期时，因抗战爆发而停刊。1948年1月复刊后，出版了全年合刊的第6卷。此后，随着中国社会学社学术活动的终止，学刊也终告停刊。据统计，《社会学刊》在总共出版的6卷20期刊物上，共计刊载各类文章300余篇。其中论文115篇、国外社会学学说介绍 15 篇、社会调查报告 4 篇、社会学家传纪 5 篇。这些学术论文和研究报告为后学者留下了弥足珍贵的历史资料，对当今的社会学研究仍然具有一定的借鉴和参考作用。

纵观旧中国社会学的发展历史，其最为发达的时期只有 20 多个年头，而中国社会学社也差不多伴随和见证了这一历史过程。学社团结和凝聚了全国绝大部分的社会学家，明确把"建设一种中国化的社会学"作为奋斗目标。它在倡导对中国社会各文化区域开展系统的实地调查、译介国外社会学著作和理论、匡订社会学术语等方面做了很多有益的工作。它加强了各大学、各地区之间的学术交流，促进了社会学学科的传播和社会实地调查工作的开展。学社还草拟了大学社会学标准课程的设置，全面厘定了社会学术语中译表，并就扩大社会学的教学问题与政府当局进行过磋商。学社曾多次邀请国外社会学家来华讲课、讲学，积极开展中外学者之间的学术交流，学社的刊物又为社会学家提供了一块"自己的田地可以耕作"，以致社会学成了一门受学生欢迎的学科，吸引了大学学生的 7%（黄绍伦，1981）。一批持严肃学术态度的社会学家憧憬着"进一步发展中国社会学，为民族作出贡献并在国际学术界取得一席地位"，主张社会学理论必须根据中国的现实加以检查和修改，只有这样，才能取得思想上的独立。在经验社会学领域中，出现了以认识自己国家的社会状况为目的的社会调查。正是这第一手的经验研究的大量出现，开始显现社会学中国化的特征。而在中国社会学社历届年会上宣读的论文和调查报告中，就有不少这方面的珍贵的社会历史资料，有些至今仍不失其参考价值。这些成绩奠定了中国社会学社在中国社会学发展过程中的历史地位和学术影响。

孙本文先生是中国社会学社的主要创建者和领导者，他曾担任学社第一、二、七届理事会正理事，并长期担任《社会学刊》的编辑部主任。中国社会学社在中国社会学成长发展过程中所做出的重要的、历史性贡献，应该说与孙本文先生坚持不懈的学术引领和埋头苦干的精神是分不开的。他曾被国外社会学家称为"最系统、最通俗地在总体上介绍社会学的中国作家"，他所做的工作无一不是为了推动社会学在中国的传播和发展。然而他又是一位富有进取精神和民族精神的社会学家。作为"社会学中国化"的积极倡导者、努力实践者和有力推动者，他和他同时代的一批学者已经明显感到，社会学研究如果不立足于本国实际，走自己的路，这门学科将是没有前途和生命力的。在当时的社会环境和历史条件下，能有这样的深刻认识，尤其难能可贵。

参考文献

陈达,1932,《生育制度与我国人口问题》,载中国社会学社编《中国人口问题》,上海:世界书局。
傅愫东,1982,《燕京大学社会学系三十年》,上海:《社会》第4期。
黄绍伦,1981,《中国解放前社会学的成长》,载《社会学文选》,浙江:浙江人民出版社。
《社会学刊》,1933,上海:中国社会学社,第3卷第4期。
孙本文,1932,《中国社会学的过去、现在和将来》,载中国社会学社编《中国人口问题》,上海:世界书局。
——,1948,《当代中国社会学》,南京:胜利出版公司。
吴泽霖,1981a,《美国几位社会学的奠基人》,天津:《南开学报》第2期。
——,1981b,《忆抗战前沪宁一带的社会学》,北京:《社会学通讯》第2期。
许妙发,1984,《论孙本文在旧中国社会学界的作用与影响》,上海:《社会》第1期。
袁方、全慰天,1980,《社会学家陈达》,长春:《社会科学战线》第2期。

(责任编辑:周晓虹、方莉琳)

孙本文与中国社会学学科建设

——以中央大学社会学系为例

谢燕清*

摘 要：孙本文对中国社会学学科建设的影响是多方面的，他长期主政中央大学社会学系，对课程设置、师资队伍评聘、学生培养都施加了自己独特而深刻的影响。孙在努力促使课程、师资标准化和多样化的同时，不可避免地让中大社会学系染上他个人的色彩，这使得中大社会学系重理论轻实际的系风在其任内很难改正。

关键词：孙本文 中国社会学 国立中央大学

一切历史都是当下的历史，学术史选题也跳不出这条咒语。以孙本文、吴文藻、费孝通三个人为例，研究费的文章数量分别是孙、吴的100倍和15倍，而吴的数量又是孙的近7倍（见图1）。学术关注度和人物在学术史上的真实地位并不一定相应，在1949年前的中国社会学史里，孙本文是一座不可忽视的山峰。

有关孙本文的研究，从其代表作或著述体系着手，基本评价是著述丰富、体系庞大、自成一家，为社会学中国化做出独到贡献。[①] 孙本文在学

---

* 谢燕清博士，南京大学社会学院社会人类学研究所副教授（xieyanqing@ nju. edu. cn）。

[①] 这些研究分别参见，陈树德（1984）、徐妙发（1984）、陈定闳（2001a：103~115）、韩明谟（1987：118~129）、刘洪英（1998）、欧阳湘（1999）、郑杭生·李迎生（1999）、杨雅彬（2001：395~509，884~958）、鞠春彦（2008）、胡炼刚（2010）、AU - YEUNG（2000）、孙世光（2001）、陈定闳（2012：179~264）。另在1979年后中国社会学重建初期发表的文章，多用意识形态标准来衡量1949年前学者的学术地位和正确性，这种情况在20世纪末逐渐得到矫正。

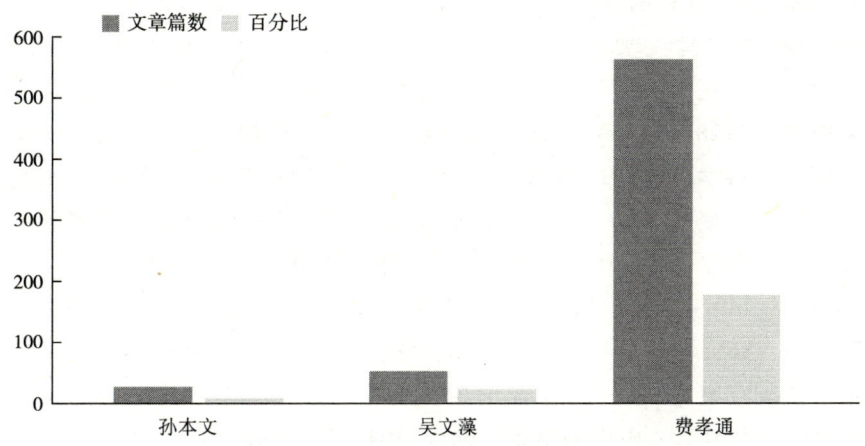

图 1　孙本文、吴文藻、费孝通相关研究文章篇数比较

数据来源：中国期刊全文数据库（ckni）（1979～2012）。

术史上的地位不仅仅是"我思"故我在，还是"我做"故我在。他还是学术社团的组织和参与者、学术刊物的主持和编辑、学术丛书的主编、大学系科的负责人、政府相关部门的专业技术官员等，仅局限于思想史的研究是不够的。作为一个学术组织者和管理者，他对社会学学科建设的影响远比作为教授要复杂得多。

已有研究基于正式出版文献或者亲历者的回忆录，集中讨论孙本文的学术思想贡献。本研究基于中国第二历史档案馆的资料，资料体现了中央大学社会学系课程、师资等周期性变化的特点，内容主要是孙本文作为教授和系主任在中央大学期间的活动，从而和上述论述形成佐证，据此讨论孙本文对民国时期的社会学学科建设的具体贡献，至于未记录在档的活动，则不在讨论范围内。

一　如日中天——孙本文在中央大学社会学系的地位

孙本文之受推重，与他的社会关系和人生履历有关系。其人生中两个起始点非常关键，一是 1915 年考入北京大学哲学专业，二是 1920 年考取公费留学，于次年赴美留学（明强，2001：9，11，13）。学成归国后，孙在上海经历了短暂的历练很快崭露头角。此时恰逢南京政权建立，一所立志超越旧大学（北京大学）的新大学（中央大学）诞生了，孙本文 1929 年进入中大社会学系，其学术生涯从此随着新民族国家的命运而跌宕起伏。

孙本文1949年前的社会学职业生涯，除了在复旦大学的两年半，其余时间都在中央大学。要想说明孙本文在中国社会学界的历史地位和作用，就得说清楚他在中央大学社会学系的地位和作用。中大社会学系经历了文学院时期（1928~1935）和法学院时期（1941~1949），社会学系1927年成立于社会科学院，1928年改隶文学院。文学院时期社会学系颇为动荡，一是人事关系变动频繁，前后有五位系主任，分别为萧纯锦、龚贤明、孙本文、王际昌、黄文山（中国第二历史档案馆，648/1139：211~222；648/1138：149~150；648/1127：349~350；648/1141：20~25；648/1472：84~86；648/1144；648/1146：58~61）；① 二是地位不稳，不到八年两次遭到存废危机。② 法学院时期相对平静，只有李泰华和孙本文两位系主任③（中国第二历史档案馆，648/1164：23；648/1173：13）。

从文学院时期学生的回忆文章里只看到学生对老师的仰慕之情（陈定闳，2001b：37~46；郭骥，2001：58~63）。但从档案里我们看到，首任系主任萧纯锦是经济学教授，显然是过渡性人物；孙本文从上海复旦来是接替龚贤明的，然而他没多久兼管（教育）部务，去了高教司，旋即王际昌接替了他的职位。这中间发生了什么事？

从档案里留存的几封信件我们大体可以复原中大社会学系早期一起长达一个学期的师生教学纠纷事件。从学生写给校长的信，我们得知孙本文以在教育部兼职为由，推荐王际昌代理系务，但王际昌拒不接手，面临学期交接，事情等待不得，学生呼吁孙先生回来"上岗"云云（中国第二历史档案馆，648/1820：6~7）。

孙本文则以身体不好搪塞教务主任，在给校长的信里透露出真实原因，即到任后恰逢"系中纠纷极盛之时"，孙调和了一个学期，学期末"本学生会又提出对于诸教授之所谓总意见书，指摘吹求，无微不至"。而

---

① 该注释依次表示资料来源地为中国第二历史档案馆，648表示全宗号，1139为案卷号，其后为页码。以下档案资料均按此方式标注。

② 关于中央大学社会学1932年和1936年两次存废问题，欧阳志英（AU-YEUNG, 2000：73~91）有一个相对周全的考察和解释，其要点是基于民国政府的民族主义立场倾向，由于一些具体的偶发事件和当事人的立场和观点，中大社会学系成为政府教育政策调整的牺牲品。由此推论，民国时期体制内的社会学命运主要还是决定于政府内民族主义和自由主义派系力量对比。

③ 1942年的教员登记表里，李泰华是系主任，而孙本文是师范学院院长兼社会资料室主任，这可能是学校之下的一个机构，在校-院-系的结构中，资料室与会计室等机构和院是平行的，当时顾颉刚任出版部主任。李泰华是否到任值得存疑，相关登记显示系里没有其他教职员，或许他是一个纸面上的系主任。

孙本文"既未能完全不顾学生之争求,又未能不忍诸教授无端受屈而去"。因此,"处此进退维谷之境,惟有引咎离校以慰良心"(中国第二历史档案馆,648/1820:49~51)。他去教育部里兼职未必没有暂离是非之地的意思。

从校长张乃燕和教务长的慰留信中我们看到,孙本文在这件事采取的态度是以退为进。教务长建议,"窃以孙主任辞意既允取消准,似可尊重其意,准予请假。至于王际昌先生学识经验均极丰富,兼代系务学生亦表欢迎。业与文学院汪代院长及王先生本人分途商洽,均示同意此事,似可照办,以免系务停顿。惟王先生副教授薪金原为月支二百六十元,兹如准其兼代系务,在其兼代期间,可否准支系主任薪金以资酬报"(中国第二历史档案馆,648/1827:2~4)。他的方案充分考虑到各方面的面子和里子,可谓老成谋国。经过校方的挽留,孙接受了"休假半年"、由王际昌代理系主任的方案。由此可见孙是校方心目中社会学界的代表性人物(中国第二历史档案馆,648/1827:47~48,286~287),王际昌有没有接任尚待考,但孙本文将自己的同好黄文山引进做了系主任倒是事实。

试比较文学院和法学院时期的人事关系就可以发现孙本文的影响力在前后有着本质的不同,相同之处是孙本文都是系里影响最大的教授,但在法学院时期孙的影响力又有了一个飞跃。万国雄(2001:48)是法学院时期的学生,他回忆学生们都称孙为"系老板"。这足以说明孙的地位和影响力,此外还有其他的例证。

第一就两个时期而言,人事关系有本质的变化,文学院时期前后经历五位系主任,而法学院时期据档案可查有两位,孙本文自1943年正式接掌社会学系主任后就再没有相关人事变动。同时经过撤系后,孙本文成为中央大学唯一留任的社会学教授,文学院时期的教授星散各地,专任教员无一留任。除孙之外,法学院时期的专任教员无一是文学院时期,这对话语权有着微妙的影响力。

第二就学历和资历而言,孙本文都是两个时期最过硬的。文学院时期,系里的专任教员都有留学背景,但基本没有博士学位,年纪比孙小不到4~5岁(中国第二历史档案馆,648/1539:11)。法学院时期,专任教授留洋博士增加了几位,年龄与孙普遍差距在10岁以上。5年和10年,前者是师兄弟的关系,后者则是一代人的关系。在法学院时期,专任教授8人,正教授里有一人是孙在复旦时期的学生,副教授两人都是孙在中大的学生(中国第二历史档案馆,648/1202:51~52;1203:125~127)。

第三个证据是法学院有两种奖学金,其一是"社会学系奖学金",是毕业同学为纪念该系成立20周年及孙本文执教20周年而设立（中国第二历史档案馆，648/756）。可见时人已经将中大社会学系和孙本文等量齐观，这是中国文化所说德望的体现。

由档案资料我们进一步得知，孙本文在中大社会学系的地位塑造和以下几个因素有关：首先，中大社会学系受聘人员资历均不如孙本文；其次，1936~1941年的社会学系停办拉大了孙和同事之间资历的差距；最后，王际昌兼任系主任事件说明孙对中大社会学系的掌控有一个逐步的过程。学术成就不等于系务影响力，同样资历也不是一下就能转为控制力，对于孙本文而言，时间很重要，特别是停办社会学系的空档期使得他在中大社会学系的地位更加突兀。

二　勤于耕作——中大社会学课程、专业设置

中大社会学的课程建设分为文学院时期和法学院时期，文学院时期的课程设置大体和当时中国社会学课程规范化进程同步，经历了一个摸索、积累到完备的过程，而法学院时期课程设置则是相对完备和稳定的时期。

在孙本文来中大之前，社会学系共开25门课程（中国第二历史档案馆，648/822），朱亦松开设九门，龚贤明开设六门，游嘉德开设三门。龚、朱是专任教员，两人开课占了总数的83%，这和民国时期教员的专任、兼任制度有关，在人数少和课程设置不规范的情况下，个人偏好影响尤为突出。

中大社会学推出了自己的学科建设计划，"本系教课方向向来偏重于社会理论及问题的研究"，这个自我评价和反思几乎可以用来概括孙本文的治学特点。中大社会学系计划在民国十九年（1930）春，增设社会工作和人类学两门专业，到民国二十年（1931）秋季，社会学系调整为三个专业，即社会学、社会工作、人类学，专任教员比例为6：3：3，课程数目比例为40：15：15。①

但这只是设想，具体以民国十九年（1930）的课程设置为例，社会学系分理论社会学组和应用社会学组，分别对应规划中的社会学和社会工作。两组课程分化不大，以专业课为例，各开29门专业课，合上的有16门，而选修课大体上将甲方的专业课设置为乙方的选修课，如此一来，两

---

① 《国立中央大学一览：第二种文学院概况》，民国十九年（1930），第17~18页。另社会学专业增设两名助教。

个专业学生总的修课差异不大。① 师资匮乏是专业课分化不明显的主因，文学院初期系内的教学矛盾也与此有关。文学院时期社会学系专任教授编制始终维持在3人的规模，上述计划只是一纸蓝图。

即便如此，孙本文和他的同事们在课程建设方面仍取得了一定的成绩。孙在向校方谈到社会学系课程建设成就时提到"课程自四门增至十二门"（中国第二历史档案馆，648/6253：48~53），其时正值第一次社会学系存废危机（1932），他没解释这些课程是必修课还是指专任教授所开课程，但总是反映了课程数量的绝对增长。1934年，社会学系又提出了教学改革计划，提出教学目的有三：理论和实际并重、养成社会服务人才、注重中国社会文化研究；课程设置侧重年级差异的分化，一二年级注重基础与工具科学，三四年级注重社会学实际研究及调查（中国第二历史档案馆，648/3843：115~116）。虽然此时社会学系已经风雨飘摇，这些条陈显示经历若干年教学实践，孙本文及中大社会学系同仁对于专业教学已经有了相当感性和理性的积累。

法学院时期，中央大学已设立边政学系，随后人类学系又独立建制，开办人类学专业变得不现实，重建的社会学系包括社会学（理论组）和社会工作（行政组）两个专业。相比较文学院时期，课程有如下变化：一是进化论色彩明显的课程被称谓相对中性的课程取代，诸如"中国社会史"；二是本土化色彩的课程大幅增加，诸如"乡村建设与教育""土地问题或土地经济学"等（中国第二历史档案馆，648/756）。专业培养的目的更加明确，社会学教学目的是强化理论素养，为研究生教育打基础；社工教学目的是为社会服务，引导学生就业。

民国十九年（1930）的规划里就提出要建研究所，到法学院时期才有条件付诸实践。1945年，孙本文致信中大校长顾毓琇，指出西南联大社会学部无法满足众多学生考研需求，而中大社会系师资和硬件设施尚可。当时大学院系和研究所的编制、经费分开，设立研究所将增加额外的资源。但后来废除了研究院，实行系所合一，即研究所是虚的，挂靠在系里，这可能和国民政府财政恶化有关。1947年，孙本文再提建所，由于不涉及编制和经费，很快理想变为现实，同年档案里就出现了研究生的课程设置（中国第二历史档案馆，648/2465：21~22）。用孙本文的话说，研究生和本科生教育区别在于"高深"。研究生社会学专业目的是培养大学师资，而社工则是培养高级社工和行政人才。从课程设置看，研究生阶段，社会学和社工专业基本不再共修

---

① 《国立中央大学一览：第二种文学院概况》，第73~79页。

课程。这是中大社会学系课程建设成熟的标志。①

中大社会系的课程建设还有几个问题值得注意。

第一个问题是课程的西化和本土化问题。课程西化是一个普遍的现象,民国时期社会学界以留洋学生为主体,其中又以留美生为主。有研究表明民国大学社会学课程美国化倾向严重(陈新华,2009:143),中大社会学系课程亦不例外,但同时也有另一个面向即课程的本土化努力,前面课程设置调整已经指出这个变化。

第二个问题是与马克思主义社会学的关系问题。这里有两点需要澄清:一是在民国时期学院派不承认所谓的马克思主义社会学的学术地位,这是一项集体行为(陈新华,2009:106~107);二是孙本文的确表示过学院派的社会学可以起到正本清源的作用②(中国第二历史档案馆,648/6253:48~53)。

第三个问题是中大社会学系课程孙本文化。文学院后期,课程设置偏向文化方面,当时的主干教授孙本文和黄文山都是文化论者,这一倾向是可以理解的。法学院时期孙本文孤峰独峙,课程设置更加体现了他个人的色彩。1948年的普通社会学③,该课程一共有六门课共计18学分,分别从甲编到己,其中甲为孙本文授课,乙、丙为陈定闳,丁、戊、己为高植(中国第二历史档案馆,648/1252:41~42)。陈定闳(2012:188)以孙本文衣钵弟子自居,其他学生也认同(万国雄,2001:51)。高植被孙本文选中自然也是知趣相投。当时中大专任教授有8人,孙、陈、高已近半壁。

第四个问题是本科生调查实习的问题。孙本文主政社会学系后,努力改变教学中重理论轻实际的状况。文学院十九年的规划里提出了若干方案,诸如为社工专业设立"唱经楼社会中心",社会学专业设立"首都社会搜救所",作为实习常设机构。由中大社会学系和江宁自治实验县县政府合办"土山镇农村社会实验区"(中国第二历史档案馆,648/2459:16~27),这是中大历史上最完善的一个实习计划,但学校以没有经费否决了。

---

① 由于国民政府在内战中的溃败,使得中国社会学战后蓄势待发的良好势头戛然而止,改革开放又是对极"左"政治势力的清算,社会学又获得了重建的机会,因此社会学发展与左右翼势力在中国博弈的关系值得关注。

② 孙本文反对当时一些刊物冒用"社会学"名义在社会上散布马克思主义或唯物史观,混淆两者的关系。1949年以前由于政治原因,也的确有人借社会学名义传播"左"派乃至中共的社会和政治主张。

③ 普通社会学这个称谓,是给外系学生开课名称,本系学生开课用社会学原理以示深浅差别(陈定闳,2012:192)。

法学院时期，孙本文依然筹划建立调查实习基地。1944年，他向校方提出了重庆石桥铺社会服务试验区计划。他提出由中大单方面出资，使之成为中大的一个外设机构。相比较而言，石桥铺计划更多考虑的是学术要求，社会服务居于次要地位，而土桥镇计划则是将社会学调查服从于乡村建设。该计划得到学校和社会部的批准，并拨付了经费。1945年，孙本文又提出了中渡口方案。该方案是对石桥铺计划的修正，一是地点离中大更近；二是尽量用在编人员义务做工（中国第二历史档案馆，648/2474：5~8，16~21，51~52，55~56，61，74~76）。中大迁回南京后又提出了玄武湖社会实习站方案（中国第二历史档案馆，648/5590：151~155），从中大步行到玄武湖只需要半个小时。

由此可知，影响中大社会学系实习基地的决定性因素是经费，它造成了实习地点空间的萎缩和项目的简省。但还有其他社会调查形式可作为补充，一是去外地做短期参观，由本系助教带领学生去著名的社会实践地点（山东的邹平）参访。二是学生在假期自行组织去外地旅行考察，由系方开具证明或向校方申请经费补助，或向交通部门申请旅费减免（中国第二历史档案馆，648/2351：70；648/2384：1~30，72~75）。至于毕业论文调查更是责无旁贷，介绍学生去相关部门搜集资料，诸如法院、教育局、社会局等（中国第二历史档案馆，648/2380：177~185；648/2399：33~41）。

文学院时期，中大社会学系组织了贫儿调查、莫愁湖草棚住户调查、笆斗山游民调查（中国第二历史档案馆，648/3843：118~119）。1947年孙本文在南京时，领导学生从事南京工厂劳工、南京教员生活费用的调查，并于1948年与学生发表了《南京市的工厂劳工》《南京市五十二个教员家庭生活费用之分析》等文（陈定闳，2012：211）。从教学和课程设置上看，孙本文对实地调查并没有偏废，之所以显得有些轻忽，是因为中大社会学系的传统以及孙本文本人的治学长项就是在理论综合方面，如果这成为一种过错似乎有些求全责备。中国社会学重建以来，吴文藻－费孝通一脉的中国学派起了主导作用，在这个氛围下以该学派的特点评价中大教学或孙本文治学的得失显然有失公允。

三 以身作则——社会学系师生的管理

作为一个社会学系负责人，孙本文的角色势必牵涉更多的人事关系。孙本文的人格特质有以下几方面：宽厚、严正、勤奋、胆小（明强：2001：23；陈定闳，2001b：39；胡炼刚，2010：17；万国雄，2001：48）。

这些评价分别来自同事、学生和家属，由于视角不同显得有些错位和模糊，这正是人性复杂的真实体现。基于这些人格特质，社会学系日常管理中孙的为人处世才是可以理解的。

首先看师资配备问题，中大社会学系从文学院时期就期待将专任教员的编制扩充到 12 人，但实际编制维持在 3 人的规模，到了法学院后期才达到 8 人的规模。除争取编制外，孙本文也充分考虑到师资背景的多元化。他曾表示希望系里的教授各国留学的背景都有，这样便于学生学习各国的社会学（陈定闳，2012：187）。文学院时期，教员都是留洋学生，法学院时期专任教员里出现了几位没有留洋经历的教员，这也算是中国社会学本土化的一种成果体现。

孙本文的严正主要体现在对教学态度上，他是一个有"清教徒"色彩的人，没有任何业余爱好，从不请假缺课，不占公家便宜，等等，因此学生对他的印象是严格而充满爱意的。档案馆现存一份社会学原理手稿①，厚达 51 页，所列参考文献，英文有 21 种，中文有 61 种，遍及古今中外，很符合孙本文治学穷尽资料的特点（中国第二历史档案馆，648/2308）。他通过检查学生笔记了解教学内容，在系务会议上批评某教授备课笔记太少（陈定闳，2012：190）。孙本文对讲义的重视可能与他初到中大社会学系时遭遇的师生冲突有关。现仅存一份吴姓学生写给校长的信，矛盾集中在教材和教授质量问题。学生反映当时教授常自编授课笔记，即便有正式教材也是西文，阅读困难且内容脱离国情。由于方言口音问题，学生听不懂教授说什么。因此呼吁校方将教授的授课笔记印成讲义发给学生（中国第二历史档案馆，648/2459：1~10）。

孙本文对待同事素以忠厚著称，一般不当面驳斥。针对某教授耍手腕、搞小动作，孙多次在系务会上匿名批评。最后决定辞退该人，孙命学生陈定闳送聘书时捎话，希望对方主动辞职。后该人借口返回南京再辞职，此事遂不了了之。孙本文唯一比较果决的例子是任期内解聘了两个有家室而乱搞男女关系的教员，一个挑拨是非的助教（陈定闳，2012：181，191）。从这里我们看出孙本文的两面性，即是非明断和优柔寡断。亲属对他的评价是胆小，说孙先生日常生活中是退让隐忍，他和同事不会采取当面碰撞的方式，家属常常看他憋了一肚子气回家。

中国的基层组织管理既依靠规章制度，更依靠管理者的人格特质和处事技巧。孙本文治系与其人格特质密不可分，他通过严于律己树立权威。

---

① 手稿没有注明作者，可能是孙本文的讲课提纲。

首先是勤奋治学，民国期间实行教授治校，学术影响力奠定基本话语权，孙的影响力毋庸多谈。其次是认真教学，在学生印象里孙兼职甚多，但从不请假、缺课，上课也从不扯闲篇，学生公认上他的课程收获多。再次是事必躬亲，陈定闳回忆孙从不让学生代劳。学生选课需系主任签名，也是亲自坐班一一签字。最后是淡泊名利，不拿红包，通胀时坚持专职教授的本分，不外出兼课。

系务会议是中大社会学系的管理方式之一，在系务会议上讨论教学质量问题，也讨论人际关系问题（小动作），还有教学活动计划，例如调查实习基地计划。教员的评聘是否在系务会议上讨论不得而知。孙本文打算辞退系里某教员，具体操作过程是派系里的同事（自己昔日学生）捎话，显然这是私下操作。如果系务会议公开决议，或者已经上报校方，就不会出现当事人用拖延战术将此事化解的结果。可见辞退与否主要取决于孙（系主任）与当事人具体的博弈，如果孙的决心大，就能办成。

系主任作为大学管理的中间层，行使用人权上有一定的自主空间，一般情况下校方不具体过问系内的人事任免。他们一方面依据学校的规章制度操作，一方面遵循专业标准、个人道德偏好等综合评判来选择教员。从前例可见，在孙心目中，已婚者乱搞男女关系是一个用人的底线，其他问题尚在权衡范围之内。如前述孙的另一个聘用的特点就是注重多元化背景。法学院时期，孙本文也进了两个文学院时期的弟子，有一定的学术传承安排意图。

另一项重要活动是兼任教员聘任活动。以中大社会学系聘请金陵大学吴榆珍为例（中国第二历史档案馆，648/1699：1，6，8），档案里有两份材料，一份是初聘吴为兼职副教授，报告由孙本文递交。但吴榆珍提出升等的要求，对此孙本文接受。于是有了第二份聘吴为兼职教授的报告，但申请人附上了法学院院长何联奎的名字。孙追加了一个附注，指出吴已任金陵女子文理学院社会学系教授二年，"该院与本校地位略相等"，即吴的职称含金量与中大相同。尚未查到有资料显示民国时期大学之间搞过什么排名，但从中大一些教授的履历看，不少教授来中大是高职低聘的。这里透露一个信息即当时大学之间有潜规则，某些大学是一个档次，其教授职称评聘具有同等性，金陵大学与中大虽是同等，但是否起作用还要看当事人的博弈。如果吴教授不抗争，那她就只能以低聘的方式来中大兼职。

四 多声部视角——档案的频道

科塔兹（Corttazzi，1999：203~235）引述戈夫曼（Goffman）的研究来说明关于个人的叙事是一个多角度和多层面的建构，它和真实经验存在一定距离，又保持一定联系。里斯曼（Riessman：1993）也表示，叙事是经验的再现，叙事是解释性的，但它们自身不能说明什么，需要阐释。就孙本文而言，我们可以将他视为一个叙事研究对象，对一个已经故去的历史化的人物无法运用访谈方法，但依然可以通过文献方法将他视为一个言说者和被言说者。

不过在这里我们并不想把问题搞得过于细致琐碎，现有关于孙本文的社会学文献和研究都着力于他的学术思想，这诚然是一个学者安身立命之所在。作为一个知识人（兹纳涅茨基，2000），孙本文的社会角色并不是单纯的大学教授，他还是学术体制内的一个行政负责人。孙本文案例呈现的是科塞（2001）所描绘的知识分子多面性，反映在学术管理体制里，他具有科层制人格的面向。

中国第二历史档案馆存放的资料主要是校方课程、学生、教员、设备等几大项内容的管理记录档案，校方通过这几方面内容的陈述，将中央大学的日常工作秩序呈现出来。制度化和秩序化的追求通过年复一年规范的表格填写得以强化，宛如一架庞大的机器，社会学系不过是一个可拆卸的部件。在档案里，我们只看到在第一次危机（1932）时孙本文上书给校方提出了五条理由，第二次危机（1936）则没有留下任何抗争的声音。

体制化的叙事尽量剔除个人的特征、情感，抹平一切极端事件对系统造成的震荡。有迹象表明社会学系在文学院早期有一个学期的时间甚为混乱，但档案里并无记载和说明，通过几封存留的信件，我们看到校方不关心系内的纠纷以及因果关系如何，只要这种关系不扰动到整个系统即可，校方最关心的是挽留住大牌教授。由此我们可以看到档案里，校方对系内的关系的描述有其独有的角度，例如校方历年的人事登记表，其排序反映该教员在校方心目中的重要性。而孙本文受聘于中大后，一直占据登记表的第一位。

中大的档案里重复着两大主要内容，一是每学期的教学内容安排，二是围绕前者展开的师资评聘。孙本文的活动乃至其自身形象在这种叙事风格下显得毫无色彩可言，因为在档案材料里，孙本文的诉说对象主要是校方，作为一个行动者或者说表演者，他所展示的主要对象也是校方，当然还有学生和同事，但校方记录里更重视的是他和校方有关的信息，而这些信息主要涉及校方的管理。因为这种叙事角度不同而产生的人物变形我们将另文讨论。

简言之，孙本文在中大社会学系的地位以文学院时期结束为分水岭，到法学院时期时他已奠定了"系老板"的地位。其学科的贡献体现在课程建设上，尽管孙本文在文学院初期就提出了一个比较完备的计划，但受编制的局限，当时开课一直比较局促，这种情况到了法学院时期有所改观，不过此时课程里孙本文化的色彩有所呈现。影响中大社会学系调查实习地最大的因素是经费，而中大调查风格以定量方法为主。从档案里看，文学院时期的人员变动较大，而法学院时期，专任教员基本没有变化，这其中原因有待考察。档案直观地说明了中大社会学系与孙本文是如何形成的二而一的关系，某种程度上孙本文的高度决定了中大社会学系在中国社会学界的高度，这也是孙本文主政社会学系的意义。

参考文献

陈定闳，2001a/1984，《孙本文社会学理论体系简论》，载孙世光编《开拓与集成——社会学家孙本文》，南京：南京大学出版社。
——，2001b/1989，《恩师百年颂——缅怀中国社会学的开拓者孙本文教授》，载孙世光编《开拓与集成——社会学家孙本文》，南京：南京大学出版社。
——，2012/1992，《孙本文研究》，载周晓虹主编《孙本文文集》（第十卷），北京：社会科学文献出版社。
陈树德，1984，《孙本文和"社会学原理"》，《读书》第3期。
陈新华，2009，《留美生与中国社会学》，天津：南开大学出版社。
郭骥，2001/1985，《孙本文老师的风范》，载孙世光编《开拓与集成——社会学家孙本文》，南京：南京大学出版社。
韩明谟，1987，《中国社会学史》，天津：天津人民出版社。
胡炼刚，2010，《1949年以前孙本文的学术思想变迁——基于脉络和文本的分析》，南京大学社会学院硕士学位论文。
鞠春彦，2008，《孙本文社会建设思想评述》，武汉：《学习与实践》第8期。
科塞，2001，《理念人——一项社会学的考察》，郭方等译，北京：中央编译出版社。
刘洪英，1998，《孙本文对社会学中国化的研究》，《徐州师范大学学报》（哲社版）第1期。
明强，2001，《孙本文先生评传》，载孙世光编《开拓与集成：社会学家孙本文》，南京：南京大学出版社。

欧阳湘，1999，《孙本文构建的中国理论社会学体系》，《益阳师专学报》第 3 期。
孙世光（编），2001，《开拓与集成：社会学家孙本文》，南京：南京大学出版社。
万国雄，2001/1999，《中国社会学系奠基人——孙本文博士》，载孙世光编《开拓与集成：社会学家孙本文》，南京：南京大学出版社。
徐妙发，1984，《论孙本文在旧中国社会学界的作用和影响》，《社会》第 1 期。
杨雅彬，2001，《近代中国社会学》，北京：中国社会科学出版社。
郑杭生、李迎生，1999，《中国早期社会学综合学派的集大成者：孙本文的社会学探索》，《江苏社会科学》第 6 期。
兹纳涅茨基，2000，《知识人的社会角色》，郑斌翔译，南京：译林出版社。
《中央大学法学院概况》（1934～1948），中国第二历史档案馆，全宗号：648，案卷号：756。
《国立中央大学章则一览》（1934），中国第二历史档案馆，全宗号：648，案卷号：822。
《中大教职员名册》（1929），中国第二历史档案馆，全宗号：648，案卷号：1138。
《国立中央大学教职员名册》（1929～1930），中国第二历史档案馆，全宗号 648，案卷号 1139。
《伪中大教职员名册》（1931），中国第二历史档案馆，全宗号：648，案卷号：1141。
《伪中大教职员名册》（1933），中国第二历史档案馆，全宗号：648，案卷号：1144。
《伪中大教职员名册》（1934），中国第二历史档案馆，全宗号：648，案卷号：1146。
《中大及所属各院校名单》（1942），中国第二历史档案馆，全宗号：648，案卷号：1164。
《国立中央大学教职员人员名册及兼任教员名单》（1942～1944），中国第二历史档案馆，全宗号：648，案卷号：1173。
《伪中大教职员名册》（1946），中国第二历史档案馆，全宗号：648，案卷号：1202。
《各院系教职员名册》（1946），中国第二历史档案馆，全宗号：648，案卷号：1203。
《1948 年教职员名册》，中国第二历史档案馆，全宗号：648，案卷号：1252。
《文学院教史学系、哲学系、社会学系、职员聘书及应聘书》（1933），中国第二历史档案馆，全宗号：648，案卷号：1472。
《中央大学教职员调派任免有关文件附中大各学院院长系科主任教授讲师助教一览》（1933），中国第二历史档案馆，全宗号：648，案卷号：1593。
《中大聘吴榆珍任教授》（1946），中国第二历史档案馆，全宗号：648，案卷号：1699。
《中大法学院教职员任免及有关文件》（1939～1943），中国第二历史档案馆，全宗号：648，案卷号：1820。
《中大文学院教职员任免》（1928～1939），中国第二历史档案馆，全宗号：648，案卷号：1827。
《国立中央大学社会学原理底稿》，中国第二历史档案馆，全宗号：648，案卷号：2308。
《有关学生参观实习考察游览事宜》（1945～1948），中国第二历史档案馆，全宗号：648，案卷号：2351。
《文学院地理系外文系学生分赴东北沪杭等地考察》（1931～1937），中国第二历史档案馆,全宗号:648,案卷号:2380。
《社会学系、文学系学生赴外地参观请发津贴和购半价票邮件函》,中国第二历史档案馆,全宗号:648,案卷号:2384。
《法学院学生参观实习及分派各地学生名单事宜》(1946~1948),中国第二历史档案馆,全宗号:648,案卷号:2399。
《社会学系与江宁自治实验县县政府合办土山镇农村社会实验区等文书》(1933~1937),中国第二历史档案馆,全宗号:648,案卷号:2465。
《研究院、所、学部设置计划和经费补助等问题》(1944~1945),中国第二历史档案馆,全宗号:648,案卷号:2465。
《社会学系设置社会服务实验区的有关文书》(1944~1946),中国第二历史档案馆,全宗号:648,案卷号:2474。
《文学院文件留稿及工学院土木系1943年暑期毕业生名单》(1934),中国第二历史档案馆,全宗号:648,案卷号:3843。
《理、医、法三学院教学科研及仪器、设备添置等有关函件》(1941~1948),中国第二历史档案馆,全宗号:648,案卷号:5590。
《文学院文件留稿》(1932),中国第二历史档案馆,全宗号:648,案卷号:6253。
AU-YEUNG Chi-ying(欧阳志英),2000, *The Academic Sociologists and the State in Republican China: The Case of Sun Benwen*, The Chinses University of Hong Kong,硕士学位论文。
Corttazzi, Martin, 1999, "Sociological and Sociolinguistic Models of Narrative", in *Qualitative Research*, vol. III, ed. by Alan Bryman & Robert G. Burgess, London: Sage Publications.
Riessman, Catherine Kohler, 1993, *Narrative Analysis*, Newbury Park: Sage Publications.

(责任编辑:周晓虹)

开山声远源流长：孙本文与社会学的中国化[*]

文 军　王 琰[**]

摘　要：中国社会学自恢复重建以来，社会学中国化的命题就掀起了阵阵研究热潮。孙本文作为中国社会学的开拓者、奠基者之一，他在形成中国特色的社会学体系、促进社会学的学科化和组织化等方面做出了突出贡献。本文旨在从历史和现实角度归纳和总结孙本文对第一次社会学中国化所做出的努力，并结合现今社会学发展情况，对当今社会学中国化研究进行讨论与反思。

关键词：孙本文　社会学中国化　综合学派

作为"舶来品"的社会学，其在中国开创之初就一直深受西方社会学的影响。然而，20世纪20年代以后，面对近代中国层出不穷的社会问题，在社会学学科化不断加深的过程中，第一代从国外学成归来的中国社会学者逐渐意识到了构建符合中国本土实际的社会学的重要性。于是，逐步摆脱西方社会学的莫大影响，实现社会学的中国化，便成为20世纪三四十年代的中国社会学者面临的一个重要任务，社会学中国化也由此迎来其第一次浪潮。作为中国社会学之开拓者和奠基人之一的孙本文先生，其在推动社会学中国

---

[*] 本文受教育部重大课题攻关项目（12JZD047）和国家社科基金重大招标项目（12&ZD012）资助。本文首次发表在《哈尔滨工业大学学报》2012年第5期。

[**] 文军博士，华东师范大学社会学系教授（jwen@ soci. ecnu. edu. cn）；王琰，华东师范大学思勉人文高等研究院研究生（wangyanzhaoran@ hotmail. com）。

化进程中起到过非常重要的推动作用,其在近代中国探索社会学中国化进程中所提出的思想和原则,时至今日仍具有重要的指导意义。

一 "社会学中国化"议题的提出

鉴于中国社会文化模式的独特性,社会学自从西方传入中国,便无可厚非地面临"中国化"的问题。现在,处于快速转型期的中国社会正面临着各方面的剧烈变化,这为社会学的发展提供了坚实的客观环境,中国社会学发展进入黄金时期。然而,自1979年中国社会学恢复重建,我国社会学者尽管做了很多对西方社会学理论引进和对西方社会学理论进行研究检验等工作,都不能弥补中国本土化社会学研究的缺失。"社会学中国化"这个议题再次被提上日程,并屡次引起广泛讨论。毫无疑问,建立中国化的社会学乃至"中国社会学派"已成为当前我国社会学界的一个重要任务和中国社会学研究的一个基本主题。怎样才能以自己特色的社会学知识参与到世界社会学知识体系中,并以中国化的社会学理论来解释本国的社会问题?中国社会学人似乎从未停止过对"社会学中国化"的思考和关注。

纵观社会学界对"社会学中国化"的看法,主要存在两种不同的意见:第一种意见是诸多社会学者所持有的普遍看法,即主张社会学的中国化应该和中国社会实际相结合,形成独具一格的中华民族性格。例如,吴文藻先生认为社会学中国化须"以试用假设始,以实地证验终,理论符合事实,实施启发理论",同时又必须有"本土眼光训练出来的独立的科学人才,来进行独立的科学研究,社会学才算彻底的中国化"(杨雅斌,2002)。他强调将中国社会的实际情况作为社会学中国化的出发点、立足点和归宿点,"这样的社会也就不能不有一定程度的中国化"(郑杭生、王万俊,2000:7)。社会学中国化在中国台湾以及海外也曾掀起讨论热潮,美国华人社会学者林南教授认为社会学中国化必须"将中国社会文化特征及民族性融纳到社会学里",因为"社会学作为一门科学,是由持续不断地对特定群体、社区、文化和社会的特征做分析及解释累积而成的。在这一历史进程中,研究的产生多半由于对当时社会学知识的不满。这些不满可能导致所累积的社会学知识无法充分描述及理解某些重要社会现象和过程,或者根本缺乏对这些现象和过程做出解释的能力"。只有设法融合那些具有社会文化特征和民族性的资料于社会学内,"才能使社会学继续发展壮大"(林南,1986:32~33)。同样,台湾学者成露西教授视"古为今用,洋为中用"为社会学中国化进程中应持的正确观点,"西方社会文明产生的社会学,移植到中国，应在中国生根，并创立与中国社会文明及国情相吻合的社会学，以服务社会及社会里的民众"（蔡勇美等，1986：10）。

当然，也有部分学者持另一种意见，他们把社会学的中国化视为社会学工作和社会学研究的中国化，认为社会学并不存在中国化不中国化的问题。比如，台湾社会学者蔡文辉认为"社会学理论没有中国化必要"，因为"社会学是一门科学，应该可用来作为研究所有社会学工作与基础"（转移自林南，1986：11），也就是要多做以中国社会学为研究对象的社会学工作。另一位台湾社会学家叶启政对"社会学中国化"的解释更为独特："本土化是本国学者以一种移情的方式诠释外来理论的过程"，是社会学知识在"另一个情境下被创造性的诠释、理解与运用"，"真理只是故事，本土化也是一种说故事的特殊编辑手法"（叶启政，1994）。

20 世纪 80 年代以来，关于"社会学中国化"的讨论愈演愈烈，然而，该议题并非在近些年来才受到社会学者普遍关注。早在 20 世纪 20 年代，以孙本文为代表的第一代中国社会学先辈为建设屹立于世界社会学界的真正中国学派，便提出了"社会学中国化"的议题，并为之付出了卓绝的努力。

以孙本文为代表的老一辈社会学家提出"社会学中国化"有其深刻的历史社会背景。19 世纪末和 20 世纪初，由于民族危机的深化和社会的日益动荡，中国的仁人志士为解救民族危亡不断向西方寻求真理，社会学正好就是适应维新派人士的社会改良需求而得以传入中国的。不论是从"群学（即社会学）"这一独具中国特色的翻译名称，还是从社会学在中国高等教育体系中的涉入来看，自以"经世之学"被引入中国起，社会学的发展就包含中国化因素的渗透。经过一批具有忧患意识、力图找到改造中国良策的革命者和学者的努力，社会学到了 20 世纪 20 年代已经具备了一定的规模，社会学中国化的进程也在广度和深度两方面得到发展。① 为适应社会学于中国的发展需要，外国的社会学著作和思想被不断介绍到中国，并且，社会学系相继在中国高等教育机构中建立，越来越多的社会学人才得以培养。同时，20 世纪 20 年代社会调查运动的兴起，社会学者在西方社会学基础上对中国社会问题进行研究，也极大地推动了社会学中国化的发展进程。

随着社会学在中国发展的深入，"社会学中国化"这一议题也呼之欲出。1925 年，社会学家许仕廉在《社会学杂志》上发表《对于社会学教

---

① 据上海社会科学院许妙发教授考证，到 19 世纪 20 年代末，全国设立社会学系的高等院校已达 15 所之多。参见许妙发《孙本文与中国社会学社》，载南京大学《"孙本文与中国社会学"学术研讨会论文集》（2012 年 5 月）。

程的研究》一文，分析了当时中国社会学教学和研究中存在的问题，倡导建设"本国社会学"。随后，孙本文明确指出社会学在中国的本土化即"中国化"，呼吁建设"本国社会学"。随着"九一八"事变后社会问题的层出不穷和民族危机的加剧，中国社会学者加快了把社会学研究同中国现实相结合的步伐。在1931年的中国社会学社第一次年会上，孙本文发表了题为《中国社会学之过去现在及将来》的演讲，他在此篇演讲中明确使用了社会学的"中国化"概念，并特别地将"建设一种中国化的社会学"强调为中国社会学今后的四大"基本工作"之一。

更具有意义的是，孙本文对"社会学中国化"的含义进行明确界定，认为"社会学中国化"是一个"采用欧美社会学上之方法，根据欧美社会学家精密有效的学理，整理中国固有的社会思想和社会制度，并依据全国社会实际状况，综合而成有系统有组织的中国化的社会学"的过程，并把它列为当时中国社会学界"今后之急务"。此演讲的发表，不仅标志着社会学本土化运动在中国的正式开展，也成为亚洲乃至世界社会学史上，正式地、明确地倡导社会学本土化的最早范例（郑杭生，2000）。此后的十多年里，中国社会学正式步入了本土化运动时期，而孙本文也对这场轰轰烈烈的运动贡献了不菲之力。

二 孙本文对社会学中国化的理论探索

孙本文对社会学中国化的贡献之一是他对中国化的社会学理论体系的构建，该理论体系构建的前奏工作主要集中于他早年的社会学理论研究，主要表现为他将西方社会学理论积极引介到中国，并加以自己的论述和评说，不仅为社会学理论在中国的传播与发展做出了杰出贡献，也为继续探索社会学中国化奠定了良好的学术基础。

1921～1926年赴美留学期间，孙本文曾受到美国文化学派创始人乌格朋（William F. Ogburn）的巨大影响，回国后即发表了《美国社会学现状及其趋势》一文，对乌格朋学说进行了简单介绍。其于1927年所著《社会学上之文化论》也系统介绍了美国文化学说的渊源及这个学派主要创建者乌格朋、凯史（C. M. Case）等人的学说，尤其是对乌格朋学说的介绍，更是知无不谈、谈无不尽。同时，孙本文也将社会学上的几种新概念，诸如人类地位学、个案研究、人格分析、文化分析介绍给国内研究者，也使国内人员对民俗论、四种愿望说、态度和价值等分析概念有了一定了解（许妙发，1984）。孙本文还跟进了西方社会学最新理论发展情况，如1942

年发生于美国的"S 学说"（Social Situation），① 他写作《近时社会学上一种新理论——"S 学说"》一文，对此学派的基本意义、对象和概念进行介绍。1947 年，孙本文出版《近代社会学发展史》一书，对自孔德创立社会学，至第二次世界大战结束，期间一百多年的社会学发展史进行介绍，涉及社会学家共 346 人，该书"脉络清楚，有点有线，派别分明，通俗简介，是中国社会学家自著的社会学史书籍中最有系统的一部著作"（许妙发，1984）。

为推动西方社会学知识在中国的传播，孙本文付出了无数的心血和汗水。其在代表著作《社会学原理》的《附录二：社会学名词汉译表》中所列社会学专业名词多达 460 个，至于人名部分，孙本文不仅咨询了欧美各家意见，而且参考各种百科全书和名人录，对将近 2000 位学者加以筛选，最后列述 434 位社会学者的生卒年月、重要著作特点（韩明谟，2005：67）。他为社会学学科发展所付出的努力，不得不令人惊叹佩服。也正是通过对西方学术积极的介绍和传播，孙本文得以把西方社会学的知识介绍到中国读者面前，从而使中国的学术殿堂上竖起了社会学这面大旗，也完成了社会学中国化的前奏。

建立中国化的社会学理论体系——这也是孙本文对社会学中国化的最大贡献（陈定闳，2001a：44）。在该社会学理论体系中，孙本文不仅形成"社会行为"这一概念作为其社会学理论体系的核心概念，而且将自己对社会心理学、文化社会学以及对中国问题的研究囊括到自己体系之中，并以此为基础对中国社会问题进行研究，从而形成偏重于文化和心理因素研究的综合学派。

第一，孙本文将"社会行为"作为其社会学理论体系的核心概念，具有较强的中国化特色。"社会行为"作为其社会学理论的研究对象，不仅仅是该理论体系的核心概念，也是孙本文中国化的社会学研究中的重要领域之一，其贯穿于理论研究的方方面面，他的全部理论研究，也大都是以"社会行为"为出发点的。在孙本文看来，"社会学是研究社会行为的科学"，和社会行为相关联的各种现象都属于社会学的研究范围（孙本文，2012a：19）。

孙本文认为社会行为的发生，需要两个以上的人联合后的"交通"，"没有交通，就没有社会行为。故交通为社会行为发生的枢纽。要之，凡

---

① 即美国一部分社会学家运用物理学、代数学和统计学原理及公式解释社会情景的各种状态，进行的一次试图建立一种精密社会学体系的尝试，该学说代表作《社会的度数》在美国社会学界引起很大反应。

是二人以上联合而互通声气时所表现的行为就是社会行为"（孙本文，2012a：8）。基于此点，孙本文从五方面对社会学研究的内容进行阐述，称之为"五种重要问题"："（1）社会行为的要素问题（或社会要素的问题）；（2）社会行为的过程问题（或社会过程问题）；（3）社会行为的组织问题（或社会组织问题）；（4）社会行为的控制问题（或社会控制问题）；（5）社会行为的变迁问题（或社会变迁问题）"（孙本文，2012a：77~81）。对社会行为的研究也围绕这些问题而展开。而后，孙本文又提出了"社会学究竟应该确定何种现象为研究对象？由这种对象所发生的有些什么问题？由这些问题又演成怎样一种体系？"这几大问题要点，对社会行为的研究进行了发展和深化。此外，孙本文社会学理论体系的展开，仍是继续以社会行为为核心概念（孙本文，2001：173）。

孙本文对社会学体系的构建在《社会学 ABC》一书中初步端见，在其后来著作《社会学原理》一书里得以详细阐释，1944 年他发表《社会学体系发凡》一文，该文使其社会学理论体系得以深化和完善。《社会学原理》作为孙氏社会学理论体系构建的关键，不仅可见社会学中国化的痕迹，而且对促进中国社会学的发展和社会学中国化的进程有很大推动作用。该书其资料引用切实和中国现状相结合，"引证事实之处，凡可用本国材料，即用本国材料"，孙本文渴望该书能在社会学教育体制上促进社会学的中国化："盖欲使此书成为我国人适用之书"（孙本文，2012a：例言）。此书的出版也是经过了诸多社会学学者的阅读、提供意见和各种协助的，如吴景超、许仕廉、陈达、吴泽霖、潘光旦、言心哲等人，几乎囊括当时所有知名的社会学者。此书作为新中国成立前早期社会学中"最具有影响的社会学理论专著之一"（郑杭生、李迎生，1999），于 1940 年经教育部的"学术审议会"被选为"部订大学用书"，受到了广泛欢迎，自出版到新中国成立前重版次数达 11 次之多，也在一定程度上加速社会学学科中国化进程。

第二，孙本文作为"国内社会学界提倡重视文化研究的第一人"（杨雅彬，2001：250），构建了中国化的文化社会学。他将"文化"置于其理论研究的重要地位，认为"欲求人生之充实，与社会进步者，惟在发展文化"（孙本文，2012a：自序）。孙本文关于文化的研究，都是在结合中国现实问题的基础上进行的。他留美归国后出版和发表了多部著作和论文，涉及文化研究者诸多。1927 年孙氏出版《社会学上之文化论》一书，发表《文化失调与中国社会问题》《中国文化区域研究》两文，是将文化研究中国化的典范；此外，他于 1930 年发表《中国文化研究刍议》和《人口问题中之文化要素》两文，进一步加强对中国文化研究的重视；而其于后来发表的其他著作，无一不贯穿中国化这个主线，从而将之与文化结合起来。

孙本文的文化社会学观点有三点值得注意：其一，无文化即无社会，文化是社会成立的要素，人类活动就是文化活动，是社会的决定性因素；其二，社会的变迁说到底也只是文化的变迁，即使他所谓的社会变迁包含文化变迁和人口变迁两部分，然而人口变迁也在很大程度上受文化变迁的影响，所以社会之所以变迁，不外乎新文化的增加和旧文化的改变；其三，社会问题发生的原因分析也是从文化角度进行的探讨，即孙氏在《社会问题》一书中将社会问题之发生视为社会态度之转变，归根结底为新文化传入过程中的文化失调现象导致的（陈定闳，2001b：108）。

孙本文围绕"文化"发展的文化社会学不仅仅将西方新兴的文化学说引进了中国，而且使之中国化，是在西方文化学派基础上的中国化文化研究。他对文化研究的重视开创了中国社会学文化研究的先河，时至文化和知识日益重要的当今社会，也无不具有战略性参考价值。

第三，孙本文在西方社会心理学研究中国化方面也取得了尤为突出的成就。孙本文对社会中心理因素的重视开始于20世纪30年代中期以后，其社会心理学思想集中体现在他于1946年出版的著作——《社会心理学》一书中，该书是我国当时唯一一部社会心理学著作，也被视为孙本文的扛鼎之作。它"所费功力远远大于《社会学原理》，为他积累20多年教学和科研经验所得，是社会心理学领域中不可多得的巨著"（陈定闳，2001b：108~109）。孙本文的社会心理学以个人行为与社会的相互影响为研究对象，主要涉及的论点有三：一是其心理社会学理论是以社会行为为社会学理论体系的发端，而社会行为因为具有很强的心理学意味，因此，"孙氏的社会学，很大程度上是心理学派的社会学，是心理社会学"；二是重视态度和社会现象的关系研究，孙本文在《社会学ABC》和《社会问题》两书里明言其重视态度和文化的交互作用，并以态度的转变来阐释社会问题发生的原因，甚至在《社会学原理》一书中，关于态度的解释都占了很大篇幅；三便是他社会心理学体系的建立，此体系皆体现在《社会心理学》一书之中（陈定闳，2001b：108~109）。

孙本文社会心理学体系的"中国化"在该书的"应用"部分体现得尤其明显，是结合当时中国的现实状况之下对社会学中国化的很好表达。在此部分，孙本文谈及社会心理学的应用标准问题，他心目中的标准必定要益于社会进步和个人幸福发展，至于怎样才能符合社会进步的需要，如何才能有利于个人的自我发展，就"要看一个社会当时的文化状况与一般社会态度而定。就大体说，今日中国社会标准应该适合于目前中国社会所公认的应该保存的固有的社会特点，同时应该适合于目前世界公认的应该提倡的时代潮流。前者应该包括我国数千年来的传统思想，后者应该包括晚近数世纪的世界新潮。前者是国族化，后者是现代化"。孙本文将这"两化"视为社会心理学在当时中国之应用标准，并将国族化理解为"重理性（是非之心、曲直之心、义利之心、善恶之心和邪正之心）、主中庸、重自治、崇德化"，他理解的现代化则是"重科学、尊民主、崇法治、主团结"，并认为两者是并行不悖，可以相互补充和配合的，是"今日中国社会所欲努力求其实现的标准"，也是"好的适当的健全的有益的而为个人幸福与社会进步所需要的现象"（孙本文，2012b：500～505）。不难看出，孙本文对于该标准的界定，完全出于中国传统文化和现代文明交锋之波，也是他探寻社会学中国化过程中的独特运用。

孙本文社会心理学的中国化，还体现在其资料应用时的"中国风"特色。纵览《社会心理学》全书，不论是开篇绪论中引用《吕氏春秋》中"戎人生乎戎长乎戎而戎言"（孙本文，2012b：4）之例来解释社会情境对个人行为的制约，还是到最后一编中于"国族化"处对中庸和理性的探讨，全书可以大量发掘出对于中国古代经典思想文献的引用和阐释。且此书和中国国情紧密结合，目的在于了解和控制当时中国社会状况和群众态度，以促使社会的进步和发展。发展更适宜中国实际情况之社会心理学，孙本文的社会心理学思想成为中国社会心理学发展史上的关键，也着实名副其实。

第四，孙本文对社会学中国化的贡献，还体现在其对中国本土社会问题的研究上。其著作《现代中国社会问题》，是他在研究1927年第一次国内革命战争的失败到1937年的抗日战争期间，在国内阶级矛盾和民族矛盾计划背景下产生的许多社会问题而达成的代表作。孙本文关于中国社会问题的研究，是将社会学理论同中国现实问题的结合，并在此基础上对中国社会建设问题进行探析，对当时的中国产生很大社会影响，乃至对现今的社会建设仍具有较强的借鉴意义，深刻体现了社会学中国化的原则。

孙本文将社会问题定义为"共同生活或社会进步发生障碍之问题"。社会问题研究从社会建设的角度分为四大类进行，分别为家族问题、人口问题、农村问题和劳资问题。这四大类问题之下又具体化为各种问题，总数至少40种。比如，家族问题包括家制问题、婚姻问题、妇女问题和儿童问题等；人口问题包括教育问题、保健问题、民食问题、移民问题等；农村问题包括农村经济问题、农村组织问题和农村教育问题等；而劳资问题则包括工资问题、女工问题、失业问题、劳工福利问题等诸多类别（郑杭生、李迎生，1999）。

  此外，孙本文结合中国社会文化现实，提出解决社会问题的原则、方法和途径。解决社会问题的原则有八个，分别是：以国家民族的利益为中心；以国家中心思想为准绳；不背离国家的既定社会政策；估计社会各方面的利益；估计问题的地方性和时代性；估计问题的起因与影响；应治标治本双方兼顾；应知社会问题的解决无一劳永逸之法。在论及社会问题的解决方法时，要从客观环境方面和主观心理方面两处入手，分别改变客观环境和主观心理态度来适应环境需要。至于解决社会问题的途径，孙本文认为应着重于法律、政治、教育、经济和社会运动五方面（杨雅彬，1984：322）。而孙本文的社会建设思想的具体体现，在其代表作《社会学原理》一书的"社会建设与社会指导"一节中得以明确阐述。此外，他亦撰写"社会建设"的专题文章，主持以"战后社会建设"为会议主题的中国社会学年会（1943），联合中国社会学社和社会部合办了《社会建设》月刊（1944），发挥促进当时中国社会建设和社会发展的积极意义。并且，孙本文对中国社会建设的方案进行了具体研究，认为社会学者应当从社会组织、社会福利、社会服务和社会运动方面，详细探讨当前及全国的需要，审慎拟定各种改革方案（郑杭生，2012）。以上都是孙本文把社会学这门学科同中国现实相结合的重要体现。

  在孙本文对社会问题和社会现实的研究中，最值得一提的是他对于人口问题的研究。他曾于新中国成立前出版《人口学 ABC》一书，后主编《中国人口问题》一书，将人口理论和中国人口现实相结合，之后发表多篇文章讨论中国人口问题。其人口理论的主要观点罗列为三点：一是重视以文化因素说明人口现象；二是对马尔萨斯的人口理论采取批判态度；三是对我国人口发展主张有计划地加以控制（陈定闳，2001b：112～113）。孙本文关于人口问题的观点，具有鲜明的中国化色彩。1957 年，他发表《八亿是我国最适宜的人口数量》一文，认为"如果我国人口增长太快太多，粮食等生活资料的供应以及人民的就业都可能发生问题"，"需要采取有计划地控制生育的办法"（孙本文，1957），这是孙本文在结合多年人口问题研究的基础上对新中国人口问题的独特看法。此外，他于"左倾"思潮泛滥的"文化大革命"期间，仍在孜孜不倦地撰写《中国人口计划生育问题》一书，切实关注中国社会问题，将社会学研究同中国变化发展的实际相结合。晚年他还发表了《论我国人口品质问题》等关于中国人口现状的文章，为社会学中国化做出不断的努力和尝试。

三 孙本文对社会学中国化的实践探索

如上所述，通过对独特社会学理论体系的探讨以及对中国社会问题研究的深入，孙本文形成了其独具特色的社会学思想以及注重心理和文化的研究倾向，在理论研究和应用研究方面都具有了较强的中国化色彩，被誉为中国早期社会学中"综合学派的集大成者"（郑杭生、李迎生，1999）。而"从某种意义上来说，孙本文在20世纪上半叶的中国社会学中所扮演的角色，就是此前斯莫尔[①]在美国社会学中的角色"（周晓虹，2012）。孙本文对社会学最重要的贡献远非其上述诸多社会观点和理论体系，而是他在20世纪上半叶中国社会学本土化首次浪潮中对社会学学科的制度化建设所做的努力，即他为社会学中国化的开始和深入发展，所进行的一系列殚精竭虑的探索实践。

首先，孙本文对社会学中国化的实践探索，体现在他对中国社会学学科化的贡献。孙本文所谓的社会学中国化，远不止社会学理论的中国化。正如吴文藻所言，社会学彻底的中国化，还要"以本土眼光训练出来独立的科学人才，还必须进行独立的科学研究"（吴文藻，2010/1940：4）。因此，除却竭力促进社会学理论的中国化，孙本文还积极推动以促进高等教育发展为主要目标的社会学学科中国化。

在社会学学科建立之初，学生对社会学知识的学习都来源于社会学者对西方社会学专著进行的翻译和介绍。然而，鉴于东西方文化的差异，学生对于西方教材中的诸多实例呈"不理解"态度，同时也造成了许多学生了解美国芝加哥的流氓，却对中国农村发展一无所知的情况。针对这种现象，为了避免学生长期使用不合中国国情的外国教材，真正做到将社会学研究同中国实际结合，培养更多研究中国社会的人才，孙本文先从大学教材的编写入手，发起并领衔主编了一套包括普遍社会学各方面内容的丛书。全书分15种，分述社会学原理、方法、历史及各专门领域。孙本文自任三种外，其余分别请吴景超、黄文山、吴泽霖等10余位社会学者编著，这套丛书就社会学上各种最新学理以及方法做了系统介绍，合编成《社会

[①] 斯莫尔于1892年在芝加哥大学建立了第一个社会学系，于1895年创办了世界上第一本社会学专业杂志，于1905年创办了美国社会学会——它为至今仍在美国社会学界占主导地位的美国社会学协会的前身。可见斯莫尔的一系列具有开创性的学科制度化措施将美国社会学引领至自主、独立发展的方向，而孙本文在20世纪初为中国社会学本土化所做的努力与之异曲同工。

学大纲》，为我国社会学著作中篇幅最巨之书。《社会学大纲》于1929~1930年由世界书局出版，该丛书的完成及其在高校教育中的使用，是孙本文进行社会学于中国学科化探索的重要体现。

此外，他堪称经典的代表之作——《社会学原理》，作为高校社会学专业必修书目，自1935年出版以来到新中国成立前共出版11次，并被国民政府列为"部定"大学标准教材，从软件设置方面促进了高等教育中社会学学科的规范化进程，并且有利于社会学教学的标准化发展，是孙本文为适应中国学生对教科书的需要而做出的又一个努力。究其对社会学学科发展的贡献，无疑使孙本文成了当时"最有影响的社会学普及者"（许妙发，1984）。

其次，孙本文也为社会学这门学科于中国大地上的组织化发展，付出了自己的不懈努力。众所周知，在学科体系的建设中，学科组织化建设异常重要。要想使一门学科在陌生的国土里发芽成长，一方面需要培养前赴后继的社会学人才，形成社会学人才发展的细水长流；另一方面，还需通达该学科的学者，形成一个学术集体，大家团结起来，共同浇灌社会学这个中国大地上的新学科。

孙本文以社会学为专攻学问，而以教育为自己终身事业，他为中国社会学的发展培养了大批人才。自1926年初由美返国，从7月份开始孙本文先后在上海大夏大学、复旦大学任社会学教授，于1929年起到南京中央大学担任社会学教授和系主任，此后50年，他始终致力于中央大学社会学系创办和维护。孙本文大力招揽留美、英、法、德等国的知名社会学者，如黄文山、言心哲、游嘉德、卫惠林等，以便集各家之大成，让学生学到各派学说的特点，也为社会学系留下优良的师资力量。另外，他还在教学中开设了涉及范围极广的课程，如社会学原理、社会心理学、社会学研究方法、社会调查、社会问题、统计学等，几乎包揽社会学系应设课程的全部。他在课程教学中的贡献不仅使中央大学的社会学系实力与日增强，而且成为其他高校社会学系创办和发展的典范。他的一系列努力造就了一大批社会学人才，刘蕙、吴文晖、钟兆麟和陈定闳都为其中代表，这些后起之秀继承师愿，进一步推动社会学中国化的发展步伐（韩明谟，2005：66~67）。除此之外，孙本文对青年学生也尤为爱护。这不只表现在他对学生日常读书报告给予亲自指导，而且体现在他对后进的鼓励，无论老师还是学生，若他们有关于学术方面的记撰，他也多方给予支持并设法为之发表。毕业生请他留念签字，孙本文总留下"得天下英才而教育之——乐也"。这句话表达了他对青年的鼓励和自己的教育理念（言心哲、陈定闳，2001：89~90）。无论是在学术研究还是在教育事业中，孙本文都把促进社会学中国化发展的观念融入自己骨血中，而正因孙本文在中国高校社会学科系体制化上的成就，他得到中国社会学界的广泛尊重，并被聘为1942~1947年全国仅有的30名"部聘"教授之一。

再次，孙本文对组建中国化的社会学组织也起到极大的推动作用。1928年9月，他借欢迎吴景超从美国归来之机，邀请上海各大学的社会学教授，商谈成立社会学组织，并于后成立东南社会学会。此举直接推动全国性社会学组织——中国社会学社的建立，孙本文当选为该学社正理事。此后中国社会学社共有七届理事会选举，孙本文六次当选为理事会理事，在学社中发挥了核心作用。① 中国社会学社的成立明确把"建设一种中国化的社会学"作为奋斗目标。到新中国成立前夕，中国社会学社共举行了9次年会，研究人口、家庭、社会规划等系列特定议题，议题范围涉及社会学领域诸多方面，学社的一系列活动不仅把全国大部分优秀社会学者组织起来，加强了各大学、各地区之间的学术交流，而且促进了社会调查工作和社会学教学工作中国化的进程，从而使社会学说在中国的传播更为广泛。1948年10月2日，中国社会学社第九次年会暨成立二十周年纪念会同时在南京、北平、广州、成都四地举行，南京会场到会的普通社员138人，学生社员94人，加上来宾共300多人，已经远远超过成立之初的73人（陈新华，2009：270）。而如此之大进步的取得，是和作为主要组织者之一的孙本文所发挥作用是分不开的。

最后，孙本文为社会学中国化规划出发展蓝图，明确提出社会学中国化的实践原则和方法。在真正提出社会学中国化命题后的十几年内，组织学科不断完善，学术研究深入进行，理论和实践的探索得以大力开展，并形成了社会学中国化的初期成果。结合本土的社会调查、本土特色的社会学理论体系和方法的构建以及社区研究在世界范围内的广泛影响，无一不标志着中国社会学进入快速发展阶段。然而，整体看来，20世纪40年代的中国社会学所取得的成就只是为社会学中国化奠定了理论和方法的基础，客观而言，此时的中国社会学还存在许多西方色彩。中国社会学者普遍意识到如此现状。针对这种状况，孙本文于1942年左右写成《五十年来的中国社会学》一文，于文章结尾部分系统阐述了社会学中国化今后应从事的工作。1948年，孙本文出版《当代中国社会学》一书，提出对未来

---

① 正理事的身份等同于会长。中国社会学社前六次理事会正副理事各设一位，第七次理事选举为了方便战时联系设两位副理事。孙本文担任第一二届正理事，后有四次担任副理事，可见其在该学会中的重要作用。

社会学中国化的发展的两点设想,作为社会学中国化的思想原则和方法。

第一个设想是建立中国化的理论社会学。该目标的实现需从三点着手:首先是整理中国固有的社会史料,主要是和社会学说、社会理想、社会制度、社会运动、社会行为相关的内容;其次是对中国社会的性质进行实地研究,可以从有计划的都市和农村调查入手,编成各种调查研究报告,了解我国社会本质;最后是编写社会学基本用书,因为诸如中国社会思想史、民族学、都市社会学等领域都没有合适的大学教材,所以编辑社会学的教材为当务之急。"从上述三方面的工作,我们希望能充分搜集并整理本国固有的社会资料,再根据欧美社会学家精密的理论创建一种完全中国社会学体系。"(孙本文,2012c:369)第二个设想是建立中国化的应用社会学。孙本文指出此项工作也需从三方面着手:一为详细研究中国社会问题;二为加紧探讨中国社会事业与社会行政;三为切实研究中国社会建设方案。他认为,通过上述工作和努力才能促进社会学中国化的发展:"以上所述各方面的努力,希望今后社会学者能根据社会学理论与本国社会事业,创建一种适合于中国社会需要的应用社会学,籍以促进国家民族的向上发展"(孙本文,2012c:366~367)。

这是孙本文为社会学中国化所勾画的蓝图,即从学术理论研究和实践应用角度阐明中国社会学未来发展的努力目标。该计划的提出表明具有强烈主题意识的"中国化"成为社会学学术界的主题,这是社会学从西方引进中国后,至当时取得的一大突破性进展(陈新华,2009:270)。遗憾的是,孙本文这一深入且全面的设想由于诸多原因未能实现,它最终成为社会学中国化第一次浪潮的余韵。然而,社会学中国化这一悬而未决的议题并未就此终结,20世纪50年代的中国台湾、70年代末的中国大陆,关于社会学中国化的讨论再次成为社会学界关注的焦点,而以孙本文为代表的社会学前辈无疑为中国社会学建设的发展提供了许多值得借鉴的经验。

四 简短的总结与讨论

有"中国社会学的开拓者""中国社会学的奠基人之一"(陈定闳,2001a:43)美称的孙本文,在社会学中国化的道路上亦被誉为"里程碑式"的人物(龚长宇,2001)。毋庸置疑,他对社会学中国化的贡献是不言而喻的,这不仅仅体现在他对西方社会学知识的引介、社会学理论体系的建构之上,更在于他对中国社会学组织化、制度化和学科化建设的贡献上。孙本文自回国之初就致力于西方社会学思想的传播,通过著书立说的方式让更多的国人了解了社会学。而其社会学理论体系的构建,无疑是孙本文在社会学中国化中的最大成就。他围绕社会行为构建了比较严密的综合社会学理论体系,不仅成为当时社会学界的主流思想,而且影响着社会学的后续发展。1979 年,社会学恢复重建后,一些社会学家也继承了这一观点,并做出论证。比如杨心恒、宗力所著的《社会学概论》就把社会学定义为研究"人们的社会性行为规律的科学"。此外,孙本文社会学理论体系中对普通社会学、社会心理学、社会问题等多方面的研究,为社会学的迅速恢复和重建提供了丰富的参考资料。并且,以孙本文为代表的综合学派所提出的诸如社会整体性观点、社会与个人的相互作用的观点,包括其所提出的社会问题的解决原则、方法和途径,对今天社会问题的综合治理,仍具有借鉴意义(郑杭生、李迎生,1999)。

孙本文自幼立志于中国教育事业,后以社会学为专攻学问,他对社会学在中国学科化和组织化方面所做的贡献,也很值得肯定。他领导的中国社会学学社把"建设一种中国化的社会学"作为奋斗目标,在加强各大学、地区联系的基础上促进了社会学学说的传播,增强了社会学的社会影响力,扩大了从事社会学研究的人才队伍。这些学术态度严肃的社会学者,在社会学教育、研究和实地调查方面付出艰苦努力,他们留下的一些调查报告和相关著作,他们所搜集和保存的珍贵资料,都是中国社会发展历程的写照,对当代社会学研究依然具有参考价值。此外,孙本文对社会学中国化的进程不仅做出了自己的探索,更是提出了未来社会学中国化的原则和步骤,奠定了今后社会学发展的主旋律,不失为现今社会学发展的参考之处。

毋庸置疑,孙本文通过诸方面的努力,促进了 20 世纪 30 年代社会学中国化第一次浪潮的掀起,然而,作为社会学传入中国之初的中国化探索,许多不足之处也是不容忽视的。其主要表现在以下几个方面。

第一,社会学中国化理论的实质仍然难以摆脱西方化理论的影响和弥补其自身社会实地调查研究的欠缺。孙本文虽然通过著书立说立志于形成自己的社会学理论体系,但是,他的社会学理论体系本质上还是以西方社会学理论为框架的,是在西方社会学思想的基础上研究中国社会问题,填充以中国社会的历史和现实资料。此外,其中国化理论创新性的缺乏,还在很大程度上与他对中国实地调查研究的忽视有关。虽然孙本文曾讲授过社会学调查的课程,并组织学生进行过实地研究,但相对于其理论研究,则少之又少(郑杭生、李迎生,1999)。调查研究的缺失,使孙本文的社会学理论体系对中国社会问题的解释力和说服力大打折扣。也正因为对现存社会事实的忽视和对实地研究的缺乏,严格意义来讲,孙本文的"行动和视野都基本限于学院社会学或经院社会学的大墙内,他忽视了同一时期中国社会学学界发生着的其他重要甚至更有意义的努力"(周晓虹,2012)。

第二,部分思想观点的片面性凸显了其社会学理论的不足。孙本文将社会学定义为研究社会行为的科学,主张主要从文化和心理方面对影响社会行为的因素进行解释。这种观点带有较大的唯心色彩,它在忽视了经济地位、物质状况对人类社会行为的影响的同时由于强调对"个人"的聚焦,把米德所倡导的个人与群体之间的"互动"置于忽略地位,这和讲求群体和互动研究的"社会学的社会心理学"基本上是南辕北辙的(周晓虹,2012)。并且,他在《社会心理学》一书中极大地夸大了伟人对社会变迁的影响。同样的片面观点也表现在对社会变迁的影响因素的阐释中。孙本文将社会的成因视为文化的成因,社会的变化看作文化的变化发展,将社会和文化完全等同看待,使理论解释陷入无尽的循环论证、自相矛盾的境地(韩明谟,2005:207~208)。

第三,对马克思主义社会学的认知不够清晰,在一定程度上降低了他在新中国成立后的学术影响力。孙本文社会学研究的重要缺陷是对马克思主义社会学的模糊认知。他在《社会学原理》一书中表示澄清人们对于社会学的误解,即他认为社会学是一门科学,社会主义是一种主张,"科学所研究的对象,是一种客观现象","科学家是用肉眼去分析客观现象的真相,而不是用有色眼镜去观察事物。故科学家的态度是客观的,随事物的实在为转移,而不是以事物来凑合主观的见解的"(孙本文,2012a:52)。孙本文以"科学"的名义,不能清晰地认识马克思主义社会学,导致其理论观念的片面性,虽然保留了其作为孔德一系社会学代表的正宗地位,却也降低了此后对中国社会学界的影响力(郑杭生、李迎生,1999)。

回顾中国社会学发展的百年历程,不难发现,自传入之初就具有"经世之学"特点的社会学,从一开始就承担着救亡和启蒙的双重任务。而以孙本文为典型代表,那些从事中国早期社会学研究的学者也大都怀有"志在富民"的抱负:他们上下求索,学以致用,不屈不挠地构建着中国的社会学,追求着社会学的中国化,促进了20世纪初社会学中国化的高潮。

他们为实践这一抱负所做的诸多努力,总的来说,涉及的要点大致可归纳为以下几点:一是话语系统的取舍和整合;二是学科内容是否关涉中国问题;三是有关如何把握认识对象的研究方法;四是社会学人才的培养;五是学科研究和目的。总结而言,他们所从事的工作,目的在于着力凸显"中国"之主体意识,即中国语言、有关中国的研究内容、立志使"社会学中国化"的本土人才,及达到"学以致用"或"认识中国,改造中国"的治学目的（路英浩，2006）。

"社会学中国化"议题的讨论往往是在一定的社会历史背景之下兴起的。根据上文论及的孙本文对社会学中国化所做的贡献，我们可窥近代中国社会学发展的整体面貌和中国化程度，进而引领当代中国社会学者在社会学中国化道路上需要努力的方向：一方面，针对以往社会学中国化过程中社会学理论实质的西方化问题，我们关键是要加强理论研究的深度和高度，提出真正中国化的社会学理论。我国社会学自20世纪80年代初恢复重建以后，其研究课题以具体经验性研究居多，范围几乎囊括婚姻家庭、人口问题、城市和农村发展、贫困问题、犯罪问题、妇女问题研究等众多社会学领域。许多没有理论支撑的经验研究、应用研究所带来的表面繁荣，实际上其背后潜伏着越来越深刻的危机（文军，2004：330）。摆脱西方社会学的话语霸权，构建中国特色的社会学理论，应是今后中国社会学发展的目标之一。

另一方面，我们要着力于对中国社会学全球化问题的思考。如今的中国在国际上的影响日益扩大，经济交往日益密切，学术交流也逐步深入频繁。在这样的社会背景下，"社会学中国化"更应该以"全球化"作为其发展目标，即中国化不应只是建立一个能够对中国的历史与文化脉络有意义的中国人的社会学，更应该对世界社会学有所贡献（蔡勇美，1986：10）。因此，新世纪新阶段的我们，到底应施以何种姿态，做出何种努力，中国社会学才能以自己特色的社会学知识参与世界社会学知识体系？这是摆在中国社会学者面前的另一个难题。也许正是孙本文等老一辈社会学家对社会学中国化的早期努力，才使我们这些后辈的社会学人在学习社会学知识时，既没有背离社会学的共有知识，能够使我们与不同国家的社会学同仁进行基本的交流与沟通，同时，又没有遗弃自己固有的文化传统与中国本土情结。但是，遗憾的是，1952年后经过20多年学科发展的中断，我们在恢复重建社会学后，似乎愈来愈忘记了中国早期社会学家所建立起来的这种优良传统。因此，重新学习孙本文的社会学思想，充分挖掘中国社会学的早期资源和思想传统，对于今天的中国社会学建设具有十分重要的意义。

参考文献

蔡勇美、萧新煌，1986，《社会学中国化》，台北：巨流图书公司。
陈定闳，2001a，《恩师百年颂——缅怀中国社会学的开拓者孙本文教授》，载孙世光编《开拓与集成——社会学家孙本文》，南京：南京大学出版社。

陈定闳，2001b，《孙本文社会学理论体系简介》，载孙世光编《开拓与集成——社会学家孙本文》，南京：南京大学出版社。

陈新华，2009，《留美生与中国社会学》，天津：南开大学出版社。

龚长宇，2001，《社会学中国化进程中的里程碑式人物》，长沙：《湖南师范大学社会科学学报》第3期。

韩明谟，2005，《中国社会学名家》，天津：天津人民出版社。

林南，1986，《社会学中国化的下一步》，载蔡勇美、萧新煌编《社会学中国化》，台北：巨流图书公司。

路英浩，2006，《在回顾和反思中把握社会学中国化》，上海：《社会》第6期。

孙本文，1957，《八亿是我国最适宜的人口数量》，上海：《文汇报》5月11日。

——，2001，《社会学体系发凡》，载孙世光编《开拓与集成——社会学家孙本文》，南京：南京大学出版社。

——，2012a，《孙本文文集》第1卷，北京：社会科学文献出版社。

——，2012b，《孙本文文集》第2卷，北京：社会科学文献出版社。

——，2012c，《孙本文文集》第3卷，北京：社会科学文献出版社。

文军，2004，《承传与创新：现代性、全球化与社会学理论的变革》，上海：华东师范大学出版社。

吴文藻，2010/1940，《〈社会学丛刊〉总序》，载《论社会学中国化》，北京：商务印书馆。

许妙发，1984，《论孙本文在旧中国社会学界的作用和影响》，上海：《社会》第1期。

言心哲、陈定闳，2001，《孙本文先生与中国社会学》，载孙世光编《开拓与集成——社会学家孙本文》，南京：南京大学出版社。

杨雅彬，1984，《中国社会学史》，济南：山东人民出版社。

——，2001，《孙本文学术年谱》，载孙世光编《开拓与集成——社会学家孙本文》，南京：南京大学出版社。

——，2002，《以己为任的中国社会学》，北京：《人民论坛》第12期。

叶启政，1994，《社会学研究"本土化"主张的解读》，香港：《香港社会科学学报》第3期。

郑杭生、李迎生，1999，《中国早期社会学综合学派的集大成者——孙本文的社会学探索》，南京：《江苏社会科学》第6期。

郑杭生，2000，《社会学中国化的几个问题》，南京：《学海》第6期。

郑杭生、王万俊，2000，《二十世纪中国的社会学本土化》，北京：党建读物出版社。

郑杭生，2012，《孙本文先生对中国社会学巨大贡献的再认识》，南京大学"孙本文与中国社会学"学术研讨会论文，南京。

周晓虹，2012，《孙本文与二十世纪上半叶的中国社会学》，北京：《社会学研究》第3期。

（责任编辑：周晓虹、李开颜）

孙本文的社会建设理论及当代启示

宗媛媛　刘　欣[*]

摘　要：近年来，社会建设日益受到广泛关注，引发了学术层面，尤其是社会学界的思考。事实上，早在20世纪三四十年代，综合学派代表人物孙本文先生已经提出并发展了较为系统的社会建设理论，对其涵义、目标及实现路径予以界定和阐述。回顾其经典论述及思想精髓，对推进当代社会建设的理论与实践都有重要的启示意义。与此同时，在对传统的汲取基础上，社会学界结合当前现实需求进一步"重构"和"新构"，逐渐形成一系列新的理论成果，从而更好地指导社会建设。

关键词：孙本文　综合学派　社会建设

近年来，随着中央提出加强社会建设的号召，社会建设受到越来越多的关注，无论政界还是学界，纷纷围绕社会建设的理论与实践进行了广泛而深入的探讨。在党的文件中，社会建设首次出现在2004年十六届四中全会通过的《中共中央关于加强党的执政能力建设的决定》中，"加强社会建设与管理，推进社会管理体制创新"的提出，使"社会建设"开始步入人们的视野。2006年十六届六中全会，社会建设与经济建设、政治建设和文化建设并列出现，标志中国社会主义建设开启四位一体的新格局。2007年十七大报告中，"加快推进以改善民生为重点的社会建设"首次被单列一章加以强调，可见在政策层面，社会建设已经被提到了空前的高度。由此，也引发了学术层面，尤其是社会学界的思考。

---

[*] 宗媛媛，复旦大学社会学系硕士研究生（zy880710@163.com）；刘欣博士，复旦大学社会学系教授（liuxin@fudan.edu.cn）。

"社会建设"是极具中国特色的产物,在西方社会以及西方社会学界,并不存在"社会建设"这一专有名词。在中国社会思想传统中,社会建设虽然有着深厚的历史渊源和丰富内涵(宣朝庆、王铂辉,2009),但真正被专门提出,则出自于民主革命先驱孙中山先生。他在1917年撰写的《民权初步(社会建设)》被收入《建国方略》,构成其国家建设理论的重要组成部分(鞠春彦,2008)。孙中山所提出的"社会建设"是与"民权"相联系的,是民主政治范畴的探讨,其"社会建设"思想,实际上是"教国民行民权"(孙中山,2002),与当前我们所指的"社会建设"并不相同。

而社会学意义上的"社会建设",乃是由孙本文先生在1935年出版的《社会学原理》一书中最早给出定义:"依社会环境的需要与人民的愿望而从事的各种社会事业,谓之社会建设"。此后,孙先生围绕社会建设问题又进行了更为系统全面的阐述,留下了一系列重要的理论成果(孙本文,1936,1948b)。回顾并反思其社会建设理论,对于当前推行社会建设有着重要的启示意义。

一 孙本文先生与社会学

1. 生平著述

孙本文,原名彬甫,别名时哲,1892年出生于江苏省吴江县,1914年考入北京大学哲学系。当时从日本归来的康宝忠在北大教授社会学,孙先生就对社会学产生了浓厚的兴趣。1918年大学毕业后,孙先生任南京高等师范学校附中教员。1921年公费赴美留学,主攻社会学,取得硕士学位后,又赴纽约哥伦比亚大学及纽约大学攻读博士。后赴芝加哥大学社会学系,受教于帕克及社会心理学家范黎庶(孙世光,2001)。

在美国深造了5年后,孙先生于1926年学成返国,受聘为上海复旦大学社会学系教授。在复旦大学短短的两年半时间,他就显露出非凡的才华。他不仅教学出色,而且在全国性杂志和报纸上,连续发表令人耳目一新的学术文章,更惊人的是相继出版了五本社会学专著:《社会学上的文化论》(北平朴社,1927)、《社会问题》(世界书局,1927)、《社会学ABC》(世界书局,1928)、《人口论ABC》(世界书局,1928)、《文化与社会》(东南书店,1928)(孙世光,2007)。

1928年,他与吴泽霖、吴景超等人发起成立"东南社会学会"。1929年,在他们积极推动与组织下,成立"中国社会学社",孙先生担任理事,并主编社刊《社会学刊》,为中国早期社会学的发展做出了重大的贡献。1929年2月,他告别上海,转到南京中央大学社会学系任教,并长期担任系主任。之后,孙先生还曾兼任过中央大学教务长、教育部高等教育司司长、中央大学师范学院院长等职。

在此期间,他撰写社会学专著20多种,主编书目5种,发表学术论文有七八十篇。其中,最具影响力的当属《社会学原理》(上、下册)(1935)、《现代中国社会问题》(四册)(1942~1943)、《社会心理学》(上、下册)(1946)和《当代中国社会学》(1948)。《社会学原理》是其中最有代表性、最有社会影响的著作(陈树德,1984),堪称"中国学院系统社会学在理论上的代表作"(孙世光,2007)。孙本文先生不仅致力于学院式的理论研究,而且密切关注当时的社会局势与现实问题,力图使社会学发挥其应用价值。为此,他深入研究政府和民众所面临的人口问题、贫困问题、农村问题等,其社会建设理论,正是在此过程中逐渐确立和完善的。

2. 学术流派

由于教育背景的关系,孙本文先生的社会学思想及其探索活动,曾受美国社会学的文化学派及心理学派的影响。1927年,孙先生出版《社会学上之文化论》,指出文化为社会成立之要素,它对人类行为有强制的作用。无文化即无社会。社会变迁实即文化变迁,社会问题之发生乃由于文化失调所致(孙本文,1927)。1928年,在其《社会学ABC》一书中,孙先生指出,人类的社会行为"无非是人类心理作用和文化影响的交互作用的结果。所以我们简直可以说,人类社会行为的根本活动的要素,就是心理影响和文化影响"。在之后的《社会学原理》一书中,孙先生(1935)也表示,"著者个人见地,受美国乌格朋、汤麦克两教授之影响为最大,故全书注重文化与态度之讨论"。

但孙先生自认为既非文化学派,也非心理学派,而属于综合学派(孙本文,1948a)。郑杭生先生就此曾专门撰文,认为孙本文的社会学探索活动范围非常广泛,涉及社会学的许多重要领域。他从社会学研究的综合性原则出发,在对社会行为的探究中,注重心理特别是文化因素的作用,并将这一思想贯穿于普通社会学、社会心理学、社会问题等各方面的研究之中,取得了较大的成就,从而奠定了他作为中国早期社会科学中综合学派的集大成者的地位(郑杭生、李迎生,1999)。

孙先生的学术流派特征体现在诸多研究上,特别是社会建设理论之中。他提出,任何社会建设计划的成功,有赖于两种基本要素:一为文化背景，二为社会态度。在文化方面，必须对于文化全部，尽能了解，而后方可决定其建设的方针与计划。同时，在心理方面，必须深知民众态度之趋向，而后决定建设计划，以顺应其态度，或有以转变之（孙本文，1935）。由此可见，他已将文化取向与心理取向兼容并蓄，步入综合学派。

3. 社会学的本土化

社会学自传入中国以来就面临着本土化的要求，以孙先生为代表的中国第一代社会学者，一直致力于研究如何使社会学成为一门认识中国、解决中国社会问题的学科，为社会学本土化做出了重要贡献。孙先生在1931年中国社会学社第一次年会上，发表了题为《中国社会学之过去现在及将来》的演讲，提出"采用欧美社会学上之方法，根据欧美社会学家精密有效的学理，整理中国固有的社会思想和社会制度，并依据全国社会实际状况，综合而成有系统有组织的中国化的社会学，是中国社会学界今后之急务"，标志着社会学本土化运动在中国的正式开始（郑杭生、王万俊，2000）。

孙先生在早期引入大量西方社会学理论著作，而后结合中国实际，对中国特有的研究对象和材料进行整理和研究。他阐明了社会学本土化应做的具体工作：一方面，建立中国理论社会学，包括整理中国旧籍中固有的社会史料，实地研究中国社会的特性，系统编辑社会学基本用书；另一方面，建立中国应用社会学，包括详细研究中国社会问题，加紧探讨中国社会事业与社会行政，切实研究中国社会建设方案。其社会建设理论，正是孙先生基于对中国传统文化和社情民情的深入研究与充分把握，将所学西方社会学思想，尤其是文化社会学、社会心理学等知识加以本土化应用的典范。

二 孙本文先生的社会建设理论

孙本文先生重视社会建设问题，在1935年所著的《社会学原理》一书中，便独辟"社会建设与社会指导"章节，对其概念进行了初步界定。1936年，在其主编的《社会学刊》上，又专门撰文《关于社会建设的几个基本问题》，对社会建设理论进行了较为系统完整的阐述。1943年，孙本文先生主持了以"战后社会建设问题"为主题的中国社会学社年会。1944年，他又联合中国社会学社和社会部创办《社会建设》月刊，之后发表的《社会建设的基本知识》，再次提出有力见解。综观孙先生的社会建设理论，主要回答了如下问题：什么是社会建设？社会建设的目标何在？怎样实现社会建设？

1. 社会建设的涵义

要进行社会建设，首先需要解决的问题就在于：何谓社会建设？孙本文先生首先在《社会学原理》（1935）一书中开门见山地给出定义："依社会环境的需要与人民的愿望而从事的各种社会事业，谓之社会建设。社会建设之范围甚广，举凡关于人类共同生活及其安宁幸福的各种事业，皆属之。有时此等事业，属于改革性质，就固有之文物制度而加以革新。有时属于创造性质，系就外界传入，或社会发明之文物制度，而为之创建。无论创建或改革，要之，皆为社会上建设之事业。"

在此基础上，孙本文先生又在《关于社会建设的几个基本问题》一文中对社会建设的对象与范围进行了更为详尽的辨析。他认为，如果将物质建设、经济建设、政治建设、心理建设、文化建设等都纳入社会建设范围之内，则含义太广，不能表明社会建设的真意。而若将社会建设视为与物质建设、经济建设、政治建设、心理建设、文化建设等相对而生，则又会出现与其他建设的界限难以划分的问题。并且假使能够划分，那么除经济、政治、心理、文化等建设以外而去谋社会建设，其价值亦必有限。此外，如果将社会建设认为是关于人类共同生活方面的各种建设，那么，社会建设势必侵入物质建设、经济建设、文化建设等的范围。

孙先生指出，问题的根源在于：所谓物质建设、经济建设、政治建设、心理建设、文化建设、社会建设等，只是从不同的立场，以从事各种不同的建设的名称。就各种建设的内容而言有不少部分，是完全相同的。若必欲于此等建设之间，划分严格的界限，既有所不能，亦似可不必。所以，凡可以维持社会的生存、促进社会的发展的，无论其为物质建设、经济建设、政治建设、心理建设、文化建设，均应在社会建设范围之内。社会建设是整个社会的建设，其着眼点在整个社会，而不在物质、不在经济、不在心理等，又同时注重物质、经济、心理、政治等的建设（孙本文，1936）。而正如前文所述，孙本文先生非常重视文化因素，并尝试用文化解释社会问题的产生。因此他进一步提出，社会建设应包括一切工具的文化与自足的文化；或换言之，应包括经济的文化、政治的文化、社会的文化与精神的文化的全部（孙本文，1936）。

2. 社会建设的目标

明确了社会建设的涵义，进而需要回答：社会建设希望实现什么？在孙本文先生看来，社会建设的目的在于充实并增进社会生活的内容，使全社会及各个人均得到健全而圆满的生活，并向上发展。为了更加充分地予以阐明，他进一步从四个维度分别呈现了社会建设的努力方向及评价标准。

量的方面，使全社会人民的生活内容比现在更充实，具体是指在经济生活上，农、工、商各业的技术与工具、制度与组织，以及关于衣、食、住、行等方面的建设，应采取世界最新的文化，力予充实；精神生活上，对于世界最新科学知识，应力予介绍；对于世界最新的教育制度、哲学、思想、艺术、文学等，凡为我国现时社会所需要而与我国固有文化不相冲突者，亦应力予采纳；制度风俗上，凡世界所流行而与我国固有文化，尤其是固有道德、信仰、礼俗不相冲突者，亦应允其流传；民族特性上，凡我民族所缺乏的性能，而为现时社会所需要者，应努力训练。例如，我国社会一向为知易行难之说所误，缺乏实行能力，故应养成行易知难的精神；又如我国社会缺乏创造力、组织力，故应养成创造与组织的能力；等等。

质的方面，改进社会生活内容条件，包括改进我国固有的衣、食、住、行各方面事项；医术与药科；社会组织，如家族、行会等；语言、文字，如统一国语、推行语体文等；娱乐、手艺，如雕刻、织绣等；矫正我国固有的迷信；发扬我国固有的哲学、艺术、道德、信仰等。

横向上，普及教育与科学、艺术、体育及其余一切物质的与精神的文化。

纵向上，排除一切关于充实与改进社会生活的障碍，扩充新文化产生发展的机会，推广优秀人才发展的机会，使一切新文化的继续增积与旧文化的继续改进的机会增加。

3. 社会建设的实现

孙本文先生强调了实现社会建设所需要的基本要素：人才（包括行政人才、专门人才）、资源（尤其是经费支持）、计划（必须根据调查，详知文化背景与社会态度）与组织（即推进建设计划的机构）。而具体的途径，则不外乎推进社会改组的五种要素：领袖、组织、教育、宣传与立法（孙本文，1935）。在《关于社会建设的几个基本问题》中，他又着重阐述了其中的法令、教育与宣导。其中，法令具有强制性，能够确保计划的推行，但又必须结合固有的习俗、信仰、道德观念等，因势利导。而教育乃是最根本的途径，无论是普通教育，还是专门教育，都是社会建设过程中必经的步骤。最后，通过宣导去改变社会一般的态度，使全社会之人能热心推进，从而保证建设计划顺利实现（孙本文，1936）。

除此之外，社会建设的实现还离不开审慎的社会指导与坚忍的努力。他提出，社会指导不同于社会控制，因为控制必完全受人支配，而指导则依计划引导促使其实现。虽然社会现象中各种文化与心理因素错综复杂，难以预料，但我们可以就已知的文化和心理因素予以适当的指导，与此同时，再加上社会民众坚定不移的信念与坚持不懈的努力，那么社会建设实现的可能性，自必甚大（孙本文，1935）。

三 孙本文先生社会建设理论的当代启示

孙本文先生作为中国社会学界的元老，为后人留下了大量智慧启蒙和思想启迪，其社会建设理论为我们提供了丰富的理论依据和实践指导，对于当前推行社会建设有着颇多启示。

1. 增进对社会的认识与理解

孙先生在《社会建设的基本知识》一文中开篇即指出，社会建设的对象是社会。"从任何方面谋社会的建设，首先必须了解社会——了解社会的历史，了解社会的现状与需要；而尤其重要的，必须了解社会的传统思想，社会的故有组织，社会的领导阶层，社会的经济基础，社会的生活习惯，乃至人民的一般心理，这所谓社会建设的基本知识。如果从事于社会建设工作，而不注意这类基本知识，即使建设的计划与方案如何完善，而付之实施时，势必格格不入，难收大效。"（孙本文，1948b）

此番论述不仅在当时行之有效，而且对现今的社会建设仍然具有重要的指导意义。无论是要对社会建设的内涵有更加准确的把握，还是希望社会建设的推行更加顺利，都离不开对国情、社情与民情的了解和把握，离不开广泛而深入的调查与研究。而当前尤为重要的则是对民众心理的认识和理解，制订计划前，应当广泛征求民意，掌握其所需所愿，方可使计划得到拥护和支持。实施过程中，也应当对方案适时加以调整，从而更好地适应社会现实。任何脱离社会的计划，即使设计得再精致巧妙，也终将以失败而告终。唯有民心之所向，方可事半而功倍。

2. 加强社会组织建设

孙本文先生在谈到实现社会建设的四项要素时，格外强调了组织的重要性：有了人才、资源与计划，若无适当的组织，那么，任何社会建设，无实现的可能（孙本文，1936）。可见，组织具备着载体的功能，乃是其他要素得以运作的平台和基础。而当前，社会组织的完善和发展亦显尤为迫切。社会组织是一个社会的血脉，拥有社会组织的多寡，是衡量一个国家社会化程度的重要标志，参与社会组织的多寡也成为衡量一个人社会地位的尺度。加强社会建设，提高公民的社会参与，需要大力培育和发展社会组织，为公民参与社会事务的管理提供有效渠道（张永光，2007）。

陆学艺（2011）指出，社会组织总体来看包括三部分，企业组织、国家组织和民间组织。国家组织方面，目前都是由国家发改委的社会司承担，而社会司只是发改委35个司局中的一个，显然不能胜任社会建设这个重大任务。把社会司的职能，连同现有的人员和资源从发改委划出来，组建社会建设工作委员会，这是做好社会建设工作的组织保证。

民间组织方面，由于计划经济等历史原因，长期处在缺失状态，目前虽然出现了萌芽的势头，但总体发展状况仍然很不理想。以每千人拥有的组织数量同别的国家相比，我国的社会组织仍然有很大差距（邓伟志，2009）。当前，对社会组织的管理应该放宽，放开登记政策，使社会组织真正发挥整合社会成员、实现社会管理的职能，承担起社会建设实施载体的角色（李培林，2011：22）。

3. 坚定社会建设的信念

无论哪个时期，社会建设作为一项庞大的系统工程，在推行过程中都难免遇到重重阻力和困难。孙本文先生曾经反复强调了坚忍态度的重要性，而这不仅仅是对社会建设计划制定者的要求，也是对广大社会民众的呼吁。因为社会建设的实现主体，应当包括政府、社会组织与民众（陆学艺，2008b：9），社会建设的实现，需要政府持续稳定的政策力度，以及民众坚定不移的通力配合。"我们不能因社会现象的难以完全控制而却步，我们正应加倍努力，以期消除控制的障碍，而实现社会建设全部的计划，这是从事社会建设者应有的态度。"（孙本文，1936）

事实上，社会建设计划能否实现，并非取决于社会现象本身是否难以控制，而在于社会民众能否坚忍与努力。因此，在社会建设过程中，我们应时刻牢记孙先生的箴言：不努力于社会建设者，必日趋于衰败，努力于社会建设者，必日趋于进步（孙本文，1935）。当前，唯有坚定社会建设的信念，方可实现社会建设的伟大目标。

四 当前社会建设研究的新成果

对待传统，郑杭生先生曾经提出，一方面，我们要进行开发，汲取其精华；一方面又要超越它，不能停留在传统上，这样的路径，用社会学术语来说，就是以"现代的成长和传统的被发明"来超越传统，其中，传统的被发明，一般是通过"重构"（对传统进行某种改造）和"新构"（对传统进行重新建构）来实现的（郑杭生，2011）。诚然，当前社会与孙本文先生所处的时代相比，发生了翻天覆地的变化，有关社会建设的界定及其实现方法势必也有所不同。我们应当汲取和借鉴孙本文先生有关理论的精髓,同时结合实际,不断丰富和完善社会建设理论体系,使传统焕发出新的生命力。

1. 社会建设的新内涵

社会建设这个概念具有不同于历史上同样概念的新的时代内容(郑杭生、杨敏,2008)。关于其内涵的讨论始终在进行且尚无统一定论,目前学界主要有以下代表性观点。

郑杭生认为,社会建设的内涵与定义,可以从正向和逆向两个方面来加以把握。从正向说,就是要在社会领域或社会发展领域不断建立和完善各种能够合理配置社会资源和社会机会的社会结构和社会机制,并相应地形成各种能够良性调节社会关系的社会组织和社会力量;从逆向说,就是创造正确处理社会矛盾、社会问题和社会风险的新机制、新实体和新主体,通过这样的新机制、新实体和新主体,更好地弥合分歧、化解矛盾、控制冲突、降低风险、增加安全、增进团结、改善民生(郑杭生,2007)。

陆学艺也在一系列的相关研究中对当前的社会建设内涵予以界定。他指出,社会建设是指社会主体根据社会需要,有目的、有计划、有组织进行的改善民生和推进社会进步的社会行为与过程。社会建设的内涵主要有两大方面:一是实体建设,诸如社区建设、社会组织建设、社会事业建设、社会环境建设等;二是制度建设,诸如社会结构的调整与构建、社会流动机制建设、社会利益关系协调机制建设、社会保障体制建设、社会安全体制建设、社会管理体制建设等。社会实体建设提供公共产品和公共服务,社会制度建设则使社会更加有序与和谐(陆学艺,2008a)。

另外,也有学者根据"社会"的广义和狭义之分,或曰"大社会""小社会"之别,从而对"社会建设"也进行了相应的划分(唐军、时文,2011:113):广义而言,着眼于社会大系统的整体性,是囊括经济、政治、社会生活、思想文化等各子系统在内的全体社会的建设;狭义而言,则侧重于与经济、政治、社会生活、思想文化各个子系统并列的社会子系统的管理和建设(向德平、程玲,2009;屈先蓉,2012)。

2. 社会建设的新目标

改革开放以来,经济与社会领域的发展越来越不平衡,不同利益群体在改革中的得失悬殊。由此引发的社会问题越来越多,群体性事件屡屡发生,社会矛盾呈现激化趋势,因而,社会建设的目标也随之有了新的侧重点。

郑杭生（2008）等认为，社会建设正是我们党积极应对我国进入社会矛盾、不协调因素多发期的客观形势，直接面对传统风险和新型风险等不安全因素活跃期社会现实，而做出的意义深远的理论和实践的创新。当前，社会建设应致力于促进社会的团结，避免国家因巨大的社会转型和社会群体的分化而分裂；促进全社会的合作，消弭因差异而导致的分裂、矛盾因素，维护社会的正常运转；促进社会共享机制的形成，在资源和机会的分配机制上保持开放（张林江，2011）。加强社会建设，就要从社会公平和正义角度出发，给每个人以其所应得（吴忠民，2004）。社会建设的最终目标是要实现社会公正（李强，2008）。因为只有实现社会公正，才能从根本上化解社会矛盾，为个人和社会发展创造有利环境，使全体人民学有所教、劳有所得、病有所医、老有所养、住有所居，实现社会的和谐稳定（景天魁，2008）。

3. 社会建设的新路径

当前社会建设出现的新趋势、新特点和新问题，也要求我们在社会建设的实现路径上要有新思路、新办法。

第一，推行制度建设。社会学从它诞生之日起，就非常关注制度的研究，认为制度是协调社会利益、维系社会秩序的重要设置。因此，社会建设的一个重要任务就是通过开展有效的制度建设，保证社会形成稳定的秩序，使各种社会问题和社会矛盾在有序的状态下得到不断的调整或解决（刘少杰，2007；郑杭生、黄家亮，2009）。能否建立起一系列行之有效的利益协调制度是社会建设成败的关键。

社会建设的根本问题是合理配置社会资源和社会机会，而这一目标的实现，必须依靠相应的制度。正确处理社会矛盾、社会问题和社会风险，也要建立相应的利益协调制度。改善民生同样离不开制度建设，如通过收入分配制度改革增加城乡居民收入；通过加快建立覆盖城乡居民的社会保障体系，保障人民基本生活；通过完善义务教育制度、职业教育制度、学生资助制度等化解教育难题（郑杭生、黄家亮，2009）。建立健全一系列关于社会建设范畴的具体制度是有效推进社会建设的根本（邹农俭，2011）。

第二，优化社会结构。社会结构和谐是社会和谐的基础（宋林飞，2007），陆学艺（2010）认为，当前中国社会结构滞后经济结构大约15年。因而，要想实现社会建设的目标，亟须调整优化社会结构，使之适应当前经济发展的水平。调整社会结构意味调整多项子结构，而核心在于阶层结构（陆学艺、宋国恺，2010）。

具体而言，第一，应该优化社会阶层中的职业分工结构，使必要的社会阶层不缺位，使社会各阶层的人数保持一个恰当的比例。第二，应当优化社会经济地位结构，实现"两头小，中间大"，以中等收入人群为主的橄榄形社会阶层结构，通过发展壮大中产阶级，来助推社会建设（宋林飞，2007；颜烨，2010；刘欣，2010）。第三，优化流动渠道，消除城乡户籍壁垒、所有制限制等不利于社会流动的因素，最大限度实现公正、畅通的社会流动（吴忠民，2007）。

参考文献

陈树德，1984，《孙本文和〈社会学原理〉》，南京：《学海》第 3 期。
邓伟志，2009，《中国加强社会建设迫在眉睫》，上海：《科学发展》第 12 期。
胡锦涛，2007，《高举中国特色社会主义伟大旗帜　为夺取全面建设小康社会新胜利而奋斗——在中国共产党第十七次全国代表大会上的报告》，北京：人民出版社。
景天魁，2008，《社会建设的科学构思和周密布局》，南京：《江苏社会科学》第 1 期。
鞠春彦，2008，《孙本文社会建设思想述评》，武汉：《学习与实践》第 8 期。
李培林，2011，《当代中国社会建设中的组织载体》，载陆学艺编《中国社会建设与社会管理：对话·争鸣》，北京：社会科学文献出版社。
李强，2008，《如何理解社会建设》，北京：《中国教育报》2008 年 1 月 14 日。
刘少杰，2007，《制度建设是构建和谐社会的根本途径》，北京：《社会学研究》第 2 期。
刘欣，2010，《发挥中产阶层在城市社会建设中的作用》，上海：《探索与争鸣》第 1 期。
陆学艺，2008a，《关于社会建设的理论和实践》，北京：《国家行政学院学报》第 2 期。
——，2008b，《北京社会建设》，北京：科学出版社。
陆学艺、宋国恺，2010，《新阶段社会建设的核心任务：调整社会结构》，社会学视野网，http://www.sociologyol.org/yanjiubankuai/fenleisuoyin/fenzhishehuixue/fazhanshehuixue/2010-01-27/9571.html。
陆学艺，2011，《社会建设迎来新阶段》，北京：《农村工作通讯》第 4 期。
屈先蓉，2012，《对社会建设核心内涵的理解》，昆明：《法治与社会》第 5 期（上）。
宋林飞，2007，《优化社会结构是构建和谐社会的基础》，北京：《社会学研究》第 2 期。
孙中山，2002，《建国方略》，北京：华夏出版社。
孙世光，2001，《开拓与集成——社会学家孙本文》，南京：南京大学出版社。
——，2007，《我的父亲孙本文》，社会学视野网，http://www.sociologyol.org/yanjiubankuai/xuejierenwu/sunbenwen/2007-03-24/628.html。
孙本文，1927，《社会学上之文化论》，北平：朴社。

孙本文，1929，《社会学 ABC》，上海：世界书局。
——，1935，《社会学原理》，上海：商务印书馆。
——，1936，《关于社会建设的几个基本问题》，《社会学刊》第 5 卷第 1 期。
——，1948a，《当代中国社会学》下册，南京：胜利出版公司。
——，1948b，《社会建设的基本知识》，《社会建设》复刊第 1 卷第 1 期。
唐军、时文，2011，《社会建设研究综述》，载《中国社会学年鉴 2007－2010》，北京：社会科学文献出版社。
吴忠民，2004，《促进社会公平和正义》，北京：《人民日报》11 月 30 日。
——，2007，《论和谐社会建设的基本内容》，北京：《中共中央党校学报》第 2 期。
向德平、程玲，2009，《社会建设的理论辨析与路径探索——近年来关于社会建设的研究综述》，武汉：《学习与实践》第 2 期。
宣朝庆、王铂辉，2009，《一九四〇年代中国社会建设思想的形成》，北京：《中国社会科学》第 6 期。
颜烨，2010，《中产主义：社会建设突围政经市场的核心议题》，北京：《战略与管理》第 3/4 期合编本。
张林江，2011，《社会建设要促进社会团结、合作与共享》，北京：《学习时报》3 月 7 日。
张永光，2007，《关于社会建设概念体系的研究》，武汉：《湖北社会科学》第 9 期。
郑杭生、李迎生，1999，《中国早期社会学综合学派的集大成者——孙本文的社会学探索》，南京：《江苏社会科学》第 6 期。
郑杭生、王万俊，2000，《论社会学本土化的内涵及其目的》，吉林：《吉林大学社会科学学报》第 1 期。
郑杭生，2007，《社会建设：改善民生与公平正义》，北京：《中国社会科学院院报》11 月 15 日。
郑杭生、杨敏，2008，《关于社会建设的内涵和外延》，南京：《学海》第 4 期。
郑杭生、黄家亮，2009，《论社会建设的理论意涵与实践思路——社会学视角的解析》，社会学视野网，http：//www.sociologyol.org/yanjiubankuai/fenleisuoyin/fenzhishehuixue/fazhanshehuixue/2009－02－15/7296.html。
郑杭生，2011，《社会建设和社会管理研究与中国社会学使命》，北京：《社会学研究》第 4 期。
邹农俭，2011，《运用制度创新 推进社会建设》，北京：《北京工业大学学报》第 2 期。

（责任编辑：周晓虹、李开颜）

孙本文的文化建设论述与中国现代化

宣朝庆[*]

摘　要：孙本文是中国社会学界里程碑式的人物，但是目前对孙本文的研究基本仍停留在学科本土化的角度，对他的文化建设和社会建设思想相对认识不足。本文以孙本文在20世纪30年代的重要工作——文化建设论述为研究对象，认为他的文化建设主张代表了知识分子群体关于中国现代化的思考，主要包括三个方面：以科学研究为基础；理性对待中西文化，反对全盘西化和文化保守主义等极端文化建设方略，主张取欧美之所长，再造民族文化；高扬民族主义，文化建设为民族复兴服务。这种文化建设主张受到儒家精神、"五四"新文化运动后期思潮、民族主义情绪和社会交往网络等方面的规制，充满了矛盾和张力，是特殊时代的产物，在中国现代化过程中具有一定的普遍性。

关键词：孙本文　文化建设　文化自觉　现代化　民族复兴

在学术史上，孙本文是中国社会学界里程碑式的人物，"解放前我国社会学界最有影响、著述最多的社会学者"（韩明谟语），"当时社会学界的理论权威"（杨雅彬语），"中国社会学社的核心人物"（郑杭生语），但社会学恢复三十年来，仅仅少量著作和六七篇文章专门讨论过他的学术贡献，且把他定位于西方社会学理论引进和本土化的先行者。本研究认为，进一步认识孙本文，应该从学科史定位转向思想文化脉络，从西方社会学

---

[*] 宣朝庆博士，南开大学社会学系教授（sunsaw2001@yahoo.cn）。

中国化视角的分析，转向一个知识分子对中国现代化的思考。正如金耀基所言，由于知识分子在中国的社会结构中一向居于政治与文化的枢纽地位，中国现代化运动本质上也是由他们所领导的自上而下的运动，因此探讨知识分子对中国现代化的认知与反应，是了解中国现代化的一条必要且极具意义的途径（金耀基，1977：15～25），那么研究孙本文也不应该忽视这一架构。"五四"运动之后，知识分子探索现代化的兴趣由器物、制度层面转向文化，从全盘否定文化传统到全盘西化，进而激荡出文化保守主义的反击；再加上日本发动侵华战争，造成我国民族主义思潮爆发，所以中国文化发展在20世纪二三十年代一直处于大摇摆、大动荡之中。在这种情况下，孙本文针对文化建设问题连续提出相关论述，主要包括三个方面：以科学研究为基础；理性对待中西文化，反对全盘西化和文化保守主义等极端文化建设方略，主张取欧美之所长，再造民族文化；高扬民族主义，文化建设为民族复兴服务。这样一种"有限理性"的文化战略，从百年现代化历程来看，具有更为普遍的意义和价值。

一 科学研究为基础的文化建设论

20世纪以来，文化议题在中国学术界具有重要地位。究其原因，是近代以来中国社会深受西方文明的冲击，随国际潮流而变迁，无论政治、法律、军事、道德、风尚、思想，还是音乐、诗歌、爱情观、私人生活方式，等等，无一不带有国际变迁的痕迹。中国在不断世界化，却难以建立起自主的文化，在风雨飘摇中，忽而提倡英国化、美国化，忽而提倡法国化、德国化，忽而提倡日本化、苏俄化；既想复古尊孔，又想全盘西化；个人主义、国家主义、无政府主义、社会民主主义、马克思主义纷纷登场。如何才能创造自主的文化，推动中国社会稳步、有序现代化，建设统一的、合理的组织与秩序呢？20世纪以来，思想界深陷在长期的困惑与焦虑中。围绕文化重建展开的讨论不知凡几，其中以新文化运动、东西方文化论战、全盘西化与本位文化建设论战的影响最为广泛。各种层次的论战把文化建设的基本问题释放了出来：到底文化是什么？文化发展变化的原则是什么？文化有优劣之分吗？中国文化的未来在哪里？文化重建的意义何在？文化重建的实际方法是什么？这些问题既激发知识界、思想界的思考，也要求学术界提供更为丰富的研究成果。以往学界在解释中国社会学何以重视文化问题时，往往认为西方社会学潮流的影响是主要原因，而从近代思想文化发展趋势分析，反倒是紧迫的本国社会需求更形重要，导致社会学界关注文化问题①。当时国内社会学界注重文化研究者不乏其人，其中最著名的是黄文山、陈序经、吴文藻、胡鉴民、孙本文等人，而陈序经是20世纪30年代全盘西化论的重要代表，黄文山则是1935年中国本位文化建设宣言的十大教授之一，孙本文是"国内社会学界提倡重视文化研究的第一人"（孙本文，2011：259）。

在20世纪二三十年代对中西文化的讨论中，无论是本位文化论者、全盘西化论者，多把东西方文化问题作为抽象的、理论的问题加以思考，而没有将其放到具体而特殊的历史社会情境中去论证和研究，因此激烈而广泛的争锋多流于宣传和鼓动。在孙本文看来，这种缺乏实证研究的"辩论赛"无助于文化研究和文化建设，有悖学术发展的潮流。所以，他强调，"为了明了过去历史的背景，须注意历史给予我们的固有文化，因此必须对于中国文化加以全般的研究"（孙本文，1935：57）。他的这一认识是借鉴美国文化人类学的产物。美国人类学家博厄斯强调历史特殊论，主张每个民族都有其独特的历史，文化必须从它本身特有的历史过程去了解（博厄斯，1999：王建民序，3~4）。孙本文在1927年将这一思想介绍到国内②。"全般的研究"就是指在文化建设中要克服盲从与浮躁，抱定"科学"的态度，回到基础工作，通过拟定科学的研究计划，采用科学的研究方法，对中国文化进行客观分析，全盘了解和掌握中国社会的特性。只有这样，才能见到中国文化的真相，提出平实的理论和合理的文化政策。在研究步骤上，孙本文根据西方人类学、社会学关于文化研究的经验和方法，建议中国学者从分析文化特质、辨别文化模式、划分文化区域、分析文化中心和文化区域的关系、推论文化特性五大方面拟定研究计划，进行长期研究。考虑到基础研究的艰巨性、复杂性，孙本文指出，可以先就文化特质方面进行具体细致的研究，并列出了文化特质研究的详细内容和大致的调查方案（孙本文，1930）。在中国建立文化研究的模式，进行有计划的文化调查与研究，目的是为文化建设提供基本共识，从而为中国文化的现代转向提供良好的知识基础。该思路获得了言心哲、吴文藻等学术同仁的响应和支持。但是，这注定是一项艰苦的事业，因为研究计划的实施不仅要求有大量的学术人才长期投入，也要求一个和平安定的学术环境相配合。

---

① 孙本文的社会学研究重视文化问题，甚至被称为社会学的文化派，亦与此有关。
② 孙本文在《社会学上之文化论》（1927：1，10）一书中曾言"近年社会学家亦渐渐觉悟，研究社会现象，而不为历史之探讨，即不免流于主观之臆想"，"文化社会学家采用人类学家研究初民社会之方法及其所得之结论，以分析现代社会文化，盖取纯粹客观的科学态度以探究社会现象，与但凭主观臆想者有别"。

今天重新审视孙本文的文化研究计划,似乎我们可比他制定的更为详细、周延,但是对照他的研究计划可以发现,很多基础工作直到今天也没有完成,甚或根本没有启动,不少学者关于中国文化或地方文化的论著,大多流于文化精神的阐释或民俗民风的描摹。余英时指出,文化建设是一个长期的过程,需要建立在对中西文化的真切了解的基础上,因此也就需要一批献身于学术思想的人,甘于寂寞,从热闹场中"退"到图书馆、实验室中去默默努力。从整个文化史的观点看,这种"退"不是消极逃避,而是最积极的进取。孔子晚年返鲁编定六经,才有春秋战国时期中华文明"哲学的突破";玄奘等高僧埋首于译经工作,才为唐宋时期中华文明的迅速转型奠定基础(余英时,1989:215~219)。现在人们普遍意识到,现代化的成功必将基于文化的重建与发展,但在革命狂飙的时代,更多知识分子倾向于革命或其他激进行动,而只有很少的人选择投身于学术研究。正如有研究者所指出的,这类学者"为了发展哲学社会科学事业,一腔赤诚,执着追求,锲而不舍,咬得菜根香,甘坐冷板凳,无怨无悔,其人物风采、献身精神、治学之道以及所精心营造的缤纷璀璨、洋洋大观的学术天地,充分体现了他们优秀的人文精神和学术品质。这些,无疑是后辈乃至全社会所需要深深汲取并发扬光大的宝贵财富"(孙世光,2001:序二,7)。但这种知识分子的贡献也往往为社会所忽视或忘怀,认识不足,研究不够。忘记了他们的贡献,难免会在文化建设中走回头路,造成重复研究和学术资源浪费,也往往会影响社会对一个学科的正确评价,低估这一学科在现代化中的作用。

二 理性、自主的文化建设论

孙本文的文化建设论反对全盘西化范式的基本假设。按照陈序经的全盘西化论,文化是相互联系不可分割的整体,要实现现代化,必须以西方为学习对象,全盘效仿与接纳。历史已经证明,把西方文化作为现代化的图式,毫无批判地全盘接受,这种文化态度和实践是极其危险的,没有一个社会的现代化能这样获取成功。与陈序经的观点相左,孙本文、吴景超等学者研究认为,文化就是人类创造出来,用以改善生活的一种资源,是可分的、可选择的,中国可以从西方文化中采择相关资源,满足自身现代化的需求,从而破除对西方文化永恒性、神圣性的迷思和盲目崇拜(孙本文,1928;吴景超,1935)。

孙本文认为,学习西方不能全盘否定本民族文化,必须承认本民族文化的价值,发掘、批判地继承民族文化资源。但在20世纪上半叶,处于达尔文的进化论和启蒙运动的"进步"观念深刻影响下的中国,有相当一部分知识分子接受了西方文化中的西方中心主义观点,认为文化的高低是辨别野蛮与文明的标准,承认西方文化是人类文明的典范,代表着人类文化演化的最高成果。陈序经的全盘西化论是这一思潮的具体反映。他认为文化是有高低、进步与落后之分的,中国文化相对于西方文化是落后的、低级的①。由于对本民族文化丧失了自信,所以他才认为传统文化是现代化的障碍,必须全盘否定。孙本文在思想上受到美国人类学家博厄斯的影响,反对以西方文化成果作为标准,反对机械进化论,主张各民族在不同历史过程中的文化创制最终表现为文化多样性。在他看来,中国文化非但不像某些西方学者所言的是低于西方文明的②,且是在世界文明史上具有独特的地位与贡献的,因为通过国际比较研究可以发现,"中国文化是世界最悠久的文化,最纯粹的文化,发达最早史籍最富的文化,而且为最大民族创造与推行的文化"(孙本文,1937a),中华民族之所以能巍然独立于世界至五千余年之久,就是因为我们拥有自己的特色文化,这是不容否定的。在现代化的过程中,中国社会受到欧风美雨的冲击,但是"此特色文化一日不披靡,我中华民族的国魂,一日不动摇。风涛浩荡,而砥柱不移,终有风平浪静之一日"(孙本文,1938b)。因此,中国人应该具有足够的文化自信。"一个民族如果丧失自信力,即无敌国外患,亦将自趋衰亡;反之,一个民族如果富有自信力,即使国难如何严重,亦不足以撼动毫末……我们必须使全国人民自信我民族历史的伟大,自信我民族地位的优越,自信我民族虽历经患难而终能战胜环境以造成悠久的文明。"(孙本文,1937a)换句话说,没有民族自信的现代化,只能是西化,做西方的附庸。重建民族自信,是中国实现自主现代化的必由之路,它的基础是承认本民族文化的价值,返本开新,自强不息,基本途径是文化建设。

为了重建民族文化自信,孙本文深入分析、概括了中国文化的特性。在孙本文之前,已经有不少学者对这一问题进行过研究。蔡元培在《中国伦理学史》中,认为中国伦理的特质是家长制度、执中与敬天畏命。陈独

---

① 陈序经受进化论思想的影响,将世界文化演进合成入一个由高到低的线性系统之中。他说:"我们总要承认文化确有高低之分。他的演进的程序,是由低而高。而其演进的原则,是由纷乱浑漠的形态而变为明确特殊的形态,由简单而变为复杂,由少数部分和散漫的结合而变为多数部分和明确的结合。"(陈序经,1998:29~30)

② 如西方人类学家泰勒曾说:"大概很少人对于以下各民族在文化的秩序中所占据的先后位置会发生争论:澳大利亚人,大溪地人,阿芝迪克人,中国人,意大利人。"(转引自高宣扬,2004:20)

秀在《东西民族根本思想之差异》中，认为中国民族以安息、家族与感情为本位。梁启超在《中国学术思想变迁之大势》中，列举先秦儒家学术思想的特点为崇实际、主力行、贵人事、明政法、重阶级、重经验、喜保守、主勉强、畏天命、贵自强等。梁漱溟在《东西文化及其哲学》中认为，中国人在物质方面，人与自然浑融，表现知足、安分、从容、享受的特性；在社会生活方面，人与人浑融，表现尚情、无我、容忍、礼让的特性。孙本文参酌各家意见，认为中国人的文化特性是重人伦、法自然、主中庸、求实际、尚情谊、崇德化，这是中国文化的根本精神之所在。这些特性在实际表现上有所长也有所短，如主中庸，固有因地制宜、因时制宜、不偏不倚的长处，但也有调和折中、迁就事实等问题。同时，他把中国文化与英法德三国相比较，认为中国人在沉潜审慎、忍耐负责、服从秩序方面不如德国人，在重经验、富毅力、冒险进取方面不如英国人，在富计谋、善应用、天才活泼方面不如法国人，至于民族意识、爱国精神，以及独立自尊的品格、科学研究的精神等方面，则是英法德三国所同具，而我民族所欠缺的。同时，孙本文也提醒人们应该看到，在西方列强环伺的环境中，中国的文化特性已经不足以维持民族生存了，有的还因种种关系表现出衰微的迹象。所以，我们一方面应该恢复、发扬固有的民族特性及民族道德，另一方面应该学习欧美之所长，以补我们之所短（孙本文，1936c）。也就是说，对于中国文化既不能像全盘西化论那样丧失自信，但也不能像文化保守主义那样，把中国传统文化看成十全十美，甚至比西方文化更优胜、更优越。"因此我们为保持我国家的特性与光荣有价值的历史起见，我们决不能全盘放弃我固有的特色文化，一切效法欧美。但此，非谓我们应全盘保守固有文化，拒绝一切欧美文化。此在目前中国已不可能。且处今日之世界，亦决不能完全违反现代文化潮流；不然便难造成一个现代国家。"（孙本文，1938b）在陈序经看来，孙本文的这种思想主张与清末以来的"中体西用"论没有多大差别，都属于折中派，只不过孙本文是这一流派的科学分析派而已（孙本文，2011：259）。

孙本文的文化建设思想，显然不是"中体西用"论那样简单，而是指向中国文化在现代化要求下如何调整与补强的问题。在《论文化建设的内容》一文中，他较为系统地阐释了他的基本主张。孙本文首先把一个社会的文化分成利用（功用）文化和自足文化两大类。所谓利用（功用）文化是指那些可以利用来满足人生种种需要的文化，如铁路、机器和各类经济政治组织等；所谓自足文化是指那些本身直接可以满足人生需要的文化，如音乐、文学、宗教、道德、哲学等。两者相比较，利用文化的价值显而易见，如帆船不如轮船，油灯不如电灯，妇孺皆知，能随时改进和发展；而自足文化的价值高下极难判别，很难说西洋画就优于中国画，柏拉图的哲学更胜老庄。孙本文由此引申认为，所谓社会进步大多是指利用文化的改进和扩张，自足文化的演化往往很难断定进步与否。所以，欧美之所长，我国之短者，在利用文化而不在自足文化方面。这也是文化建设的重心所在。具体而言，在经济方面，我们应该向欧美学习农工商各业的技术、制度与组织，以及衣食住行等方面的设施，采取世界最新发明；在教育方面，应向西方学习世界最新教育制度和方法、最新科学知识；等等。同时，孙本文主张，在自足文化方面，也不能一概肯定，全盘保存，有相当的部分需要充实发展，比如在精神生活方面需要吸纳世界最新的艺术、文学以及思想，以弥补中国固有文化的缺陷；在风俗习惯上，凡是世界流行而与我国固有的道德、礼俗、信仰不相冲突的，也应该允许其流传；就民族特性而言，凡是我民族所缺乏的，而现实社会所需要的，比如民族团结、创造力和组织力等，都应该努力培养。同时，欧美自足文化中那些与我国固有文化不相抵触的部分，也可以大力介绍，做到中西文化相得益彰（孙本文，1937b）。

无论是孙本文的文化建设思想还是全盘西化论、文化保守主义，它们在 20 世纪 20~30 年代的发生发展都反映了被迫现代化的特殊困境①。在与西方列强屡战屡败中，中国对自身文化的怀疑、批判、否定逐步加深，由新文化运动对传统文化的批判最终发展到全盘否定中国文化的价值，彻底丧失了民族自信、文化自信。部分人士为了实现现代化，彻底否定自身，全盘学习西方；而另外一部分人士则与之相反，愤于西方文化的霸气十足，萎缩进传统文化的躯壳内，非理性地对待西方文化。全盘西化论和文化保守主义对待中西文化差异的态度，不是简单归结为"传统与现代"，就是笼统地突出了"传统与外来"，总之是强调二者在性质上互斥对立。这些简单的二元对立模式都是启蒙理性在中国知识界发生作用的结果。启蒙理性的影响在孙本文身上也具有明显作用，且因留学美国接受奥格本文化社会学的进步观而有所强化。比如他在《中国社会之过去与今后》一文

---

① 我在《百年乡村建设的思想场域和制度选择》一文中指出，被迫现代化具有三个明显特征：一是中国文化要在中西两大文化系统的冲突、碰撞中做出调整、改变和竞争；二是被迫现代化不是被动改造，而是很快表现出主动适应和超越；三是国家和知识分子群体在现代化过程中扮演最活跃的力量，但在现代化的目标、路径、制度学习与创新等方面往往存在差异。孙本文与陈序经等人就文化建设方向的辩论实际上反映了中国文化主动适应和超越的抉择和趋向。

中曾质疑，中国今后是要走向哪里呢，是个人化抑或社会化，工业化抑或农业化，科学化抑或哲学化（即儒学化），宗教化抑或伦理化，正义化抑或利害化？（孙本文，1934）身陷其中而又深受其困扰，正是启蒙理性带给他的苦闷。因此，在与全盘西化的论战中，孙本文试图突破二元对立的中西文化观，打消启蒙理性的困扰。对于中西文化，他不再按照传统与现代、工业与农业等标准进行划分，而是主张采用一个新的尺度，那就是利用文化与自足文化。从这个统一的标准去衡量，中西方文化各有短长，且有互补和融合的可能，中国人可以在吸收西方文化之所长的基础上弃旧扬新，重铸文化，将中国文化推进到一个更高、更强、更新的层次，使之更富有生命力和适应性。"当然，能否恰切地互补或融合，端看他们能否以智慧提供一套更新的价值、思想、信仰，或制度来重新加以贯穿，给予新的诠释。这是一个相当艰巨，也是耗时的工作，但却是人类文明契机之所在。"（叶启政，1984：188）从这一现代化的脉络中恰恰可以发现孙本文的重要思想贡献，他的文化建设论述就是要将儒家伦理与西方社会精神相嫁接。他强调，"中国不仅应该注重理性、伦常、礼教，注重内心修养；而且应该注重科学、机械、组织，注重控制环境。中国不仅应该保留家族文化、农业文化、乡村文化的优点，同时亦应该发展工商文化、都市文化、民族文化。中国不仅应该齐家治国平天下，亦应该富国强兵。这是中国文化建设应取的路径"（孙本文，1938b）。这是对新文化运动以来全盘否定中国文化传统的理性反思，这种思想的反向运动在观念上回溯孙中山的"忠孝仁爱信义和平"，续接新文化运动的"科学与民主"，呈现出正一反一合的辩证逻辑，目的是为中国文化探索新的价值理想体系做进一步的工作准备。这是中国现代化过程中的一项长期而艰巨的任务，至20世纪末，费孝通仍在呼唤新的"孔子"，就是要求人们重视文化建设，探索一套新的价值、思想与制度，为人类文明指出发展的新方向，所以他才说，要"各美其美，美人之美，美美与共，天下大同"，这是他主张的学术研究逻辑。对孙本文、费孝通二人的思想纵贯考察，可以看到他们在精神上的一脉相承、遥相呼应，可以看到中国知识分子的百年追求。

三　民族主义的文化建设论

孙本文反对全盘西化，提倡建立民族自信，从心理上分析，当然与近代以来中国对殖民化的忧惧和警惕有关，而20世纪30年代日益严重的民族危机则进一步催化了他的民族主义情绪，给文化建设赋予了强烈的民族复兴目标。特别是面对日本侵华战争的全面爆发，孙本文极力强调，文化建设要为民族复兴、为长期抗战服务。

按照科学研究的纯理论构想，文化是作为人类调适生活环境的手段，所以"文化建设之目的，在于充实并增进全民族社会生活之内容，使全民族及各个人均获得健全而圆满之生活，并向上发展"（孙本文，1937b）。也就是说，文化建设的目标是中国社会现代化。在这一目标之下，文化建设富有以人为本、关注民生的人文意涵，其着眼点是改善人们的社会生活，在利用（功用）文化方面以衣食住行、医术药材、语言文字、教育学术、社会组织的改进为重点，在自足文化方面则以娱乐、民间手艺、固有道德、哲学和宗教信仰等的改进为重点。为了使全社会的个人都获得积极向上的发展，文化建设注重消除社会问题，为新文化的发展和优秀人才的成长提供机会。但是，日本侵华战争的爆发使得文化建设的现代化目标遭受重挫，并急速转向国家安全、民族独立的方向。孙本文提出，文化建设的目的"是在谋求我中华民族与国家的自由独立与平等，进而求我民族与国家的发扬光大"（孙本文，1938a）。为了扫除日本帝国主义侵略势力，"我们在今后，更应以我固有优良文化为基础，尽量采取西洋现代文化的精粹，来发展我国家的四大事业：教育，实业，交通，国防"（孙本文，1938a）。1935年，黄文山等十大教授提出《中国本位的文化建设宣言》，但孙本文在1935～1937年有关文化建设论述中并没有采用"中国本位"的说法，而是称之以"取欧美之长，以补我国之短"（孙本文，1937b），大概是不愿意让人把文化建设的目标误会成中西文化的对立，或被归入文化保守主义的行列。但到1938年，孙本文竟称文化建设是要"建设我国家民族本位的新文化"（孙本文，1938a），突出"民族本位"。在用词方面发生如此变化，与其民族主义情绪的爆发有着莫大的关系。

在孙本文看来，要取得抗日战争的胜利，壮大民族意识已经成为迫在眉睫的重要任务。因为在我们的传统里，虽然团结意识非常强烈，但因家族观念发达、外部环境和平，所以一般说来家族团结意识强盛，而民族团结意识比较淡薄。现在外患严重，情形大变，全国上下已感觉到民族团结的必要，所以民族意识勃然发生。在这非常时期，急需一种社会服务运动，持续推动民族意识的巩固与发展，使整个民族形成坚强不屈、誓死卫国的大团结。为了促进这种民族团结，应该加快文化建设。呼应万众一心、抗战建国的号召，孙本文提出，当时国民政府推行的新生活运动和国民经济建设运动是民族文化建设运动的两大主力。"我们相信，惟有努力于这种文化建设，而后我民族可以自力更生。"（孙本文，1936a）

从民族本位出发,孙本文严词批驳"中日两民族具有共同的文化"的论调。他认为,文化的同异,根本在于民族精神的表现,而不在于个别特征的耦合与否。从民族精神而言,中日两国绝无共同之处:第一,中国民族是尊重理性的民族,而日本民族是蔑视理性的民族。第二,中国民族是爱好和平的民族,而日本民族是扰乱和平的民族。第三,中国民族是崇尚礼让的民族,而日本民族是残暴无礼的民族。"如此如此,背道而驰,我与暴日焉有丝毫共同之点可言!我中国民族之所以伟大,不仅在和平,不仅在礼让,而尤在其富有理性的文化。……我中国为世界最大最悠久的国家,古今中外,莫与伦比,就因为中国是代表人类理性的国家。自古以来,我中国领土以内,为残暴敌人横行一时者,几于无代无之,而终究为我炎黄裔胄进行逐出,此理性终必胜利的铁证。"(孙本文,1938c)这是对中国文化特性认识的进一步深化,以尊重理性为儒家文化的重要精神。孙本文认为,中国自西汉以后,思想格局定于一尊,社会崇尚渐趋一致,虽然近代以来受西学影响,儒家思想遭到动摇,但是社会行为标准尚未越出儒家思想的范围,所以尊理性、道中庸、重自治、主忠恕仍然是中国社会的重要传统思想,是文化建设、社会建设的重要知识基础之一(孙本文,1948)。

四 孙氏文化建设论的文化规定性

综合上文所述,孙本文的文化论述中包含重要的知识贡献和思想贡献。就其知识贡献而言,他引进、确立了文化研究的科学方法,为文化建设奠定了学术基础;提炼中国文化的特质和时代特征,明确中国文化重人伦、主中庸、求实际、尚情谊、崇德化等优长,提醒国人注意这些文化特质在当时已经不足以维持民族生存,应取欧美之长补自己之短;主张中国文化在世界上的独特贡献。就其思想贡献而言,他突破二元对立的中西文化观,打破启蒙理性的困扰;强调文化自觉与文化自信,提倡儒家伦理与西方文化精神相嫁接,补强中国文化,产生新的文化形态;为当时的中国确立了文化建设的双重目标,即为社会现代化和民族复兴服务。这种知识贡献和思想贡献是特殊时代的产物,由孙本文所接受的文化教育、民族主义精神和社会网络等诸方面所限定。

1. 家庭与儒学影响。孙本文出身于乡绅之家,这一点需要予以特别注意。在他成长的那个时代,"代表中国社会主要文化气质的就是那些乡绅之家。中国早期留学生的家庭背景中,出身于乡绅之家是一个非常明显的特征。乡绅之家的子弟一般在经济上还说得过去，更重要的是乡绅作为地方上政治、经济、文化和道德的代表，常常是最能够体现一个时期先进文化的"（谢泳，2009：4）。这种家庭传统文化的根基深厚，对于外部世界也不陌生，能够接受新事物，对中西之学可以采取平和而兼容并蓄的态度。同时应该注意到孙本文接受过长期的儒学教育。他从4岁启蒙，跟随父亲在其私塾中苦读10年（1896~1905），接受过系统的儒学教育，即便后来上了十多年的新式学堂（1906~1918），其实在考入北大之前所接受的新学教育并不彻底，儒家思想影响仍然很深。英格尔斯说，"在大规模的复杂社会中，没有任何一种个人属性能比他所受到的教育更能一贯地、强有力地预言他的态度、价值和行为"（英克尔斯，1992：197）。儒家精神在孙本文身上有着多重影响，儒家风范是孙本文的立身之本。作为一个新派的知识分子，却在生活中始终保持着居处恭、执事敬、自奉约的君子人格；在社会学研究和文化建设等论述中始终尊重传统文化的价值，对民族文化充满自信；在那样一个军阀混战、外寇入侵、内战频仍的时代，孙本文表现出强烈的忧患意识和担当精神，进取不已，自强不息。

审视中国知识分子的思想与言行时，儒家精神是绝不能忽视的角度，即便在现代化的过程中也是如此，儒家精神在现代化过程中并没有断裂。这是因为"现代化的进展是有选择的。传统与现代化相遇之后，适于保留的继续存在，儒家的进取与现代化的精神并行不悖，所以继续发挥，成为中国知识分子的支持力量"（张朋园，1986：837）。因此，在孙本文这代知识分子的身上，知识更新并未造成精神断裂，如下文所说，信仰科学确实是他们现代性的重要标志，不过它是接续在儒家精神的基岩上的。中国现代化不单是一系列历史事件的连缀，更为重要的是，它是文化精神在现代化情境中的延展铺陈。

2."五四"精神的延续。孙本文崇尚科学，强调以科学方法为基础，进行文化建设，是"五四"新文化运动"科学"精神的延续。在上大学之前，孙本文受家庭教育、私塾教育和新式教育不彻底等因素的影响，儒学思想在其头脑中仍占据主导地位。以孙本文的《士说》一文为例。这篇文章发表于1915年春，孙本文从江苏省立第一师范学院毕业的前夕。此时接受了十年的新学教育的他，在该文中仍以儒学术语"士"来界定社会精英，使用文言文来表达愤懑之情，将社会问题归结于人心不古，在改造社会问题上承袭着"修齐治平"传统，处处表现出儒学的影响。进入北大之后，孙本文的精神世界发生了巨变，科学精神迅速占据了主导地位。在1917年发表的《人格修养浅见》一文中，孙本文清晰地指出传统儒学道德难以应对时局，必须以哲学、科学、文学等新学科目取代传统道德修养科目。文章对于"科学"的细目罗列详细，几乎是大学课程中自然科学与社会科学的总目录。在他看来，只有科学能够解决人生观问题，只有科学能胜任改造社会的任务。当然，由于他长期浸淫儒学的经验，儒学仍是重要的知识系统，占有一席之地。

从儒学精神到崇尚科学的转换，是那个时代知识分子身上的普遍现象，并且"科学概念的运用范围远远越出了特殊技术（奇技淫巧）的范畴，成为合法性的来源"（汪晖，2004：1111），由此而使科学成为一种信仰或者说科学主义。这种误识的背后是中国知识分子用科学为中国文化开辟新路的美好愿望。但从个体思想与社会环境关系的角度分析，孙本文崇尚科学，与蔡元培出长北大并提倡科学，与北大作为新文化运动中心倡言科学等因素直接相关。蔡元培接掌北大，其目的是改良大学教育，以科学救国、教育救国（新潮社，1920：291）。他以此艰巨自任，把一所培养官僚的旧学校改造成了真正的科学重镇。为了提高学生从事科学研究、解决社会问题的兴趣，蔡元培鼓励学生成立各种社团，支持言论自由、结社自由、出版自由。同时，"五四"新文化运动提倡科学、民主，关注社会改造，也影响着北大学子的社团活动。在这种情况下，孙本文、冯友兰等人于 1917 年 3 月发起哲学会，每月开演讲会一次，每年刊行会刊 2~4 期。1918 年，孙本文与傅斯年、张申府等人发起"北京大学消费公社"，进行合作主义的实验。1919 年元旦，学生组织的学术刊物《新潮》出版，以表现批评的精神、科学的主义和革新的文词为宗旨，从中可见青年对于科学的信仰[1]。此时孙本文已经毕业，但他的好友冯友兰、傅斯年、张申府等人都是新潮社的骨干[2]。在研究科学、体认科学价值的过程中[3]，孙本终于

---

[1] 受"五四"新文化运动影响，孙本文这代人比他的上一代人对科学的信仰更为坚定。清末以来，知识分子逐步体认到中国实现现代化，非学习科学技术不可，但是许多人实际上对科学没有多少兴趣，往往会中途转向。如胡适从农学转向哲学，鲁迅、郭沫若从医学转向文学，蒋梦麟从农学转入教育，赵元任从数理转向语言，这一类例子不胜枚举。孙本文这代人则恰好相反，其本人从儒学转向哲学，再从哲学转向社会学。这种代际差异说明，中国知识分子群体逐步从传统文化体系中脱身而出，对于科学具备了越来越坚定的信仰和自觉性，中国的现代化进程也越来越深地受到现代科学知识体系的影响。

[2] 关于孙本文的社会网络研究还有待进一步加强，考察他与冯友兰、傅斯年、张申府、陈立夫、陈布雷及社会学同仁吴景超、言心哲、潘光旦、柯象峰、黄文山等人的关系及思想交流，或可进一步深化孙本文研究。

[3] 孙本文说："科学的价值，不仅在供给人类推测事物发生的知识，而尤在使人类依据这种推测的知识，去控制事物的发生。"（孙本文，1974：64）

舍弃哲学而以社会学作为终生的志业。他希望能够用社会学这门新兴的社会科学，去发现人类社会的共同原理，以"谋中国文化之发展，以求中国民族更优胜之生存，此则社会学者与有责焉者矣"（孙本文，1974：序2）。纵观孙本文的学术历程，科学精神见之于他的文化建设与社会建设论述，也表现在他对年轻一辈的殷殷期望之中①。

在"五四"新文化运动后期，陈独秀、李大钊、胡适、蔡元培等人提出综合新知旧学，融合超越中西文明，创造新文化的主张，在学生中产生广泛影响。新潮社作为北大重要社团，在综合新旧、创造新文明方面极为积极，1919年5月毛子水发表《国故与科学的精神》，1920年6月罗家伦发表《近代中国文学思想之变迁》，都贯彻了用科学方法融合中西文化，创造新文化的理念（洪峻峰，2006：300~304）。他们已经认识到，中国文明的再造有赖于西方现代文化的移植，而移植之成功则需要本国文化的合适土壤和旧传统的根基。很显然，孙本文在20世纪30年代的文化建设论述中，提倡以科学方法分析文化，取欧美文化之长，以补强中国文化，发展中国文化的思路，与"五四"后期的文化论述有重要的关系，是其精神的赓续。

3. 民族主义的激发。晚清民国时期的民族主义是民族危机逼发出来的，这种民族主义情绪弥漫在孙本文的思想和文化建设论述中。上文在论述文化建设目标位移时，可以清楚地看到，日本侵华战争刺激下，民族主义高涨，逼迫孙本文修订了文化建设的基本目标。这里不妨将这一问题略做深入分析，对孙本文的民族主义做进一步的了解。

前文提到1915年孙本文发表《士说》可以说是孙本文民族主义情绪的第一次爆发。该文写作的背景是袁世凯蓄谋称帝，接受日本旨在灭亡中国的"二十一条"，致使反日、反袁浪潮在全国兴起。当时，北京政府根本无力拒绝日本的要求，而欧洲各国深陷"一战"泥沼，也无暇顾及他们的在华利益，不可能给中国以相应的声援，于是不少中国人将希望寄托到了美国身上。然而，美国为了一己之私利，始而三缄其口，继而为日本侵略者辩护，甚至认为中国只有由日本监督及指导，才能发展，最后则把中国看作已经沦为日本殖民地的朝鲜（刘作忠，2008：11）。在国人昧于世界大势，皆引领西望，思得美国援手之时，孙本文愤而作《士说》，直斥民国以来知识分子的昏昧、自私与无能："上焉者，浅尝经史，略识大势，

---

① 1936年，孙本文寄语青年，希望青年人积极加强个人修养，养成健全的人格，包括自治精神、科学精神、劳动精神、正义精神、团体精神、服务精神，为承担社会责任打下坚实的基础（孙本文，1936b）。

自谓学富五车，胸贮经纶，皇皇然钻营奔竞，怀才欲试；次焉者，口爱国之语，笔救世之文，听其言，光明磊落也，诵其文激昂慷慨也，威力足以慑其胆，金钱可以买其心；下焉者，抱肤浅之学，负戈戈之才，假托自治，横行闾里"（孙本文，1915）。他呼吁良知之士发愤图强、力挽狂澜、救亡图存。

民族主义情绪的发展也与他的留学生涯有关。1920～1925年他留学美国，学习社会学。当时美国仍处于种族主义盛行的时期，几乎每个中国留学生都有过被歧视的经历（张玉法，2001：632～635）。因资料限制，无法确知孙本文在美国的经历，但像孙本文这样抱着一腔救国救民的热血到美国留学的人，在美国的异乡感和屈辱感应是相当强烈的，而对祖国的依恋也就更加狂热。这可以从很多同时代留学于美国的知识分子身上得到印证。许纪霖在考察闻一多的留学生涯时曾指出，"'五四'知识分子虽然有民族主义的诉求，但他们的情怀毋宁是世界主义的，相信有一种普世的、人类的、大同式的现代文明的存在。然而，一旦他们真的出国，置身于西方的文明世界，就会发现那个世界对东方民族是多么歧视，多么地不讲平等，于是刺激起中国留学生强烈的民族情绪。不管原先在国内是愤世嫉俗还是超凡脱俗，到了国外几乎无一例外地成了热烈的爱国者"（许纪霖，2007：199）。留学经验使孙本文能够直观地比较中美两国的文化差异。透过美国社会反身观察中国，比较工业社会与农业社会的异同，既发现了欧美文化的优长，也看到了中国社会的问题；既看到了中国的家族本位、农村本位和伦理本位，也看到了中国人的自私自利、欠缺团结、愚昧落后，所以他强烈希望国人能取人之长、补己之短，创造新文化，推动中国现代化。这是后来他在文化建设论述中提倡坚守本国优秀传统，学习欧美国家科学化、组织化之长的思想来源。从儒家精神来看，这似乎并没有什么可奇怪的，不过是"见贤思齐，见不贤思改之"罢了。民族主义情绪受到儒家精神的规制，在对待西方文化时表现出理性的一面和自强不息的特点。

4. 社会网络的思想激荡。孙本文的文化建设论述，其中很重要的方面是承认民族文化的价值和问题，且对民族文化充满了自信，表现出浓厚的文化自觉意识。在文化重建的过程中，这种文化自觉尤为关键。但是，"文化自觉"概念却不是孙本文提出来的，而是由他的大学好友张申府所创发。早在1935年，张申府在中国本位文化建设的讨论中明确使用了文化自觉概念，认为文化重建必须要有文化自觉，对自己的文化要有自知之明，要有自信心（张崧年，1935）。张申府、孙本文的文化自觉理念可以追溯到梁启超、梁漱溟和张君劢等人。孙本文与张申府、梁漱溟、梁启超等人均有较深的交往①，所以对于文化自觉理念的来龙去脉不可不察。

第一次世界大战的爆发，暴露了西方文明固有的弊端。梁启超、梁漱溟等人开始重新评价与反思西方文化，认识到徒具物质财富的高度发达，并不能为人类造就一个良好的生存秩序，因此审视中国传统文化的价值，并据以提出"中西互补"等观点。与此同时，西方学者在反思西方文化时，重新发现了中国文化对于西方的价值，提出了用东方文化拯救西方文化的观点，学习中国文化成为一种潮流。在这种情况下，中国人的民族自信心有了大幅度的提升。1922年，张君劢以《欧洲文化之危机及中国的新文化之趋向》为题在中华教育改进社讲演，提出我国今后新文化的方针应该是由我自决，由我民族精神上自行提出要求（朱高正，2004：274~277）。这些都是孙本文、张申府等人在20世纪30年代提倡文化自觉的先声。因此，孙本文的文化建设论述既延续"五四"新文化运动后期的精神，又与20世纪二三十年代文化保守主义者的理念有着密切的联系。不过，孙本文在提倡文化自觉的同时，没有陷入文化保守主义的盲目乐观，并不认可文化东方起源论、东方文化拯救西方文化等主张。20世纪90年代，费孝通在晚年学术反思过程中，重新提出"文化自觉"问题。他主张在现代化的过程中，农业文明与工业文化始终处在不断碰撞之中，我们应坚持"和而不同"的文化观，通过发扬自身的文化个性来回应全球化潮流，并且在回应中继往开来、大有作为；这就要求我们对自身的文化应"明白它的来历，形成的过程，所具有的特色和它发展的趋向"（费孝通，1999：149~150）。费孝通的论述与孙本文的文化建设理念如出一辙。孙本文的贡献在于，他不仅具有文化自觉的意识，尊重中国文化的价值，更亲身投入文化基础研究；在文化建设论述及研究中，他始终以科学方法和理性态度为指导，具体解析中西文化的优势与劣势，进而在文化自信的基础上提出了较为系统的文化建设方案。文化自觉在当代更具重要时代意义。随着中国国力日增，社会上开始流行一种文化寻根情结，国学热升温，把中国文化捧得高高在上，而看不清楚它的问题之所在，最终导致迷失了发展方向，这是尤其应该警惕的。

---

① 孙本文与梁漱溟是师生关系，与张申府是好友，而张申府则为梁漱溟少年时的同学，梁漱溟任教于北大时，张正在北大理科读书，梁漱溟与梁启超又是忘年之交。梁漱溟曾在《纪念蔡元培先生》《纪念梁任公先生》两篇文章中提到他们的交往，只是不够详细（梁漱溟，2008：81~91）。也有学者分析指出，梁启超虽非社会学家，但是关于社会学领域的看法与孙本文的看法基本一致，可作为二人关系的旁证（郑杭生、李迎生，2000）。

五　余论

　　世上已无孙本文，连同他的文化建设事业也差不多被遗忘，这是中国专业化知识分子的悲剧。冯天瑜曾指出，"在早期现代化过程中，中国知识分子虽然也担负着文化重建任务，充当科学文化知识的宣教者，但与此同时，一批最活跃的知识分子则成为近现代中国历次社会改革和社会革命的活动家、领袖人物，还有更多的知识分子则响应革命前驱的'将令'，使自己所从事的文化工作隶属社会改革和社会革命，成为其工具与武器，而纯粹学科意义上的文化重建，往往被看作等而下之的不急之务，少数潜心于学科建设的文化匠师长期被社会所冷待"（何晓明，1997：冯序，4~5）。但是这批学者的作用不可忽视，他们"一生以启蒙主义为己任，发现问题，提出解决问题之道……（他们）性格温和，或者不如革命型者轰轰烈烈，但他们的所思所见启迪大众，引领社会，期望欣欣向荣，长治久安"（张朋园，2002：自序，5）。

　　通过孙本文的个案分析，可以清楚地认识到，专业化知识分子是中国现代化的思想者、开拓者。他们为中国现代化创造知识，为文化建设和社会建设提供专业意见，用现代科学理论与方法为中国现代化提出方略和计划①。在他们的身上，既有严谨深入的学究精神，也充满着知识分子的社会责任，前者受近代西方科学的影响，后者则是传统文化的赓续。这两个方面在孙本文身上特别明显。在现代化的过程中，中国具有后发现代化的优势，但也容易陷入盲目照搬、套用西方发展模式的误区，西方文化思想到底是限定中国现代化方向的框架，还是支持自主现代化的资源，一直是困扰中国现代化的重要问题。孙本文提倡文化自觉与自信，视中西方文化为现代化的资源而非抄袭的对象，主张理智地学习西方经验，并与中国实际情况相结合，这使他的文化建设论述具有鲜明的民族主体意识，富蕴超越时代的思想魅力。

　　专业化知识分子崇信科学的力量，固守对专业的忠诚，在科学信仰和知识创造中建构自我认同和自我形象，并以大学、学会、学刊巩固这种认同与价值，构成了具有独立性格的知识团体。尽管如金耀基所说，现代化的成功与他们关系极为密切，"未来的政治与经济的维持与发展主要地将依赖于这个阶层的合作"（金耀基，1980：420），而他们也渴望在体制内

---

①　关于孙本文的社会建设思想参见宣朝庆、王铂辉（2009），鞠春燕（2008）。

以专业救国，却常常不能够得到满足。孙本文、吴景超都曾经尝试进入政府，最终却无奈地选择离开，其中很重要的原因是专业操守建立起来的自我认同与官僚主义格格不入，也使他们对腐败的政府大失所望。失望之余，他们能做的却只是善意批评和尽可能的合作。因为对社会学家而言，一个羸弱的民族需要强大的中央政府领导现代化，这是符合社会学原理的科学规律，何况在他们身上还担负着"进则兼善天下"（孟子语）的文化期待。不过，近代以来的历史也证明，谁能领导一个强大的中央政府领导中国现代化，谁就能够获得知识分子群体的拥护。所以，即使1927年之后的国民党政府不尽如人意，在当时却别无选择。20世纪40年代，当他们看清了国民党政府的腐败与无能，留在大陆，建设新中国，就成了他们的必然选择。

此外，在关于孙本文的研究方面，还存在很多模糊的领域，很多问题需要进一步厘清。比如，孙本文的社会交往网络是如何影响他学术思想的发展的？兼容并包的北大精神与他的学术研究之间有何关联？他的乡绅家庭背景、留学经历与他的爱国主义、民族主义情怀到底是什么样的关系？在纷繁复杂的民国社会思想冲突中，他是如何看待三民主义、国家主义、社会主义，并作出最终选择的？总之，从近代思想文化的脉络来审视孙本文与他的社会思想，我们不了解的东西可能要远多于目前我们所了解的。加深对上述问题的理解，有助于我们深化对孙本文文化建设论述的理解。

参考文献

博厄斯，1999，《人类学与现代生活》，北京：华夏出版社。
陈序经，1998，《中国文化的出路》，载邱志华编《陈序经学术论著》，杭州：浙江人民出版社。
费孝通，1999，《费孝通文集》第十四卷，北京：群言出版社。
高宣扬，2004，《布迪厄的社会理论》，上海：同济大学出版社。
何晓明，1997，《百年忧患——知识分子命运与中国现代化进程》，上海：东方出版中心。
洪峻峰，2006，《思想启蒙与文化复兴——五四思想史论》，北京：人民出版社。
金耀基，1977，《中国现代化与知识分子》，台北：言心出版社。
——，1980，《中国新知识阶层的建立与使命》，载徐复观编《知识分子与中国》，台北：时报文化出版社。
鞠春燕，2008，《孙本文社会建设思想述评》，《学习与实践》第8期。

梁漱溟，2008，《人生的哲学：忆往谈旧录》，西安：陕西师范大学出版社。
刘作忠，2008，《从荆州走出的十大院士》，武汉：湖北教育出版社。
孙本文，1915，《士说》，《中华学生界》第1卷第1期。
——，1917，《人格修养浅见》，《学生》第4卷第6期。
——，1927，《社会学上之文化论》，北平：朴社。
——，1928，《文化失调与中国社会问题》，《社会学界》第2卷。
——，1930，《中国文化研究刍议》，《社会学刊》第1卷第4期。
——，1934，《中国社会之过去与今后》，上海：《新中华》第2卷第1期。
——，1935，《建设本位文化的标准》，载马若芳编《中国文化建设讨论集》，上海：经纬书局。
——，1936，《非常时期社会服务的方向》，《新运月刊》第40期。
——，1936，《青年与社会》，《广播周报》第80期。
——，1936，《我国民族的特性与其他民族的比较》，《广播周报》第113期。
——，1937a，《中国文化在世界上之地位》，《政治季刊》第2卷第1期。
——，1937b，《论文化建设的内容》，《晨光周刊》第六卷第11/12期合刊。
——，1938a，《抗战建国中之文化问题》，《新民族》第1卷12期。
——，1938b，《中国文化建设之初步研究》，《政治季刊》第2卷第2~3期。
——，1938c，《中国与日本果有共同的文化！》，《新民族》第1卷第5期。
——，1948，《社会建设的基本知识》，《社会建设》复刊第1卷第1期。
——，1974，《社会学原理》（第七版）上册，台北：台湾商务印书馆。
——，2011，《当代中国社会学》，北京：商务印书馆。
孙世光，2001，《开拓与集成——社会学家孙本文》，南京：南京大学出版社。
汪晖，2004，《现代中国思想的兴起》下卷第二部，北京：生活·读书·新知三联书店。
吴景超，1935，《建设问题与东西文化》，北京：《独立评论》第139号。
谢泳，2009，《清华三才子》，北京：东方出版社。
新潮社，1920，《蔡子民先生言行录》，北京：北京大学新潮社。
许纪霖，2007，《大时代的知识人》，北京：中华书局。
宣朝庆，2012，《百年乡村建设的思想场域和制度选择》，天津：《天津社会科学》第3期。
宣朝庆、王铂辉，2009，《一九四〇年代中国社会建设思想的形成》，北京：《中国社会科学》第6期。
言心哲，1935，《社会调查与中国本位的文化建设》，上海：《文化建设》第1卷第8期。
叶启正，1984年，《社会、文化和知识分子》，台北：东大图书有限公司。
英克尔斯、史密斯，1992，《从传统人到现代人——六个发展中国家中的个人变化》，北京：中国人民大学出版社。
余英时，1989，《论中国文化的重建》，载王跃、高立克编《五四：文化的阐释与评价——西方学者论五四》，太原：山西人民出版社。

张朋园，1986，《清末民初的知识分子》，载《中国近代现代史论集》第十八编，台湾商务印书馆。
张朋园，2002，《知识分子与近代中国的现代化》，南昌：百花洲文艺出版社。
张崧年，1935，《文化通讯（一）》，上海：《文化建设月刊》第1卷第9期。
张玉法，2001，《二十世纪前半期中国留学生的经历与见闻》，载张起雄编《"二十世纪的中国与世界"论文选集》下册，台北：中央研究院近代史研究所。
郑杭生、李迎生，2000，《中国社会学史》，北京：高等教育出版社。
郑天挺，1986，《蔡先生在北大的二三事》，北京：《文史资料选辑》第83期。
朱高正，2004，《中华文化与中国未来》，上海：华东师范大学出版社。

（责任编辑：周晓虹、李开颜）

孙本文的文化社会学与中国社会[*]

郑 震[**]

摘 要：孙本文的文化社会学深受以美国社会学的文化学派为主的西方社会学思想的影响，同时也是对当时中国社会变迁的积极回应。尽管这一思想受到诸如客体主义、功能主义、实证主义、决定论、实在论等偏见的不同程度的影响，但是它对文化与社会变迁的思考对于理解当代中国社会的现状依然具有启发性。

关键词：孙本文 文化 文化社会学 社会变迁 中国社会

尽管社会学从来就没有对文化置之不理，但不可否认的是，在社会学作为一门学科的相对短暂的历史中，文化并不总是被主流社会学作为核心议题来加以关注的。事实上，由实证主义和结构功能主义所主导的西方主流社会学长期忽视了文化的重要性，文化或者被视为派生的因素，或者在对普遍法则的追寻中被忽视了其丰富的意义。直到20世纪的六七十年代，随着突显消费文化之重要性的资本主义社会的深刻转型剧烈冲击了传统社会学的主导思维，随着相对主义思潮在社会学领域的发展壮大，随着符号学思想的广泛传播，随着传统的自然主义、绝对主义和人性论思想的衰落，以及随着主流社会学为社会问题所开出的药方日益暴露出捉襟见肘的窘况，这一忽视文化的状况才得到根本性的改观，文化成为众多新兴社会学思想的核心议题，以至于一种文化的转向推动了主流社会学思想的重大变革。然而正如我们已经暗示的那样，前文化转向的西方社会学并不是一

---

[*] 本文首次以节略的形式发表在《南京大学学报》（哲学社会科学版）2012年第6期。
[**] 郑震博士，南京大学社会学院副教授（zhzh54@nju.edu.cn）。

个没有"文化"的社会学,甚至对于某些作者而言文化的重要性是显而易见的。在此方面与本文的研究密切相关的主要是20世纪初期以奥格本为代表的美国社会学的文化学派,这一学派深受当时美国批评学派的人类学的影响。它们对孙本文的社会学思想产生了重大的影响,其中尤以孙本文的老师奥格本的理论最为显著。正是在这样的思想背景下孙本文发展了一种文化主导的社会学立场,从而在20世纪初期的中国社会学中开辟了一种文化的视角。不过就像美国社会学的文化学派没有成为西方社会学发展的主流声音一样,孙本文的文化社会学也以另一种不同的方式伴随着中国社会学在1949年以后的沉寂而淡出。不过在近一个世纪之后,当回顾了西方社会学的沧海桑田,并面对中国社会的巨大变革和中国社会学的重建与发展,我们再次重温孙先生的文化社会学思想,其中的某些方面将我们联系在了一起,这使得我们有理由期待在与孙本文思想的接触中获得对我们自身的启示。

作为社会学东渐初期系统介绍西方社会学思想乃至西方社会思想的重要理论家之一,孙本文对西方社会学乃至相关的西方社会思想的发展和流派无疑有着广泛的了解,这也使得他有可能从广泛的来源中寻找建构其社会学思想的养料,这无形中也就导致影响孙本文文化社会学思想的来源十分复杂多样。我们在此可以列出诸如涂尔干(E. Durkheim)、齐美尔(G. Simmel)、博厄斯(Franz Boas)、奥格本(W. F. Ogburn)、帕克(R. E. Park)、托马斯(W. I. Thomas)、美国社会学的文化学派、美国社会学的心理学派、社会学的芝加哥学派、批评人类学等一长串的人名和学派名称,不过我们的研究将主要不是针对孙本文思想的历史继承和批判的问题,而是通过与孙本文的文化社会学思想的接触来探讨社会学的文化视角及其对于研究中国社会的意义。

一 文化的维度

孙本文(2012a:149)将文化定义为:"文化为人类调适于环境的产物,包括一切有形无形的事物。"(孙本文,2012a:149)这一定义受到奥格本的影响,将功能与起源结合起来(陈定闳,2012:215)。孙本文认为,人类生活于物质环境和社会环境之中,从而为适应其周围的环境而不断地创造了各种有形和无形的事物,这些事物的总和就是文化。由此便揭示了文化发挥着使人类得以调适于环境的功能,也正是为了调适于环境,文化才得以产生。这一看似理所当然的定义却隐含着一种目的论的风险,将功能性的解释和因果解释加以混淆难免给人以倒果为因的谬误之感，但孙本文在文化创新的问题上却明确反对将个体主义和功能主义的解释视为充分的解释，无论是天才的能力还是社会的需要都无法决定文化的生产（孙本文，2012b：260）。不过孙本文并没有将它们一概地加以否定，而是试图采用一种综合的视角，并将重点放在了文化的条件之上，也就是人们为满足自身生存需要而创造的工具的积累之上。虽然将文化的基础视为是文化发明（孙本文认为一切文化在最初创造的时候都是发明）的必要甚至充足的原因（在孙本文看来这一充足似乎并不圆满，因此天才和社会需要也还是作为次要的因素而存在着）（孙本文，2012b：259），在理论上无法解释文化最初产生的问题，但这显然使孙本文的文化概念与目的论拉开了某种距离，他写道："要而言之，发明是这三种要素——文化基础，人才和社会需要——的联合作用的结果。而就中尤以文化基础为最重要；因为没有文化基础，虽有人才与需要，而不能产生发明"（孙本文，2012b：260）。尽管如此，将功能和起源相混淆的定义还是难免给人以误导的嫌疑，尤其当孙本文提出文化的变迁与社会态度的变迁常常互为因果的时候（孙本文，2012c：106），不由得又为其观点平添了几分变数。究其根本则是孙本文在文化决定论和文化与心理综合论之间的摇摆不定，导致其理论缺乏严谨的一贯性。尽管孙本文并没有心理决定论的倾向（孙本文，2012a：210），但他那过于含混的态度概念（孙本文正是在态度的意义上理解他所试图加以综合的心理方面的）还是隐含着某些偏向目的论的不确定性。在孙本文看来，态度既涉及有意识的意志活动和对象化过程，在本质上又只不过是习惯系统的发动（孙本文，2012d：186），这便可能混淆了反思性和对象化的意识层面和前反思、前对象的前意识层面，然而孙本文并没有就这一问题加以澄清，他也并没有着力去开拓一种前意识的理论，以至于对意识状态的过分强调显然无助于清除其目的论的嫌疑。

正如我们已经指出的，孙本文的文化理论中隐含着在文化决定论和文化与心理的交互作用论之间的摇摆不定。我们可以毫不费力地从孙本文的文本中找到大量的文化决定论的佐证，就此而言，他的文化社会学无论是否合理，的确体现了之后由实证主义和结构功能论所主导的西方主流社会学所不具有的文化敏感性（这恐怕也是孙本文的文化社会学在当代依然有其积极意义的原因之一）。孙本文的确将其受文化学派的影响而形成的文化决定论的思想发挥到了极致，除以上所指出的文化基础作为文化发明的充要条件的观点之外，孙本文明确表明所谓的社会现象无非就是生物现象和文化现象（孙本文，2012b：221），在另一场合，他又将社会现象区分为三种要素：自然界影响、心理作用、文化（孙本文，2012e：7）。孙本文认为，自然界影响对于社会生活其实是次要和微弱的，而心理作用（这里是指生物学意义上的生理心理特质，而非我们此前所提到的态度）在最近的两万多年中并无显著进化，而只有文化产生了巨大的变革，构成了社会现象最为重要的因素。孙本文明确反对那种对文化的自然主义解释，他将文化明确地区别于人类的生物性特征，反对将文化还原为生物特性（孙本文，2012b：253），除此之外文化当然也不是自然的物质现象。对孙本文而言，"凡经人力造作的种种现象，都是文化的现象"（孙本文，2012a：162）。这样文化就涵盖了所有的社会领域，一切有形和无形的人造产物都属于文化之列，尽管孙本文并不否认自然影响和生理心理的作用，但文化之对于社会的决定性地位则是毋庸置疑的，"社会是文化的产物"（孙本文，2012a：207），"除开有机的生物个体以外，社会上只有文化，和在文化范围内所表现的人的行为。换言之，社会除开生物单位的人口外，只有文化。所以社会变迁，除开人口的生物变动外，只有文化变迁"（孙本文，2012a：207）。到此不难看出，社会学大概也就只能是文化社会学了。固然文化并不自己行动，文化毕竟是人的文化，孙本文将社会定义为："社会原是一群人；不过这一群人，不止于各个人机械的集合。就动的方面说，社会是表现共同行为的一群人；就静的方面说，社会是拥有共同文化的一群人。合起来说，凡具有共同文化，因以表现共同行为的一群人，就是社会"（孙本文，2012a：207）。社会不是原子个体的集合，文化也不只是个人的文化，文化是共同行动的群体的共同文化，而正是这样的人群构成了社会。文化具有一种与共同活动密切相关的结构性特征，前文所谓的文化基础正是在此种结构性的意义上来谈论的。孙本文显然受到了涂尔干的社会决定论的影响（陈定闳，2012：208），从而排除了个体行动的本体论意义。日常生活中的个体行动通常是社会文化所铸造的整齐一致的共同行动，自由意志并不能具有任何主导的地位（孙本文，2012a：154）。在孙本文看来，人与人之间的互动大多遵循的是社会文化所规定的有序方式，这种整齐一致并不意味着一种刻板的行为，也不意味着将所有个体的影响力整齐划一，只是为了表明社会上人们的行为表现一种整齐一致的方式罢了（孙本文，2012a：154~155）。尽管如此，这一有关一致和差异并无矛盾的论调由于其过分简明而语焉不详。也许孙本文只是想表明共同行为的整齐一致往往有其团体的界限，"在团体与团体之间，才可发现分歧的行为。在同一团体之内，虽个人方面，未免有多少的差异；但就大体论，差不多是整齐一致"（孙本文，2012a：155）。这一立场显然与方法论的整体主义并无矛盾，它依然肯定了文化所具有的社会团体特征，肯定了文化的差异是团体层面的结构性差异，而个体的行为不过是这一结构性所模塑的产物。"文化虽是人的产物；但一经产生以后，人即受着文化的束缚，处处表现文化的色彩。所以，质言之所谓个人——即我们所见的个人——无非是文化陶冶而成的个人。"（孙本文，2012a：207）这一议论颇具涂尔干的风格，正如我们已经指出的，文化不是个体的独创，任何个体都有赖于文化的基础而做出文化的发明，个体只有参与到与他人的集体行为之中才可能有所作为，也就是说个体只有作为社会的个体才能够发挥其积极的作用。因此，究其根本文化只能是集体之人（或者说团体）的产物（孙本文，2012c：73），而且文化一经产生便可获得一种束缚于人的并外在于人身的独立存在（孙本文，2012c：83），从而具有一种人力所不能自由支配的自身的法则（孙本文，2012b：279）。人充其量只是文化运动的手段或媒介（毕竟文化不会自己运动或变革）（孙本文，2012b：276），而个体不过是文化的效应，因此所谓的个性与文化的冲突不过就是文化与文化的失调（孙本文，2012b：278）。① 可以看出，虽然孙本文受到帕克乃至齐美尔的影响，主张社会学必须注重社会之中的互动（陈定闳，2012：240~241），但是这一主张的社会整体论和文化决定论的内涵却是显而易见的，以至于当孙本文强调文化和心理之间的交互作用的时候，依然是基于一种社会整体论的立场。

孙本文之综合文化与心理实际是综合文化与态度。其态度的定义受到托马斯的影响，即将态度视为是行为的趋势或预备的行为（孙本文，2012c：79）。孙本文认为人类的一切活动都受到态度的影响，虽然态度有其先天的生理基础，但是整个态度的养成和表现却依然是后天文化环

---

① 即便如此，孙本文却畅想着人类未来可以凭借日臻完善的科学研究去完全支配社会变迁或文化变迁（孙本文，2012b：280），这与他有关文化具有外在于人身的客观实在性和人力所无法自由支配的自身规律性的观点显然是相互抵触的。也许孙本文对文化的高度自主性的解释不过是出于社会科学发展尚不具有他所期望的程度而言的，毕竟孙本文认为社会学与物理学的科学性质没有差别，文化之所以具有那样的自主性和客观性全然是由于我们缺乏对文化之规律的认识，假若社会学能够像物理学把握自然规律那样把握文化的规律，那么人的处境便将随之而改观。然而且不论此种假设可能包含着对物理学的何种误解，以及它将给孙本文的文化理论造成多大的混乱和麻烦，仅就此种解释所依据的实证主义的自然主义倾向本身而言就存在严重的问题（参阅郑震，2009）。当然批评此种倾向丝毫不意味着我们完全赞同孙本文有关文化的客体主义和实在论的论调，在我们看来一种更为合理的解释只能是来自对它们的局限性的超越。

境的产物,且态度实际是团体的或社会的态度,并不是什么个人独自的态度(孙本文,2012c:80)。我们姑且不论这些观点中有关态度与行为之关系的立场显然存在缺陷。事实上,孙本文有关文化与心理的综合立场并不对应于传统意义上的社会与个体的综合,他实则是从一种方法论整体主义的立场出发来探讨文化与社会态度这两个团体层次的现象之间的关系。当孙本文指出态度是文化环境的产物时,往往给人以文化决定论的一贯性的印象,但孙本文却拒绝将他自己视为一个文化学派的理论家(陈定闳,2012:212),其关键在于,孙本文亦强调态度对于文化的存亡所具有的重要地位,以至于文化和态度是互为影响、互为变迁、互为存亡的(孙本文,2012c:75)。孙本文甚至将社会环境划分为人的环境和文化的环境(孙本文,2012c:78),所谓人的环境即是指人的态度的环境,这一划分不能不说确立了人类心理因素的基本地位,尽管孙本文总是以一种文化的解释来说明人类态度的产生,从而给人以文化在逻辑上优先于态度的感觉(这对他的综合立场显然带来某种不利因素,而孙本文在处理此类问题的时候往往缺乏清晰和有效的应对,从而陷入一种不连贯的状态),但是我们至少可以说对社会态度的强调的确调和了一种极端的文化决定论,从而呈现一种也许是相对温和的立场,但这一温和性也正因为其所具有的理论上的含混和不连贯而无法给人以满意的解答。

在对文化和态度的划分中,孙本文明确地将文化视为实体:"文化是物观的,是在人身以外有独立存在的。态度是人观的,是附属于人身,离人不能独立存在的"(孙本文,2012c:83)。这一立场的二元论幻觉是显而易见的,[①] 它被一种文化的实在论在表面上加以合法化了。在奥格本等人的影响下,孙本文将文化主要区分为物质文化和非物质文化,这一划分即便在今天也还具有广泛的拥护者,以至于已经成为一种常识的见解。然

---

① 值得注意的是,孙本文的文化决定论在实际上将态度还原为文化时所呈现的还原论也同样是一种二元论的立场,这是一种还原论的二元论,它错误地认为原本只是被抽象出来的二元分析的某一方是现实的决定因素,从而以一种表面上一元论的方式部分肯定了二元抽象的合理性。此时二元对立的抽象形态往往通过与此种还原论相对立的还原论的存在来加以维持,如当人们用一种态度的决定论来对抗孙本文的文化决定论时,一种二元对立的显性状态就由对立的双方所维持着。事实上,当还原论盛行的时候,总是存在这样的还原论之间的二元对立,如唯心主义和唯物主义的对立、结构主义和个体主义的对立、社会决定论和心理决定论的对立等,之所以如此正是因为此种相互对立的一元论恰恰是二元论思维方式的一种还原论的变样,而不是还原论者所自以为的对二元论的超越。

而这一划分所包含的文化实体化的做法却可能引发一些理论的错觉，不仅所谓的物质文化以其物质形态而看似明确了自身的实体地位，即便是非物质文化也以其所谓的外在于人的独立存在而呈现一种实体的特征。孙本文进而指出："若就文化方面说，除开物质的文化，有时可以不假人力，自为遗传外，（如建筑及器具等）其他非物质文化，都要假手于人们，为之传递。譬如，风俗，制度，道德，理想，固然有独立的存在；（意即不因人的存亡而存亡，）但是，必须假手于人，为之传递"（孙本文，2012c：83）。这一观点显然忽视了像建筑和器具这样的物质存在依然要依赖于人的生产、理解和使用才能够具有一种文化的意义，物品本身脱离了人的行动也就失去了意义，一个器具的文化内涵并不在于它那由原子所构成的物理存在，而是在于这一物理存在对人类行动者是否具有行动的意义。由此可知，以所谓的物质和非物质来区分文化不过是一种表面化的误解，因为那些所谓的物质文化和非物质文化之间的差异并不在于它们是否具有物质属性，而所谓的非物质文化也同样需要物质的载体，无论是语言的声音、文字的形状、印刷的油墨还是记忆的大脑都清楚地向我们指出了这一点。问题的关键在于文化的意义并不是物质本身所固有的，它们存在于人们的社会历史性的行动中（郑震，2009）。所以想象文化的实体性其实质是误解了文化的存在方式和运作方式，是以一种二元论的方式贬低了人类社会活动的本体论地位（郑震，2009）。文化只能是人类社会行动的文化，文化与社会行动在本体论上是共属一体的，文化总是在人们共同的行动中被生产和再生产，与此同时也正是文化才使社会行动得以可能。我们不应当将人类的社会行动所生产的物质形态误以为是文化本身，尽管如果没有这些物质载体，文化将无法发挥作用或被有效地传承，甚至如果没有人类生命体的物质条件（如中枢神经系统、能量、有机体等），就根本不可能想象文化的存在，但是，文化并不能还原为这些物质基础，文化不是物质所固有的属性，我们只有在人类的社会历史实践中才能够真正地理解社会历史性的文化。也正是因此，任何想象文化在本体论上是客观存在的物质实体或精神实体的做法都只不过是一种二元论和实在论的错误，它使我们无法真正地切中文化生成和运转的方式，甚至无法真正地把握一种文化为什么会消亡。它使我们无法在本体论的层次上认识到，不仅物品只有在行动中才可能被生产并发挥作用（无法被理解和使用的物品就不再具有文化的意义了），而且那些科学知识、道德风尚等也只有在人们共同的社会行动中才可能被生产和再生产，它们充其量只是不因特定个人或群体的存亡而存亡，而不可能超越人类的社会活动。所以文化并不是什么外在的实体，也不是内在于人类心灵的实在之物,这些无法获得经验支持的假设不过是笛卡尔主义的二元论幻觉的一种实在论的变样。只有当我们明确了主客体二元论和实在论在文化问题上的虚构的实质,我们才可能面向在社会行动之中的非实体性的文化的意义,从而使文化社会学的研究进一步地面向事情本身。

在孙本文的文化定义中还隐含着一种文化累积和变迁的思路。文化在调适环境的过程中是不断累积的,由此才得以形成所谓的文化基础,文化基础便是一个社会在某个时期所有文化累积的总量(孙本文,2012a:202~203)。这倒不是说文化的发展不存在选择与放弃,但孙本文强调在放弃的同时总是存在累积,他借用奥格本的观点指出,累积所凭借的是两个方面,一方面是旧文化的惰性,另一方面则是在旧文化的基础上不断涌现出的新发明。孙本文认为,文化的惰性或文化的保守性的原因无非是个人的需要与社会的需要,这一做法显然延续了孙本文将功能解释和因果解释加以混淆的风格。我们的确不能否认个人在其意识层面可以提供一些有关需要的说明,但是意识哲学的最大问题就在于它用于解释社会现象的基础本身就需要加以解释(尼采,1991:141,420;1992:27~29),我们无法将意识作为最后的基础来加以应用。即便我们承认孙本文的一些概念总是在突出意识特征的同时将某些前意识的特征混入其中,但这也只是增加了我们分析上的困难,它并没有改变心理结构的不同维度本身仅仅是分析性的理论建构,不超出二元论的幻觉就无法面向现实那原本的整体状态。对二元论的超越要求我们不再停留于内与外的分析建构,所以所谓的社会的需要并不比个人的需要更加真实,在那个抽象的社会中我们并不能够比在抽象的内心世界中发现更多的真理,它们充其量只是讲述了两种彼此对立的虚构,社会的需要同样需要解释。更何况社会的需要显然承载着一种拟人化的比喻,这一比喻假定了一种其实并不存在的社会整体的人格特征,仿佛社会可以为其自身而提出某种要求,并以此来解释文化的保存。我们无意于在此进一步地批评此种功能主义解释的缺乏根据和荒谬之处,我们只是试图指出个人需要和社会需要不过是一些人为的假设,它们并非因果解释的有效因素,将它们作为原因来解释某种社会现象,其结果或者导致不充分的、表面的解释(如在个人需要的问题上,个人需要充其量只是在分析上呈现了一种表面的能动性特征,它既不是最为基础性的分析层面,更不只是一种内在性的构成,将其视为是一种固有的内在性特征与将其还原为外在性一样都是人为的虚构),或者导致拟人化的虚假解释(如在社会需要的问题上),它们所隐含的目的论倾向则将解释带入一种倒果为因的逻辑谬误之中。不过正如我们曾经指出的那样，我们不难想象在孙本文的视野中，个人的需要和社会的需要理所当然地会被赋予一种文化的解释，无论这是一种极端的文化决定论还是一种相对温和的立场。但这就意味着以文化来解释文化的保存，用一种功能主义的口吻就是文化的保存是因为文化的需要。这与我们前文所探讨的有关文化之发明的解释一样，具有一种文化的内部解释的特征，也就是用文化来解释文化，我们可以称之为是一种文化的自解释或内部解释。此种自解释的特征无疑是各种决定论立场所不可避免的特征，也就是说当人们确定了某种因素是最终的决定性因素之后，为了避免自相矛盾，人们自然也就不可能用其他的因素来决定此种决定性的因素，于是人们只能在此种因素自身中寻找有关它自身问题的解答（至少是具有决定性意义的解答，因为例如孙本文并没有否认诸如自然等其他因素也可能具有次要的作用）。孙本文的极端的文化决定论将人转变成文化的自我解释的工具，而他较为温和的立场则赋予了人的态度以更加积极的内涵，从而部分地避免了将文化人格化为一个实际并不存在的行动者的谬误（之所以是"部分地避免"就在于，它一方面并没有彻底消除文化的优先性，另一方面社会态度的方法论整体主义丝毫也没有解决二元论的困难，一种集体的态度所具有人格化倾向在某种意义上反而加重了问题的严重性）。

孙本文有关文化累积的讨论必须与他有关文化变迁的研究联系在一起，我们甚至可以说文化变迁才是孙本文关心文化问题的真正关键所在。我们之所以谈论变迁而非进化，并不是由于孙本文的思想中没有进化的维度，而是正如孙本文在奥格本的影响下所指出的："但社会进化，不足以概括社会变迁；因为社会变迁，不尽是进化的"（孙本文，2012b：218）。于是孙本文便将关注的焦点放在了更加广泛的社会变迁之上，但社会进化的研究显然被视为是涵括其中的。孙本文认为："社会现象的变迁，就包括人口变迁和文化变迁。"（孙本文，2012b：222）所谓的人口变迁是就组成社会现象的生物现象而言的，但人口此种生物现象显然受到文化的巨大影响（如避孕、医疗等），因此孙本文认为："人口的变迁，亦不能出乎文化变迁范围之外。所以狭义言之，社会变迁，只是文化的变迁而已"（孙本文，2012b：222）。其实，孙本文有关社会变迁的研究实则就是关于文化变迁的研究，这自然也符合我们此前所探讨的孙本文的文化社会学的一贯思路。孙本文区分社会变迁为寻常的社会变迁与非常的社会变迁（即所谓的革命），而在寻常的社会变迁中又区分出有意的社会变迁和无意的社会变迁，前者意指由人工计划而产生的变迁，后者则是无人工计划的变迁。换句话说，孙本文意识到有些社会变迁是人们有意为之的社会变迁，这涉及对问题的批评、公众的讨论、态度的改变、群众的引导乃至计划的实施（有时甚至不顾人们的态度是否已改变而加以实施——如专制君主的改革计划）；而另一些社会变迁则是在人们不知不觉中发生的（孙本文，2012b：223）。后者揭示了一个重要的事实，那就是社会的变迁并不必然需要有意识的计划参与其中，人们完全有可能并没有意识到一种变迁的发生。按照孙本文的观点，"人类一切活动，莫不受着态度的影响"，由此我们可以推断，当变迁在不知不觉中发生的时候，态度并非在行动中缺席，而是它们无关乎对变迁的计划。在这里尤为重要的是一种超越意识哲学的可能性向我们展现出来，孙本文完全可以由此出发来建构一种前意识的文化变迁理论或者谈论所谓的人类行为的意外后果，但他并没有紧紧抓住这一机遇，相反有关无意的社会变迁的讨论仅仅是一带而过（我们将看到此种无意的社会变迁在日常生活的变革中发挥了极其重要的作用）。

尽管孙本文主张："社会生活的意义，惟在变迁中见之。所以社会科学的最大任务，即在分析社会变迁的事实，求得社会变迁的原理原则，以为规定社会政策的根据"（孙本文，2012b：215），但孙本文丝毫没有忽视不同文化之间的差异（如中国文化与他国文化的差异），他明确反对当时美国所流行的系统社会学的普遍主义主张："在我人看来：社会学极难成为一种系统。因为社会现象，原因复杂，而揆其根本，则无非'时'与'地'之产物。由某种复杂原因，在某时某地而产生某种社会现象；似非可以一种单纯原理普遍的解释一切社会现象，否则必将陷于误谬矣"（孙本文，2012c：131）。孙本文肯定了时间和空间对于文化所具有的本体论地位。尽管他主张一切文化都有相同之点，但这仅仅是就形式而言的，文化的差异全在内容（孙本文，2012a：182）。虽然此种形式和内容的划分显得有些武断，毕竟没有理由认为文化的差异仅仅是内容上的，而形式与内容的区分也只是一种人为的抽象，究竟何为形式、何为内容，这本身就不存在一个绝对的划分标准，因此实际的问题显然远为复杂。但将时空引入文化的生成从而拒绝以某种普遍的法则体系来解释一切社会现象的可能性，这已经充分说明我们在前文所提到的孙本文的实证主义立场显然并不那么极端。除此之外，在奥格本的影响下，孙本文强调不同的文化变迁的速度往往也是不同的，通常情况下物质文化的变迁较为迅速，非物质文化的变迁则较为缓慢，当然这并不是必然的，相反的状况也同样存在。① 此外在物质文化和非物质文化各自的内部也存在变迁快慢的问题。孙本文指出，由于变迁快慢的不一致，导致不同文化之间原先相互适应的状况被打破，这就引发了所谓的文化失调。"所以社会问题，常起于社会变迁时文化各部分失却调和的结果。社会变迁愈速，文化失调愈甚，就是社会问题愈多。"（孙本文，2012b：270）必须指出的是，孙本文文化社会学的理想不仅仅是解释文化现象、把握文化变迁的原理，更重要的则是为人类提供适应社会环境的知识，以及为增进人类的幸福而提供改造人类社会的方法（孙本文，2012b：215）。这就使我们回到了一系列重要的背景问题：孙本文为什么如此关注文化，以至于将社会学实际改造为文化社会学？为什么他将研究文化或社会变迁视为社会科学的最大任务？为什么以奥格本为代表的文化学派成为其文化社会学思想的主要来源？诸如此类的问题显然不能仅仅从理论本身寻找答案，而是必须将它们与孙本文所深切关注的中国社会的状况联系在一起，事实上，只有从中国社会的状况出发我们才可能真正地理解孙本文的文化社会学思想。

二 文化社会学与中国社会

孙本文的文化社会学思想基本形成于20世纪的20年代，当时的中国社会刚刚见证了古老帝制的崩溃，而西方的文化主要伴随着侵略、贸易以及中国革命的推动而涌入国门，传统的生活方式和社会秩序在文明的激烈碰撞中经历着抗拒、瓦解和重构的复杂过程，一场巨大的变革在几乎所有的社会领域中展开。这一变革所包含的从社会制度到日常生活方式的急剧转换造成了大量的社会问题，作为一个以社会研究和社会改造为己任的社会学家，孙本文由此将社会变迁视为社会科学之最大任务也就不足为奇

---

① 我们在介绍孙本文的思想时依然使用他有关物质文化和非物质文化的划分，这不是因为我们不能以我们已经阐明的方式来替换这些存在问题的概念，而是为了有助于读者了解孙本文自己的立场，以免产生混乱和误解。实际上我们完全可以说所谓的物质文化就其实质而言不过是生产和再生产物质产品的文化或行动的法则（如各种生产物质产品的理论知识或技术方法等），而这显然是属于孙本文的非物质文化的范畴，事实上，这恰恰表明了孙本文的划分所存在的表面清晰而实则混乱的状况。他没有看到实际发挥作用的文化并不具有物质的属性，根本不存在他所谓的物质文化，只存在物质的文化产物。因此即便我们承认孙本文的划分在我们所理解的意义上可能具有某种实际的分析价值，这也是在直接生产物质产品的文化和不生产或不直接生产物质产品的文化之间的划分，而不是所谓的物质文化和非物质文化的划分。更何况，孙本文的划分还掩盖了在理论知识和实践信念之间的具有更加广泛和基本的社会学意义的文化类型学划分（郑震，2009）。

了。与此同时，强调以文化视角来探讨社会变迁的奥格本的社会学思想对于正在寻找着解决中国变革问题之思想武器的孙本文来说，即便不是恰到好处也是可资借鉴的理论工具。而孙本文亲临奥格本课堂的经历则为这种影响或借鉴创造了实际的条件（孙本文，2012b：216），尽管他并没有完全地接受奥格本的观点。由此便不难理解孙本文为什么会积极地倡导对文化变迁的研究，并以一种激进或温和的文化主义视角来勾勒其社会学思想的框架。

孙本文主要从奥格本的文化滞后（Cultural Lag）的观点入手，来分析当时中国社会变迁中由于相互关联的不同文化之间变迁速度之不同而导致的各种失调乃至问题。孙本文写道："我国目前有许多社会问题，若从纯粹的文化观点去分析，便可发见，其根本症结，在文化失调。"（孙本文，2012c：99）"大概文化失调，必起于文化变迁的时候。一个社会当在变迁的时候，常常不断的采取新文化，改革旧文化；所以不断的发生文化失调的现象。"（孙本文，2012c：99）尽管变迁并不必然导致失调，但失调的确是变迁中所常见的现象。我们曾经指出导致文化失调的具体关系往往是多样的，而孙本文针对当时中国社会的特点着重分析了两种类型的失调现象，即物质文化的变迁快于与之相关的非物质文化的变迁从而导致失调（用我们已经阐明的观点来修正孙本文的说法，我们可以说，这里所描述的就是生产物质产品的现代科学技术文化的变迁要快于与之相关的其他文化的变迁，从而导致失调），以及非物质文化之间的失调现象。前者如孙本文所谓的劳工问题，即现代工厂的建立在厂房、机械等物质条件方面往往十分迅速，但与之相关的各种人员风俗和管理制度却常常滞后，实际发挥作用的往往还是以往手工业时代的风俗制度，两者之间无法适应，这就导致社会问题。而非物质文化之间的失调则可以以婚姻问题为例，来自西方的婚姻自由的思想相对较快地获得了社会制度的认可，但与之相关的社交文化却相对滞后，这就导致虽脱离了父母之命、媒妁之言的青年男女却苦于缺乏社交机会，传统社交不公开的制度依然盛行，这就导致与婚姻自由制度的失调，从而引发问题。在孙本文看来，解决问题的方法就是调整彼此失调的各种文化，以使它们彼此协调就可以了。然而正如我们已经指出的，孙本文又试图调和文化与态度，由此他提出由文化所决定的社会态度常常是文化变迁的重要动因，"文化常跟着社会上人们对于这文化的态度的变迁而发生变迁的"（孙本文，2012c：106）。孙本文进而指出，文化自己是不会失调的，正是人的社会态度的失调才导致文化的失调，由此社会态度的失调就是社会问题发生的根本要素（孙本文，2012c：106），而要解决社会问题首先就是要转移已经失调的社会态度（孙本文，2012c：106）。而社会态度之所以会产生失调无非由于新文化的产生或引入而导致的变化使得不同文化态度之间产生了变化速度不一致的现象（如拥护婚姻自由的态度和主张社交不公开的态度之间的不一致）。孙本文结合当时中国社会所面临的主要问题指出了与异种社会制度或文化的接触是引发态度变迁和态度失调的主要原因。固然社会接触不一定能够改变社会态度，实际的改变有赖于所接触的异种文化较之本土文化是否具有更高的利用价值（孙本文，2012a：197）；另一方面，民族性也是影响一个民族是否接受他民族文化之影响的一个重要条件（孙本文，2012a：198），孙本人认为与西方人的傲慢自大不同，中国人向来倡导谦虚包容的精神，这也使得近代国人接受西方文化之影响成为可能。

然而正如我们曾经指出的，孙本文在态度问题上偏向于意识活动的含混不清使其理论缺乏充分性。但他有关有意和无意的社会变迁的区分原本已经为解决这一问题提供了一种可行的方向（但这并不意味着所谓的有意的变迁可以满足于一种意识哲学的解释），但孙本文显然并没有意识到其态度概念所存在的缺陷。不可否认在孙本文的时代所发生的巨大变革之中，各种西方科学技术和社会制度的引入不可避免地引发了国人的高度关注和清醒意识，但是社会变迁显然远不只是这些高度触目的新旧更替，仿佛在旦夕之间便使得社会发生了急剧的断裂和转型，就如同一场革命对旧制度的摧毁那样来得猛烈而震撼。事实上，一种新制度和新方法的确立固然可以凭借某种强制的手段在名义上来加以完成，但对于一个社会而言，这些新的东西要想扎下根基从而融入到本土的日常生活中去，则显然不是一朝一夕所能够成就的，在更多的情况下，正是日常生活的那些无意之中的微妙转换才真正实现了社会文化变迁的深远意义（郑震，2011）。事实上孙本文已经隐约地意识到日常生活对于文化的重要意义，他明确地指出一个人的行为总是有秩序的习惯行为居多，这些习惯性的行为方式总是在不知不觉之中被个体所接受的，它们巩固了人与人的相互关系和社会组织，确保了共同行动的一致性（孙本文，2012a：152）。但是孙本文并没有进而发展一种日常生活的文化社会学视角，或者说日常生活的维度只是隐含在他的论述之中，而没有形成一种自觉的状态。事实上，奥格本所谓的文化滞后在很大程度上不过是日常生活变迁的相对缓慢和困难的一种反映。在法律上改变一种旧制度也许只是一场社会革命在相对较短的时期内就能够实现的成果，但是要想改变旧制度与日常生活的千丝万缕的联系，改变一代代人围绕旧制度所形成的看似不言而喻的生活方式和观念形态，从而将新的制度文化真正地在社会生活中推广开来，并获得合法化的日常生活基础，则需要远为漫长的社会过程和民众广泛的日常生活实践的日积月累，而这一过程往往都是在无意之中潜移默化地进行的，正是此种潜移默化的过程确保了日常生活中的人们在很大程度上无需对相关的现实采取一种有意识的态度立场。

纵观孙本文有关中国近代社会的文化社会学诊断，我们不难看出，孙本文敏锐地把握了社会问题的症结在于文化（以及心理）的冲突和变迁，这一立场使他的社会学思想超出了之后流行于西方的主流社会学的狭隘偏见，即便是对于当代中国社会的研究也具有启发和借鉴的意义。当今中国社会同样在经历着巨大的社会变革，这一变革固然与一个世纪前的那场变革有着诸多的差异，但它们之间的相似之处也是显而易见的。今天中国社会的变革也同样是在广泛的社会领域中展开的，文化的变革无疑是这场变迁的核心维度，而各种文化失调所引发的社会问题同样比比皆是，不同文化之间的碰撞、交融和冲突依然是这场变革的重要动力之一。不过这两场变革之间的差异也向我们揭示了中国乃至世界历史在近一个世纪之中的巨大变化，除去当代中国社会所处的世界历史境遇的巨大改变，最为显著的是，当代中国社会的变革不仅依赖于文化的传播和接触，而且自身文化发明的重要性也更为突显；与此同时，当代中国社会变革的全球化背景和全球化影响显然是一百年前的那场社会变迁所无法相比的，事实上，孙本文早已预言将来的社会变迁将含有世界性（孙本文，2012b：235）。

参考文献

陈定闳，2012，《孙本文研究》，载《孙本文文集》第 10 卷，北京：社会科学文献出版社。
尼采，1991，《权力意志》，北京：商务印书馆。
——，1992，《苏鲁支语录》，北京：商务印书馆。
孙本文，2012a，《社会的文化基础》，载《孙本文文集》第 4 卷，北京：社会科学文献出版社。
——，2012b，《社会变迁》，载《孙本文文集》第 4 卷，北京：社会科学文献出版社。
——，2012c，《文化与社会》，载《孙本文文集》第 4 卷，北京：社会科学文献出版社。
——，2012d，《社会心理学》，载《孙本文文集》第 2 卷，北京：社会科学文献出版社。
——，2012e，《社会学上之文化论》，载《孙本文文集》第 4 卷，北京：社会科学文献出版社。
郑震，2009，《文化社会学的基本问题》，香港：《社会理论学报》秋季卷。
——，2011，《列斐伏尔日常生活批判理论的社会学意义》，北京：《社会学研究》第 3 期。

（责任编辑：周晓虹）

寻找中国社会的"自性"*

——梁启超"中国社会论"初探

田毅鹏**

摘 要：作为20世纪最重要的社会思想家之一，梁启超借助西方进化论，将中西社会差异诉诸"群"之内在构造原理差异，并运用"家族""公私""家国""治乱"等本土概念，对中国传统社会特殊的"结群规则"和"构成原理"展开研究，形成了比较系统的"中国社会论"。其对中国社会自身特质的深层次认识，对于中国研究"本土传统"的形成产生了巨大影响。

关键词：中国社会 构成原理 群学理路 本土传统

梁启超，字卓如，号任公，是近代中国思想界以"多变"著称的启蒙思想家。近年来，一些学者已注意到梁氏在西方"群学"传入中国过程中的重要贡献，认为"他对社会变迁因果规则的有意识的寻求以及他的现代学科分类的意识，都使他堪称中国社会学的最重要的创始人"（李培林，2001：18）。但在中国社会思想史研究的视域内，梁启超却始终未引起学界应有的注意，在迄今出版的几部《中国社会思想史》中，梁氏均未获一席之地。[①] 相关的研究论文亦付诸阙如。笔者认为：作为近代思想界和舆

---

* 本文首次以节略形式发表于《江海学刊》2008年第3期。
** 田毅鹏博士，吉林大学社会学系教授（tianyipeng1963@sina.com）。
① 陈定闳著《中国社会思想史》（北京大学出版社1989年版），述及19世纪末20世纪初中国社会思想史，选定的人物为康有为、严复、章太炎、孙中山；王处辉著《中国社会思想史》下册（南开大学出版社2000年版）则选康有为、孙中山二人；而吴根友的《中国社会思想史》（武汉大学出版社1997年版）中，近代部分只写到洪秀全，均未将梁启超列在其中。

论界的骄子，梁启超虽然没有像康有为和严复那样构建庞大的社会思想理论体系，但他对中国近代社会思想发展最为突出的贡献在于，他系统地总结了19世纪下半叶以来中外知识界对中国社会的基本看法，并将其提升到"群理"的高度，以探究中国传统社会独特的"构造原理"和"结群规则"，形成了比较系统的"中国社会论"。在这一意义上，梁氏堪称中国社会思想史上最早对中国传统社会进行实际分析研究的思想家之一。他对中国社会自身特质的一些深层次认识，对此后的中国社会分析研究产生了深远的影响。

一 研究视角和分析路径

何谓中国社会？这是19世纪中叶西方列强"自西徂东"，用坚船利炮叩开中国大门以来，摆在中国知识界面前的一个全新课题。此前，由于以华夏文化为中心的东亚文明是在相对封闭的条件下独立形成发展起来的，中国古代思想家不可能意识到在华夏文明之外还有其他高级文明存在。在他们的思想意识里，只有华夷分立观念，而没有现代世界意识。论及中国与外部世界的关系，往往自称"华夏"，而视周边诸族诸国为夷狄。在他们看来，"华"是尊贵的、文明的、普遍的，而"夷"则是低贱的、野蛮的、特殊的，"华尊夷卑"，天理使然。由于缺乏对象化的、平等的"他者"存在，在很长的时间里，中国"仿佛缺少一面镜子，无法真正认识自身"（葛兆光，2000：588），在这种情形下，近代前中国思想界自然不可能发出"何谓中国社会"之类的追问。

到19世纪中叶，当西方势力的东渐成为一种不可避免的事实时，古老的中华文明便不得不直面西方的存在。面对西潮强劲的冲击，国人蓦然发现在中华文化之外一个新的文明社会的存在。在意识到高于自身的文明的"他者"存在后，一些思想家开始以西方社会为"镜"来追问"自我"为何物？由此，中国社会思想的发展发生了重大的转向，如果说中国传统社会思想的主题可以概括为一种"秩序情节"（张德胜，1989）的话，那么，近代中国社会思想发展的主线则应为：在"开眼看世界"，认识以西洋为主体的域外社会的同时，反思追问中国社会的"自性"是什么，并在此基础上提出改造中国社会的方案。

（一）以"西方社会"为镜

与同时代大多数思想家一样，梁启超也是以西方文明这一"他者"作为研究参照系来揭示中国传统社会独特的"构成原理"的。在他的笔下，西方是作为普遍性的、文明的、理想化的现代化范型而存在的。而中国传统社会则是停滞的、落后的、半开化的代表。正如黄宗智（2003：110）所言，梁启超的思想逻辑可以简单地转化为："中国为什么没有像西方那样实现现代化？"在这一语境中，西方对中国传统社会的冲击侵蚀被赋予空前的历史合理性，西方社会也被设定为中国社会演化发展的未来范型，"文明西方"成为批判"半开化中国"的最锐利的武器。据此，梁氏将近代中国的社会变迁与西方的冲击空前广泛地联系起来，认为在西方冲击之下，中国这个世界上典型的"濡滞不进之国"（梁启超，1989/1904：59），先是在"器物上感到不足"，继而又在"制度"和"文化"上感到不足（梁启超，1989/1922：43）。这种以中国传统社会回应西方冲击为主线的分析模式和"以今释古"的研究视角，对后来学术界关于近代中国社会变迁的研究产生了深远的影响。

但问题的复杂性在于，作为梁氏社会分析的参照物——西方社会，实际上是处在不断的发展变化之中的，这使得其社会分析话语体系中的"西方"具有更加复杂的涵义。主要表现在：到20世纪20年代前后，当西方社会开始陷入第一次世界大战的浩劫所带来的重重危机时，西方世界则又瞬间成为"危机"的代名词，其对中国社会的认识估价也随之发生变化。他向青年学子大声疾呼：用中国文化去拯救大洋彼岸的西方世界。毫无疑问，西方社会的危机，增强了他对中国社会文化的自信。但耐人寻味的是，梁氏对中国社会文化的赞叹之语仍是通过巴黎的一位文化名宿之口说出的。可见，他对中国传统社会反思批判的依据主要来自西方；而对中国文化的赞誉亦来自西方，呈现"以西方反西方"的特色。这说明梁启超思想体系中以西方为坐标的"理论图式"和"研究视角"虽然有所调整，但其"以今释古""以西洋为镜"的研究路径却没有发生根本变化。

（二）中国传统社会发展"两段论"

封建和郡县，是中国传统社会理论中最为重要的两个概念。在中国社会思想史上，较早明确提出以秦为界，将中国社会的演化分为"封建""郡县"两个阶段的是南宋思想家叶适（1223），其观点此后成为研究认识中国古代社会阶段变化的一个重要分析范式。受此影响，梁启超亦以秦朝为界，将中国传统社会分为两段。他一反古代学者关于"封建""郡县"优劣争讼不已的态度，对"郡县社会"展开了激烈的批判，而对封建体制则肯定有加;认为前者是一个尚武的、充满活力的"封建社会",而后者则是文弱的、僵化的、专制的"郡县社会"。这实际上并非是单纯地就封建、郡县问题而简单地进行学理性的探讨,而仍是以西方社会的发展经验为参照,认为西方的发展系因其"封建"时代漫长,而中国之所以衰落,则与"封建"的早衰有关,西方话语仍然主宰了这场讨论。[①] 可见,在梁启超看来,中国传统社会是一个复杂的"组合体",有僵化的一面,也有充满活力的时代。他在批判中国的"昨天"(秦朝至清朝的"郡县社会")的同时,又在"以复古为解放"的旗帜下,对中国的"前天"(先秦的"封建体制")大加赞美,其主旨意在通过对先秦时期"封建体制"和诸子争鸣的分析中,寻找中国社会固有的活力,以激活中国社会文化传统,唤起"自信",以迎接西方的挑战。因此,其思想自然呈现"既要轻视又要褒奖中国的过去,既要赞美又要嫉恨西方"(勒文森,1986)的矛盾和两难。

(三)"群学理路"

众所周知,中国传统社会思想体系中蕴藏有丰富的群学理论资源(如荀子"明使群分"的社会起源论),这对于受过系统儒学教育的梁启超当然会产生很大影响。但梁启超此时期提出的"群"的概念并不来自荀子,而主要是"受西方社团组织和政治结合能力的事例所激发的概念"。其核心含义包括"团结一致的协作精神""近代国家公民对他的同胞怀有一种强烈的团结感"以及"组织公民社团的能力"(张灏,1997:110)。梁启超在理论上几乎全盘接受了西方进化论思想,试图通过将进化主义设定为普遍的公理和普遍的价值,建构起以"合群"为主要目标的社会理论体系,其群学思想中渗透着浓重的社会达尔文主义色调。以至于有些学者甚至认为,梁启超堪称是近代中国思想界"社会达尔文主义"最具代表性意义的人物(王中江,2002)。其中国社会论即是在解读西方文化,阐发"群理"的过程中加以展开的。他说:"凡世界中具有二种力,一曰吸力,二曰拒力。惟彼二力在世界中不增不减,迭为正负。此增则彼减,彼正则此负。于是乎有能群者,有不能群者。有群之力甚大者,必有群之力甚轻者。则不能群者必为能群者所摧坏。力轻者必为力大者所兼并。""欲灭人之国者,灭其国之群可矣。使上下不相通,彼此不相恤。虽天府之壤可立

[①] 美国学者杜赞奇曾对梁启超围绕"封建体制"所进行的中西比较分析进行了系统的介绍和分析(杜赞奇,2003:166~167)。

亡矣。"（梁启超，1989/1897：5）在他看来，人类社会的形成，实际上就是"合群""固群""强群"的过程，一个高级的、先进的文明"群力"甚大，而落后民族的"群力"则甚弱。一个民族"群力"的丧失意味着社会的解体和民族的沦丧。因此，欲从根本上诊治中国社会"一盘散沙"的病症，除增强民族群力之外无他途。

（四）问题取向

民国初年，梁启超曾对自己的思想路程做如下自省："晚清思想界之粗率浅薄，启超与有罪焉……生平著作极多，皆随有所见，随即发表……启超务广而荒，每一学稍涉其樊，便加论列，故其所著述，多模糊影响笼统之谈，甚者纯然错误，及其自发现而自谋矫正，则前后矛盾矣。平心论之，以二十年前思想界之闭塞萎靡，非用此种卤莽疏阔手段，不能烈山泽以辟新局。就此点论，梁启超可谓新思想界之陈涉"（梁启超，1989b/1920：65）。在上文中梁启超强调晚清学界思想虽然带有粗率浅薄、错误迭出、对西方学理并不深究等缺点，但处于救亡图存的危急关头，中国思想界已不可能循学理路径慢条斯理地爬行，只能就中国现实的切近需要，以"工具主义"和"问题取向"为入手点。故我们在评价梁启超思想时不能仅限于学理层面，而应意识到其思想最具创造力的地方恰恰是其直面中国社会现实的"问题取向"。

二 对"中国社会构成原理"的几点分析

如前所述，梁启超在对人类文明多样性初步体认的基础上，借助西方进化论，将中西社会差异诉诸"群"之内再构造原理差异。他认为要想理解中国传统社会特殊的"结群规则"和"构成原理"，就必须借助西方理论和研究方法对"家族""公私""家国""治乱"等一系列核心概念进行认真的梳理和解读。

（一）家族

自19世纪下半叶中西频繁接触以来，很多思想家都发现：中西社会的"构成单位"有着根本的不同。与西洋社会的"个人本位"相比，中国传统社会具有极强的"家族本位"特质，"家庭精神"构成了中国社会"普通的原则"（黑格尔，2002/1837：121）。由此，欲对中国传统社会特性进行考察，必须从研究其作为基础的家庭开始。梁启超亦不例外。他认为

"吾中国社会之组织,以家族为单位,不以个人为单位,所谓家齐而后国治是也。周代宗法之制,在今日其形式虽废,其精神尤存也"(梁启超,1989a/1902:121)。以家族主义为基石,中国社会形成了有别于西方的独特的社会构造。①

从动态角度看,"家族伦理"是以"己"为中心,在对儒学"仁道"由内向外"推演"的过程中实现对传统社会建构的。传统儒学一以贯之的精神是"忠""恕"二字,而其关键则在对"推"字的理解和体认上。故要想理解中国传统社会的独特构造,就必须首先对"推"字进行认真的理解和品味。

(1)关于"推"的含义及其类型。梁启超认为"推字就是恕字的训诂,从实践上方面讲,将自己的心推测别人,照样的来待他,就是最简易最高尚的道德",其具体的"推法"有两种:"消极的推法是施诸己而不愿,亦勿施诸人。……积极的推法,是己欲立而立人,己欲达而达人。是老吾老而及人之老,幼吾幼以及人之幼"(梁启超,1989a/1920:11)。

(2)关于"推"的路向。就"推"的路向而言,则是按照"由近及远"的差等原则展开的。"谓社会由人类同情心所结合,而同情心以各人本身为最近之环圈为出发点。顺等差以渐推及远。"(梁启超,1989b/1922:64)"人类莫不有同类意识,然此'意识圈'以吾身为中心点,随其环距之近远以为强弱浓淡,故爱类观念,必先发生于其所最亲习。……由所爱以'及其所不爱',由所不忍以'达于其所忍'。是谓同类意识之扩大。"这实际上是一个由内向外"推"的过程。"推者何?扩大之谓也。……循此途径使同类意识圈日扩日大,此则所谓'仁之方'也。"(梁启超,1989b/1922:71)正是凭借着这种"推力",家族伦理渗透到社会生活的各个领域,成为最具普遍意义的社会关系,"联属现社会与过去之社会,使生固结之关系"(梁启超,1989b/1912:15),对社会的凝聚起了重要的作用。

---

① 晚清以降,一些思想家非常注意探讨中国传统社会不同于西方的"构成原理"。据笔者查阅,早在1915年,杜亚泉曾将中国传统社会的构成原理概括为"差等法",认为:"差等之法,以自己为社会之中心,由亲以及于疏,由近以及于远,若算学中等差级数然"(杜亚泉,1915)。1922年,梁启超也在《先秦政治思想史》中认为中国传统社会的"构成逻辑"具有"等差特色"。同时期,严复、陈独秀、李大钊等学者都在很多文章中对中国传统社会的特质进行研究概括,提出了一些对日后中国社会学发展影响极大的学术命题。到20世纪三四十年代,费孝通提出"差序格局"研究命题,对后来的中国社会研究产生了深远的影响。

(3) 关于"推"的阻断。用中国传统思想的术语来表述,这一"推"的过程也可表述为"修身、齐家、治国、平天下"的长时段的演化过程。这一"推演"过程的各个阶段的发展是不平衡的。其最基础的阶段是修身和齐家。相比之下,"齐家"最具实质意义和中心地位:"吾侪固以同类意识扩大到极量为职志,然多数人此意识方在麻木状态中,遑言扩大。故未谈扩大以前,当先求同类意识之觉醒。觉醒之第一步,则先就其最逼近最简单之'相人偶'以启发之。与父偶则为子,与子偶则为父。与夫偶则为妇,与妇偶则为夫。……先从此等处看出人格相互关系,然后有扩充之可言。此则伦理所由立也"(梁启超,1989b/1922:71)。很显然,这是一种"交互主义的偶性道德"。

继"齐家"之后的中间过渡性阶段是"治国",而其最高境界是"平天下",实现"大同"。"儒家之理想的政治,则欲人人将其同类意识扩充到极量,以完成所谓仁的世界,此世界名之曰'大同'。"(梁启超,1989b/1922:72)观此,我们应当承认,从理论上看,儒家思想所设计的这种"由近及远""由亲及疏"的"行仁"路径是相当完备的。但如果我们进入实践状态,就会发现由于"齐家"文化高度发达,致使"治国"和"平天下"阶段实际上被大大地淡化了。加之中国历代之"国"并非"国民"之国,而是一姓一氏的"家天下"。儒家学说虽然告诫君主应"推仁"于天下,但"若有君于此,而不行仁政,不恤民隐,不顺民之好恶,不采民之舆论,则当由何道以使之不得不如是乎?此儒教所未明答之问题也"(梁启超,1989a/1902:55)。既然连集"天下之大仁"于一身的帝王都难以"推仁"于"国"和"天下",那么,又怎能要求平民百姓做到呢?梁启超通过其犀利的分析,发现儒家所设计的"修齐治平"的"推仁"进程发生了严重的"阻断",并断言:这正是国人知"家族秩序"而不知"社会秩序",知"合小群"而不知"合大群",社会呈现一盘散沙局面的重要原因。

从静态角度看,中国传统社会思想中的"家族伦理"最为发达,具体言之,"家族伦理"主要由报恩意识、名分记、虑后意识等内容构成。所谓报恩意识,是指与世界各国国民信奉宗教的动机"起于为自身求福利"不同,中国"一切祀事,皆以报恩之一意贯通乎其间",凡是有功德于民者,如祖先、先圣先师、历代帝王贤臣、名将、循吏、神医、大匠,均为祭祀报恩的对象。中国传统社会就是"本此原则以立教义,故以此教义衍成礼俗,制成法律,于以构造社会而维持之发达之",达到"能联属全国人使之若连环相而不可解者"的境界(梁启超,1989b/1912:14)。所谓

"明分记",实际上是一种求秩序的思想,"欲一国中有秩序伦脊,则非明分之义深入人心焉……苟人人不安于其本分,而日相率以希冀于非分。而以互相侵轶为事。则社会之纽绝矣"(梁启超,1989b/1912:17)。此外,与西方社会的个人主义和现在快乐主义不同,中国社会思想史上的所谓"虑后意识"实际上是以"将来"作为社会"连锁"之关键环节。在"不孝有三,无后为大"的信条下,使"社会所以能永续而滋益盛大"(梁启超,1989b/1912:14)。

对于以家族本位的整体主义为主要特征的伦理社会,梁启超的评价还是比较客观的。他认为在儒家文化影响下形成的"家族本位"观念在中国漫长的历史发展进程中,起到了社会黏合剂的作用,建构了一种"礼治秩序"和"德治秩序"。但在更多的情况下,梁启超对"家族本位"文化所持的是一种批判取向,认为这种"家族至上"主义,虽然可以形成"家族秩序"或"乡土秩序"的"小群",却无法形成"合大群"的社会秩序,而且压抑了社会成员的个性,养成了所谓的主奴根性和自私自利的旁观者心态,使得中国人缺少超越家族的"集体生活"的经验,遂导致中国在回应西方挑战的过程中居于颓势。

(二)公私

"公私之辨"是中国社会思想史上的核心命题,作为一个学术话题,它几乎贯穿整个古代社会思想发展历程。究其实质,其所反映的实际是个人与社会之间的关系。从历史上看,中国传统公私观念发展演化的总体特点是:将"公私"关系视为道德问题,并将二者对立起来,强调"大公无私""以公灭私""存公去私"、以义为公、以利为私,致使公私关系长期处于不共戴天的对立紧张状态。[①] 到近代,在"救亡"与"启蒙"的双重背景之下,公私关系的紧张对立没有得到缓解,相反却更加炽烈。从严复、康有为、梁启超到孙中山、陈独秀,都对中国社会的"有私无公"现象提出了激烈批评。在近代"公私论"中,梁启超观点的独特之处表现在,他力图从理论上缓解公私观念的对立,并通过公私观念的辨析,对中国传统社会构成原理提出新的解释。

---

① 如日本学者沟口雄三即认为:中国的公私关系"从原义上看,是对立关系;在对立中有善与恶、正与不正的道义性"(沟口雄三,1998)。中国学者王中江也认为:中国传统思想中"对公私关系的处理,占主导性的观念,是以公为本位,把公的确立和推行作为社会政治理念和价值目标,不断地加以优化。反过来说,就是把私看成恶,毫无保留地要求清除和消灭"(王中江,1995)。

其一，从社会构成论的角度来审视"公私"问题，梁启超发现，自秦以来封建帝王以"一己之私"充为天下之"公"，致使传统社会的"公私关系"发生了严重的错位。

梁启超继承了明清时期启蒙思想家的批判传统，认为在公私问题上存在的重大问题是：秦以后数千年来帝王以"国家为彼一家一姓之私产，于是，凡百经营，凡百措置，皆为保护己之私产而设"（梁启超，1989c/1901：28）。但在名义上，历代帝王却一直对外宣称自己的王朝是"公"的代表，将王朝称为"公门""公家"，这实际上是以一己之私来冒天下之公，导致公私关系的严重错位。

在此基础上遴选出来的官僚不是"公仆"，而是帝王的"奴仆"。在这里梁启超表述了类似韦伯后来在《儒教与道教》一书中所描述的"家产官僚制"的思想。他说："彼民贼既攘国家为己一家之私产矣。然国家之大，非一家子弟数人，可以督治而钤辖之也。不得不求助我者。于是官吏立焉。"在选官的标准上，"不必问其贤否才不才，而惟以安静谨慎愿朴。能遵守就归，服从命令"（梁启超，1989c/1901：32）。在专制王权体制下，"其间稍有公论者，则犯颜死谏之臣时或表彰之是已。虽然，然所谓敢谏者，亦大率为一姓私事十之九，而为国民公义者十之一"。公私关系的严重错位，使得个人与国家的关系实际上被转化为君臣之间的私人关系。一般百姓知有"私忠"而不知有"公忠"，知"家族"而不知"社会"。"公共观念至薄弱，曾不知团体之利害即己身之利害。故于欧人所谓自治之条理，未尝梦睹。"（梁启超，1989c/1913：44）可见，中国社会的散漫而无凝聚力，与社会内部公私关系的错位有着密切的联系。为克服这种因公私关系错位而带来的危害，他主张对传统体制进行适当的改良，如通过成立学会、办报纸等方式，以培植民间力量，推行地方自治。

其二，从道德角度看"公私"，梁启超虽然大力强调"公德"的作用，但他并未因此而完全否定"私德"，而是试图走出公私"两极对立"的传统模式，在二者之间建立起相互沟通互动的桥梁。

1902年梁启超在《新民丛报》第3号中发表长文《论公德》。认为就"德"之分类而言，可分为"公德"和"私德"，即"人人独善其身者谓之私德，人人相善其群者谓之公德"（梁启超，1989c/1902：12）。中国道德虽然发达甚早，但其弊端在于"旧伦理所重者，乃一私人对于一私人之事也。偏于私德，而公德殆阙如"。公德乃是维持群治的最为关键的要素，"公德盛者其群必盛，公德衰者其群必衰。公德诚人类生存之基本"（梁启超，1989c/1902：3）。"我国人所以至今不振者，一言蔽之，曰公共心缺乏而已。私家之事，成绩可观者往往而有，一涉公字，其事立败。……公林无不斩伐，公路无不芜梗，公田无不侵占，公园无不毁坏"（梁启超，1989/1917：16）。而国人之公共心之所以缺乏，主要是因为我国民均抱此"先私后公"之恶习。

但梁启超并未因此忽视私德的作用，他认为，"公德与私德，非对待之名词，而相属之名词也"，"无私德则不能立……无公德则不能团"，"断无私德浊下，而公德可以袭取者"。他还援引孟子的言论，说："古之人所以大过人者无他焉，善推其所为而已矣。公德者，私德之推也。知私德而不知公德，所缺者只在一推，蔑私德而谬托公德，则并所以推之具而不存也。故养成私德，而德育之事思过半焉矣"（梁启超，1989c/1902：119）。在他看来，对人类来说，私德亦是须臾不可离的道德精神食粮。

虽然梁启超认为从学理上看，公私关系不可偏废，但近代中国救亡图存的严酷现实，仍使他视"公德"重于"私德"，视"群"高于"己"。他要求人们"常绌身而就群。以小群对大群，常肯绌小群而就大群。夫然后能合内部固有之群，以敌外部来侵之群"（梁启超，1989b/1901：44）。循着上述思路前行，实际上是走向了建立在社会达尔文主义基础上的国家主义，为近代中国启蒙思潮向"整体主义"的复归埋下了伏笔。

（三）家国

提起"家国"概念，多数人会自然想起"家国同构""家国一体"等成说，梁启超也认为，与西方国家-社会关系的两极对立不同，中国古代社会在"氏族方面之组织尤为完密。且能活用其精神，故家与国之联络关系甚圆滑，形成一种伦理的政治"（梁启超，1989b/1922：36）。呈现"家国同构"的特点。但梁氏的"家国分析"并未止步于此，而是在界定中西"国"之语义区别的基础上，提出了"家国分离"的观点。

梁启超借助中西传统思想资源，首先界定了中西不同语境中"国"的区别。他发现在中国传统思想的话语体系中，数千年来并没有"国家"这一概念，"只有以国、家二字并称"的"国"，甚至中国作为文明古国已立于世界数千年，至今无一国名，近时流行的支那、震旦、钗拿等称呼，皆是"他族之人所以称我者，而非吾国民自命之名也"。古来的秦汉魏晋、宋齐梁陈，都是朝廷之名，而非国名。"盖数千年来，不闻有国家，但闻有朝廷。"（梁启超，1989c/1901：15）从历史上看，这种几乎可以与"朝廷"画等号的"国",实际上是通过"化家为国"的途径实现的。其直接后果在于以朝廷代国家。于是,"家"与"国"之间的关系实际上变成了"小家"和"大家"(王朝)间的关系。"朝也者,一家之私产也。国也者,人民之公产也。"(梁启超,1989c/1900:9)可见,在中国传统的话语体系中,作为一家私产之"国"是一个"虚假的集体",与西方作为国民"公器"的现代之国根本不可同日而语。

既然在中国社会"国"是一种个人私产的表现和存在,那么"家"与"国"之间的关系绝不能仅仅用"同构性"来概括,其间必定存在严重的分离性。根据此种判断,梁启超在中国社会思想史上较早地提出了"家国分离"的观点。

(1) 中国传统社会家族伦理虽然高度发达,但与西方社会相比,其社会伦理和国家伦理则极不完备。"今试以中国旧伦理,与泰西新伦理相比较。旧伦理之分类,曰君臣、曰父子、曰兄弟、曰夫妇、曰朋友。新伦理之分类,曰家族伦理、曰社会伦理、曰国家伦理。旧伦理所重者,一私人对于一私人之事也。新伦理所重者,则一私人对于一团体之事也。""以新伦理之分类归纳旧伦理,则关于家族伦理者三:父子也、兄弟也、夫妇也。关于社会伦理者一,朋友也。关于国家伦理者一,君臣也。然朋友一伦决不足以尽社会伦理。君臣一伦尤不足以尽国家伦理。""夫人必备此三伦理之义务,然后人格乃成。若中国之五伦,则惟于家族伦理稍为完整,至社会、国家伦理不备,滋多缺憾之,必当补者也。"(梁启超,1989c/1902:12~13)在梁启超看来,儒家提出的"五伦"中,有三种涉及孝道和对家庭亲族的孝忠。这说明,中国的家族伦理大大发达于国家伦理。与亲子关系相比,其他都是其派生物。这对多数人来说,家近而国远,家亲而国疏。在忠孝发生冲突时,人们往往将家庭和亲族的利益置于国家的利益之上。家族伦理并未直接升华为国家伦理。家族伦理的畸形发展和国家伦理的缺位,使得中国民间百姓知"家族"而不知"国家",造成了"国"与"家"的分离。

(2) 在"国"(王朝)与"家"这两极之间,中国社会组织体系缺乏强有力的社会组织因素。与以皇权为中心的中央集权相对立,中国的乡村自治传统非常发达,即"一族有一族之自治,一乡有一乡之自治,一堡有一堡之自治"(梁启超,1989a/1899:49)。这种"自治"局面的形成并非历代君相的赐予,而是因为"中国之地太大,人太众,历代君相,皆苟且小就,无大略,不能尽力民事,其于民仅羁縻勿绝,听其自生自养而已。……故以实情论之,一国之内,实含有无数小国,朝廷之与地方团体,其关系殆仅如属国。政府与民间，痛痒不甚相关，无论何姓代有天下，而吾民之自治也如故，……夫政府民人，痛痒不关，爱国之心，因以薄弱"（梁启超，1989a/1899：49）。"政权外观似统一，而国中实分无量数之小团体，或以地分，或以血统分，或以职业分，中央政权，谓之弱也不可，谓之强大也不可。"（梁启超，1989c/1901：17）可见，家国分离直接导致中国社会的衰败。

（四）治乱

关注社会治乱兴衰之演变是中国传统社会思想的一大传统。对于古代思想家来说，无论是对王朝兴衰更替原因的穷究，还是对"封建""郡县"统治模式的探讨，其中实际上都蕴含着一种对社会和文化发展"连续性"和"稳定性"的追求。但古人每谈及王朝治乱兴衰，不是诉诸天命，便是归于帝王的个人行为，而未能窥见隐藏在现象背后的深层原因。与古代中国学者的"治乱"观不同，清末民初，包括梁氏在内的近代思想家则突破了"分久必合，合久必分""五百年必有王者兴"的传统循环论模式，断言近代社会的发展不再是"治"与"乱"的简单循环，而是"物竞天择，适者生存"，强者淘汰弱者的模式。他们借助进化论的理论武器，在对西方历史发展总体趋向宏观把握的基础上，试图对中国传统社会的"一治一乱"给予新的解释。

首先，梁启超发现，中国传统社会运行具有"丧乱频仍""一治一乱"的特点。即每"更数十年，必经一次丧乱。辄取其前此所积累之根柢而一扫之"（梁启超，1989a/1902：155），直接导致"中国之地不贫而国贫，中国之民不弱而兵弱"，成为世界文明发展的一大怪象。针对历史上许多儒者对汉唐等"封建治世"的推崇，梁启超反驳道："余尝读史，汉以下历朝帝王不下数百人，而求其聪明睿智，为天下真主者，百中仅得一二耳。中材之君则百五六，庸劣之主则百九十矣。故天下百年而无十年之治。天灾人祸，接踵而至，生灵鱼肉，肝脑涂地，宗社亦随而亡。历朝相袭，如环之无端"（梁启超，1989d/1901：13~14）。断言中国封建社会发展运行轨迹的总体特征是"乱"大于"治"，即或在某些王朝统治的初期，也曾出现励精图治、社会治平的景象，但这一切都不过是一种短暂的"繁荣"。在"治象"背后正掩藏着动乱的祸萌。但"天下缙绅章甫之士，独不能鉴于前辙，沉溺二典，歌颂三代，以待圣人之出。其愚岂止待河清之比哉？"（梁启超，1989d/1901：13~14）上述观点虽然有些绝对，但却体现了梁启超对秦以来君主专制体制下中国社会治乱盛衰的新思考。

其次，在研究中国传统社会治乱兴衰的过程中，梁启超特别注意解读"秦"这个中国历史进程中的"特殊符号"，他以"秦朝"为界标，将中国古代社会分为两个阶段，以探讨社会活力与社会治乱盛衰的关系。认为秦以前，中国社会充满了活力但随着专制皇权的确立，社会逐渐走向僵化。"中国惟春秋战国数百年间，分立之运最久，而群治之进，实以彼时为极点。自秦以后，一统局成，而为退化之状者，千余年于今矣。岂有他哉，竞争力销乏使然也。"（梁启超，1989c/1902：56）竞争的缺席，使中国传统社会沦为没有活力的僵化社会。

同时，皇帝一人专制的格局，使得社会发展运行充满了偶然性。"平心论之，人治主义不能说他根本不对，只可惜他们理想的贤人靠不住能出现。欲贯彻人治主义，非国中的多数人变成贤人不可。"（梁启超，1989b/1922：202）在一人专制之下，皇帝以一人的知识和智力统治天下，故天下的"治"都是偶然的，而"乱"实为必然。"所谓其人存则政举，其人亡则政息。盛衰兴亡几系在一人，此所以东洋诸国常不振也。"（梁启超，1989c/1901：13）此外，专制权力使学术沉寂如死海，使民族丧失了思想活力。"我中国于周秦之间，诸子并起，实为东洋思想之渊海。视西方之希腊，有过之无不及。……中世以还，国势统一，无外国之比较。加以历代君相，以愚民为术，阻思想之自由。故学风顿衰息，诚有如欧洲之所谓黑暗时代者。"（梁启超，1989b/1899,：52）

最后，梁关注社会风俗教化对社会治乱盛衰的重大影响。在梁氏的概念系统中，所谓风俗，又可表述为"国风""风气""风化""风教""教化"等，意指社会整体的精神面貌和风尚。风俗对一个国家的作用是至关重要的，"国风之善恶，则国命之兴替所攸系也"（梁启超，1989b/1910：3）。社会风气是易变的。"天下变动不居之物莫如风"，"春秋之美风，至战国而扫地以尽；后汉之美风，至三国六朝而扫地以尽"（梁启超，1989b/1910：6）。历史上，每当社会大乱即将来临的时候，其社会风气首先遭到破坏。在这一意义上，人类社会发展演进的过程，实际上就是社会风气"善""恶"更替的历史。社会风气的作用之所以如此巨大，与其形成过程的"渐进性"有着密切关联，"夫国之有风，民之有风，亦若是则已耳。其作始甚简，其将毕乃巨。其始也，起于一二人心术之微，及其既成，则合千万人而莫之能御"（梁启超，1989b/1910：9）。据此，梁氏反对将国家的盛衰治乱归诸"天命"，认为"国家之盛衰存亡，非由运命，当纯然以人力能左右之矣"（梁启超，1989a/1910：96）。

三 几点评价

作为世界文明古国,中国的传统社会思想起源甚早,且体系庞大,具有明显的"早熟性"(王处辉,1996),早在春秋战国时期即已形成了以道、仁、群、分、家国、公私、治乱等为核心概念的社会分析体系。此后,中国传统思想虽历经诸形态的变化,但其体系却未发生根本性变易,遂使中华文明得以拥有一个长久、连续、自成一体的社会分析话语系统。就中国社会思想发展而言,其真正意义上的转型发生在19世纪末20世纪初,当时,以西学东渐为背景,思想界出现了中国传统社会研究的第一次高潮,包括梁启超在内的很多学者提出了一系列关于中国社会特质的命题,形成了一些新的分析范式,影响甚大。

(1)梁启超通过其研究确立了西方理论和研究方法在中国社会分析中的重要地位,并对西方研究方法在中国社会的适用性问题进行了初步的探讨。步入近代以来,西方力量的冲击,从根本上改变了中国思想界的发展方向和话语方式,无论是趋新的话语,还是一些古老的学术话题,均在全新的场景之下展开。作为一位以"趋新""多变"著称的思想家,西方社会理论和研究方法在梁启超思想中占据了主导地位。这使其突破了传统儒家思想的藩篱,获得了观察问题的宏大视野,深化了对中国社会"自性"的认识。而其局限性则表现在其分析模式多取自西方,且对西方理论浅尝辄止,导致此时期的研究"对于中国社会缺少深刻之观察与精密之分析"(杨铨,1924:55),往往流于模仿或简单的类比。

不过,在研究中梁启超已隐约地意识到一些舶自西洋的概念未必适用于中国社会研究,如"西语所谓 Citizen 市民一名词,吾中国亘古未尝有也"(梁启超,1989b/1902:153)。这实际上提出了西方理论和研究方法在中国的"本土适用性"问题。在人类文明发展的进程中,方法是个带有根本性意义的观点。有的学者认为,"中国对方法的重视,恐怕始于五四"(成中英,2002/1985:220)。当时,伴随着西潮的涌入,包括梁启超在内的学界精英对西方的学问研究方法推崇备至,他们认为要想认清"中国社会"的根性,必须使用西方的研究方法。"要发挥我们的文化,非借他们的文化做途径不可。因为他们的研究方法,实在精密",因此,"要用那西洋人研究学问的方法去研究他,得他的真相"(梁启超,1989c/1922:37)。而在西洋社会科学研究方法中,梁启超对数量化统计的研究方法尤为推崇,他说:"统计学的作用,是要'观其大较',换句话说,是专要看各种事物的平均状况。拉匀了算总帐"(梁启超,1989/1923:70)。但梁启超的可贵之处在于,他在肯定了量化研究方法之后,还试图将此种方法与中国社会的具体情况相结合,注意探讨量化方法在研究华人世界使用过程中所面对的障碍性因素。"我人民向来有一种偏见,自己家内情形,总不愿外人知悉。一旦闻官府指明调查,动辄滋生疑虑。务为掩匿。甚则造作谣言以阻进行。夫以前此贪官污吏,专务鱼肉吾民,每借事端,恣其骚扰。民之疑虑,本无足怪,若到政府确有实心办事之时,则人民亦当坦怀相见,然后上下乃能通气,须知应当调查之事件,本非烦苛,尤非盘诘人家阴私之事。我有子女,并非私生,何故怕人知道?我有田产,本非私占,又何故怕人知道?"(梁启超,1989/1917:14)"尚有一要事为政府所必须举办,而人民切不可惊疑者,则调查登录是也。人民既责望政府替我等兴利除害,然政府必须实知国中情形,知利与害之所在,然后能兴之除之,则调查之最要矣。"(梁启超,1989/1917:13)在这里,梁启超没有简单地对中国百姓进行批评,而是认为在数千年封建专制统治之下,官府与百姓之间缺乏基本的信任,致使量化调查走样。综上所述,梁启超堪称是中国历史上第一个对华人圈社会调查进行深层次理论反思的学者,其观点在今天对于我们仍不无启迪。

(2)"由于看到其他国度的价值,在理智上疏远了本国的文化传统;由于受历史制约,在感情上仍然与本国传统相联系。"(勒文森,1986:4)这在梁启超寻找中国社会"自性"之旅中体现得尤为明显。在他看来,人类社会发生和形成的轨迹是多元的,每一民族在其漫长的历史发展进程中都形成了自己独特的自性。"人类自千万年以前,分孳各地,各自发达,自言语风俗,以至思想法制,形质异,精神异,而有不得不自国其国者焉。"(梁启超,1989c/1902:17)这是人类不同地域社会各具特色,呈现"多样化"发展的学理依据。而传统社会的"自性"一旦形成,便会对社会发展产生根本性的影响,个人很难摆脱其局限。他还将一个社会的"自性"称为"国性",包括国语、国教、国俗。国性是变化的,国性的丧失意味着社会的解体。"当国性之衰落也,其国人对于本国之典章文物纪纲法度,乃至历史上传来之成绩,无一不怀疑,无一不轻侮,甚则无一不厌弃。始焉少数人耳,继则弥漫于国中。驯至共同生活之基础日薄弱以即于消灭。家族失其中心点,不复成家族。市府失其中心点,不复成国家。乃至社会上一切有形无形之事物,皆失其中心点,不复成立社会。"(梁启超,1989a/1912:84)

(3)无论是引介西方理论和方法,还是寻找中国社会的"自性",梁启超"中国社会分析"的其最终目标都是在探求改造中国社会的具体现实路径,使中国获得与西方列强平等的地位。他认为就社会整体结构而言,中国传统社会存在"公私错位""家国分离""治乱循环"等缺失;而从个体角度看,则存在奴性、懦弱、愚昧、自私等病象。鉴此,他所提出的社会改造方案也是富有针对性的。一方面,他希望通过办学会、地方自治等途径,将散漫而缺乏凝聚力的中国社会联组为一个"心相构,力相摩,点相切,线相交,是之谓万其涂,一其归"(梁启超,1989/1898:64)的整体;另一方面,他试图通过"启蒙"和"新民",改造国民性,以增强民族的群力。回首中国社会百余年来的剧烈变迁,几乎在所有重大的社会变革运动中,都可窥见上述思路的痕迹。这似乎也从另一侧面证明了梁启超的社会分析对中国社会的影响持久而深远。

参考文献

成中英,2002/1985,《创造和谐》,上海:上海文艺出版社。
杜亚泉,1915,《差等法》,《东方杂志》第 12 卷第 4 号。
杜赞奇,2003,《从民族国家拯救历史》,北京:社会科学文献出版社。
葛兆光,2000,《七世纪至十九世纪中国的知识、思想与信仰:中国思想史》第 2 卷,上海:复旦大学出版社。
沟口雄三,1998,《中国公私观念的发展》,北京:《国外社会科学》第 1 期。
黑格尔,2001/1837,《历史哲学》,上海:上海书店出版社。
黄宗智,2003,《中国研究范式问题讨论》,北京:社会科学文献出版社。
勒文森,1986,《梁启超与中国近代思想》,成都:四川人民出版社。
李培林,2001,《20 世纪的中国学术与社会·社会学卷》,济南:山东人民出版社。
梁启超,1989a/1897,《说群序》,载《饮冰室合集·文集》之二,上海:中华书局。
——,1989b/1898,《南学会序》,载《饮冰室合集·文集》之一,上海:中华书局。
——,1989a/1899,《论中国人种之将来》,载《饮冰室合集·文集》之三,上海:中华书局。
——,1989b/1899,《论中国与欧洲国体异同》,载《饮冰室合集·文集》之四,上海:中华书局。
——,1989c/1900,《少年中国说》,载《饮冰室合集·文集》之五,上海:中华书局。
——,1989a/1901,《国家思想变迁异同论》,载《饮冰室合集·文集》之六,上海:中华书局。
——,1989b/1901,《十种德性相反相成义》,载《饮冰室合集·文集》之五,上海:中华书局。
——,1989c/1901,《中国积弱溯源论》,载《饮冰室合集·文集》之五,上海:中华书局。

梁启超，1989d/1901，《自由书》，载《饮冰室合集·专集》之二，上海：中华书局。
——，1989a/1902，《论中国学术思想变迁之大势》，载《饮冰室合集·文集》之七。
——，1989b/1902，《新大陆游记节录》，载《饮冰室合集·专集》之二十二，上海：中华书局。
——，1989c/1902，《新民说》，载《饮冰室合集·专集》之四，上海：中华书局。
——，1989/1904，《中国专制政治进化史论》，载《饮冰室合集·文集》之九，上海：中华书局。
——，1989a/1910，《国家运命论》，载《饮冰室合集·文集》之二十二，上海：中华书局。
——，1989b/1910，《说国风》，载《饮冰室合集·文集》之二十五，上海：中华书局。
——，1989a/1912，《国性篇》，载《饮冰室合集文集》之二十九，上海：中华书局。
——，1989b/1912，《中国道德之大原》，载《饮冰室合集·文集》之二十八，上海：中华书局。
——，1989/1913，《欧洲政治革进之原因》，载《饮冰室合集·文集》之三十，上海：中华书局。
——，1989/1917，《国民浅训》，载《饮冰室合集·专集》之三十二，上海：中华书局。
——，1989a/1920，《孔子》，载《饮冰室合集·专集》之三十六，上海：中华书局。
——，1989b/1920，《清代学术概论》，载《饮冰室合集·专集》之三十四，上海：中华书局。
——，1989a/1922，《五十年中国进化概论》，载《饮冰室合集》之三十九，上海：中华书局。
——，1989b/1922，《先秦政治思想史》，载《饮冰室合集·专集》之五十，上海：中华书局。
——，1989c/1922，《中国历史研究法》，载《饮冰室合集·专集》之七十三，上海：中华书局。
——，1989/1923，《历史统计学》，载《饮冰室合集·文集》之三十九，上海：中华书局。
王处辉，1996，《中国社会思想早熟轨迹》，北京：人民出版社。
王中江，1995，《中国哲学中的'公私'之辨》，《中州学刊》第6期。
——，2002，《进化主义原理、价值及世界秩序观》，杭州：《浙江学刊》第4期。
杨铨，1924，《中国近三十年之社会改造思想》，上海：《东方杂志》第21卷17期。
叶适，1223，《法度总论一·水心文集》卷一。
张德胜，1989，《儒家伦理与秩序情节：中国思想的社会学诠释》，台北：台北巨流图书公司。
张灏，1997，《梁启超与中国思想的过渡》，南京：江苏人民出版社。

（责任编辑：周晓虹、阎玉芳）

早期中国社会学的学科制度变迁*
——基于六份历史文献的分析

陆 远**

摘 要：从20世纪20年代末至50年代初，中国社会学学科制度经历了巨大变化。对社会学研究价值从强调"反思性价值"转变为强调"工具性价值"，对社会学研究方法从强调"学"的内涵转变为强调"术"的效用，对社会学课程设置从强调"抽象"转变为强调"具体"，对社会学人才培养从强调"广博"转变为强调"专业"。反映在学科制度结构上，体现为对社会学实用性课程的过度强调和专业方法训练薄弱，自然科学类课程的逐渐减少和50年代以后意识形态类课程占据主导地位。反映在学科制度精神上，体现为由早期传教士社会学的精英主义和宏大视角，转变为以清华大学为代表的国立大学注重社会学专业化和制度化发展，再到50年代以后以马克思主义教育观统摄社会系课程。

关键词：中国社会学史 学科制度 学科制度结构 学科制度精神

一 概念界定与文献介绍

所谓"学科制度"，指的是规范特定学科研究的行为准则体系和支撑学科发展与完善的基础结构体系，这两者也通常被简称为"学科制度精

---

* 本文首次发表于《南京大学学报（哲学社会科学版）》2003年第1期。
** 陆远博士，南京大学社会学院社会学系讲师（luyuan@nju.edu.cn）。

神"和"学科制度结构"(方文,2008:12)。

勾画或梳理一门学科的制度精神,必须至少深入研究三个基本问题:第一,整部人类智慧活动史所蕴涵的人文理念或人文精神;第二,界定科学阶层或学者阶层独具品质的精神气质,它是规范科学活动过程即研究过程与评价过程的普遍原则;第三,与之对应的可以测度的操作细则,可以将之简称为"人文理念""普遍原则"和"操作细则"。而作为支撑一门学科研究的物质基础,学科制度结构的研究则至少可以从四个方面展开:职业化和专业化的研究者以及他们赖以栖身的研究机构和学术交流网络、规范的学科培养计划、学术成果的公开流通和评价、经济资助来源,同样可以简称为"研究者""研究计划与课程设置""学术流通与评价体系"以及"学术资金支持"。在学科制度结构的建构过程中,以上四种因素之间构成密切关联的知识生产网络(方文,2008:12~16)。从这个角度说,"学科制度结构"指的是那些可以观察和测量到的要素,它们也是"学科制度精神"的载体。

在社会学发展史上,默顿(Robert King Merton)是比较早从制度层面考察学科发展的学者之一,他的思考集中在"规范结构""奖励系统"和"评价过程"几个方面(默顿,2003:301~766)。到了20世纪90年代,由沃勒斯坦(Immanuel Wallerstein)担任主席的古本根重建社会科学委员会(The Gulbenkian Commission on the Restructuring of the Social Sciences),对现代社会科学的反思也主要是从学科制度的角度进行的(华勒斯坦等,1997)。进入21世纪,中国学者也开始尝试从学科制度的角度反思中国社会科学的发展(参见邓正来,2008:6~34)。

具体到中国社会学史领域,几乎从这门学科刚刚开始在中国奠基之时,中国学者就开始从学科制度的角度对其发展进行整理、总结和思考。[①]这些思考到20世纪40年代,就汇聚为孙本文先生具有里程碑意义的著作《当代中国社会学》(孙本文,1948)。20世纪50年代开始,社会学学科在中国大陆遭遇到前所未有的困境,学科存在的合法性一度被剥夺,高等院校和科研院所的社会学研究和教学中断。相对于70年代末以后恢复重建的社会学,50年代之前的中国大陆社会学学科可以称为"早期中国社会学"。20世纪80年代以后,海内外学者虽然从学科制度变迁的角度对早期中国社会学进行过一些有益的探讨,但学者们更倾向于从宏观上阐述学科

---

① 20世纪20~30年代比较重要的研究包括:许仕廉,1925a,1929;孙本文,1934;龙冠海,1937;等等。

制度精神的变迁，而较少像他们的前辈那样着眼于中国社会学具体的学科制度结构，特别是较少对研究计划和课程设置进行解读。

本文试图从学科研究计划、培养方案和课程设置的角度，对早期中国社会学的发展进行初步分析。进行这种分析的基本材料与研究对象是六份历史文献，按照成文的时间顺序分别如下。

（1）《私立燕京大学社会学系1929－1930年度学则及课程一览》［燕京大学应用社会科学学院，1929：28~40，以下简称"文献（一）"］。

（2）《国立清华大学文学院社会学系1937年学程一览》［清华大学校史研究室编，1991：348~360，以下简称"文献（二）"］。

（3）《国民政府教育部修订社会学系必修及选修科目要点》（1944年）［孙本文，1948：226~228，以下简称"文献（三）"］。

（4）《高等学校文法两学院各系课程草案（社会系部分）》（1950年）［中央人民政府教育部编印，1950，以下简称"文献（四）"］。

（5）《中国科学院社会研究所一九五一年度工作总结》（1952年）。①

（6）《社会学工作筹备委员会第一次会议决议》（1957年）［中共中央民族学院委员会编，1958：74~76，以下简称"文献（六）"］。

这六份文献反映了早期中国社会学发展史上各个不同时期的研究计划与课程安排，它们构成一个相对清晰的系谱，相对完整地体现了早期中国社会学学科制度变迁的历史过程。

其中，文献（一）和（二）体现的是20世纪二三十年代社会学作为一门外来学科刚刚在中国大学中"落地生根"的时期（Wong, 1979：43），比较规范化的课程与研究计划设置的情况，也是"自由主义教学制度"② 体系下学科制度结构特征的反映。而这两份文献又分别反映了"教会大学"（燕京大学）和"国立大学"（清华大学）两种不同性质的高等学校中社会学学科制度构建的不同类型。

1944年国民政府教育部召开第二次大学课程会议，对国立大学文、理、法、师范四个学院的课程设置进行统一修订，嗣后由教育部统一公

---

① 手稿，以下简称"文献（五）"。
② "自由主义的教学制度"指的是20世纪20~30年代，出现在中国的以"学术自由"为基本诉求、以学系教授会为主要规划者与决策者、以学生根据个人兴趣自主选择专业分化方向为特点的课程运营模式（参见鲍嵘，2008：55）。

布新的方案。文献（三）就是新公布的社会学系课程设置方案，它在某种程度上体现了一个新建立的民族国家政府逐级深化对学术权力掌控的努力。

中华人民共和国成立后，在1950年6月召开的第一次全国高等教育会议上，各学科专家制定了大专院校各学科新的课程改革草案，文献（四）就是这个草案的"社会系"部分。而半年之前，中国大陆除高校外最重要的社会学研究机构之一，原中央研究院社会研究所改组为中国科学院社会研究所（郭沫若，1951：338），文献（五）即反映了新组建的中科院社会学所的研究计划和培养方案。以上两份文献共同体现了"社会主义教学制度"（鲍嵘，2008：211～212）下学科制度的基本结构及其实践特征。

1952年"院系调整"之后，尽管中国大陆绝大部分高校的社会学系取消，但当时的中国社会学家并未放弃恢复学科的努力。1956年8月，第三届国际社会学大会在阿姆斯特丹召开，约500位与会者中也包括苏联和东欧等社会主义阵营国家代表（《科学研究》编辑部编，1958：88）。对于中国社会学家而言，这个消息不啻一个信号，表明曾经在苏联遭到禁止的社会学学科有恢复的迹象。1957年，原清华大学社会学系教授吴景超率先撰文，谨慎提出恢复社会学的建议（吴景超，1957：61）。当年6月9日，费孝通、雷洁琼、吴文藻、李景汉、吴景超和袁方在陈达家中召开"社会学工作筹备委员会第一次会议"，讨论社会学研究与教学的恢复工作，这次会议或许是20世纪70年代社会学恢复重建以前，中国社会学家就学科建设问题所做的最后一次集中讨论，文献（六）就是这次会议的决议草稿，它反映了中国社会学家在学科合法性被剥夺后，为恢复这门学科的建制，通过努力适应当时的主流话语及社会主义建设实际需要，对社会学进行"改造式"发展的整体构想。

如同其他所有学科一样，早期中国社会学在不同发展时期的研究计划与课程设置，"一方面履行特定学科的社区服务功能，另一方面则为学科的发展训练和养育源源不竭的后备人才和新鲜血液"（方文，2008：14），体现了学科制度结构的变迁历程，更重要的是这种变迁过程，又以一种相对直观和规范的方式体现了不同时期学科制度精神的变化。因此，这六份文献构成的谱系，可以作为解读早期中国社会学学科制度变迁的样本。

二 从"体"到"用":学科制度结构变迁

所谓"学科制度结构",实际上包括两个相关而不相同的部分,即研究体系和教学体系。前者包括研究选题确立及研究计划设定,研究者的竞争与遴选,学术共同的形成和运行,学术成果的发表与评价、奖励机制,学术资金的来源运行等方面,① 上述文献(五)、(六)可以视作体现这种研究体系特征的文本。后者则包括课程设置、教材审定与编写、培养方案制定、教学活动实施等,上述文献(一)至(四),则可以视为体现20世纪上半叶不同历史时期不同的教学体系结构特征的文本。

为了将上述不同特征更直观地体现出来,笔者在纵向上将这四份文献分别简称为"燕京大学1929年学程""清华大学1937年学程""国民政府1944年学程"和"高等教育部1950年学程",同时在横向上将四份学程中体现的每个时期社会学系课程②划分为五类。

第一类:社会学理论课程,指介绍社会学及其相关学科基础理论和学术史的课程,包括"社会学""社会学原理""社会思想史""社会学名著选读""欧美社会学家研究""唯物社会学""社会发展史""社会心理学""人类学"等。

第二类:社会学方法课程,作为一门以经验研究和实证导向为特征的现代社会科学,社会学学科有一整套的实证研究方法,因此介绍和训练这一套方法的课程,在社会学教学体系中占据重要地位,包括"社会统计学""社会调查""高级社会调查""社会研究法入门""个案研究"等。

第三类:应用社会学课程,指旨在解决各种社会实际问题社会学专题研究课程和进行实际社会工作训练的课程,包括"机关参观""劳动问题""人口问题""救济制度""社会行政""职业指导与介绍""户籍工作""国情普查""企业管理"等。

第四类:自然科学类课程,指作为社会学专业学生应当接受的自然科

---

① 在这方面,默顿的《科学社会学》(2003)做了开创性的工作,此外,巴伯(Bernard Barber)和加斯顿(Jerry Gaston)分别对学术组织运行和评价奖励机制两个主题进行过专门的探讨(参见巴伯,1991:100~165;加斯顿,1988)。

② 需要说明的是,所有这四份文献,都区分了必修和选修等课程性质,本文则不做进一步的区分。

学通识类课程（如"普通生物学""物理学""普通地质学"等）以及作为必要专业背景的自然科学课程（如"高级算学"等）。

第五类，意识形态类课程，主要指讲授执政党党义、宣传主流意识形态的课程，包括"中国国民党党义及党纲""毛泽东思想""辩证唯物论""中国革命基本问题"等。

根据以上分类，四份学程的课程设置概况以表1的形式展现出来。

表1　20世纪20~50年代社会学系课程设置变迁分类统计

单位：%

		燕京大学 1929年学程		清华大学 1937年学程		国民政府 1944年学程		高等教育部 1950年学程	
		数量	百分比	数量	百分比	数量	百分比	数量	百分比
社会学理论课程	课程数	6	33	4	40	17	31	10	28
	学分数	16	23	24	38	64	36	39	28
社会学方法课程	课程数	3	16	3	30	3	5	4	11
	学分数	9	13	20	31	12	7	16	12
应用社会学课程	课程数	5	27	2	20	33	60	15	42
	学分数	14+20	49	12	19	97	54	63	46
自然科学类课程	课程数	3	16	1	10	1	2	2	6
	学分数	10	14	8	13	1	0.6	3+	2
意识形态类课程	课程数	1	5	—	—	1	2	5	14
	学分数	1	1	—	—	6	3	16	12

表1分别标出了每份学程中每类课程的实际开课数和学分数，以及它们各自占该学程总课程数和学分数的百分比。一般来说，相比较每类课程所开设的门数，该类课程的总学分数更能反映该类课程在总的教学体系中的作用。例如，文献（三）显示，国民政府教育部在1944年颁布的"社会学系必修及选修科目要点"中，必修课程只有15种，但每门课程的学分数约为4~6分，学生至少需修满49学分方可毕业，这些课程均属于当时规定的社会学系核心课程。选修科目多达37种，这部分课程学生最少只需取得28学分即可（孙本文，1948：226~228）。

因此，根据上述四份文献中显示的各门课程学分数，将四份学程中体现的不同时期不同类型课程的比重再次整理如表2。

表2 20世纪20~50年代社会学系课程学分变迁统计

单位：%

	燕京大学 1929年学程	清华大学 1937年学程	国民政府 1944年学程	高等教育部 1950年学程
社会学理论课程	23	38	36	28
社会学方法课程	13	31	7	12
应用社会学课程	49	19	54	46
自然科学类课程	14	13	0.6	2
意识形态类课程	1	—	3	12

图1将表2中各类课程的比重以折线图形式表现出来，直观地体现了每份学程中每类课程的学分分布情况。

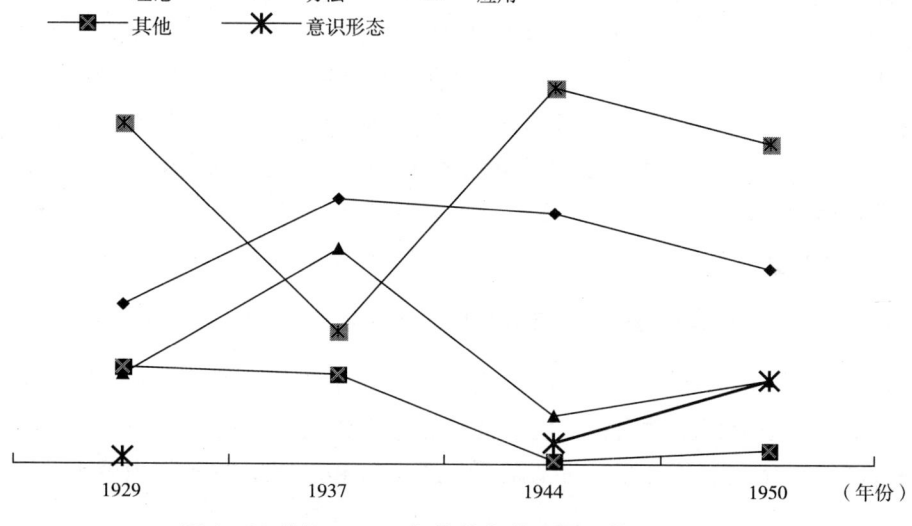

图1 20世纪20~50年代社会学系课程学分变迁统计

基于表1、表2和图1，我们可以对20世纪20~50年代社会学学科制度结构变迁情况得出初步的总结。

（一）实用性的过度强调和方法训练的缺失

早期中国社会学的课程设置中，社会学理论课程、社会学方法课程和应用社会学课程是主要的三类。在上述大部分的课程方案中，实际应用类课程所占的比重是最高的，这多少体现出早期中国社会学注重实用的品格，或者说从20世纪20~50年代，社会学这门学科在中国恐怕更多地体现为一种发挥实际功用的工具,而非认识社会和批判社会的考察视角和思维方式。40 年代,随着国民政府教育部第一次全面和完整地颁布课程标准和教材编写标准,这种倾向变得更加明显。① 相对其他两类课程,对社会学研究方法的介绍和训练,在上述课程方案中始终是薄弱的环节。"理论"与"方法"是社会学区别于其他人文社会科学的专业特征,也是最主要的教学内容(参见教育部高等教育司编,2003),但"方法"训练的阙失成为早期中国社会学一直未能完全完成专业化的主要障碍之一。②

(二) 自然科学类课程的逐渐减少

此前比较重视人文科学、社会科学和自然科学协同训练的通才教育方式,在 20 世纪 40 年代以后基本消失了,突出体现在社会学系学生自然科学课程的减少上。燕京大学 1929 年学程规定,进入社会学系修习的前提条件是修满以下三门课程:社会学与社会问题(3 学分)、经济学(2 学分)、生物学(4 学分)(燕京大学应用社会科学学院,1929:29),同时,无论学生想获得哪一种学位,均需修习自然科学课程 4 学分(生物学 3 学分、物理学 1 学分)。③ 1937 年清华大学学程中,社会学系必修课程中自然科学类课程也多达 8 学分。④ 社会学系教授潘光旦强调,文学院学生学习自然科学课程的目的,就是为了"在专攻一门学问之前,打上很广的根基"(潘光旦,2000a:42)⑤。此后的课程方案中,自然科学类课程则基本绝迹。

(三) 50 年代以后意识形态类课程显著加强

20 世纪 20 年代末开始,随着《中华民国教育宗旨及其实施方针》的公布,国民政府开始试图将三民主义理念深入各类高等教育实践中(于述胜,2004:182)。从上述几份文献看,至少到 40 年代,这种努力效果并不

---

① 到 20 世纪 40 年代末就已有学者针对这个问题明确发表了自己的看法(参见苏汝江,1948)。
② 到了 20 世纪 50 年代,在社会学学科命运岌岌可危之时,费孝通在反思早期中国社会的发展历程时,就专门提出了不注重"技术训练"的弊病(参见费孝通,1999b:38~40)。
③ 当时在燕京大学应用社会科学院社会学系学习,可按照修习课程种类分获三种学位:文学学士(理论社会学)、文学学士(应用社会学)、理学学士及社会服务职业证书(燕京大学应用社会科学院,1929:29)。
④ 包括普通物理、普通化学、普通地质学和普通生物学[清华大学校史研究室(编),1991:351]。
⑤ 此后,潘光旦还从相反的角度,强调理工科学生同样需要先接受广泛的通识教育(参见梅贻琦、潘光旦,1994:203~211)。

明显。燕京大学作为教会大学，虽然在 1929 年学程中明确列出"中国国民党党义及党纲"是社会学系必修课，但将其置于课程列表的最后，也没有对这门课的任何介绍（燕京大学应用社会科学学院，1929：29）。而"国立"清华大学在 1937 年的学程中，则彻底取消了"党义"等意识形态课程。嗣后国民政府第一次课程会议将"三民主义"列为文理学院第一门必修课后（教育部教育年鉴编纂委员会，1948：495～496），西南联大院系主任会议对上述决议发表意见，第一条就是"三民主义一科目，拟请改为选修，不列入必修"（清华大学校史研究室编，1994：254）。1950 年，第一次全国高等教育会议的主要议题之一，就是高校各院系课程改革。在由费孝通、林耀华、刘渠、雷洁琼、潘光旦、赵承信和李达等人组成社会系[①]的讨论小组，以此前费孝通起草的方案为蓝本（费孝通，1999c：38～48），最终形成了新的社会系课程草案［文献（五）］。最突出的特点是，强调"革命的政治课程"，也就是宣传革命意识形态的课程是"首要的基本课程"，并以此"改造其他一切课程"，在全系必修课中，这类课程的学分数占 67%（中央人民政府政府教育部编印，1950：1，17）。

三 从"社会学系"到"社会系"：学科制度精神的变迁

作为可观察和测量的要素，课程设置改变体现的是社会学学科制度结构的改变；而制度结构的改变，又反映着以其为载体的社会学学科制度精神的变迁。

当社会学刚刚借由教会大学在中国开始其专业化进程的时候，"传教士社会学家"[②] 更期待的是发挥社会学普世的人文价值和社会功能。在燕京大学 1929 年学程中，开宗明义地指出该校社会学系首要目的是"养成于团体事业中社会化之公民或建设之领袖人才"（燕京大学应用社会科学院，1929：28～29），这与校务长司徒雷登（John Leighton Stuart）所谓"燕京教育的目的，不是培养什么人才从事某种政治经济活动，而是以养成一种合作、建设、服务人群的精神以服务国家"的主旨是一致的（Edward，1959：273），这也是 19 世纪末以来西方教会在华传教的"精英

---

① 注意，不是"社会学系"，详见后文。
② 这一概念来自香港社会学家黄绍伦（Wong，1979：11）。

主义"指导精神的反映。①

以往的学术史书写经常习惯性地认为"传教士社会学"的主要特征是远离中国实际,"完全照搬欧美社会学知识体系"(宣朝庆、王处辉, 2006: 87),这种判断的主要依据是早期那些亲身受过教会社会学教育的学者的抱怨。② 而当时秉持精英主义与"上层路线"的传教士社会学家,主观上恐怕也并没有想跨过围墙,与普通中国群众有太多的接触,他们的目的,是试图借由这门学科赋予中国的知识精英在大的文化背景下宏观理解文化变迁的视角,最终造就他们对普世精神信仰的服膺③。这一点在许仕廉对燕京社会学系长远研究与教学计划的擘画中也有很清楚的表现④。客观上说,这种从文明整体演进的角度去看待社会变迁和文化互动的社会学视角,尽管带有很强的本位色彩和宗教意识,但是却并不一定是肤浅的。

实际的问题应该是,20 世纪 20 年代末到 30 年代早期的燕京社会学系教师群体,无论是知识结构抑或反思深度恐怕都有缺陷,很难胜任那种立意高远的培养人才的任务。从文献(一)中的"课程说明"来看,这种缺陷至少来自三个方面:首先,宗教本位在某种程度上会影响观察的客观性⑤;其次,在对社会变迁宏观过程的理解上依旧受僵化的进化论思想的统摄⑥;最后,第三点缺陷或许来自课程结构的设置——两门重要的基础课"社会思想史"和"中国社会思想史",都由自美国归来不久的年轻学者吴文藻担任。但是吴很快发现,这两门课的内容过于丰富,根本不可能在规定的

---

① 在 1890 年在华传教士第二次大会上,传教士狄考文提出真正的基督教学校在于"给学生以智慧和道德的训练,使其能够成为社会上以及在教会中有势力的人物,成为一般民众的领袖",卜舫济也强调"在我们的学校内,训练中国未来的教师,使他们成为中国未来的领袖和指挥者"(Barber, 1890: 497)。

② 比如费孝通所谓的美国社会学已经无法"喘息"以及有关"荒芜的田园"的比喻(分别参见费孝通, 1999a: 379; 1999b: 411)。

③ 与此相应,20 世纪初好几份出自在华传教士兼教会大学教师手笔的文献都显示,他们对教会学校培养工程师、律师、社会工作者这样的专业技术人才并没有兴趣,甚至持反对意见(卢茨, 1987: 166)。

④ 在 1929 年时,许仕廉是燕京大学社会学系主任,因此文献(一)的这份学则和课程计划,即使不是出自许氏的手笔,至少也是受到他首肯的(参见许仕廉, 1925a, 1925b, 1929)。

⑤ 比如,燕京社会学系创办人之一的步济时(Stella Fisher Burgess)开设的课程都与宗教有关,他就特别强调"从宗教的理论去观察社会问题"(燕京大学应用社会科学学院, 1929: 32~33)。

⑥ 这一点突出体现在林东海开设的"社会进步理论"这门课程上。当然这里所谓"进步理论"不完全是进化论的翻版,但后者的基本价值立场没有变化(燕京大学应用社会科学学院, 1929: 33)。

学时内完成教学计划（当然无可否认，这或许也与吴的知识结构有关），于是他将前一门课化约为"当代社会学学说"，后一门则改为"先秦社会政治思想"和"近现代社会政治思想"——后一种调整的原因很明显，吴文藻授课的基本理路，完全来自梁启超，而"先秦"和"近现代"正是梁氏研究最深刻并有系统著作的历史时期（参见吴文藻，1988：81~82）。此后，随着吴文藻的离开，这两门课程也渐渐式微（参见傅憽冬，1982：50）。

到1937年，在清华社会学系的规程中，社会学系被规定为应该在三种领域培养人才：①教师；②研究人员；③实地应用人才，或者说扩大了的"社会工作者"。在燕京大学的学程中那种对学科本身独立价值及其在社会宏观进程中作用的强调，此时已大大弱化了。学术研究与人才培养的"实用性"与现实性倾向开始显著增强。导致这一变化的因素或许可以从不同的方面理解：①受到具体计划起草者本人学术倾向的影响。这份教学计划出自系主任陈达之手，他那种"技术专家"的学术理念与研究理路，在这份文献中有很明显的体现。②与中国社会学中"美国因素"的影响力持续增强有关，作为最初由中美庚款支持的"留美预备学校"，清华在建立之初就深深刻上美国高等教育制度的烙印，其中当然也包括学科门类与课程设置（参见苏云峰，2001），20世纪30年代随着更多的留美社会学者加盟清华，这种专业影响力在持续加强。③与国家权力的介入有关。清华在20世纪20年代末收归国有，以国民政府为象征的国家权力至少在名义上开始介入学校的日常管理中，它要求高等教育为"国家"的"实际"需要服务，这是社会学系培养目标转变的重要因素。

清华大学社会学系的这份"学程一览"，制定于1937年6月。几个星期以后，抗日战争全面爆发，清华大学开始内迁。在这个过程当中，它与北京大学、南开大学先后组成"长沙临时大学"和"西南联合大学"。由于另外两校一直没有社会学系建制，联合大学的社会学系其实就是清华大学的班底。在联合初期，由于学校局势未晏，生源大量减少，很多院系一度合并，社会学系也曾与历史系合并，改称"历史社会系"（刘超，2008：248；谢泳，1998：43~52）。尽管两系此后不久分开，各自建制，但是由此，一个影响深远的变化开始出现：此前的"社会学系"开始逐渐被"社会系"取代[①]。

从"社会学系"到"社会系"的转变，尽管只是一字之差，其实个中思想的变化，却是值得深思的。用最概括的说法，是对社会学研究价值从

---

① 整个20世纪40年代，在清华，即使在正式文书中，"社会学系"与"社会系"的名称也经常混用，并不统一。20世纪40年代以后系友的回忆文章大多提及这一点。

强调"反思性价值"转变为强调"工具性价值",对社会学研究方法从强调"学"的内涵转变为强调"术"的效用①,对社会学课程设置从强调"抽象"转变为强调"具体",对社会学人才培养从强调"广博"转变为强调"专业"。某种程度上体现的是国家权力对教育的掌控与约制②。

到了 1950 年,由高等教育会议制定的这份《文法两院各系课程草案》中,已经正式使用"社会系"这一官方名称。这次高等教育会议,实际上明确了大学改革在政治意识形态框架下的基本方向。这份草案及相关的文献,实际上已经不止于对高等学校课程改革做具体的指示,而是对新政权意识形态在文教领域的"具体化"的起始。它涉及新情况下高等学校培养什么样的人(教育目标)、学术与国家的关系、理论知识与专门实用知识的关系、高校与社会的关系(主要表现为高校与各业务部门的关系)、高校师资来源与培养、教科书与学术语言的使用等多个层面的问题,反映的是政府高等教育政策制定的价值观基础。而所有这些问题的解决与价值规范最终都希望通过对高等学校课程的规范来得到。在这里,马克思主义的大学教育目标理论与大学课程设置得到了初步的构建与阐发,是新政权就知识价值作出的判断与立场,是国家高深学问治权合法性的知识基础。而马克思主义大学理论与大学课程观的阐发,为政府掌握高等教育的管制权提供了合法性证明,为行政部门主导随后的教育变革奠定了话语基础,为政府深度介入学问体制架构拓宽道路。印刷物、主流媒体与专业期刊则为渗透国家意志的言论提供了客观、中立的包装。

因此在文献(四)中,我们看到,社会系的具体任务被确定为"学习运用科学的观点和方法,具体分析社会实际情况,培养政府及其他有关部门(如内务部、劳动部、民族事务委员会等)所需工作干部的专业知识及技能,并培养中等学校以上师资",而实现这一目标最重要的手段之一,是"服务于政府各有关部门的需要,分组培养专业人才"(中央人民政府教育部编印,1950:17)。

具体的分组情况及其任务分别是:"理论组,培养与相关各系合作培养中等学校讲授政治课的师资。民族组:培养民族事务工作干部。内务组:培养内务工作干部。劳动组:培养劳动工作干部。"(中央人民政府教

---

① 这一点已经被当时的社会学界体认到,战后,清华大学社会学系年轻教师苏汝江就专门写过一篇文章谈这个问题,标题就是《论社会学与社会术》(苏汝江,1948)。
② 抗战初期大规模的高校内迁过程,也是以教育部为象征的国家权力渗透并逐步掌控高等教育,使之初步"国家化"的过程(有关此的详细描述见黄启兵,2007:195~211)。

育部编印，1950：17~18）

这个分组基本上体现了新的意识形态对社会学究竟该研究什么，以及社会系存在的目的及其功能是什么的基本看法。这其中有两个转变非常值得关注。

其一，不再认可社会学那种客观认识社会及其发展演变规律的学科基本精神目标。在这个草案中，不仅早期燕京大学社会学系同仁们造就"领袖人才"与"社会公民"的宏愿早已消失，并且"对社会做科学研究"或者"培养学术专家"的具体目标也已消失，特别是"理论组"的相对地位在下降，其目标已经降低为培养中学政治老师。当然一开始这种转变只是体现在"字面"上，在大部分社会学系的实际教学研究中还不可能立刻转变此前的课程结构，1950年进入华西大学社会学系的李绍明就说：

> （蒋旨昂先生给我们上社会学理论课，）那时候不叫"社会学理论和方法"，叫"唯物社会学"，以示与之前的西方唯心主义的社会相区别。……换汤不换药，名称变了叫"唯物社会学"，但讲的还是西方社会学是怎么来的。……他的体系没有变，内容也没有变。（李绍明，2009：87）

在清华社会系开设"西洋社会学说批判"和"中国社会思想（儒家）批判"两门课的潘光旦，实际所讲授的也依旧是希腊罗马、先秦诸子这些内容（参见潘光旦2000c：299~310）。但是潘也敏感地发现，以新的意识形态改造旧理论体系的趋势已经在学者的心理上造成很大影响：

> 在这次课程改革的时候，一遇到和理论有关涉的课程，这些朋友所反映的意见便特别审慎。如果有所主张，也好像是在暗示，马列的理论而外，其他的理论最好能尽量避免。……有人主张法学院的各系如政治、经济、社会，最好都不要设"理论组"，……如果这些主张都能见诸实行，则马列主义以外的理论分量就可以少得多，以至于不难完全避免。（潘光旦，2000b：404）

尽管潘光旦并不认同这种意见，但此后的历史事实却基本上是向与他的意见相反的方向行进的。

其二，与之相应的，是完全把社会系作为培养工具性的实际工作操作者（中学政治教师、民族事务干部、内务事务干部、劳动事务干部）的机构。在新的社会形态下高等教育要造就"通才"还是"专才"的问题上，这个草案的答案是后者。自1949年初开始，旧大学逐步被接收后展开的课程改革明确体现了新政权，强化了大学课程的目的性、系统性，以更好地服务于"专家"养成的目的，对社会系的这种"分组"就是重要的手段与载体之一。但是要使课程设置完全配合这一目标设定，以及最终建立起服务于培养"红色专家"的课程运营机制，则需要解决现代高等教育所固有的、无可回避的"通"与"专"的矛盾，并从理论高度予以阐释。最终，在苏联教育体制的影响下，高等教育那种固有的"通"与"专"的矛盾在"全面发展专才"的概念话语中被消解，为高等教育服务于工业化的工具性实用主义开辟了道路，也在一定程度上促动了"社会学系"的消亡。

参考文献

巴伯，1991，《科学与社会秩序》，顾昕译，北京：生活·读书·新知三联书店。
鲍嵘，2008，《学问与治理——1949-1954 中国大学知识的现代性状况》，上海：学林出版社。
邓正来，2008，《学术与自主》，北京：北京大学出版社。
方文，2008，《学科制度和社会认同》，北京：中国人民大学出版社。
费孝通，1999a，《费孝通文集》第一卷，北京：群言出版社。
——，1999b，《费孝通文集》第五卷，北京：群言出版社。
——，1999c，《费孝通文集》第六卷，北京：群言出版社。
——，1999d，《费孝通文集》第七卷，北京：群言出版社。
傅愫冬，1982，《燕京大学社会学系三十年》，北京：《社会学通讯》第 4、5 期合刊。
郭沫若，1951，《中国科学院 1950 年工作总结和 1951 年工作计划要点》，北京：《科学通报》第 4 期。
华勒斯坦等，1997，《开放社会科学》，刘锋译，北京：生活·读书·新知三联书店。
黄启兵，2007，《中国高校设置变迁的制度分析》，福州：福建教育出版社。
加斯顿，1988，《科学的社会运行》，顾昕译，北京：光明日报出版社。
教育部高等教育司（编），2003，《社会学专业主干课程教学基本要求》，北京：高等教育出版社。
教育部教育年鉴编纂委员会，1948，《第二次中国教育年鉴》，上海：商务印书馆，1948 年。
李绍明，2009，《变革社会中的人生与学术》，北京：世界图书出版公司。
刘超，1998，《联大社会学及其谱系、渊源与嬗变》，合肥：《学术界》第 3 期。
龙冠海，1937，《国内各大学社会学课程调查》，上海：《社会学刊》第 5 卷第 3 期。
卢茨，1987，《中国教会大学史（1850—1950）》，曾钜生译，杭州：浙江教育出版社。
梅贻琦、潘光旦，1994，《工业教育与工业人才》，载《清华大学史料选编》第三卷（下），北京：清华大学出版社。
默顿，R.K.，2003，《科学社会学》，鲁旭东、林聚任译，北京：商务印书馆。

潘光旦，1994，《工业教育与工业人才》，载《清华大学史料选编》第三卷（下），北京：清华大学出版社。
——，2000a，《闲话生物学的课程》，载《潘光旦文集》第五卷，北京：北京大学出版社。
——，2000b，《课改与院系调整应稳步前进，综合大学可促进理论与实际真正配合》，载《潘光旦文集》第十卷，北京：北京大学出版社。
——，2000c，《存人书屋日记》，载《潘光旦文集》第十一卷，北京：北京大学出版社。
苏汝江，1948，《论社会学与社会术》，《益世报·社会研究》第36期。
苏云峰，2001，《从清华学堂到清华大学》，北京：生活·读书·新知三联书店。
孙本文，1934，《普通社会学教材与教法商榷》，上海：《社会学刊》第4卷第2期。
——，1948，《当代中国社会学》，上海：胜利出版公司。
燕京大学应用社会科学学院，1929，《私立燕京大学应用社会科学院课程一览》。
清华大学校史研究室（编），1991，《清华大学史料选编》第二卷（上），北京：清华大学出版社。
——，1994，《清华大学史料选编》第三卷（下），北京：清华大学出版社。
吴景超，1957，《社会学在新中国还有地位吗？》，北京：《新建设》1月号。
吴文藻，1988，《吴文藻自传》，载《中国当代社会科学家》（六），北京：书目文献出版社。
谢泳，1998，《西南联大与中国现代知识分子》，长沙：湖南文艺出版社。
许仕廉，1925a，《对于社会学教程的研究》，北京：《社会学杂志》第2卷第4期。
——，1925b，《人与文化的关系》，北京：《社会学杂志》第2卷第4期。
——，1929，《建设时期中教授社会学的方针及其步骤》，北京：《社会学界》第3卷。
宣朝庆、王处辉，2006，《从社区研究看社会学的中国风格》，石家庄：《河北学刊》第26卷第1期。
于述胜，2004，《中国教育制度通史》第七卷，济南：山东教育出版社。
中共中央民族学院委员会（编），1958，《揭露和批判章罗联盟的军师——费孝通》，铅印本。
中央人民政府政府教育部（编印），1950，《高等学校课程草案》，南京大学档案馆藏"金陵大学档案"，教学附件第13802号。
《科学研究》编辑部（编），1958，《资产阶级社会学、哲学资料汇编》（第一辑），北京：科学出版社。
Barber, W. T. A., 1890, *Recorder of the General Conference of the Protestant Missionaries of China*, *May 7 – 20*. Shanghai: American Presbyterian Mission Press.
Edward, Dwight W., 1959, *Yenching University*, New York: United Board for Christian Higher Education in Asia.
Wong, Siulun, 1979, *Sociology and Socialism in Contemporary China*, London: Routledge and Kegan Paul.

（责任编辑：周晓虹）

"门户私计"的社会逻辑[*]

——从孙本文有关门阀的论述讲起

成伯清[**]

摘　要：孙本文认为整理中国社会史料对于社会学的中国化至关紧要并身体力行之。在讨论阶级组织时，孙本文利用中国古代史料提出了"门阀制度下的社会阶级"问题，这对于探讨中国社会的构成特性和发展趋势具有重要价值。本文承接孙本文的相关论述，进一步探讨了门阀制度形成的社会机制。门阀制度或许为六朝所特有，但门阀化倾向却一直隐含于中国传统社会的支配结构之中，并得到崇尚宗法和家族文化的儒家意识形态的支持。门阀化实乃中国社会文化脉络中的一种潜在机制。这在社会学分析上具有特别的意义。在中国，抛开家族网络难以厘定个人的社会地位，也无法把握社会的运作。虽然 1949 年以后传统的宗族势力遭到打击乃至铲除，但自改革开放以来，这种势力死灰复燃。在目前中国社会各类资源的分配和获取过程中，家族化的趋势愈演愈烈。解决之道，恐怕不在铲除门户，而在将门户的发展纳入符合公平正义原则的轨道之中。

关键词：门阀　家族　政治垄断　道德话语　经济特权

在中国社会学早期发展历程中，存在两种不同的中国化策略，即"贴近小传统"和"联系大传统"（成伯清，2012）。它们也代表着两种不同的

---

[*] 本文最初发表于《南京大学学报》2012 年第 6 期。
[**] 成伯清博士，南京大学社会学院社会学系教授（bqcheng@nju.edu.cn）。

对待中国传统文化和社会史料的立场,大致对应于西化派(西学为体)与交融派(中学为体)。西化派视中国的一切为有待科学加工的原料,本身并无独立存在的价值;而交融派则追求将现代社会科学的视角与中国历史资料和社会思想水乳交融地结合起来,在建构中国化的社会学理论时,强调中国社会史料具有独特的价值和意义。

孙本文显然属于交融派,在他看来,"中国传统思想的四点:尊理性、主中庸、重自治、崇德化,与现代世界潮流的四点:重科学、尊民主、崇法治、主团结,是并行不悖,互相补充,而相得益彰的"(孙本文,2012b:505)。在谈及"中国化的社会学之建立"时,孙氏首先就提到"整理中国固有的社会史料",因为"我国旧籍中极富有社会学资料",特别是"关于社会学说者""关于社会理想者""关于社会制度者""关于社会运动者""关于一般社会行为者"。孙氏提到的其他两项工作,分别是"实地研究中国社会的特性"和"系统编辑社会学基本用书"(孙本文,2012c:368)。

纵观孙氏的学术活动,上述主张显然是孙氏自己恪守的实践指南。孙氏的诸多论述,不仅直接落实了第三项工作,而且也兼及前面两项:在所编撰之书中大量引用中国社会史料,并充分利用当时已经累积起来的关于中国社会状况的调查资料。尤为值得一提的是,在《社会学原理》附录中所列之"社会学重要参考书籍"的中文部分,从中国的"二十四史""九通"和"十三经",一直到《日知录》《大同书》之类的文献,蔚然可观(孙本文,2012a)。孙氏的罗列并非泛泛提及,从该书正文可以看出,他确乎在浩如烟海的中国旧籍中多所采撷。

事实上,对于中国社会史料,孙氏不只是旁征博引,而且也以社会学的视角予以解读,提出了诸多具有启发性和洞察力的看法。但有一点需要特别指出:孙氏善于也似乎喜以极富条理的教科书体裁来展现社会学知识——甚至在讨论当代中国社会问题时也是如此——这样一来,孙氏本身的问题意识,往往可能淹没在高度形式化和体系化的话语之中而晦涩不明。这就要求我们在孙氏圆润通畅的娓娓道来中,用心领会别具匠心的资料剪裁和观点呈现,从纯粹的学理探讨中读出深切的现实关怀来。此外,估计孙本文在政治上小心谨慎的习惯,也会使他自觉不自觉地掩饰其学术的现实指涉性。

本文尝试通过孙氏在《社会学原理》中貌似有意无意提及的门阀制度,来展示孙氏社会学思想的学理意义和现实关联。当然,我们将努力在"照着讲"之后再"接着讲",即沿着孙氏的思路探讨中国社会若干值得关注的构成特性和发展趋势。

一　门阀制度下的社会阶级

在孙氏看来，阶级组织可分为两类，即社会阶级和经济阶级。社会阶级亦称身份阶级。孙氏是在讨论社会阶级时，紧接着"封建制度下的社会阶级"，提出了"门阀制度下的社会阶级"。按照孙氏的观点，我国自真正意义上的封建废除之后，"经秦汉两代，已不复有显著的阶级存在。但到了六朝，便发生专重门阀的风气，于是社会上有了一种世族与寒门的阶级"（孙本文，2012a：350）。孙氏从四个方面展开论述。

一是选举，即官员的举荐和选用。"自魏立九品官人之法，后世选举多重门第，养成所谓'先自望而后实事'的风气。于是门高者，便平流进取，坐致公卿；门寒者，就连僚佐都不敢当。"（孙本文，2012a）门第成为获取官位的主要根据，自然也就成为社会地位区分的标准。在六朝时期，士庶成为两个不同的阶级。但是，在废除了封建制度之后，并无官位世袭的正当性，因此，士族必须提供额外的理由支撑。下面所说的第二个方面，即行使了这种功能。

二是社会思想，"自东汉以后，社会上已经渐有重视世族的趋向。其后习染成风，社会上几公认世家子弟都是德行纯笃的人物，门高就是品高，门寒就是才劣。举人必先称他门第之高，罪人亦必先数他出身之贱"（孙本文，2012a）。门第的高低不仅决定了担任官职的可能与机会，而且也逐渐等同于品德和才能的高低。显然，这是政治和经济资本久经累积而升华为象征资本（Bourdieu，1986）。也就是说，高门寒士不仅是贵贱不同，而且贤愚亦异。必须注意的是，主导当时社会思想者，当然是有机会受到良好教育并具有话语权的人，他们想必多数出于高门。

三是赋役不平等，"汉时人民负担无贵贱之别。及西晋以后，凡士流不仅可以荫庇其一切亲属不纳赋税，还可以荫庇其食客及佃户。于是成了以贵役贱的制度。所以寒门贵族至此，贫富也就悬殊了"（孙本文，2012a：350）。如果九品中正制度是维护政治特权的（当然，除了"举贤不出世族"，还有"用法不及权贵"），那么，西晋所开始的占田荫客制度，就是维护经济特权的主要手段。这其实也是门阀制度的经济基础。

四是避乱士族及其区分，"五胡乱华后人民流徙转移者已不少。及元帝南渡，中原士夫过江者尤多，乃有侨姓之称。江左人士与中原士族抗衡，乃有吴姓之称，二者并为南朝华阀。至于中原土著欲自别于异族，乃有郡姓。唐人所谓虏姓，乃为北朝国姓。于是侨姓、吴姓、郡姓、虏姓便为当时望族。因社会的推崇，就得政治的地位"（孙本文，2012a：350~351）。其实，名门望族之所以纷纷涌现，除世代累积之外，还有一个重要因素，就是皇权变得不能维护原有的权威，也不能提供安全保障，于是，有名望而又有能力提供庇护者成为他人依附的核心，并迅速膨胀。

孙氏认为"门阀成为一特殊阶级，占有社会上各种特殊地位"，主要体现在政治和社会两个方面。在政治上，"重要的位置，全为有地位的所谓'甲族'所据。其他次要的位置，则为次等的世族所据。至于寒门人士，除军功立勋而外，政治上没有他们的位置"（孙本文，2012a：351）。这种权力结构的再生产，即"以贵承贵，以贱袭贱"，显然惟有动乱和战争方能打破。在社会习俗上，门阀阶级的显著特点是"世族与寒门不通婚姻"和"贵族与寒门不相礼接"。门阀越来越成为一个封闭的圈子和系统。

当然，门阀制度形成的关键，可能还是九品中正官人制。本来，在郡县制下，官员的来源和选择是一个重要的问题。秦朝因扩张的需要，特别强调以军功来晋爵。当然，依据血缘主义的任子制还是主要的方式。而随着历史的进步，任子制之弊日趋明显，且在和平时期又不能通过讲究军功来予以矫正。汉武帝时，董仲舒提倡的"乡举里选"制度得以创设，即由郡国每年推举贤人作为官员候补者（谷川道雄，2002：72）。顾炎武在《日知录》中认为，"乡举里选必先考其生平，一玷清议，终身不齿。君子有怀刑之惧，小人存耻格之风，教成于下而上不严，论定于乡而民不犯"。这个制度架通了官僚体制与民间社会，不仅选拔了人才，也使政权的正当性得以提升。任何制度，未免日久生弊，尤其在缺乏监督的情况下。到三国时期，魏国陈群提出了九品官人法，即"州郡皆置中正以定其选，择州郡之贤有识者为之，区别人物，第其高下"。因对人物的评定共分九品，故得名此。九品中正制表面看是根据声望来选贤与能，但在实际操作中门第凌驾于品德和才能之上。结果就是世家大族垄断了高位，而出身低微者难以向上流动。"上品无寒门，下品无世族。"这实际上是公权力的严重私有化。同时，社会等级结构出现了严重的自我复制，阶层固化，结果势必导致腐败和朽败。终极而言，官员的选举或考试制度（即所谓取士之法），在特权横行和缺乏监督的社会中，不得不进行贿赂。显然，在这场游戏中，世家大族太容易近水楼台先得月了，可以尽享马太效应的好处。

二 门阀制度形成的社会机制

如果从更为一般的角度来看门阀阶级问题，我们可以认为孙氏所指出的四个方面，其实是指出了门阀现象的四个关键维度，即政治垄断、道德话语、经济特权和历史条件。这几个方面其实也是纠结在一起的，惟有王纲不振，即皇帝和皇室难以独揽大权的时候，门阀方有机会与之共治和共享天下，具体表现首先就是垄断政府高位。高门第者虽然也需通过担任若干相对基层的职位作为达至最高职位的铺垫，但这不过是通天之途上的花絮，是让升迁合法化的程序，毕竟，门阀是在形式上的封建世袭不复存在的情况下的实质性世袭。其次是通过经济特权来积累巨额财富，这既是政治高位的酬劳，也是维持自身力量的经济保障。但作为门阀标志的，还有他们自身的独特象征，即"尚清谈"和"美容止"（杨筠如，1930）。正是这种"口习清言、绰约嫣然"的"名士风流"，让门阀显得与众不同。

严格讲来，在门阀的形成中，儒学起到了微妙而关键的作用。自"罢黜百家、独崇儒术"，即儒学被奉为官学之后，精通和奉行儒学主张者成为统治官僚的主要候选来源。通过配合皇权对工商业者和游侠之类竞争性力量进行打压之后，儒家确定了"学而优则仕"作为在社会阶梯上爬升的唯一合法方式。既然儒学可以干禄经世，自然轻易不传外人。于是，出现了家族世代相传之"家学"。这种学术造诣，成为门阀优越意识的根据。其实，优裕的物质条件、大量的闲暇时间和丰富的文物典籍，门阀世家自不难造就优秀人才。还有，儒家强调宗法和家族关系，也为门阀提供了意识形态支持。身居高位，文化资本的累积，加上由门生故吏编织成的政治网络和占田荫客制度所导致的经济特权，多方凑合，终于成就了所谓的豪门巨族。颇具世家子风范的史家陈寅恪曾言："夫士族之特点既在其门风之优美，不同于凡庶，而优美之门风实基于学业之因袭。故士族家世相传之学业乃与当时之政治社会有极重要之影响"（陈寅恪，2001：260）。陈氏做出此论，因其尚怀以儒学大族或士族阶级来拯救世道人心之志。但时势易矣。即便当初的士族主要依靠学术起家，演变到最后，特别是到东晋，学术竟成了竞相标榜的手段而已。最后，士族以实际的专权行动嘲弄了儒家的君臣思想。这大概也是当时儒家面临空前危机的原因之一。而在清谈之中，儒学有时甚至成为奚落的对象。当然，儒家之易流于虚伪，也是一个内在原因。对此，《庄子》中早有揭示："窃钩者诛，窃国者为诸侯，诸侯之门而仁义存焉。"东汉王符在《潜夫论》中也曾慨叹："呜呼哀哉！凡今之人，言方行圆，口正心邪，行与言谬，心与口违，论古则知称夷齐原颜，言今则必官爵职位，虚谈则知以德义为贤，贡荐则必阀阅为前。"（转引自张祥浩，2011：534）

总之，门阀通过标榜特定的"风度"来进行社会区分。这种风度主要体现在特定的品德（孝悌）、特定的话语（玄学）、特定的饮食习惯（按照今天的说法，其中不乏吸毒成瘾现象，这也是为标榜富裕和悠闲的生活方式）和特定的交往圈子（羞与寒族为伍）。门阀在维护自身的各种社会政治经济特权的同时，似乎也特别注重争夺文化上的领导权。原因大概在于，这个阶层的"有识之士"非常清楚，他们的特权和优势地位，并非基于普遍的原则，而是利用一时的势力自我授权或者坐地分赃，然后形成马太效应，于是形形色色的门阀巍然立矣。

门阀制度后来走向了衰败，甚至，严格意义上的门阀政治，也仅存在于东晋时期（田庆余，1996）。帕累托已充分证明，当统治精英不能从其他阶层吸纳富有朝气和活力的优秀分子，并淘汰自身中最为不堪的朽败分子时，则很快就会被取代（帕累托，2003）。尤其是遇到多事之秋，对于真才实学之人的需求势必激增，此时就必须不问出身，随才录用，给崛起于草莽之中的寒门英雄以机会。事实上，对于门阀的弊端，后来在不断肃清。隋代设置进士科以选择优秀人才，唐代则更是形成了完整的科举制度，并数番镇压和铲除门阀势力。结果，"自隋唐而上，官有薄状，家有谱系。官之选举必由于薄状，家之婚姻必由于谱系。……所以人尚谱系之学，家藏谱系之书。自五季以来，取士不问家世，婚姻不问阀阅，故其书散佚而其学不传"（郑樵，1987）。

那么，门阀制度的出现，在中国历史上是偶然的吗？门阀完全消失了吗？对于这个问题，孙氏并未予以深究。但是，孙氏专门列出了这种社会阶级的类型，也并非仅是出于历史的兴趣。在这一节的最后，孙氏提到"门阀制度下的社会阶级，不外世族与寒门二者。这种界限，虽在现在社会亦所难免"（孙本文，2012a：351）。从学理上来说，经过上述的解析，六朝门阀确实可以作为一种社会阶级的形态；而从现实上来说，"这种界限，虽在现在社会亦所难免"。孙氏的轻轻一点，不禁让我们想起所谓的民国四大家族。当然，更为根本的问题是，现在社会何以不可避免也带有这种界限？仅仅是因为贫富的分化吗？还是因为另外的缘由？此外，门阀化具有怎样的社会后果？南宋陈亮在《念奴娇·登多景楼》中曾经感叹："六朝何事，只成门户私计？"一部中国史，多大程度上是"门户私计"的故事？

对于上述问题，我们需要拉宽和拉长视野，从中国社会结构的历史性变迁中来略窥一斑。事实上，孙氏有关门阀的解说，将这种现象列为一种专门的分层方式，实是别有新意，但后来学者未能继承和发扬这一洞见。历史学中关于门阀的研究可谓汗牛充栋，社会学里却付诸阙如。其实，门阀化作为一种特定的社会运作逻辑，值得更进一步的探讨。

三 家族势力的历史沉浮

有关门阀制度的历史学研究，可谓已经比较充分（杨筠如，1930；陈寅恪，1987，2001；田庆余，1996）。但是，对于门阀的社会学意义，似乎未曾得到应有的重视。在门阀的背后，站立的是家族和宗族的力量，而家族和宗族的力量之所以能够发挥作用，又与整个社会的结构和运行机制有关。

中国传统社会向来被称为宗法社会，但是其中的形态却变化多端，并非一成不变。西周确立的封建宗法制度，其实到了秦代的郡县制度，已经趋于瓦解。不过，与宗法紧密相关的宗族和家族的理念和实践，却持续了下来，而且随着鼓吹忠孝的儒家思想与政治权力的联姻，宗族和家族成为合法的社会组织方式。"中国社会组织，以家族为中心。一切制度风尚，几无不由家族扩而充之。"（孙本文，2012c：38）在一定程度上，这也可以说是宗法制度的下移，即由王族贵族的世袭统治制度，演变为社会的普遍组织原则。但是，其间的演变过程，却极为复杂。

秦之统一天下，端赖于高效的科层管理，商鞅变法的核心，就是铲除各种地方力量，将一切都纳入中央的集权管理之中（Kiser & Cai，2003）。在郡县制统治方式之下，开始总是以行政的力量来消除社会的自发力量和趋势。有秦一代，吏民社会的特点已经非常明显。中央集权政府有意识地削弱家族力量，刻意缩小家庭的规模，限制民众之间的交往，以便统治。这基本上是法家的治国理念的体现。《韩非·有度》有云，"民不越乡而交，无百里之戚。……治之至也"。商鞅变法，更以具体举措来实施之，譬如"民有两男以上不分居者，倍其赋"（《史记·商君列传》）。其实，"商鞅改革的目的就是为了建立一个能够对其全部人口实施总体性控制的中央集权的科层制国家"（赵鼎新，2002：112）。宗族之逐步缩小，从株连之法亦可看出。春秋之世，夷宗灭族之事屡见不鲜，或有"九世之卿族""一举而灭之"。在宗法制度之下，宗族作为一个整体出现。待到战国，特别到秦，宗法大族离析，族内各小家间几乎等于路人，彼此无顾，故亦少受牵连。秦所谓的夷三族（父母、妻子、兄弟），范围比春秋之灭族要小得多。其基本规模仍是以直系小家庭为本，而非宗族（张金光，1988）。

汉承秦制，同时在意识形态上，汉武帝开始"罢黜百家、独尊儒术"。陈寅恪曾经以为，"中国文化无非《白虎通》三纲六纪的道德说教，别无他物"。而就在《白虎通》中有云："族者何也？族者凑也，聚也，谓恩爱相流凑也。上凑高祖，下至玄孙，一家有吉，百家聚之，合而为亲，生相亲爱死相哀痛，有会聚之道，故谓之族。"但是这种聚族而居、一呼百应的理想，远未能够普遍实现。"平民家庭，分居常占多数。"（孙本文，2012c：62）所谓"九世同居""宗族百口"实属凤毛麟角。秦晖利用各种可得的数据表明，中国传统基层社会很早开始就是一个"编户齐民"的社会，而非享有高度自治的宗族乡村社会。事实上，"在中国，乡村聚落以居民姓氏命名的历史并不很悠久。这种现象以前基本没有，隋唐始见其萌，宋元渐多，而明清、尤其是清代才大为流行"（秦晖，2003：43）。

从祠堂的发展史亦可一窥聚族而居的历程。虽然南宋理学家朱熹《家礼》立祠堂之制，但当时修建祠堂有等级之限，民间不得立祠。到明代嘉靖方"许民间皆联宗立庙"，于是祠堂遍地开花，聚族而居成为一种合法而流行的社会选择。从商业发展来说，明清徽商的勃兴，颇得益于宗族制度。"在发达的宗族制度下，徽州商人普遍拥有一个人数众多、认同感和凝聚力超越同乡朋友的血亲群体。对徽商的治理模式而言，一个关键性的事实是，商帮成员同时又是宗族成员，族长不仅是宗族的首领，同时又往往是商人组织的头目，使得族规家训可以用来约束同宗伙计。这是两个博弈（宗族内的博弈和商帮内的合作博弈）得以关联的结点。根据关联博弈理论，利用宗族制度治理商帮的主要收益是放松了商帮内部的激励约束，从而节省了商帮内激励代理人的成本"（蔡洪滨、周黎安、吴意云，2008）。

至清代，家族无论是在制度上还是在观念上都已达到相当成熟的程度。民国时期，虽然其他方面发生了诸多变革，但在家族问题上一仍其旧，甚至变本加厉。陈翰笙、林耀华、弗里德曼乃至后来黄宗智的研究，均表明宗族在基层社会的重要作用。署名蒋中正的《中国之命运》一书甚至认为，"中国古来建设国家的程序，自身而家而族，则系之于血统。由族而保甲而乡社，则合之以互助。由乡社以至县与省，以构成我们国家的大一统的组织。故国家建设的基层实在乡社"（蒋中正，1946：100）。而在南京国民政府推行的保甲制中，总是尽量把同姓编在一起，由宗族组织发挥和强化保甲"相邻连坐、互相监督"的功能，保甲的首脑几乎全由宗族的首领所担任。在所推行的乡村自治中，从里长、村长到乡长、区长，几乎均由宗族当权者所荐之人充任，甚或是族长自己兼任。事实上，官方的权力如果不与宗族组织结合，难以在农村中发挥作用（李永芳，2010）。

从上面的追溯中，我们看到的是家族力量如何在基层社会中不断壮大的历程。若从统治与被统治的关系来看，我们看到的是处于被统治地位的民众通过增强自身的组织化而日益崛起的过程。当然，家族之作为社会基础性力量，对于集权政府来说，并非刻意培植的结果，实乃不得不接受的现实。此外，随着政府控制能力的增强，确实也对民间社会乃至民间力量有了更大的容忍限度。或者说，在不能消除的情况下，则另觅他途来予以统治。基层社会一定程度的自治或者自我管理——族权最后蜕变为压在民众头上的几座大山之一，即是明证——也是统治的需要或者统治方式转变的产物。

四　门阀化倾向的潜伏与彰显

如果我们从统治阶级内部关系来看，则情形要复杂得多。法家式的国家观固然试图将皇帝治下的民众原子化，而民众也在实际生活中建构着关系紧密的小共同体，其中最小的单位就是由父母、妻子、兄弟构成的三族制家族（谷川道雄，2002）。最为关键的是，统治阶级本身每每就是家族化的始作俑者和有力践行者。韦伯曾经指出的一个现象，尤为值得关注："历史的真相是一种持续地——虽然大多数情况下也是隐伏的——存在于统治者与其行政干部间，为了占有权（Appropriation）与处分权（Expropriation）而起的冲突"（韦伯，2004：400）。就中国的历史而言，在皇帝、官僚、民众的抽象关系中，等级非常清楚；但从具体情形来说，统治集团往往竭尽所能地利用和凭借政治特权来谋取各自的私利，皇帝及皇室也经常与掌握核心权力的其他官僚家族处于竞争关系之中，同时，在地方社会，"乡曲豪富无官位，而以威势主断曲直"（司马迁，1959）。

中国历史的一个重要方面，就是中央集权与家族势力之间的博弈，而它们之间又具有天然的转化机制，因为中央集权也是为一家之私。"家国同构"必然导致马克思所说的局面："就像皇帝通常被尊为全国的君父一样，皇帝的每一个官吏也都在他所管辖的地区内被看作是这种父权的代表"（马克思、恩格斯，1961：110）。从空间上来说，各个地方确乎成为当地主要家族的势力范围。虽然"求忠臣于孝子之门"——因为"君子之事亲孝，故忠可移于君"，但自古"忠孝不能两全"，对于自身家族的孝敬之心，往往会在关键时刻胜过对于君主的忠诚，主导行动策略的选择。就家庭对社会的影响而言，"最严重的一点自是家庭自身成为目的，而社会成了工具，即一切社会的活动全都以家庭的利益为指归。……春秋之义，不以亲亲害尊尊，而二千多年来社会发展的实际情形恰好与此义相反，即始终是一个亲亲害了尊尊的局面"（潘光旦，1999：201）。

我们大概可以这样说，家族力量，一直是中国历史上一股坚如磐石的核心力量，虽有起伏与沉浮，但每到关键时刻，"打虎亲兄弟，上阵父子兵"。家族之间的竞争，也导致"皇帝轮流做，明年到我家"的改朝换代和"一朝天子一朝臣"。只是随着中央政府控制能力和策略的不同，家族兴盛的方式和规模会有不同。而在统治阶级中，门阀化倾向也一直潜伏着，每当条件成熟的时候，门阀的特征便会显露出来。

那么，门阀化倾向存在的社会依据到底是什么呢？我们可以稍加剖析。中国传统社会的支配结构是家产官僚制。在专制统治下，理论上普天之下莫非王土，皇帝具有至高无上的任意处置的权力。但也因天下之大，皇帝必须假借他人之力来维护统治。这种几乎没有任何限制的处置权力通过郡县制的方式，也分授给了各级各地的主管官僚，他们构成了一张笼罩和覆盖在整个社会之上的具有汲取和攫取功能的网络。在这个体系中，权力经常可以用来与民争利和化公为私，因此，赏予官位其实就是给予攫取财富的机会。专制的权力也是聚宝盆，是财富放大器。在中国传统社会，特权横行，财富所有权更是缺乏明确的法律保障，比如对土地进行巧取豪夺式的兼并便是司空见惯的现象。如果没有政治权力的庇护，财富本身也难以持续保持。"富不过三代"的现象绝不仅仅是因为富二代或者富三代成了败家子，而是在这种体制中，拥有权势者要觊觎和算计相对弱势者的财富太容易了。处于不利地位者往往通过投奔和附属于特权拥有者以谋求生存。这为门户的扩大提供了可能。

而门阀一旦出现，就会凭借自我正当化的力量加速扩张。在中国传统中，道德、学问和权力是交织在一起的。也因此，门阀化确实不同于家族化，且也不单是由家族之内的人组成，如果纯粹是基于亲戚的原则，难免授人以柄，不能获得道德制高点；门阀化也不同于宗派化，似乎要比结党营私更为高妙一点，尤其是在学识造诣上。一般来说，一个新政权经过三代的传承，门阀化的倾向就会显明，因为相关的条件往往已经成熟。这跟通常所谓"三代出一个贵族"庶几同理。门阀因为具有文化和象征资本的传承与累积而自我正当化了，特别是作为传统型权威确立了崇高的地位。在一个集权性的支配框架之下，官僚阶层其实也缺乏根本的保障，他们不得不通过形成宗派的方式来进行利益竞争和自保。通过依附于已经确定了权威地位的门户性派别，他们显然可以获得一定的庇护，大树底下好乘凉。通过吸纳各类人才加入门户，此类宗派也可在舆论方面获得优势。而历来的最高统治者，似乎也喜欢制造出不同的宗派，以便利用他们之间的竞争分而治之。

归根结底，专制统治是为一家之私或者一个集团之私，惟有通过分肥和分赃的方式来笼络人才和人心。如果可能，统治者会铲平一切竞争性力量，唯我独尊，唯我独大；如果不能，则不妨拉拢豪强来共同统治，在这个过程中，经常又是打倒东家扶起西家，于是，门阀也乘势纷纷而起。傅衣凌早在20世纪30年代就探讨过秦汉时期的豪族问题。秦汉的豪族，或是六国的故家遗族，或是各地的大姓，他们不仅聚族而居，还养客蓄奴，勾结官吏，在地方肆意妄为，干法横恣，势必处处与统治者的利益相冲突。秦始皇就"徙天下豪富于咸阳十二万户"，汉朝更是不时予以"流血十余里"式的镇压，"于是急流直转，豪族乃不得不潜伏，所以在东汉以后的社会组织中，我们见有门阀与乡绅的力量，实即为豪族之变相的活动"（傅衣凌，2008：14）。六朝以后的门阀呢？无疑也是经历着不断潜伏与彰显的循环。

五　结语

有关门阀制度的讨论，当然不是出于纯粹历史的兴趣。事实上，门阀化实乃中国社会文化脉络中的一种潜在机制。这在社会学分析上具有特别的意义。譬如，当前国内社会学界有关分层的研究，多以美国的范式为圭臬，其实社会不同，其组织和分化机制颇为不同。在美国，贝尔早就宣称了"家族资本主义的瓦解"，原因在于两个悄无声息的革命：一是权力获得模式的变化，单单继承权已不复是决定一切的因素；二是拥有权力的性质本身的变化，技能和政治地位而不是财产，变成了权力得以确立的根据。这跟美国政治制度的变迁也紧密相关，财产不再是统治的基础（贝尔，2001）。而在中国，抛开家族网络，则根本就无法准确厘定个人的社会地位。虽然1949年以后传统的宗族势力遭到打击乃至铲除，但自改革开放以来，这种势力的复兴程度远远超出想象。象征着改革之肇始的家庭承包责任制，在一定意义上可以说是顺应了传统社会的历史惯性。

事实上，目前中国社会各类资源的分配和获取过程中，家族化的趋势愈演愈烈。国有企业早就开始家族化（张翼，2002），民营企业更是不在话下。近来媒体上频频曝光的官员子女以非常的方式和比例获取官位的例子，或可从《中县干部》所揭示的"家族政治"中求得解释。冯军旗在深入调研后发现，在一个副科级及以上干部仅有1000多人的农业县里，竟然存在21个政治"大家族"和140个政治"小家族"。在这个庞大的"政治家族"网络中，一些秘而不宣的潜规则变得清晰可见。有的官位"世袭"，或是几代人，或是亲属连续稳坐同一官位；有的裙带提拔，凡是副处级及以上领导干部的子女，至少拥有一个副科级以上职务；普遍的规则是"不落空"现象，干部子弟的工作会随着单位盛衰而流动。更为可怕的是，政治家族之间并不割裂，往往以联姻或者拜干亲的方式交织在一起。如此的门当户对，如此的龙生龙凤生凤，不仅阻断了草根百姓的上升通道，也使官场生态变得更为恶劣。政治家族已然在当地形成了地方利益集团和势力集团，他们阻挠任何不利于自身利益的举措，同时，大凡有巨额利益可图之处，必然也有政治家族势力介入的背景。这种力量盘根错节，极为强大，试图整治者不仅投鼠忌器，极端情况下甚至可能遭到反击而自身不保（冯军旗，2010）。

目今，吹嘘出身和门第的做法，似乎又盛行起来。而现行的教育体系，特别是优质教育资源的集中和为少数利益群体所垄断，确实也在扩大门户差异上推波助澜。从各类"二代"现象中，足见门第之重要。当然，由于计划生育政策，家庭的规模受到限制，可能影响家族的规模。但是有权势者似乎所受影响甚小。当然，"门户私计"也绝不局限在血缘关系。门户可能演变为宗派或派系。宗派或派系之盛行于中国社会的各个角落，已是众所周知的了。更为可怕的是，在不少中国人心目中，在门户或派系之外，别无更高的利益所在或原则约束。这种门户逻辑，也已经到了让人不得不重视的程度。当然，特别需要注意的是门阀化倾向自我正当化的问题，即占据高位、垄断资源的集团，认为他们比别人更配更值得，乃至更为高贵和高雅。

解决之道，恐怕不在铲除门户，而在将门户的发展纳入符合公平正义原则的轨道之中。私人门户之危害，正在鲸吞和侵占公共权力。只要公共权力的运作受到合理的制约，不在"门户私计"中为虎作伥，我们当乐见门第之美！何况，我们至今仍在追慕着魏晋风度的流芳千古！那种自觉的个性张扬和洞彻的生命感悟，没有世家背景确实难以成就出来。

参考文献

贝尔，丹尼尔，2001，《意识形态的终结》，张国清译，南京：江苏人民出版社。

蔡洪滨、周黎安、吴意云，2008，《宗族制度、商人信仰与商帮治理：关于明清时期徽商与晋商的比较研究》，《管理世界》第8期。
陈序经，2004，《中国文化的出路》，北京：中国人民大学出版社。
陈寅恪，1987，《陈寅恪魏晋南北朝史讲演录》，万绳楠整理，合肥：黄山书社。
——，2001，《隋唐制度渊源略论稿》，北京：生活·读书·新知三联书店。
成伯清，2012，《情感、叙事与修辞：社会理论的探索》，北京：中国社会科学出版社。
费孝通，1985，《乡土中国》，北京：生活·读书·新知三联书店。
冯军旗，2010，《中县干部》，北京大学社会学系博士研究生学位论文。
傅衣凌，2007，《明清封建土地所有制论纲》，北京：中华书局。
——，2008，《休休室治史文稿补编》，北京：中华书局。
谷川道雄，2002，《中国中世社会与共同体》，马彪译，北京：中华书局。
蒋中正，1946，《中国之命运》，北平时报社。
李永芳，2010，《简述家族文化在民国时期的演变》，http://www.ccrs.org.cn/show_4336.aspx。
马克思、恩格斯，1961，《马克思恩格斯全集》第9卷，北京：人民出版社。
帕累托，2003，《精英的兴衰》，刘北成译，上海：上海人民出版社。
潘光旦，1999，《潘光旦选集》第一卷，北京：光明日版出版社。
秦晖，2003，《传统十论》，上海：复旦大学出版社。
田庆余，1996，《东晋门阀政治》，北京：北京大学出版社。
司马迁，1959，《史记》，北京：中华书局。
孙本文，2012a，《孙本文文集》第一卷，北京：社会科学文献出版社。
——，2012b，《孙本文文集》第二卷，北京：社会科学文献出版社。
——，2012c，《孙本文文集》第三卷，北京：社会科学文献出版社。
王亚南，1981，《中国官僚政治研究》，北京：中国社会科学出版社。
韦伯，2004，《经济与历史；支配的类型》，桂林：广西师范大学出版社。
杨筠如，1930，《九品中正与六朝门阀》，北京：商务印书馆。
张金光，1988，商鞅变法后秦的家庭制度，《历史研究》第6期。
张祥浩，2011，《王守仁评传》，南京：南京大学出版社。
张翼，2002，《国有企业的家族化》，北京：社会科学文献出版社。
赵鼎新，2002，《东周战争与儒法国家的诞生》，上海：华东师范大学出版社、上海三联书店。
郑樵，1987，《通志》，北京：中华书局。
Bourdieu, P., 1986. "The Forms of Capital", in J. Richardson (Ed.) *Handbook of Theory and Research for the Sociology of Education*. New York：Greenwood.
Kiser, Edgar & Yong Cai, 2003. "War and Bureaucratization in Qin China：Exploring an Anomalous Case", *American Sociological Review*, Vol. 68（August：511-539）.

（责任编辑：周晓虹）

重新认识文化研究在中国社会学中的地位*

——兼论孙本文对文化社会学研究的贡献与局限

刘少杰**

摘　要： 重视文化研究是孙本文等社会学家在20世纪前期形成的中国社会学优良传统，尽管孙本文的文化社会学有泛文化论倾向，但仍不失为一种积极的社会学研究取向。在"左倾"政治思潮的压抑下，中国社会学连同其文化研究被禁闭，改革开放后也未能对文化研究给予足够重视，这不利于避免社会学研究的表层化倾向。费孝通呼吁加强社会学的精神文化研究，对于重建中国文化社会学具有重要指导意义。并且，因社会生活网络化和消费社会到来而引起的价值观念变迁，也要求提升文化研究在社会学中的地位，为推进文化社会学发展提供了现实基础。

关键词： 文化社会学　价值观念　网络社会　消费社会

孙本文在20世纪20~40年代大力提倡社会学视野里的文化研究，对文化因素在社会生活中的地位与作用做了深刻论述。并且，比孙本文早些或同时代的其他社会学家也十分重视中国社会变迁中的文化问题。只是到了20世纪50年代，文化研究才在"左倾"政治思潮的压抑下被排斥甚至

---

* 本文为教育部文科重点研究基地重大项目"新形势下社会认同分化与整合"（10jjd840004）的阶段性成果。本文首次发表在《社会科学研究》2012年第5期。
** 刘少杰博士，中国人民大学社会学系教授（liushaojie@ruc.edu.cn）。

取消。排除文化研究对中国社会学的健康发展造成了很大伤害，这种影响本应随着"左倾"政治思潮被抵制而得到纠正，但改革开放以来，文化研究的重要性在社会学中并没有得到普遍认同，轻视和排斥文化研究的倾向仍然在继续。认真总结文化研究在中国社会学历史中的经历，重新认识文化研究在中国社会学中的地位，对于摆脱中国社会学研究表层化和边缘化具有十分重要的意义。

一　重视文化研究的中国社会学传统

重视文化因素，并对社会学视野里的文化现象做了深入的理论阐述，这是孙本文对20世纪前期中国社会学的突出贡献。孙本文之所以高度重视文化因素，首先在于他对社会学使命的判断。在1934年写的《社会学原理》初版序言中，孙本文开宗明义地指出："社会学何为而作乎？曰，为研究人类共同生活之原理原则，而求所以改良进步者也"（孙本文，2012）。但人类社会存在种种矛盾冲突，因此欲求社会改良之进步并非易事，需要对社会矛盾做出有效调适。而调适社会矛盾的关键又在于文化："人类满足需要，解除侵迫，以调适环境而求生存者，其枢纽惟在文化"（孙本文，2012：15）。

孙本文把调适社会矛盾的关键定位于文化，是基于他对文化的地位与功能的认识。孙本文指出："文化者人类心力所造作以调适于环境之产物也。人类造文化，积文化，传文化，而即用文化，行文化；于是人类不能离文化，于是文化为人类社会之一种势力，一种支配之势力。举人类生活之全体各部，莫不有文化贯彻，莫不为文化支配。"（孙本文，2012：15）从孙本文关于文化形式与文化分类的论述可以看出，他理解的文化是一种广义的文化，不仅包括各种人类活动的产物，而且包括支配人类行为的各种制度和观念。

孙本文重视文化因素还在于他对社会基本构成及其相互关系的判断。孙本文认为社会的基本构成要素可以分为四大类，即地境要素、生物要素、心理要素和文化要素，"地境要素与生物要素，固皆有限制人生之力量，但仅为消极之限制，而非积极之宰制。即此消极之限制，亦因文化进步而日减。心理要素，似有左右人生之力，但人类心理特质，大率在文化环境中陶冶而成。故就大体言，心理特质，仅可谓为文化之反映而已。文化达何种程度，心理即生何种变化"（孙本文，2012：15）。由是观之，孙本文把地境要素和生物要素都看作制约人类生命活动的消极性要素。心理要素虽然可以支配人的行为，但心理是在文化环境中形成的，并且是对文化的反映，也具有被制约的被动性，所以不是真正的积极要素。只有文化才是真正的积极要素,文化要素不仅可以降低地境要素和生物要素对人类的限制,而且还可以促进人们的心理发展。

概言之,孙本文主张的是一种旨在化解社会矛盾、推进社会进步的积极的社会学研究,而在社会结构中具有调适社会矛盾的积极作用且广泛存在于社会生活各种层面的因素则是文化,于是,文化则成了孙本文社会学研究的主要内容,他也因此被誉为中国文化社会学的代表。虽然孙本文也重视心理问题的研究,但由于他仅从个体心理学的角度讨论心理现象,并把个体心理归结为对文化的反映,所以他对心理问题的重视程度和心理研究在他社会学体系中的地位必然从属于文化研究。

如果突破个体心理学的限制,从个体、群体乃至社会以及三者的关系来思考社会生活中的心理问题,亦即从社会心理学的视角看待社会生活中的心理现象,心理同文化的关系就变得更加复杂了。不仅人们从事各种文化活动、创造文化产品是在心理活动的支配下进行的,而且作为各个民族、各种群体的文化传统最稳定表现的各种制度——无论是正式制度还是非正式制度——也都是在各种心理活动的基础上形成的。所以,不应当把心理活动仅仅看成是文化环境的产物和文化现象的反映,还应看到心理活动对文化的基础作用。并且,就人类社会生活的主动性和被动性而言,心理活动既是主动性的根基,也是主动性最活跃、最复杂、最深层的表现。

孙本文重视文化研究,还有一个更加重要的原因,即 20 世纪前期中国社会对中国学术界提出的时代课题。当时的中国社会,不仅有帝国主义列强瓜分,特别是日本帝国主义的疯狂侵略,还有军阀割据、连年内战,神州大地水深火热,中华民族面临灭顶之灾。孙本文像同时代的仁人志士一样,急于回答怎样唤起民众、驱逐敌寇、救族保种、振兴中华的这一民族生死存亡的重大问题。由于孙本文把文化看成是化解社会矛盾、促进社会进步的积极因素,他就必然把社会学研究的主要关注点聚焦在文化上。因此,孙本文注重文化社会学,不仅是他个人的学术建构,也是 20 世纪前期中国社会的时代要求。

正因为重视文化问题是回答中华民族如何摆脱危难、寻求发展的时代要求,19 世纪末至 20 世纪前期,有很多学者像孙本文一样热切关注中国社会的文化问题。严复不仅不断地批判儒学教条,主张放弃保守陈旧、限制人性、反对进取的旧文化传统,而且积极地从救国保种的价值取向出发,把斯宾塞具有消极的不干涉主义和利己主义的社会学翻译为整合社会、团结进取的群学。康有为在对儒学经典的重新阐释中,论及了大量中国社会问题,特别是在《大同书》中,对中国文化传统开展了广泛而深入的批判,堪称最早的中国制度社会学或文化社会学著作。梁启超不仅在十分广阔的文化视野里总结了中国古代学术思想的演化趋势,而且吸收了严复和康有为从西学和中学两个角度阐发的社会学思想,以20世纪初的中国社会为基础,对儒学为核心的中国传统文化开展了更加深入的批判,阐述了超越中西文化传统对立的化育新民、重建中国社会的社会学理论,为中国社会学做出了奠基性贡献。

在20世纪前期的中国社会学中,对文化问题做出最深刻、最有创新性论述的是梁漱溟。与孙本文的文化社会学主要是承继西学传统不同,梁漱溟的文化社会学则是立足于本民族文化传统。梁漱溟深刻而具体地比较了西方文化、中国文化和印度文化的不同特点和利弊得失,阐述了文化三大路向学说。在梁漱溟看来,与西方在主客关系中向前看的文化路向不同,中国是在伦理关系中持中调和的"往旁边看"的文化路向。虽然中国文化有其欠缺不足,但中国文化并没有完全衰落过时,其中仍然有不可轻视的积极因素值得发扬光大。更为重要的是,梁漱溟还把他的文化社会学思想付诸乡村建设实践。在他领导的长达十年之久的乡村建设运动中,开展乡村教育,提升农民的文化水平,成为乡村建设的主要任务。

总之,文化问题或文化研究在20世纪前期的中国社会学中占有十分突出的地位,是孙本文、严复、康有为、梁启超和梁漱溟等一大批社会学家学术研究的主题。重视文化问题,开展文化研究,使早期中国社会学表现了与西方某些实证社会学流派不同的鲜明特点,即克服了单纯的客观主义和科学主义倾向,明确张扬救国保种、振兴中华的强烈的价值理想,以积极进取的学术思想推进中国社会的改造重建。因为文化的核心是价值理想,把文化作为研究主题的社会学就一定是有明确价值要求且以推进社会发展进步为己任的积极社会学。也正是突出了文化研究的地位,早期社会学显示了丰富多彩的思想内容和蓬勃向上的旺盛活力。

二 淡化文化研究的当代中国社会学

20世纪前期形成的重视文化研究的中国社会学传统,经过50~70年代的政治浩劫,几乎荡然无存。且不说在中国社会学被禁闭的20多年间,文化研究同其他层面的社会学研究一样哑口无言,就是在80年代社会学重建后,文化研究也没有随着社会学其他方面研究的迅速恢复而复兴,相反保持了长期的低潮状态。尽管每年也能发表一些关于文化的社会学研究成果,但比起流动分层、群体组织、社会资本、网络关系、社区建设、社会管理等方面的研究成果，实在是冷热分明、差别甚大。

在试图说明社会学中的文化研究同其他方面研究的差别时，应当对社会学视野里的文化研究做个相对明确的界定。否则，如果在泛文化论意义上讨论文化研究，那么时下社会学开展的所有研究都可以归结为文化研究，文化研究也就无所谓淡化的问题了。例如，孙本文就具有一种泛文化论倾向，在他的视野里，文化现象就是全部的社会现象。孙本文指出："我们可分宇宙间现象为两大类：就是文化现象与非文化现象。我们以人力造作与利用，为此两类现象区分的标准。凡经人力造作或利用的种种现象，都是文化现象；否则都是非文化或自然现象。"（孙本文，2012：264）按孙本文这种理解，不仅社会学研究的全部内容都属于文化研究，而且其他人文社会科学的研究也都属于文化研究，大概正是在这个意义上人们也把孙本文的社会学称为综合学派。

在社会学视野里，文化社会学研究应当是一种同社会学其他分支学科有清楚区别的研究。虽然社会学中已有很多关于文化社会学研究对象、研究方法的讨论，例如德国齐美尔为代表的文化形式学派，美国沃德、吉丁斯以及英国弗雷泽等人为代表的文化心理学派，还有文化地理学派、文化人种学派等，凡此种种学派都从不同角度对文化社会学研究做了界定，众说纷纭，莫衷一是。费孝通晚年关于文化研究的论述，对正确界定文化社会学研究有重要指导意义。在费孝通看来，社会学开展文化研究应当有自己的特殊视角，即在个人和群体关系中研究文化，他指出："从'个人和群体'的角度理解文化，'文化'就是在'社会'种种群体形式下，把历史上中国个体的、有限的生命的经验积累起来，变成一种共有的精神、思想、知识财富，又以各种方式保存在一个个活着的个体的生活、思想、态度、行为中，成为一种超越个体的东西。"（费孝通，2004：9）

从费孝通的论述可以清楚地看出，社会学应当在个体和群体的关系中把握文化现象，文化是从个体的生命活动中积累而成的群体共有的精神、思想和知识财富，反过来具有群体或社会公有性的文化又以各种方式储存在个人的思想和行为中。这就是说，虽然文化包含的内容和表现形式十分复杂，但其本质是群体中共有的精神、思想和知识。这意味着，在社会学的理论视野中，文化主要指精神、思想和知识，亦即通常所说的精神文化，而不是泛指包含物质文化和精神文化在内的人的全部活动及其产品。

如果像费孝通这样把文化限定为精神、思想和知识，那就很容易理解改革开放以来中国社会学在文化研究上的薄弱性。也正是基于这个角度，费孝通晚年一再呼吁中国社会学要扩展传统界限，要关注精神世界、内在世界，要研究思想文化和价值信念。尤为重要的是，费孝通认为社会学不能仅仅模仿自然科学或利用数学的研究方法，因为自然科学和数学的方法无法解释本质是精神的文化现象；应当用解释学的方法去理解文化中蕴含的意义或价值，特别是应当重视中华民族"只能意会""将心比心"等交流沟通方式，因为这是同自然科学不同的思维方式和交往方式，是中华民族世代传承的文化传统。

费孝通所提倡的以价值理想和思想知识为主要内容的文化研究，恰恰是中国社会学改革开放以来的一个薄弱环节，是同社会学其他方面的研究相比很不相称的一个落后层面。正是针对这种薄弱性，费孝通呼吁："中国丰厚的文化传统和大量的社会历史实践，包含着深厚的社会思想和人文精神理念，蕴藏着推动社会学发展的巨大潜力，是一个尚未认真发掘的文化宝藏。从过去20多年的研究和教学实践来看，深入发掘中国社会自身的历史文化传统，在实践中探索社会学的基本概念和基础理论，是中国学术一个非常有潜力的发展方向，也是中国学者对国际社会学可能做出贡献的重要途径之一"（费孝通，2004：5）。

文化社会学研究在当代中国社会学中被淡化的原因很多，但最重要的原因在于20世纪50年代开始遭遇的20多年"左倾"政治禁闭。在"反右斗争"中作为"资产阶级反动思潮"被禁闭起来的中国社会学，不仅中断了19世纪末到20世纪前期形成的重视文化研究的社会学传统，而且给80年代重建的中国社会学留下了一个"思想文化恐惧症"。一方面，中国社会学被打成反动的资产阶级学术思潮，本身就是一个思想文化现象，重建之后的中国社会学未能从根本上亦即从思想深处清理"左倾"政治思潮给自身造成的迫害，而是匆忙迎接改革开放大潮，直面社会结构发生的快速变化；另一方面，重建之后的中国社会学形成了一种具有一定普遍性的共识：把社会学建成一门远离政治意识形态的实证科学，而这实际上是消极地吸取了"左倾"政治迫害的经验教训。

如果社会学研究以实证科学自居，它就必然要排斥文化研究。因为文化的实质是精神现象，其核心是价值信念，其表现形式是反映着人们的思想意识活动、包含着各种生命意义的符号象征。文化现象的这些特殊品质规定了它首先是主观性的展现，它不仅不是单纯的客观性，而且也不能被量化分析，更不能得出"精确的"答案。因此，严格的实证科学研究一定要排斥对文化因素的分析和对文化现象的解释，只有将这些充满不确定性的文化观念和文化符号从研究对象中抽取出去，或者把它们悬置起来，事物的客观性才能变得纯洁，量化计算才能相对明确。

中国社会学淡化文化研究的另一个重要原因是：在思想理论准备不足的前提下，过高估计了客观原则和量化分析的普遍适用性。应当承认，客观原则和量化分析在社会学研究中有一定范围或一定程度的适用性，因为社会生活中确实存在某些可以客观观察和数学计算的现象。但同时还应当看到，社会生活中还有大量的不可客观计算的主观性和思想文化现象，特别是那些表达主体意愿或理想追求的价值信念，更是不可客观观察和量化分析的。但在实际的社会学研究中，很多研究不恰当地把客观原则和量化分析方法用到那些不适用的对象上，导致社会学研究中方法原则与研究对象的错位。

注重表面观察和单纯经验描述的研究方式的流行，也是淡化文化研究的原因之一。虽然文化可以通过各种象征形式表现出来，并且大量的文化象征是感性形式，具有具体直观性和生动可感性，但是，文化形式中蕴含的意义与价值必须经过充分理解和深层感悟才能真实地把握到。那些满足于对经验事实存在状态和展开过程进行表面观察和简单描述的研究，即便接触到了文化的外在形式，也理解不到其中蕴含的价值与意义。文化的本质是价值与意义，达不到对价值信念和生命意义把握的研究，无论是否面对了文化现象，都不是真正意义上的文化研究。

三 重新认识文化研究的地位与作用

费孝通晚年呼吁开展文化研究，不仅表明他期望中国社会学在更广阔的视野里开展更深入的研究，而且也清楚说明他看到了中国社会学在文化研究上的欠缺。费孝通的论述意义深远，无论从中国社会今天面临的紧迫任务还是从中国社会学的深入发展而言，加强文化研究都是不可回避的重大时代课题。

经过改革开放和市场经济的快速发展，中国不仅赢得了经济发展水平的大幅提高和社会财富的大幅增长，而且也因为发展的不平衡性导致利益分割、社会分化甚至社会不公。如何有效化解各种层面的社会矛盾，保证经济在稳定的社会秩序中持续发展，已经成为中央和省市各级政府当务之急。虽然进一步推进指向公平的经济改革、加强社会建设和社会管理，能在一定程度上缓解社会矛盾的发生和蔓延，但因为经济利益分割和社会贫富分化等社会矛盾引起的思想观念冲突，仅凭经济制度和社会政策等方面的调整，并不一定能够起到有效的化解作用。必须同时针对社会不同层面思想观念的矛盾，做出必要的引导与调适，才能使经济社会发展获得一个健康稳定的思想文化基础。

思想文化方面的问题已经引起哲学、文学和思想政治等学科的高度重视，这些学科已经投入了一定的精力，开展了很多研究，但这些学科的研究替代不了文化社会学的研究。文化社会学可以从个人与群体、分层与流动、行动与制度、家庭与社区等社会学特有的视角，对新形势下思想文化的分化与整合、冲突与协调、传统与创新等问题开展别开生面的研究。尤为重要的是，像孙本文和费孝通等人都已明确指出的那样，文化问题一定是社会问题，只有把文化问题放到社会关系中才能有更明确、更真实的理解和把握。社会学也不应当淡化文化研究，只有把社会学各种层面的研究同文化研究紧密联系起来，社会学才能深入到各种社会问题的深层，才能做出不流于表层的深度解释。

如果从更广阔的视野和更长远的眼光看，文化研究在社会学中的地位就更加突出。首先从中国社会生活快速网络化的发展趋势看，文化研究已经在中国社会学中被明确地推向了前台。据中国互联网络信息中心发布的第29次统计报告显示，截至2011年12月月底，中国网民已达5.13亿，手机网民3.56亿。这表明有一半以上的中国人已经成为网民。又据麦肯锡咨询公司2010年发布的报告显示：中国60个大中城市的居民70%的业余时间在上网，小型城镇居民的这一比例为50%。这些数据足以说明中国社会网络化已经实现了快速扩张，网络浏览、网络表达和网络交往等已经成为广大社会成员普遍的行为方式。

然而，无论网络行为的表现形式多么丰富多样、网络行为的扩展空间多么广阔，网络行为的本质是信息沟通和观念表达，是一种思想文化活动，因此，网络化进程就是思想文化在社会生活中地位提高的过程，就是对文化社会学研究的呼唤与推动。更为重要的是，如卡斯特所论，网络社会的崛起已经突显了一种崭新的社会权力，即社会认同。在网络社会中的认同已经不仅仅是传统社会学论述的个体身份认同，而是群体通过网络交往形成的价值认同，是广大基层社会成员根据自己的利益而发出的要求政府维护社会公平正义的建构性认同。而这种包含明确价值原则的社会认同，正是文化社会学研究的核心问题。在这个意义上，正在蓬勃兴起的网络社会学研究，也是一种新形式的文化社会学研究。

与社会生活网络化同时发生的工作方式个体化和价值观念重组，也是文化社会学研究亟待深入开展的重要根据。福山对此做了发人深省的论述，他尖锐地指出："电缆信道、低廉的购物市场，或者朋友在因特网上相聚，选择自由已呈爆炸之势。一切等级制度，不论是政治的还是法人的，都遇到了压力，并开始走向崩溃"（福山，2002：6）。"这些变化本身使20世纪中叶工业社会中盛行的社会价值观念形成了大分裂"（福山，2002：6）。工业社会中形成的价值观念，是顺应机器生产的要求而形成的崇尚集中和统一、强化组织和纪律的价值信念。而在互联网、计算机和手机通讯等现代媒体的支持下，人们的工作方式发生了越来越明显的个体化趋势，越来越多的个体可以脱离集体在独自的空间中工作。这种摆脱组织化和集中性的工作方式也促使人们放弃了工业社会中形成的价值观念，原来能把社会成员整合起来的价值体系走向了分裂。

福山认为工业社会价值体系的瓦解就是熊彼特所说的"创造性破坏"，并且这是一种不可回避的分裂性破坏。"强烈个人主义的文化在市场和实验室里会带来创新和经济增长，社会规范领域已经充斥了此种个人主义的文化，它实际上已侵蚀了形形色色的权威，削弱了维系家庭、街坊和民族的纽带。"（福山，2002：6）可见，福山把这种个体化趋势看作文化变迁，是个人主义文化向经济、政治和社会生活各种领域的全面侵入，它将导致旧社会秩序的紊乱和新社会秩序的重构。因此，这种变化要求社会学更多地关注精神文化，要把价值信念或思想观念的变迁看成是导致整个社会结构和社会秩序变迁的直接根据。这不仅对文化社会学研究提出了严峻挑战，而且也为文化社会学的发展提供了广阔空间。

导致工业社会价值体系瓦解的另一个原因是，人类社会已经从生产社会进入消费社会。鲍德里亚对这个重大变化做了深刻论述，在他看来，随着新技术革命和物质生产力水平的大幅提高，物质生活资料匮乏的时代已经过去，人类社会已经进入了物质商品相对过剩的丰盛时代。而这个空前重大的变化导致生产与消费发生易位：在物质生活资料匮乏的工业社会，只有生产出来才能消费，所以生产是第一位的；而到了物质生活资料已经呈现丰盛状态的后工业社会，生产却从属于消费，因为只有促进了消费才能继续生产，消费替代了生产的首要地位。这个变化改变了物质商品对人类生活的意义，在工业社会或生产社会，物质商品对人们的意义是使用价值，而到了后工业的消费社会，物质商品对人们的意义是符号价值。

追求使用价值，必然注重生产秩序；追求符号价值，注重的则是象征秩序。而在生产秩序和象征秩序中人们遵循的是两种不同的行为逻辑。生产秩序是人类为了摆脱贫困而努力征服客体、改造自然并获取财富的秩序，在生产秩序中人类遵循的是追求功利、提高效率的理性选择逻辑。而在象征秩序中，人类遵循的是一种追求符号差别和象征意义的符号交换逻辑：是一种基于差异、扩大差异、消费差异而追求符号价值的逻辑。"意义从来不存在于经济关系之中,即一种被理性化了的选择和计算之中,从来不存在于那些既定的、被预设为自发的、有意识的主体之中,也从来不存在于那些依据理性的目的而被生产出来的客体之中,而是向来存在于有差异的、被体系化了的一种符码之中,与理性的计算相对立。意义是一种构建社会关系的差异性结构,而不是主体本身。"(鲍德里亚,2009:59)

正因为存在于符号秩序之中的消费社会是一种追求意义或价值的社会,而意义或价值正是文化的核心,是文化社会学追求的对象,所以消费社会的到来,就意味着文化在更广阔、更深刻的层面主导着人类社会,鲍德里亚称之为经济社会被文化了:"文化中心成为商业中心的组成部分,但不要以为文化被'糟蹋',那就太过简单化了。实际上,它(商业中心)被文化了。同时,商品(服装、杂货、餐饮等)也被文化了"(鲍德里亚,2008:4)。如果商品和商业中心被文化了,那么人们看待商品的意识和消费商品的行为也不可避免地被文化了,商品社会也必然由此而变成了文化社会,以追求效率和功利为核心的理性社会学也必然发生转变,注重感性象征的文化社会学将会在广阔的空间和坚实的基础上发展起来。

参考文献

鲍德里亚,2009,《符号政治经济学批判》,夏莹译,南京:南京大学出版社。
——,2008,《消费社会》,刘成富、全志钢译,南京:南京大学出版社。
费孝通,2004,《试探扩展社会学的传统界限》,载《中国社会学年鉴(1999 - 2002)》,北京:社会科学文献出版社。
福山,2002,《大分裂》,刘榜离等译,北京:中国社会科学出版社。
孙本文,2012,《社会学原理》初版序言,载《孙本文文集》第 1 卷,北京:社会科学文献出版社。

(责任编辑:周晓虹、阎玉芳)

和弦与变奏：孙本文文化社会学与黄文山文化学之比较

杨渝东[*]

摘　要：本文讨论了孙本文与黄文山在民国时期的文化社会学与文化学对文化的不同立场。这两位接受过相似学术训练的文化论者面对当时中国复杂的文化论争局面，根据文化社会学的德美流派做出了自己的选择，而他们相对的局限，使得各自的文化论说没有超越时代的限制。

关键词：孙本文　文化社会学　黄文山　文化学

孙本文和黄文山，是北京大学（以下简称北大）和哥伦比亚大学（以下简称哥大）的校友，又曾共同执掌过中央大学社会学系。在民国两大重要学术团体——中国社会学社和中国民族学会——的创建过程中，两人亦都比肩而立，风雨同舟。更为重要的是，他们在民国时期倡导将"文化"概念加以科学化的学术努力中都做出了类似、相关但又有所不同的贡献。贡献类似和相关，是因为他们有较为相同的学术背景，尤其是在美国文化人类学大本营——哥大——的训练让他们对美国文化社会学和人类学有非常深入的了解。贡献不同，是因为两人的学术目标出现了分叉，一个坚定不移地坚持文化社会学及其中国化的路子（孙本文）；一个则试图跳出文化社会学和文化人类学的学科限制，创设一门立基于前两者和其他理论资源基础上的"文化学"（黄文山）。表面上看，两者的差异只是学术层次上的不同，但实际上这背后蕴含了一个非常大的观念形态的区别，那就是孙

---

[*] 杨渝东博士，南京大学社会学院社会人类学研究所讲师（yangyudong@nju.edu.cn）。

本文看重学科的中国化,要把"文化"变成一个分析性的概念,来探讨中国问题,并建立中国的文化社会学,改善中国的社会状况。而黄文山把文化看作人类共享的事业,他想对话的不是中国的情境,而是整个世界和人类的状况,只有建立普适性的文化学,才具有走出世界所处困境的可能。那么,同为欧美20世纪前后的"文化"研究与观念形态落户到中国的结果,他们是怎样不同的,不同的具体内涵是什么,以及这种不同对于理解中国20世纪20~40年代的社会思想史又有何意义?这些是本文试图回答的问题。

一 轨迹相似的求学之路

1915年,23岁的孙本文考入北大哲学门,并于1918年从北大哲学门毕业,而就在他离开北大再次回到江苏担任教书先生的这一年,黄文山也从清华大学考入北大哲学门,时年20岁。他们是北大同门系友,都听过陈独秀、马叙伦、康宝忠、梁漱溟等名师的课,不过一个前脚刚走一个后脚就进,未曾在北大蒙过面。而在这一进一出的差距之间,北大哲学门师资的变故,使得孙、黄二人在学术基础上有了不同的色调(孙世光,2001)。

在两人对这段学习生活的回忆中,孙本文主要提到了康心孚,并曾专门撰文纪念这位社会学的启蒙老师。黄文山提到最多的是一位影响更大的老师梁漱溟。康心孚毕业于早稻田大学,是中国最早开设社会学课程的教授,可惜英年早逝,孙本文毕业一年之后,他就在一次晨课后突然去世[①]。此时黄文山才入学一年,是否听过康心孚的课不得而知,不过可以肯定的是康氏对哲学门学生的影响也因其离世戛然而止,所以黄文山并没有受到太多社会学知识的启蒙。而他最为欣赏的梁漱溟则是1917年受蔡元培之邀入哲学门任教,并一直待到1924年。虽然梁无疑也曾教过孙本文,但当时他主要讲的是"印度哲学"(艾恺,2003:47),这对已经萌生了社会学兴趣的孙本文来说,显然是有点听不进去。但从1918~1922年一直待在北大哲学门的黄文山来说显然对梁情有独钟。

这段时期正好是梁漱溟思考和教授中国、印度、西方哲学之差异的巅峰期,并于1921年出版了《东西文化及其哲学》,掀起了知识界关于文化学的大争论。梁漱溟的横空出世,受世人瞩目,并在文化论战中不落学术名流(如胡

---

① 康心孚1919年11月1日在北京法政专门学校上完早课后,"吸撄风疾,赫然长逝",年仅35岁〔参见《北京大学日刊》,中华民国八年(1919)11月7日〕。

适）下风的光彩，无疑对黄文山产生了极大的冲击。1922年赴美之后，他还在继续研读梁氏的这本经典。梁漱溟从思想、精神以及意欲方向的角度为文化分类并分析其差异的方法，显然在黄文山的心灵上打下了深刻的烙印。

  这两个同门师兄弟虽然在北大擦肩而过，不过缘分却未尽：他们几乎同时进入哥伦比亚大学深造。孙本文1921年赴美，先在伊利诺伊获得社会学硕士学位，然后就于1922年10月转入哥大。黄文山则于同年秋从北大毕业后考取公派留学名额赴哥大留学。当时赴美留学的学生，由于政府"重理轻文"、文科中又"重法商轻哲社"的实用倾向主导，选择社会学作为专业的人屈指可数（陈新华，2009）。因此，作为同年入学攻读社会学的学生，虽然一个读博士，一个读硕士，但肯定是相互认识并熟悉的。不过，孙本文在哥大只待了一年半多的时间，1924年7月，他因经济问题去了纽约大学，并在那里获得博士学位。而黄则辗转于哥大、克拉克大学等校，最后在1928年获哥大的硕士学位。两人对这段经历都没有回忆性的文字，但从他们后来共事的经历来看，这段不算太长的时间是他们学术生涯的第一次近距离接触期，并为将来的合作打下了基础。

  20世纪20年代的美国社会学，基本上是哥伦比亚大学和芝加哥大学（以下简称芝大）平分天下的格局。芝加哥大学于1896年由斯莫尔（Small）创建了世界上第一个社会学系，并经派克（Park）、托马斯（Thomas）等人的努力，到20世纪20年代已经赫然赶超历史悠久的名校，成为一个重要的社会学派。而哥大则是传统名校，社会学系的建立也仅次于芝大，由美国本土出身的季廷史（Giddings）一手掌舵而成，着重心理、文化与区域的结合，依然有与芝大相抗衡之势（Fabris，1967）。实际上，芝大作为美国大学的后起之秀，有更加关注美国面临的社会现实，以及进行学科建设的迫切要求，因此芝大的经验取向和城市社区研究成为主流。而在作为常春藤的哥大，美国当时面对的另一个更加传统的问题，即族群与地域分布，以及如何让不同的生活方式和心态融合成一个美国文化的问题，却一直是学者关注的核心。因此，在哥大的社会学，关注的视野超出了学者生活的城市，其整体氛围也更倾向于讨论不同群落文化的变迁与适应。在这里面，哥大人类学对社会学的影响是显而易见的。

  在哥大，孙本文选择的训练还是延续他在北大时打下的社会学基础，走的是科学路线。孙本文的学习基本上围绕社会科学的主要门类展开，而少有旁骛。这几个主要门类就是心理学、社会心理学、社会学和人类学，当时在哥大这几门学科的代表人物都是孙本文的老师，其中包括心理学系主任吴伟士（Woodworth）、以进化心理学著称的社会学主任季廷史（Giddings)、季氏的学生、美国文化社会学派创始人乌格朋（Ogburn）以及前面提到的美国现代人类学奠基人博阿斯（F. Boas）。从孙本文后期的著述来看，他在哥大打下了良好的社会心理学基础，受到了文化人类学的影响，但他最终择为己业并深刻研究的，是融合了人类学的文化观，但又将之改造为科学主义倾向的乌格朋的文化社会学。

与孙本文不同，黄文山依然沉浸在作为精神体系的文化学立场当中，而哥大整体强势的"文化学"研究氛围显然让他倍感兴奋。研究印第安人文化分类与统一性的博阿斯、实用主义大师詹姆斯弟子克伦（Kellen）、研究欧洲中世纪史和欧洲科学与炼金术史的文化史学家桑代克（Lynn Thorndike）、关注西方战争与人类文明的社会史学大师班恩思（Harry Barnes）等都是黄文山曾经师从的人物（黄有东，2007），相反，对文化问题不甚关注的社会学系主任季廷史并没有吸引黄的太多注意力。同时，黄本人在美国的时候已经能用德语、法语阅读，所以对于德国文化学家的主要著述也有较广的涉猎，这使得他既能了解美国的文化人类学和社会学的发展态势，同时也能了解美国文化学研究的思想源头，这使得他更倾向于从"文化之根"的角度来思考文化，而不是简单地把文化放到社会生活和民族群落当中去。

孙、黄二人在学术背景上的这种差异，我们可以笼统地把它归纳为美国和德国文化社会学传统之间的差异。按 1934 年马松玲发表的一篇极为杰出的文章的说法，两者的具体差异表现为：德国的文化社会学建立在历史哲学的基础上，方法是哲学的、综合的，而美国文化社会学建基于历史民族学上，所用方法是科学的、分析的。故美国文化社会学者着重实地调查与收集资料。他们所用的概念都是具体的、分析的、可量度的，而德国的文化社会学多为感觉的，不是观察的，更谈不到调查与分析。在文化社会学兴起的社会背景下，该文也指出，德国文化社会学是在德国陷入悲观情调的时候产生的，更多是对文化自身的反省，而美国文化社会学则不是发源于自己的怀疑，而是发源于自己的醒觉（马松玲，1934）。在这种转变过程中，美国由于物质世界的成功而将德国的理想主义面相做了世俗化的处理，并与族群多样性、现代主义和科学理论相结合，形成了带有浓厚现实关照色彩的文化社会学观。

二 中大的合奏

在纽约大学拿到博士学位后，孙本文并没有立刻回国，而是到另一所美国社会学的重镇——芝加哥大学——又做了半年的博士后。在芝大，他又学到了帕克和托马斯分析文化问题的方法。1926 年，孙本文回到了上海。

20 世纪 20 年代中期的中国社会学，可以说是"有术无学"。当时在上海和北京的几所教会大学，把美国社会学在 20 世纪 10 年代的社会调查方法应用到中国社会来，力图了解中国社会的现实，在城市贫民、劳工、各种行会、郊区农村等社区当中进行实地调查，比较出名的有陶孟和在北平组织的人力车夫生活状况调查、沪江大学组织的沈家行调查。这些调查者眼中的中国，实际上是变化中的美国的翻版，只不过变化的速度和程度还不及美国工业化之后那么深刻，但他们相信，在工业化和理性化的道路上，美国和中国无非是一条直线上前后不同的两个点，发生在美国社会资本主义组织化和工业生产中的社会问题，也在并将继续在中国出现。因此，在美国适用的调查方法也适合于中国的调查。在这里面，燕京大学组织的北京行会调查是一个典型的代表，调查者敏锐地捕捉到了城市生产组织由手工业行会正向现代工厂转变的现象（阎明，2004）。这些早期的调查都迫切地想回答一个问题，那就是中国现状是怎么样。但毫无疑问，他们对于社会学的学理构建依然是不太关注的。

实际上，在这段时期，对中国社会学影响最大，并在中国的实地调查中处于指导地位的美国社会学也刚刚走出它的幼稚期，而从组织建制、研究方法、理论建构、社会功能等方面慢慢变得成熟。1925 年，芝大社会学系的创始人兼第一任系主任斯莫尔退休，芝大培养的博士托马斯接任。这位对芝加哥学派影响深远，带有浓厚实证主义与美国理想主义相结合的学者为芝大既保持了美国社会学的传统，又开创了新的研究视野和方法，摆脱了社会学在认识论和方法论与过去的进化论、生物论、本能论、心理学相互纠缠而失去社会学自身特质的状况。他在 1918～1920 年与波兰移民兹纳涅茨基合著的《身处欧美的波兰农民》一书，也被公认为美国社会学确立其学科标志的代表作之一（于长江，2006）。在这一时期，美国各所大学授予的社会学博士数量也开始上升，使得社会学专业的教职渐渐摆脱了由哲学、历史学或者神学出身的人所"占领"（Blasi，2004）。因此，从这个意义上讲，孙本文和黄文山是美国社会学走向成熟的见证人和亲历者，他们是站在美国社会学进程最前沿的中国学者，从某种意义上讲，他们比已经在中国讲授社会学的美国学者还要清楚美国社会学的状况。这也使得他们一回到中国，就表现出与旧有的社会学调查实践大不相同的风格，并很快在学理的阵营中崭露头角，成为"社会学"而不是"社会调查"的重要角色。

不过，就像美国社会学从借鉴欧洲到实现自己的本土化，建立完善的学理体系，经历了近两代人 30 多年的努力一样，孙本文他们回国之后，同样面临如何将美国社会学在中国加以本土化的问题。但是，毫无疑问，中国当时各方面的状况很难给予孙本文安心在中国建立学理化社会学的宽松环境。比如，当时的中国还没有正规的社会学学术团体，没有专门的刊物，也没有明确学理的意识，同时学以致用的"实用倾向"弥漫全国，社会学领域中已有强烈的社会调查和改造社会的风气。在这种情况下，孙、黄二人想要建立学理化的社会学，不仅要筚路蓝缕从无到有地建设学科团队，而且还有"纠偏"的任务，这显然既赋予了孙、黄二人以历史的机遇，但又为其学术事业的展开带来了结构性的限制。下面我将先述评二人归国后至 1936 年之前在中大社会学系的学术经历，看他们为中国社会学建设所进行的合作和努力。他们的具体著述及其观点的联系与差异，则将在下节中讨论。

学理化的社会学基础的建构，主要是由孙本文来加以主导的。他在回国两年内，就在复旦大学先后出版了《社会学上之文化论》《社会问题》《社会学 ABC》《人口学 ABC》《文化与社会》五本著作，发表《美国社会学现状及其趋势》《文化失调与中国社会问题》《中国文化区域研究》等文章。这一系列著述虽然大多数都是在转介西方的社会学理论，但无疑是中国社会学界由国人自己撰写、最早系统介绍社会学知识的作品。值得注意的是，孙在这一系列的作品中，表现出三个明显的特征：第一，学理化地建设社会学；第二，文化社会学的认识倾向；第三，已经尝试用文化社会学的理论解释中国的社会问题。这样一种缺乏"社会调查"而从事社会学实践的方法，无疑给当时的学界以巨大震动，并给孙本文本人带来巨大声誉，使得他有可能像他熟悉的美国社会学界那样去建设学科体系。这就包括大学中系科的建立、教学科研队伍的培养、学术团体的形成、学术刊物的创办、研究活动的开展，以及研究成果的发表等。在这几个方面，孙本文都极力亲为，发挥了领导者的作用，黄文山则在这个过程中发挥了不可忽视的协助作用，甚至分担其领导的作用。

1929 年 2 月，孙本文由复旦大学转到中央大学社会学系，同年 9 月取代该系第二任主任龚贤明任系主任（谢燕清，2008）。[①] 当年他就聘请了正在上海劳动大学任教务长的黄文山加盟中大。不过孙、黄二人的合作并不

---

① 中大社会学系系史的详情，请参阅谢燕清著《中央大学人事变迁线索》一文（谢燕清，2008）。

是一帆风顺，甚至社会学系本身也是历经磨难。黄文山于 1929 年下半年至 1930 年 3 月在中大社会学系任教，后因社会学系学生风波而辞去教职。此后，1932 年罗家伦出任中大校长即进行院系调整，社会学系遭裁撤。1933 年，中大社会学系恢复，孙本文因担任中大教务长，所以就没有再担任系主任职务，黄文山重新加入并担任系主任一职。孙本文 1934 年辞去教务长职务，回社会学系任专职教授，由此形成孙、黄二人共同执掌中大社会学系的局面[①]。正如对中大社会学系史有深入研究的谢燕清所说，"1929 年之后，社会学系师资力量逐渐形成了以孙本文—黄文山为核心的专任教员队伍，逐渐巩固了文学院时期社会学教学科研的骨干力量，也决定了社会学系的风格和特点"（谢燕清，2008：5）。不过，这个局面并没有维持多久，到 1936 年，教育部以文科太多不敷国用为由将社会学系停办。除孙本文之外，包括黄文山在内的所有专职教员全部各谋生路，孙、黄并举的局面转瞬即成历史。

但即便在这短短的几年时间中，孙、黄二人克服种种结构性障碍，在社会学学科建设的工作中所做的贡献依然非常突出。就拿面临学科停办的 1935～1936 这一学年来说，孙本文开设了普通社会学、社会心理学、社会变迁原理、文化进化史、人口问题、中国社会变迁研究等课程；黄文山开设的课程则包括现代社会学学说、中国社会思想史、文化社会学、人类学等。从这份课程表来看，孙、黄二人倡导中国思想和社会史与社会学原理结合的特色非常明显。实际上，中大早在 1929 年孙本文初膺主任之际就把该系学生分为两组，一组为理论组，一组为应用组，并让学生在一年级结束之后根据自己的意愿来进行选择。但由于该系的专任教授中除孙、黄之外，社会调查和资料收集的方法则仅由兼职教授言心哲来担任，应用组开展的实地调查实际上付之阙如，学生很多时候只能利用自己的课后时间开展社会调查。可以说，中大社会学系的这种偏重于学理学习和利用文化学社会理论对中国现状进行思考和分析的风格，既是孙、黄二人对中国社会学的一种带有"孤芳自赏式"的尝试，同时又为自己遭到实用派政客裁撤埋下了隐患。

实际上，类似的限制与人事和制度性的矛盾在学术团体和学术刊物的创建过程中同样也是存在的。孙本文参与了 1930 年中国社会学社的创设工作，并任第一二届理事，又于 1934 年与黄文山一道参加了中国民族学社的

[①] 当时系里另一名专职教授是留法的胡鉴民，他 1931 年回国后，也先在上海劳动大学任教，后来经胡焕庸介绍入中大任教。

创建。但由于中大内乱不断，以及北派社会学的风格与孙本文文化学立场相去甚远，使得1931年孙本文缺席了在燕京大学举办的第二届社会学会年会，正理事的位置也由风格与他完全不同的陈达所取代。黄文山虽然也于1935年以中大社会学系教授的身份当选社会学社的理事，但他明显还是更多与民族学的卫惠林、何联奎等交往密切，他的身份也在社会学和民族学之间摇摆不定，这或许也是他后来干脆就以"文化学"作为自我归宿的主要原因。

在学术刊物方面，孙本文一直担任主编的《社会学刊》，基本贯彻了孙本文学理取向的风格，这显然不同于燕京大学以调查和社区研究为主的《社会学界》。根据龙冠海早年的研究，《社会学刊》第1卷第1期到第5卷第2期的所有文章中，"普通社会学和社会科学方法论"类的文章占了47%，超出"社会调查"类文章（18%）近三倍（陈新华，2009）。这样一种风格倾向，使得《社会学刊》成为民国时期理论性最强的社会学刊物。但这也使得该刊有两个弱点，一是离现实生活比较远，二是无法包容其他维度的学说。正是在这种情况下，黄文山与孙本文出现了偏差。他于1934年创办了一份新的刊物——《新社会科学》，力图呈现更大的包容性与现实性。

由此可见，在孙、黄二人按照美国社会学的方式，着力创建学科体系的各个部件的时候，他们遭遇到了意识形态、组织机构、学说立场、人事关系等重重结构性困境。尽管他们坚持在中国实践社会学的学理建设路径，但他们仍然面对着学界共识如何建立、相互间学术立场不同、理论探索与现实关怀存在矛盾等问题，而这恰是学术声望、个人力量所无法解决的问题。这是一个真正的学术"场域"，孙、黄二人只能以自己或主动或被动的角色参与进来。不过，他们两人的学理化立场始终是很清楚的，虽然他们在学术方向上出现了较大的偏差，而这种偏差恰恰反映了文化社会学在中国实践的不同取向。

三 文化科学上的变奏

根据若干学者的研究（Stocking, 1987; Kuper, 1999; 埃里亚斯, 1998; 亚当斯, 2006; Kreobor&Kluckhohn, 1952），文化的科学化在西方近代大致经历了这样一个过程。首先是英法进化论色彩极强的"文明观"，它强调人类心智的一致性和技术进步的必然性；在这种观念的刺激下，德国浪漫主义的文化得以产生，它强调个体民族精神的独特性和价值体系的绝对性，反对科学进步会带来人类幸福的观点；进而产生了德国文化社会学与德国民族学，前者强调对不同社会的语言、宗教和精神世界的变迁进程加以探究和描述，建构出一个世界文化的发展史（韦伯），后者则强调对单个民族的风俗进行实地考察，了解他们的文化整体和基本特征。这两种方法经博阿斯融合之后，直接进入了美国文化人类学，博阿斯既强调对印第安人各个部落的文化进行整体考察，同时又力图通过区域文化的比较来发现文化差异及其与历史的关联性（Boas，1940）。博阿斯非常警惕科学对文化的侵蚀，也反对进步对地方历史的压制，因此在博阿斯和他早期的学生（如克鲁伯）那里，文化研究并不是一门科学，它与文明之间保持着一定的距离。不过，当美国的社会学家借鉴文化人类学的概念与研究方法，把它应用到现代社会的研究中去，同时又与心理学、行为科学相结合，创建了美国的文化社会学的时候，"文化"实际上被改造了，它一下子又与"文明"直接联系在了一起。"濡化""文化适应""文化滞后"这些美国文化社会学最重要的概念，本身就带有极强的"发展主义"色彩。可以说，美国文化社会学既是文化"科学化"的一种努力，也是对文化"去理想化"的一种世俗化政治剥夺。值得注意的是，美国创建文化社会学的这段时期，也正值欧陆刚经历了"一战"，政治经济遭受重创，文化自信心也遭受前所未有的打击，美国却取而代之，成为西方文明的新代表，这时候的文化社会学带有明显的变迁和目的论色彩也就不足为奇了。

第一次世界大战之后，西方文化的弊端在战争中显露无遗，一时间中国文化大有抬头之势，传统文化的价值观得到张扬。一些西方文化知识分子也到中国来发表了赞赏中国文化的言论，印度的泰戈尔更是把中国文化与印度文化并称为东方文化，提出了其独特的审美和为人的逻辑，并认为它们比注重时效只顾个人利益的西方文化要更有价值。无论如何，东西二元论的文化观的基本论调没有发生变化。对此模式提出挑战的正是孙、黄二人在北大的老师梁漱溟，他的《东西文化及其哲学》率先提出一种三维的文化观，而不再是东西二元；另外，他并没有把文化当作相互对立和可转换的，也不认为文化是单个民族独有的东西，而是相信整个人类都存在共同的意欲，只不过不同民族处于不同的阶段而已。显然，这种离经叛道的"文化观"一出炉就难以为当时的知识分子所接受。

尽管梁漱溟对文化类型的划分与解释带有自己的主观色彩，但他毫无疑问是强调中国文化精神并达到顶峰的一位学者。这种非"文明论"的文明观在当时并不占主流，在物质与精神、技术与信仰之间，当时的很多学者还是强调以实用为主。因此，这种带有德国色彩的文化观实际上在渐渐让位于进步论的文化观，中国社会朝向西方社会的变迁、文化上的（尤其是物质、技术与军事层面）进步变得更加重要，而中国文化自身的精神特质成为第二位的存在（罗志田，2009）。

值得注意的是，当时关于"文化"的科学讨论已经开始出现，最早讨论这个问题的是著名学者梁启超。他于1922年在《晨报副刊》上发表了《什么是文化？》一文。在该文中，他为文化下了一个科学的定义，"文化者，人类心能所开积出来之有价值的共业也"。他把人类的行为分为两类，一类是自然的行为，它是无意识的冲动；一类是文化行为，它是创造和有意识的模仿。而人类正是靠着"创造"和"模仿"的两种"心能"积累了物质和精神两类工业，它们共同构成了文化的主要内容。梁启超的这篇文章虽然篇幅不长，但对于当时只重从哲学和思想层面上讨论文化的学界来说，仍然具有穿石破冰的作用。显然，一贯注重提倡西学的梁启超已经发现，时人对文化的讨论存在诸多的缺陷，缺乏西方人对"文化"探讨的方法与精神。如果不了解文化是什么而大加争论，更有陷入空谈之嫌。因此，梁启超该文的发表，也算是对当时文化论争的一种间接的批评。

不过，一直到1927年，孙本文回国出版第一本文化社会学的著作《社会学上之文化论》，关于文化的争论总体上仍然没有摆脱精神上的中西二元论，同时带有很强的进步论色彩。在这种整体环境下，我们看到了孙、黄二人在建构中国自己的文化科学时所面对的矛盾。首先，在西方文化侵袭的当时，中国文化的提出一开始是文化自信遭受重创后的自救之举，这种文化强调观着重传统经典中的精神和思维方式，带有很强的哲学思辨的色彩，这与把文化视作与社会生活层面相关的社会科学观具有一定的差距。其次，即便当时也有人主张全盘西化论，但无论如何，全盘西化论的前提还是要首先承认存在一个不同于西方的中国文化，而且在两种文化之间存在根本的差异，不过这种差异并没有让中国人像德国人那样，感受到文化精神上的自豪，而是彷徨不安，力图革新。在这种观念当中，文化仍然是属于个体民族的，具有自己单独形成和构造的法则，这显然与文化科学主张不同民族的文化都具有普遍性的文化法则存在矛盾。

因此，在文化科学的理论上，由于上述诸多矛盾的存在，社会科学家面临着巨大的机遇，但如何处理文化特殊性与普遍性，如何处理文化观与文明的关系，以及思想层面与社会现实之间的关系，等等，确实是社会科学家要认真思考的问题。不过，由于孙本文这一代归国学者，都对中国所处的各类社会败象忧心忡忡,现实的需求使得他们更多地思考用所学之识来更快地解决社会问题,因此,他们也不得不陷入理论建构与社会要求的矛盾当中。他们所能选择的,只是从其中一个方向寻找突破口,而无法把这些文化困境统统加以解决。孙、黄二人也正是在选择路径上的不同,使得他们的学术旨趣和风格出现了差异。

孙本文的处理方式相当直接,他宣称在当下中国有两种研究文化的态度,一种是哲学的,一种是科学的,他采取的是科学态度,不涉足哲学的讨论。进而他把美国社会学的理论较为全面地介绍给国人,其中最为重要的是乌格朋的文化社会学理论,并采用乌格朋的文化阻滞的观点来分析中国出现的各种社会问题,显示文化概念在社会层面上的分析功效(孙本文,1926,1927,1928)。与他不同的是,黄文山则没有采取这么果决的态度,他既强调了文化社会学的重要性,同时又花了更多力气在中国介绍博阿斯的文化人类学学说,并重操他赴美之前与马克思主义理论派进行论争的旧业,以博阿斯的历史区域文化论来驳斥历史唯物主义史观。同时,由于在自然科学和学科思想史方面有较多的积累,以及受德国文化社会学说的影响颇深,他在学术倾向上也并不排斥从哲学的角度和整个人类文化进化的角度来讨论文化,而在美国感受到的文化博兴(Kroeber & Kluckhohn,1952)和中国的文化争论,都使他感受到有必要建立一门既结合文化社会学和人类学的现有知识,同时又超越其上的新学问,这就是他所命名的"文化学"。黄文山的这种学术倾向,与另外一种文化社会学巨匠的影响也密不可分,这就是俄裔美国社会学家索罗金。索罗金在他的《社会与文化动力学》一书中,重点就是"试图用一系列阐明社会—文化序列中的历史性变化的一般命题,来全面考察全人类社会和文化进程"(科塞,1990)。他略显浪漫的表述风格以及把文化分为感性文化、心灵文化和理性文化的表述方式,都对黄文山有重要的启发,这也是他在后期糅合索罗金与梁漱溟提出自己的文化分类的重要理论来源。

直到1949年之前,孙本文仍然坚持他的文化社会学立场,1948年还在自己的书里面称自己为侧重文化观的社会学者。从先后出版和发表的《社会学上之文化论》《文化与社会》《社会学ABC》《文化失调与中国社会问题》《中国文化研究刍议》《社会学原理》《当代中国社会学》等著作中,孙本文对自己的文化社会学观点进行了较为系统的阐释。在既往研究当中,老一辈社会学家陈定闳(1992)、杨亚彬(2001)、韩明谟(2005),以及年轻学者陈新华等都对其有相当细致的梳理和评论。在此,我只想补充一个方面的讨论,即孙本文的文化社会学观,实际上是综合了哥大与芝大的两种风格而成的。他用文化惰性对中国社会问题的分析,与潘光旦进行优生学的论战,用文化论取代生物论的观点,以及文化变迁的立场,等等,都是采借了他的老师乌格朋的观点。乌格朋在《社会变迁》一书中对文化变迁的速率高于生物变迁、文化对人格的塑造以及文化惰性等概念进行了深入的分析(乌格朋,1935)。而另外一方面,孙本文坚持认为社会态度对文化起到了重要的作用,同时提倡对中国文化进行区域的研究,这些方面也反映了他受到芝加哥学派,尤其是托马斯和派克的一定影响。不过,孙本文在归国之后,在文化社会学上并没有与美国新的发展趋势保持同步。20世纪30年代,随着索罗金进入哈佛大学,并积极倡导文化社会学,同时帕森斯又融合了欧洲社会学与美国社会学的立场,发展出一套社会行为、心理与社会的功能主义学派(格哈特,2009),而这些新的发展,或许是由于中国国内忙于内战,学者都无暇他顾,并没有出现在40年代孙本文对自己文化社会学的总结当中。

黄文山的文化学建构,则明显带有德国文化社会学的影子。不过,他的理论倾向又很难用某一种学术观点来概括。他既强调文化建设要以"民族"自己为中心,同时又主张建立一个跨越民族界线的文化学;他既热衷于斯宾格勒的文化观,同时又要建立一门文化的科学;他既是一名文化论者,同时又是孙中山三民主义的忠实拥护者和国民党党员,甚至由此把孙中山的"民生主义"当作所有文化建设的最后归宿;他既赞同文化的周期生命说,同时也倡导文化的类型说。总之,从黄文山那里,我们看到的是美国、英国和欧陆关于文化论争的不同立场的大交集,他力图综合所有这些关于文化的思想,发展出一门关于文化的科学来。

根据黄文山研究学者黄有东的划分,黄文山一生的文化学建构可以按1949年前后分作两个阶段。第一个阶段是他的准备期,并书写了其《文化学体系》的前半部分手稿;他还认识了美国文化学倡导者,也是新进化论人类学的代表怀特(White),并与之有很频繁的书信交往(Huang Wen-shan,1980)。第二个阶段,黄文山远离大陆,在美国与怀特、索罗金等人交往密切,并在台湾出版了其《文化学体系》的下半部。本文因主要比较黄与孙本文的文化学说,所以把重点放在他的前一段文化学的倡导中。这一时期黄文山所写的主要论文都稍做改动,收集在他《文化学体系》的上卷当中了。

通过上卷十章的内容,我们看到,黄文山的文化学观点主要有这样一些:文化是自成一体的,是超有机的,具有自己的法则。文化学的成立应是社会学突创而来,它处于无机、自然科学、社会科学的最顶端,是人类最具综合性的一门科学。文化学的研究对象是文化，文化的材质包含道德、艺术、哲学、宗教、物质等，它们共同构成了文化的内涵。文化学不同于社会学，文化是内容，社会是形式，文化学是高于社会学、人类学的科学。但是文化学需要从文化社会学和文化人类学那里获得相关的资料等（参见黄文山，1959）。这些文化学的主张，在黄文山的文章当中被反复地论证，成为其观点的核心。毫无疑问，黄文山在这些庞杂的论述中，显示出他对于整个西方文化社会学、人类学、德国历史哲学、西方科学史、心理学等学科体系，以及中国古代思想的全面把握，不过他过于简单地认为所有这一切的总和加起来，就可以构成一门文化学。实际上，他多篇文章中关于文化的定义、文化与科学的关系，以至于文化的法则等论述都有比较多的矛盾和空洞之感，无法给人一种完整的文化学的论述。这和多年以后，美国人类学家怀特小心翼翼地在《文化的科学》最后一编加上"文化学"一章来说明整本书建构文化学的企图形成鲜明对比。黄文山先把文化学抛出来，再费尽心思去寻找支撑它的理论，总没有怀特从生物、心理、自然科学、社会学一层一层剥离，最后凸显出文化学的内涵，并赋予其象征意义显得条理清晰明确（怀特，1988）。

不过，作为最早在国内倡导建立文化学的学者，他的学说依然具有重大的价值。他将早期的中西文化之争，以及强调中国文化的独特性，以文化学建构的方式消解为一项科学的事业。虽然他本人也发表过十教授宣言，强调中国文化本位，但这些矛盾丝毫不能掩饰他从整体性看待人类文化的态度。这样的文化观，是融合了他早期的导师梁漱溟，到文化人类学派，再到德国社会哲学思想，以及索罗金文化社会学的结果。与注重从社会层面建构文化社会学理论，把文化变成一个分析概念的孙本文不同，他更为强调文化的精神层面的意涵和文化的那些独特法则，这些都是社会层面不具备的。

四　天各一方的文化学者

孙、黄二人的合作因 1936 年中央大学社会学系的解散而终止。孙本文继续留在哲学系的社会学组当教授，而黄文山则回到广东并在中山大学任教。两人从此天各一方，很少见面。此后两人距离最近的时间是在抗战时期的重庆。不过他们一人忙着写《文化学体系》，一人忙着编撰《中国当代社会问题》，亦难有机会相见。1946 年后，孙本文力图重建中国社会学社，但由于学社多年未聚，人心涣散，再加上时局不稳，经济困难，孙、黄共主学社理事会的局面终未再次出现。1949年之后，孙本文留在了大陆，而黄文山则再赴美国，从此天涯相隔，这两位中大社会学系的主任，终究未能再次见面。

1949年之后，孙本文无法继续在中大教授社会学，他的文化社会学也没有形成自己的传统，同时学术的自由也受到限制。而远赴美国的黄文山，除还能继续自己的文化学研究外，还与当时美国文化学界的重要人物，如克鲁伯、索罗金和怀特等人相交甚密，有较为宽裕的环境来发展自己的学说。

与孙本文文化社会学无法形成传统相较，黄文山则显得更加遗憾。当他与怀特进行学术交流时，这位当时美国文化人类学当中为数不多逆时而动倡导进化论的大师承认他以中文发表的"文化学"比自己要早很多年，但是在将"culturology"写入韦伯斯特大辞典时，怀特却只字不提黄文山，只说自己在1939年发表的一篇《亲属关系词汇表的一个问题》一文中第一次使用了这个概念（White，1959）。黄文山持之以求在文化学上的建树似乎终究没有得到国际学术界的接受。

中国近代的两位文化学大师最后都未能建构出自己的学术传统，究其原因，还是在于文化概念自身的复杂性与中国社会当时所处的文化环境。孙、黄二人各自选择了自己的方式来对这种环境加以处理，可惜的是知识和理论只有从衍生于其中的社会当中获得其持久的生命力，外来的知识本身就需要正确处理矛盾之后才能够长久的存在，这是文化社会学的重要命题之一，但恰恰可以用它来解释这两位大师令人敬佩而又叹息的一生。

参考文献

艾恺，2003，《最后的儒家：梁漱溟与中国现代化的两难》，王宗昱、冀建中译，南京：江苏人民出版社。
埃里亚斯，1998，《文明的进程》第一卷，王佩莉译，北京：生活·读书·新知三联书店。
陈定闳，1992，《孙本文研究》，未刊稿。
陈新华，2009，《留美生与中国社会学》，天津：南开大学出版社。
格哈特，2009，《帕森斯学术思想评传》，李康译，北京：北京大学出版社。
韩明谟，2005，《中国社会学名家》，天津：天津人民出版社。
马松玲，1934，《德国文化社会学与美国文化社会学》，《新社会科学》第1卷第1期。
怀特，1988，《文化的科学—人类与文明研究》，沈原等译，济南：山东人民出版社。

黄有东，2007，《黄文山文化思想研究》，广州：中山大学博士论文。
黄文山，1930，《史则研究发端》，《社会学刊》第 1 卷第 3 期。
——，1934a，《文化学的建筑线》，《新社会科学》第 1 卷第 2 期。
——，1934b，《中国古代社会的图腾文化》，《新社会科学》第 1 卷第 1 期。
——，1935，《文化法则论究》，《社会学刊》第 4 卷第 4 期。
——，1938，《抗战建国与民族复兴》，广州：更生评论出版社。
——，1943，《世界文化的转向及其展望》，《中山文化季刊》第 1 卷第 1 期。
——，1946，《文化学上的科学的比较方法》，《中华文化》第 1 卷第 1 期。
——，1947，《文化学在创建中的理论之归趋及其展望》，《社会学讯》第 8 期。
——，1948，《文化学的建立》，《社会科学论丛》第 1 卷。
——，1949，《文化学方法论》，《广大学报》第 1 卷第 1 期。
——，1959，《黄文山学术论丛》，台北：台湾中华书局。
——，1968，《文化学体系》上下卷，台北：台湾中华书局。
罗志田，2009，《裂变中的传承：20 世纪前期的中国文化与学术》，北京：中华书局。
孙本文，1926，《美国社会学现状及其趋势》，《东方杂志》第 23 卷第 12 号。
——，1927，《社会学上之文化论》，北京：朴社。
——，1928a，《文化与社会》，上海：上海东南书店。
——，1928b，《文化失调与中国当代社会问题》，《社会学界》第 2 卷。
——，1930a，《社会学 ABC》，上海：世界书局。
——，1930b，《中国文化研究刍议》，《社会学刊》第 1 卷第 4 期。
——，1935，《社会学原理》，上海：商务印书馆。
——，1948，《当代中国社会学》，重庆：胜利出版公司。
科塞，1990，《社会学思想名家》，石人译，北京：中国社会科学出版社。
孙世光，2001，《开拓与集成——社会学家孙本文》，南京：南京大学出版社。
王建民，1997，《中国民族学史》上卷，昆明：云南教育出版社。
乌格朋，1935，《社会变迁》，费孝通、王同惠译，上海：商务印书馆。
谢燕清，2008，《中央大学社会学系人事变迁线索》，未刊稿。
亚当斯，2006，《人类学的哲学之根》，黄剑波、李文建译，南宁：广西师范大学出版社。
阎明，2004，《一门学科与一个时代：社会学在中国》，北京：清华大学出版社。
杨堃，1932，《中国现代社会学之派别与趋势》，《鞭策周刊》第 1 卷第 3、4 期。
杨雅彬，2001，《近代中国社会学》（上），北京：社会科学文献出版社。
于长江，2006，《从理想到实证—芝加哥学派的心路历程》，天津：天津古籍出版社。
赵立彬，2004，《黄文山文化学与文化观述论》，《暨南学报》第 26 卷第 6 期。
——，2005，《民族立场与现代追求：20 世纪 20 - 40 年代的全盘西化思潮》，北京：生活·读书·新知三联书店。
Blasi, A. J., 2004, "The Ph. D. and the Institutionalization of American Sociology", in *American Sociologist*, Vol. 35, No. 4 (Winter, 2004).
Boas, F, 1940, *Race, Language and Culture*, Free Press.

Fabris, R. E. L., 1967, *Chicago Sociology* (1920 – 1932), Chandler Publishing House.
Huang Wen – shan, 1980, *An Introduction to Culturology*, South Sky Book Company.
Kuper, A, 1999, *Culture: The Anthopologists' Account*, Harvard University Press.
Kroeber, A. L. & Kluckhohn, C., 1952, *Culture: A Critical Review of Concepts and Definitions*, Cambridge, Massachusettes, Published by the Museum.
Stocking, G. W., 1987, *Victorian Anthropology*, The Free Press.
White, L., 1959, " 'Culturology' in the Webster's Dictionary", in *Man*, Vol. 59.

(责任编辑：周晓虹)

乔启明的中国农村研究及其开创意义[*]

张玉林[**]

摘　要：在民国时期的中国农村社会学和农村研究领域，乔启明是主要的开创者和代表性人物。以实地调查和乡村建设实践为基础，他开启了乡村人口、土地问题和租佃关系、乡村社区和组织研究的先河，显示了"技术学派"的实证研究特征和改良主义倾向。其广博的研究呈现的多层次性和区域差异，会扭转我们平面的民国乡村史观；其对乡村组织特别是农会问题的论述，会使我们更深入地认识延续至今的"治理危机"的根源；其对"社区"实质的独特把握，会使我们真正领悟它的精要所在，以及目前解体中的乡村和陌生化的城市社区所存在的问题；而他的以农会为中心建立农业推广制度的实践，也为今天的"新农村建设"提供了重要参照。

关键词：乔启明　农村社会学　农村研究　乡村建设

在20世纪前期的中国农村社会学和农村研究领域，乔启明堪称主要的开创者，也是代表性人物。但是由于多种原因，他在中国社会学重建以来并没有受到应有的关注，甚至可以说遭到了冷遇。[①]

这里所说的多种原因应该包括以下三点。第一，他本人较早地中断了

---

[*] 本文系为《乔启明文选》（社会科学文献出版社2012年版）撰写的出版导言。
[**] 张玉林博士，南京大学社会学系教授（yulinzhang@nju.edu.cn）。
[①] 在孙本文1948年出版的《当代中国社会学》中，乔是与杨开道并肩的农村社会学家。但是在由今人撰述的多种中国社会学史文献中，他最多只是被附带性地提及；关于其学术思想的研究，也只有两篇纪念性的短论（朱甸余，2005；行龙、常利兵，2007）。与杨开道、李景汉、吴景超等人受到的重视相比，乔启明确属遭到了当今社会学界的冷落。

学术生涯，也未能有幸熬过十年浩劫，从而难以在"社会学的春天"里再度发声，自然也容易被忘却。第二，与此相关，他没有留下社会学领域的弟子，而在当代与现代之间严重断裂、学术传承主要依靠弟子和再传弟子的中国，缺少弟子就意味着失传的可能性增大。第三，他的学术生涯主要是在金陵大学农业经济系度过，这使他容易被那里的另一位大家卜凯的光环所笼罩，而他自己的角色又比较复杂：是农村社会学家，同时也是农村经济学家和农业推广专家，多重角色容易模糊他作为农村社会学家的突出贡献。

值此《乔启明文选》的编辑出版列入议事日程之际，作为具体的承担者，本人在负责文献的查找①、筛选和校阅的过程中，多次阅读了他的主要篇章，从而对其学术脉络和所论主旨有了初步了解，也因此可以在这方面有所呈现。但因为阅读的有限，本文所述自然难免疏漏，甚或有误读之处。因此，对这位开拓者的系统阅读和准确解读，还有待后来者。

一 生平事略：学术历程和乡村建设实践

乔启明，字映东，1897年12月28日生于山西省猗氏县（今临猗县）太候村。他幼年丧父、家境贫寒，后来由长兄乔裰亭②资助，得以进入运城河东书院读书，毕业后考入山西大学预科。因学业优异，1921年由阎锡山主政的山西省政府保送到金陵大学农业经济系③，时年已24岁。

在乔启明入学的那一年，金陵大学农经系④刚刚草创，还不具有后来的那种卓越影响。按照其创始人卜凯（John Lossing Buck, 1890~1975）的记述，当时该系包括他这位系主任在内只有两人，而仅具本科学历、属

---

① 北京大学社会学系博士研究生胡练刚对此提供了重要帮助，在此深表感谢。
② 乔裰亭系清末的附生，山西大学堂毕业后曾留学日本，并于其间加入了同盟会，民国三年（1914）曾任洪洞县知事。
③ 乔的这一机遇显然受到了阎锡山推行的"农本政治"的影响。据卜凯（1991）记述，金陵大学农林科成立后，阎锡山和张謇等人都曾派学生前往学农，其中山西共选派了14名公费生，成绩优良者毕业后留下任教，包括王绶、徐澄、孙文郁和乔启明。王、孙二人后来分别成为著名的育种学家和农业经济学家，徐则在1922年受华洋义赈救灾总会的委托在南京丰润门试办中国的首家信用合作社，并于1928年草拟了第一部农村合作社法——《江苏省农村合作社暂行条例》。
④ 初期称为"农业经济与农场管理系"，1928年曾冠名"农业经济农场管理乡村社会系"，20世纪30年代则一度改为"农业经济乡村社会系"。

于"半路出家"① 的卜凯却要同时讲授四门课程，包括农业经济学、农场管理学、农村社会学和农业工程学，所用的教科书又大都是美国的，其中的事例往往来自美国大农场的经验，以至"试验两学期后觉得很不适合"（卜凯，1991）。由此可见，这家中国最早的农业经济学教学和研究机构的力量其实非常薄弱，作为首届学生的乔启明及其同窗在一定程度上成了"试验品"。

不过，乔启明其实非常幸运，因为他从入学伊始就参与了中国现代史上一个著名的学术共同体——中国农村经济研究的"技术学派"——的创建，并很快成长为其中的一名主将。这当然得益于金陵大学农学院的学术氛围，以及卜凯这位优秀的导师和"学科带头人"。

众所周知，近现代中国的教会大学都与美国有着密切联系，而金陵大学农学院直接受到康奈尔大学的办学支持，并吸收了康奈尔的农学传统。这一传统奠基于著名农学家、美国乡村生活运动的领袖贝利（Liberty Bailey），主要表现为将农学的教学、科研和推广相结合。贝利曾主张：农学院的使命应当是超越学术领域的公共服务，它要教育农民、影响乡村的日常生活、促进乡村的文明进程；农学院应该是整个农业的心脏，从这里流出的血液（农业科技知识）通过血管（农业技术推广站）输送到身体的各个部位（农场）。而同样毕业于康奈尔农学院的卜凯，具有农业布道者的抱负，以及这种抱负在皖北遭遇挫折后转而希望在大学里实现的强烈志向。他强调，对那些立志贡献中国农村的青年来说，"要改进它，必先了解它；要了解它，只有调查研究它"。② 他在农经系成立后就注重乡村社会经济调查，制定多种调查表，由另一位教师华伯雄在南京乡村试行。而为了弥补教学不适应中国实情的缺点，在征得校方同意后，从 1922 年开始发动学生到各自的家乡从事调查，凡调查满 100 户者给予学分（卜凯，1991）。这项改革成为当时中国农业经济学最有效的教学方法，并为"技术学派"的诞生奠定了基础。

金大农经系的农村调查最早为陶延桥在 1922 年对安徽芜湖 102 个农户

---

① 作为美国基督教长老会农业使团的一员，卜凯于 1915 年来华，初期在南京学习汉语，翌年开始在安徽宿州地区从事农业推广，1920 年应金陵大学农林科长芮思娄（J. H. Reisner）之邀筹办农经系。

② 崔泽春：《家父崔毓俊与卜凯和赛珍珠》，见南京农业大学"卜凯学派与中国农情研究网"。

的调查①，随后有崔毓俊的河北盐山调查、郝钦铭的山西武乡调查等。到1925年，已经取得了7省17个地区2866户农家的详细资料，从而汇聚为中国第一项较大规模的农村社会调查（陶成，1990）。卜凯在此基础上编著的《中国农家经济》（Chinese Farm Economy）于1930年由太平洋国际学会中国分会出资付梓②，被评价为当时国内唯一的中国农村经济研究专著、分析农耕技术的代表性作品（殷晓岚，2002）。而在这部成名作的形成过程中，于1924年夏天留校任教的乔启明协助卜凯进行了关于耕地所有权及佃农、农家与人口、生活程度和粮食消费共四章的分析工作（卜凯，1991）。因此，这部作品应该看作由卜凯主持、包括乔启明在内的农经系师生的集体成果。

留校后的乔启明接替卜凯从事乡村社会学和乡村组织学的教学与研究。从现有的资料来看，他应该是最早讲授乡村社会学课程的本土学者③。而从乔启明的著述目录可以看出，在步入学术生涯的最初几年间，他已经表现出广泛的兴趣和广阔的视野：1930年之前发表的20种著述涵盖了租佃制度、乡村人口、乡村社会区划、乡村组织、农民生活，以及农村社会调查方法等多个方面。其中奠定其学术影响的是关于亟待改良却少受重视的租佃制度研究。这项调查于他就任伊始实施，一年内遍历苏皖两省三县，成果以《江苏昆山南通安徽宿县农佃制度之比较以及改良农佃问题之建议》为题，由金陵大学1926年5月刊行。其调查之周详、描述之细致、分析之透彻，表明已近而立之年的作者具备了丰富的调查经验和卓越的研究能力。据卜凯（1991）介绍，这项"甚为广博"的研究"激发了从南方来的革命军对此问题的重视"，"索阅者众，立法院用作草拟农佃法的根据，浙江租佃事务委员会用作参政资料。"④

---

① 由卜凯据此写成《芜湖附近一百零二农家之经济及社会的调查》，经徐澄翻译发表于《安徽实业杂志》1925年第1~2号，另见《金陵大学农林丛刊》第42号（1928）。
② 该书也成为卜凯1933年向康奈尔大学提交的博士学位论文，中文版则由张履鸾翻译，商务印书馆1936年出版。
③ 据杨开道（1930）介绍，直至1930年，在中国的大学里，开设农村社会学课程的屈指可数，除乔启明在金陵大学讲授外，杨本人1927年回国后曾在中央大学、大夏大学、北平大学和燕京大学讲授。此前虽已有顾复（1894~1979）编撰的中国首部《农村社会学》教科书于1924年问世，但该书只是其1920年自日本留学回国后偶然出产的"副业"，此后即专心于育种学研究（於红，2005），这也是他在中国社会学史上仅以此书偶现的原因。
④ 另据罗俊（1991）记述，在他1935年留学日本九州帝国大学期间，该校教授泽村康博士曾向他推荐这一研究，说是一本实地调查的好书。而罗在回国后与乔建立了密切关系，并在20世纪40年代向周恩来推荐了他。

随后，乔启明和他的同事们一道启动了一项近代中国农村研究的重大工程，也即中国土地利用调查及其附属的人口和食物消费调查。这项调查属于美国洛氏基金会的委托项目，1928 年开始酝酿，经过一年多的筹划，1930 年正式实施，1936 年完成①。调查取得的资料包括 191 份县域调查表、223 份地方调查表、22 省 16878 份农家调查表、21 省 2727 份农家粮食调查表，以及 16 省 46601 户农家人口调查表（卜凯，1991），最后成书三卷，由商务印书馆出版，分别为论文集、地图集和统计资料集。基于对中国农业分区的首次系统划分，以及对土地利用状况和产出、农家人口和经济、农民生活状况等进行的客观、系统的描述和分析，这项成果"为就人地关系剖析我国土地利用实况之空前巨著"，联合国教科文组织将其列为永久藏书（朱甸余，1991），虽然也受到了"中国农村派"的强烈批评（侯建新，2000），但以卜凯为首的团队由此成为中国农村社会经济研究中备受关注的主要学术流派。而在这项浩大的工程中，乔启明除与卜凯一道缜密规划外，还担任人口与生命统计调查部主任和分区调查主任，以及撰稿人②。

在中国土地利用调查按计划实施之后，乔启明和卜凯一道于 1932 年 6 月前往康奈尔大学深造，翌年秋天获得硕士学位后回国。在 1935 年冬卜凯返美任职之后，乔启明出任农经系主任，直至 1941 年。其间抗战爆发，南京沦陷，他组织农经系师生随金陵大学先后迁往武汉、重庆和成都。在主事农经系期间，他秉承卜凯开创的学术传统，采取兼容并包的办学方针（如邀请对该系的调查研究和乡村改良实验持批判态度的中国农村经济研究会成员千家驹等人前往座谈），同时利用已经形成的影响，主持开展了更广泛的调查研究和以农业推广为中心的乡村建设实验（朱甸余，1991）。

乡村建设实验与乔启明的学术活动密不可分。更确切地说，由于其调查研究的目的始终在于服务乡村社会、增进农民福祉，他的学术研究属于乡村建设活动的一部分。而他前期的乡村建设活动也是金陵大学农学院农

---

① 卜凯曾回忆，虽然在多数地区的调查进行顺利，但有 8~10 起动掠事件发生，其中一次为行李、衣服及全部调查表损失。而乔启明在率队赴陕西等地调查期间也曾遭遇土匪劫车，所幸安全脱险（卜凯，1991；朱甸余，1991）。
② 卜凯（1991）列示的撰稿人共九人，除乔启明、孙文郁之外，其他皆为外籍学者，包括贾普明（B. B. Chapman）、路易斯（A. B. Lewis）、罗伯安、罗汉生（J. Hanson - Lowe）、梅纳德（L. A. Maynard）、诺斯坦（F. A. Notestein）、索波（J. Tnorp）。值得注意的是，卜凯本人不在其中。

业推广活动的一部分。众所周知，在1937年日本全面侵华之前的十年间，面对农业经济凋敝、农民生活困苦、农村社会动荡的局面，众多的人士和机构以不同形式发起了改造乡村社会的实验，借此探求民族复兴的道路，汇聚成波澜壮阔的乡村建设运动。而在总计600多家机构创建的1000多处实验区（郑大华，2000）中，金陵大学兴办的乌江实验区属于最早、成效也较为突出的一个①。早在1920年，当时的金大农林科即设立了棉作推广部，1924年改称推广部，扩展为广泛的农业技术推广，并在安徽和县乌江镇设立了乡村建设实验区。与河北定县、山东邹平及河南镇平等地采取的教育、自卫或政治的方式不同，乌江实验区选取了"生产的方式"，也即通过将改良品种、防除病虫害等农业技术推广到一般农民，利用科学方法谋求增加生产、改进生活。在这一过程中，乔启明和其同事徐澄等人一道在当地组织农会，建立信用及农产运销合作社，创办小学和诊所等，此外还在和县的香泉、张家集、濮家集三地实验以农会为中心推进乡村建设（乔启明，1947：442）。天津《大公报》"乡村建设"专刊1936年元旦载文评价说："综观乌江乡村建设工作，系以农业推广为出发点，以农业生产之增加为基础，而期达到整个乡村建设之完成。故其于农业推广之中心工作外，更努力于政治、经济、教育、卫生各方面之实施准备，其着眼之深远，而着手之切实，诚足为国内一般从事乡建事业者之取法。"

在西迁成都之后，金陵大学农学院又先后在四川的温江、仁寿和新都三县设立了农业推广实验区。作为农经系主任并兼国民政府农产促进委员会技术组主任的乔启明，联合两个组织的力量在温江进行县单位推广制度的实验，由农经系会同温江县政府及地方社团，联合组成乡村建设委员会，从组织农会入手推广农业技术、设立小型工厂、开办农民学校及夜校、建立信用合作社业务，以图发展农业和农村经济，增进农民智识，改善农民生活，并由此"创立新的农村社会"（乔启明，1947：441）。在全国大部分地区的乡建实验因战争影响停办之后，温江实验区所代表的四川乡建运动堪称一时之盛。

1941年，乔启明经历了其人生道路的一次重大转折。应经济部农产促

---

① 关于乌江实验区的活动见蒋杰编著，孙文郁、乔启明校订《乌江乡村建设研究》，正中书局1935年出版。乌江之外，该校还在南京燕子矶和秣陵关创办了乡村建设实验区和农业推广示范区。作为改进社区活动的一部分，农经系和农业教育系合作建立了两个文娱中心，以改善农民的娱乐休闲需求。而乔启明会在每个周末的下午到当地带领儿童玩游戏，或放幻灯、电影供成人观赏。逢新年假期，由农民自己表演节目，由于准备费时，使得农民减少了赌博和其他不良消遣（卜凯，1991）。

进委员会（1943年改为农林部农业推广委员会）主任、民族实业家穆藕初之邀，他辞去了金陵大学的教职，前往重庆担任该会的副主任委员，并兼任中国农民银行总行农贷处处长，开始把主要精力放在国统区的农业和手工业的技术推广、农村信用合作和金融事业的建设上，两年后穆氏去世，他接任主任委员。基于乌江和温江两地实验所取得的经验，他将农业推广视为"广义的农民教育"（乔启明，1944），在后方省区主持建立了农业推广体系，并在四川璧山、广西临桂、贵州遵义、陕西汉中、甘肃天水和湖北恩施等地建立了实验县。在这一框架内，他特别强调从辅导建立农会入手，以乡农会作为基层组织，依靠农民自身的力量推广农业技术，建立产销合作组织，以使生产、生活和文化建设共同推进。此外，他还借助国民政府将农业金融业务集中于中国农民银行统管的有利条件，积极推进农业贷款，以使农业金融与农业技术推广相结合。

在主持农促会和农业推广委员会期间，乔启明继续扮演着一个学者的角色。基于指导实践的需要，他撰写了大量的关于农业推广的文章，这些论述汇编成四卷本的《农业推广论集》。另外，通过对金陵大学时期的授课讲义叠加补充和修正，他于1944年完成了《中国农村社会经济学》，翌年由商务印书馆在重庆出版。这部集大成之作共分6编19章，除总论之外，包括人口、经济（土地）、文化、农民生活和农村组织五个部分，付列121张图表，约44万字。它以学说原理为经，以对经验资料的分析为纬，旨在以客观态度和科学方法解剖中国农村的社会经济结构，达到对中国农村问题之现状、症结和解决途径有确切认识。他认为，农村社会的建立与发展有三大基础，即人口、土地和文化，"我国农村社会经济衰弱不振之原因，固属多端，而人口、土地与文化三者之失调，实为针血之所在。……唯有三者得其调剂、相辅相成、合理发展，才能使农村社会问题得以解决"。其立论的中心在于，"冀就个人观察研究之所得，彻底分析我国农村土地、人口之基础，进而论述组训农民提高农民生活程度之道"。（乔启明，1947：5），这种较为独到的把握方式"明显地有别于一般的乡村社会学理论"（朱甸余，1996）①。

到20世纪40年代前期，乔启明已经具有较大的社会影响，但他似乎

---

① 不过，在孙本文看来，"乔氏此书，与其称为农村社会经济学，毋宁称为农村社会学，因其讨论范围实已包括农村社会的各方面状况，不过特别偏重农村社会经济现象罢了"。而针对乔关于农村社会学与农村社会经济学的区分，他又说："此种区别虽甚妥当，但事实上对于农村社会学的界限，尚无一致的见解。故此书即称为'农村社会学'亦无不可"（孙本文，1948）。

无意于高官厚禄，曾对国民政府的农林部次长、立法委员等官职坚辞不就（朱甸余等，1999）。另有记述说，他在当"官"以后逐步认识到当时政权的反动性，"对自己的改良主义主张产生了怀疑"，开始向革命靠拢①。他曾在抗战后期加入许德珩领导的"民主与科学社"，后来还参加了中共领导的秘密组织"反蒋大同盟"。据说周恩来曾经表示："乔是正派学者，有爱国民主思想，应该团结争取。"（罗俊，1991）

这样一种背景也就决定了他在 1949 年革命胜利前夜的抉择：他决定迎接新的制度（正如当时的绝大部分社会学家一样），拒绝随中国农民银行撤往台湾，并劝那些信得过的同事坚守岗位。尽管与他相敬如宾的夫人已经被迫先去了广州，他亦不为所动（朱甸余，2005）。上海解放后，他应召进京，就任中国人民银行总行农业金融管理局副局长。

与孙本文等民国时期的许多著名社会学家在 1949 年之后的境遇相比，乔启明算是受到了相称的礼遇。表面上看，新的角色与他在旧政权下推进的事业直接相关，可以发挥其专长。但是，作为旧制度下走来的"学者型官员"，在新的权力系统超出经验和想象的牢固结构中，他实际上是一个陪衬，不再可能有什么特别建树。他的一位同事回忆道，他所就任的"事实上是个闲职"，"在这十年间，乔老虽每日上下班，但实际无工作可做，与人交谈的机会也不多。生活上孤寂，情绪上当然日趋消沉"（孙叔璠，1991）。② 当然，"领导干部"的身份决定了他彻底告别学术界，告别农村社会学、农业经济学和中国农村研究，也意味着他不再属于"知识分子"，从而也就免却了对于"知识分子的春天"的期待和"春天"短暂来临后的轻举妄动。据说他在执政党号召的"鸣放"运动中"一言不发，从而平安地度过了反右危机"（孙叔璠，1991）。

到 1958 年，乔启明又一次接受了组织的安排。为发展农业高等教育，山西省政府邀请山西籍农学家王绶和乔启明分别出任山西农学院的正副院长。返晋之后，他还被委任为九三学社太原分社主委和山西省主委，并担任山西省政协第二届、第三届副主席。在任职农学院期间，他似乎能够在执政党的教育路线的指引下发挥一些实际影响，如"提倡校内师生相结

---

① 见山西省政协文史资料研究委员会编《山西文史资料》1987 年第一辑所载《山西侨界科技名人 乔启明》。

② 另据朱甸余（1996）介绍，任职北京期间，乔读完了《联共党史》和 10 卷本的《干部必读》，在《毛泽东选集》出版后更是反复阅读。其间他曾建议设立农业合作银行，以满足土地改革后农民的短期贷款需求，但由于意见分歧和精简机构等原因，一度筹办的农业合作银行被迫停办。

合，校外与科学研究机关、农民群众相结合的方针"，并曾组织近千名师生下乡调查，从而在"短期内总结出农业生产经验1240项，专题论文报告914篇"（刘海伦，2007）。至于他本人，则与当时几乎所有的学者一样，再没有任何可圈可点的学术著述。而当"文化大革命"爆发，他终于未能躲过劫难，遭到"造反派"的冲击。在夫人去世、女儿又都不在身边的情况下，这位以忍耐和宽恕为处世之道、以严谨而又温厚著称的老人迎来了孤独的晚年（朱甸余，1996），直到1970年辞世，享年73岁。

当然，值得欣慰的是，他曾经奔走呼号、倾力推进的农会和农业推广事业，此时在海峡的对岸已经开花结果。①

二 寻求人地关系和租佃关系的协调

> 中国目前重大之问题，莫如人口问题。而人口问题之重心，端在人民之早婚繁育。以早婚繁育，致无良民质；无良民质，致无良政治；无良政治，致无良国家。
>
> （乔启明，1937a）

尽管中国的人口压力在18世纪末和19世纪初就引起了洪亮吉、包世臣和龚自珍等少数先觉者的警醒，甚至有后来汪士铎的惊世骇俗之言（何炳棣，2000：317~322），但作为社会问题引起广泛重视是在进入20世纪之后。当时的社会舆论固然多认为人口过剩并加剧了中国的危机，但由于缺少精确的人口统计和以此为基础的科学研究，对具体的人口数量及增减状况并不清楚。比如直至20年代末，学界的估计数量从3.5亿到4.7亿不等，甚至有人认为中国人口在减少，而面对帝国主义的侵略，主张应像德国和日本那样奖励生育，以免民族绝灭（乔启明，1937a）。

为了彻底了解"人口问题的真相"，批驳种种"徒凭臆断，游谈失据"的现象（乔启明，1932a，1937a），乔启明重点围绕乡村人口问题进行了系列调查和研究，相关成果包括1924~1925年对苏鲁豫晋4省11县镇4216农家的人口调查；1926~1928年对山西省清源县西谷村的标本调查；1929~1931年对11省22处"标准地方"12456农家的调查；以及利用民国8~12年的人口统计资料和中央农业实验所农情报告员的上报数据，对

---

① 关于台湾的农业推广制度及其效果的介绍，见王希贤：《台湾农业推广的演变》，《中国农史》1987年第2期；程振琇：《台湾农业推广及其体制特点》，《台湾农业情况》1992年第2期。

1873~1933年人口增长状况的分析。

系列调查结果显示,中国乡村的高出生率和高死亡率异常明显。20世纪20年代中期4省11处农村人口的平均生育率为42.2‰,死亡率为27.9‰,自然增加率为14.3‰,与国际联盟报告的25个国家的数据相比,显示出较高的人口增加速度。对11省的更大样本调查则表明,1930年前后的生育率为35.7‰,死亡率为25.0‰,自然增加率为10.7‰(其中华北为13.3‰,华南为8.6‰),意味着全国每年增加400万人~450万人,静态地看63年便翻一番。而对1873以降60年间全国人口增减趋势的推算则显示,总人口共增加30%,其中1913~1933年增加12%;虽少数省份因特殊情形有所减少,但全国总人口有增无减,从而否定了"悲观派"的人口减少说(乔启明,1928,1934a,1935)。

乔启明认为,中国乡村人口高出生率的原因在于早婚和繁育。在山西省,15岁以下女子出嫁的占15.2%,16~20岁出嫁的达60%;11省调查表明,结婚年龄在20岁以下的男女分别占45.1%和72.2%,其中华北14岁以下结婚者分别达10.9%和9.4%。而综合1929~1934年对99处36632农家的调查资料发现,平均结婚年龄男子为20岁,女子为17.7岁,均较欧美各国早7~8岁(乔启明,1930a,1935,1937a)。女子结婚既早,其生育期随之拉长,与多子多福观念相连,生育率也就自然增高,以至于"父母尚未成立,儿女或已成群。累己累人,兼累社会,民族之忧,国家之害也"(乔启明,1930a)。

在经济和医药卫生条件低劣的状况下,早婚繁育必然引起多重的人口和社会后果。"然生育繁多,殊易斫损产母体格之健康,并造成产母死亡之机会,而早婚每以经济能力薄弱,育儿知识缺乏,医药设备幼稚,形成生而不育、育而不存之悲惨现象。"(乔启明,1937a)首先是高死亡率。当时中国的人口死亡率较英美国家高出两倍多,人口初生时的平均预期寿命只有35岁,较英美短二三十岁,较日本短八九岁。尤其突出的是婴儿和产妇的死亡率。前者在4省11处的调查中显示为129‰,已属世界最高行列;在11省22处的调查结果则为157‰(其中华北为186‰)。另据后来推算,全国的婴儿死亡率高达200‰,每年出生婴儿1773万人,死亡354.6万人,"为数之巨,至足惊人"(乔启明,1928,1935,1937a)。

人口问题的另一个表现是男女比例失衡:山西省高达128.1∶100;全国5~19岁年龄组为109∶100,10~14岁年龄组也达128∶100。这种失衡除受到出生时的生物学因素和女孩漏报现象较多影响外,主要与两个因素有关。一是重男轻女观念导致对女婴的养育不甚注意,女婴生存机会更少，一些地区的溺女恶习更导致其死亡率加大，因此会有山西的 0~9 岁男女比高达 135∶100 的现象，"此种极大不平衡可证明女子在此阶段内一定遭遇了某种大死亡"；二是卫生观念和医疗条件落后，导致女性在产儿期死亡较多，20~49 岁年龄段男多于女即因此故（乔启明，1928，1930a，1935）。而"一个地方若是男女数不十分相称，当然就会有许多社会罪恶发生"。其中之一便是目前的学者所说的"婚姻市场挤压"，乔启明对此进行了具体分析：清源女子平均结婚年龄为 16 岁（出嫁最早者仅 12 岁，14 岁出嫁最为常见），成婚期间长度仅 13 年，而男子为 26.2 岁，成婚期间有 26 年，故此造成"女子已变成了货品，虽出高价亦不易得"。他进而指出，"该处女子早婚之风，实因女子过少所致。所以形成一种女子未及成年即行出嫁，男子反多老而未娶的恶俗。此种特殊社会情形，对于生理健康、社会罪恶及社会治安上不无影响"（乔启明，1932a）。

在人口繁殖无穷而耕地开辟有限的情况下，人口过剩导致的后果是综合性的。乔启明认为，中国人口的增加"不啻增加每个家庭与社会的忧痛"。"中国今日农村凋敝，祸乱相寻，考其症结所在，固非一端，而农村人口压力之严重可无疑义。盖人口端赖食料之供养，若人口之蕃殖速于食料之供给，则一但人口与食料失调，势必构成人口问题或粮食问题，因而促起其他一切社会、政治、经济等问题。"而若要免去人口问题引发的"种种罪恶"，使中国避免成为马尔萨斯所说的"天然限制实验之场"，乃至于达到救亡图存、"国治民福"，治本的方法是采取人口限制政策，均衡人口年龄结构和性别比例。其中的关键又在于实行迟婚节育，这是最为和平、安全和经济的办法，不但可以减少生母的痛苦，免除多生多死现象，还可"增加健全的国民""改良人口品质"。而提倡迟婚必须由政府举办，规定最低结婚年龄，实行严格的婚姻登记。至于节育，虽因民众的多子多福观念而不易实施，但若由政府设立节育机关、宣传节育之重要、指导节育方法、授以节育知识，或予以节育器具，"则亦不难渐收宏效也"（乔启明，1928，1930a，1935，1937a）。

尽管乔启明并不以人口学家著称，但从上述介绍可见，他在这方面的系统调查和研究贡献卓著。一是既关注人口数量及其演变，又重视人口的年龄结构和性别结构，以探求"人口内部是否健全"。二是将人口问题与家庭问题的研究，人口分析与社会经济结构和社会生态的分析相结合，重视引发人口高出生-高死亡的家庭制度、婚姻形式和生育模式，以及巨大的人口数量和扭曲的人口结构引发的多重后果，内容之广远远超出了人口学领域。三是通过以大量详实数据为基础的国内外比较研究，不仅凸显了中国与欧美国家的巨大差距，也显示了国内不同地区间的较大差异，从而揭示了中国人口问题的严峻性和复杂性。

如果说乔启明的人口问题研究在于寻求人地关系的协调，那么，他的土地问题研究则在于探索地主与佃农关系的协调。针对农村日益严重的经济凋敝和社会动荡，乔启明认为，农村问题已经与都市问题互为表里，"都市问题，以资本家与劳动者为中心。农村问题，以地主与佃户为焦点"（乔启明，1929）。而围绕后一焦点的研究包括苏皖两省三县租佃制度调查、他与卜凯共同撰写的关于纳租问题的评价、与应廉耕合作实施的对豫皖鄂赣四省14个地区330名地主的系列调查，以及和蒋杰一道利用12省206县调查数据所做的地权变动研究。系列研究呈现了复杂的农村租佃关系和社会经济结构。

地权的分配及变动是乔启明首先关注的。对苏皖三县的研究展示了1905～1924年的田产权分布状况，自耕农和地主直接经营的土地面积减少，而佃农比例上升，这又导致佃户之间的租佃竞争，中下等土地的价格和租金上涨明显，佃农预交押租的比率也大幅度上升，地主也随意解除租约（乔启明，1926a）。而据后来对12省206个县的调查，1937～1941年各类农户中自耕农占30.2%，佃农占26.4%，半自耕农占21.6%，地主兼自耕农占15.3%，地主占6.5%。与此相对，土地占有的比例为自耕农占25%，佃农占17%，地主兼自耕农占18%，乡间地主占21%，城市地主占18%。这固然不同于后来流行的"占农村人口不足10%的地主和富农却占有农村土地的80%"之类的说法，但当然意味着社会不平等："国内农民，佃农居其泰半，多数农业土地集于地主之手，耕者无其田，农民辛劳所得，多供地主不劳之获"（乔启明、蒋杰，1942）。这种不平等表现在各阶层的生活状况和发展机会。在对苏皖两省三县的调查分析中，他注意到各阶层之间在住房、教育和婚姻状况方面的差异，如宿县的地主和自耕农的已婚率为99.5%，半自耕农为79.8%，而佃农只有65.7%；南通则相应地为100%、92.1%和69.7%。也即两地都有30%以上的佃户没有婚姻生活（乔启明，1926a）。

进一步的调查表明，地主拥有的田产绝大多数来自祖传，其中昆山和南通两地均超过85%，而宿县占93%，"从此可知我国之遗产制度，为社会上造不平等之阶级最甚，且佃户存在问题，亦即遗产制度之产生物也"（乔启明，1926a）。十年后对4省330名地主的调查显示，土地分配不均源于继承制的因素稍低一些：源自祖传者占68%，自身购买者占1/4；而祖传部分以湖北最多，占82.2%，安徽仅占45.3%，其中桐城只有25%

（乔启明、应廉耕，1937a）。

正如继承因素的影响程度不同，作为地主阶级的内部也存在较大差异。基于大量的实地考察，乔启明认为，由于受到自然历史状况、土地质量、交通条件、工商业发育程度，以及治安状况等多种因素的影响，各地的土地集中状况和租佃情形（包括佃户的比例、租佃方式和租金高低等）、地主与佃户和乡村社会的关系并不相同。大致说来，北方为土壤质量和气候等因素所限，田地获利较少，少见大地主，租佃问题不太突出；而长江以南的江苏、广东等省，因土地肥美、人口密集，围绕土地的竞争更加激烈，土地集中程度更高，佃农处于不利地位，而地主也容易抬高地租、高压佃户，租佃问题更为严重（乔启明，1926a，1929）。就土地出租规模和拥有佃户的数量来看，四省330名地主平均出租耕地为47.1亩，其中江西仅7.7亩，河南则达88.7亩，在地区层次则从江西吉安的3.8亩到安徽滁县的189.8亩；地主平均拥有佃户8名，其中河南仅2名，安徽达18名，而芜湖的地主平均拥有65名，个别地主甚至拥有数百名之多（乔启明、应廉耕，1937a）。

要注意的是，地主的大小与其居住地点之间有较高关联。居外地主的比例在南通为15.8%，宿县为27.4%，昆山则达65.9%，而昆山和宿县的居外地主多为大地主。12省调查则显示，地主城居者占27.4%，其中贵州达45.6%，西康达63.3%，浙江更高达93.7%。而地主居住地的不同意味着他们与佃户和乡村社会的关系不同。居乡地主虽本人不事耕耘，但因久处乡间，熟习农事，比较热心于公益，对佃户之耕作和生活状况也多有关心。城居地主则大都在城市另有职业，难以顾及田场管理，对乡间的公益事业和佃农疾苦漠不关心，却世代依赖田租，将当地金钱输往城市。他们通常仅于收租时下乡，也有终年不下乡而委派代理人收租者，甚或假手催甲、虐待佃户。他列举吴江震泽的例子说，"农人几全为佃户，地主对于佃户之苛刻，实有不可言喻者，触目感怀不能不令人投笔三叹也。地主田业公会，为佃户无上之官厅，押佃所为征服佃户之地狱，显然为中古奴隶制之遗风。地主宛如贵族，佃户即其奴隶"。在相邻的昆山，地主的威力也异常突出，往往通过田业公会对佃农施压，而"押佃所即为地主征服佃户之场所焉"，如该县押佃所共关押15人，其中女性5人，而所欠租额不过30元上下。地主的苛刻反过来导致佃户以作弊和偷窃对付，或以抗阻、罢佃反抗（乔启明，1926a，1929；乔启明、蒋杰，1942）。

虽然租佃问题在各处表现不同，也有一些地区如南京和南通一带主佃关系比较融洽（乔启明，1929，1930b），但普遍状况是两者关系紧张。他为此呼吁:"是以深望地主与佃户两方,有彻底之觉悟,咸能秉其公正无私之心,以经营田场,而使两方统有相当之报酬,籍使农村社会之经济治安两方,咸有裨益。"而官厅"应当主持公道,切毋帮助地主而压迫佃户,应予实际上援助,使两方义务权利平均、公允,不至互有侵夺之弊"(乔启明,1926a)。

国民政府定都南京之后,对租佃问题的严重性有所认识,将"农民解放"写入了政纲,于浙江实行二五减租,江苏亦规定租率收不得超过37.5%。但在乔启明看来,租佃问题非常复杂,"非简单方式所能立断","若站在科学的立场上去观察",各地的情形不同,实行减租不能一律按平均数推行,否则会使相关规定徒具形式,农民并不能真正获益(乔启明,1930b)。他和他的合作者认为,租佃问题中最重要的是租金问题,而测验租金公允与否的原则在于,"对于地主方面,希望他能根据自己土地房屋的投资,得到相当的利率;对于佃农方面,希望他能籍自己的劳力,得到相当的报酬。……我们的基本主张是:地主与佃农两方所分配的农场总收入的多寡,应按着他们两方总支出的多寡成正比例"(卜凯、乔启明,1928)。

当然,仅有基于经济学原理的公允田租(fair rent)的原则还远远不够,必须进行具体的测算。测算要以完备的经济社会调查和簿记制度为前提,而在缺少这种基础条件的情况下,他和他的同伴们进行了具体探索。依据金大农经系9处501户佃农调查资料的测算发现,应在现行租额的基础上减少22.1%方显公允,但各地情形不同,浙江镇海的佃户应少交37.4%,江苏江宁淳化镇的佃农则应多交39.8%(卜凯、乔启明,1928);而四省调查分析显示,现行契约田租额平均应减去28.3%,应减比例从河南的13.3%到湖北的45.3%,其中湖北江陵的地主投资甚少而收租甚高,应减去56.9%,而信阳地区佃农所占利益较多,应增加4.6%。此外,他们还具体测算了经济田租(economic rent)和地主的投资收益等,总体结论是:地主收益较大,而佃农所获甚微,甚至亏损,从理论上说应转谋他业,唯因时事艰难而难以选择(乔启明、应廉耕,1937b,1937c)。

从上述系列研究可以看出,虽然乔启明也关注人口压力下的土地短缺和占有的不平等,但作为深受卜凯影响的"技术学派"的中坚和改良主义者,他更重视土地利用的方式、效率和租佃关系。他的租佃制度研究的出发点和结论,不在谋求土地的再分配或革命,而是在承认分配不平等的基础上探究租佃双方的利益均衡问题,并以和平方式实现"耕者有其田"。他和他的合作者认为,消除业佃纠纷必须注意三点:一是予地主公正之田租（酌量确保其土地投资收益）；二是予佃农以平稳的生活；三是需要助长佃农储蓄之能力，俾有余资购买耕地，不至于永为佃农（乔启明、应廉耕，1937b）。至于佃农上升为自耕农，则需要依靠地主减租，并由政府或私人贷款援助来实现。这在当时的"中国农村派"等马克思主义学者的眼里，当然属于理想主义，幼稚而且"反动"。但是，正如后来的土地革命实践及其归结显示的那样，土地问题的解决并非"土地革命"所能一网打尽，当解放了的农民仍然要面对国家这个超级地主的高强度汲取，围绕租佃关系的改良主义主张并非没有价值。而日本、韩国和中国台湾的经验则证明，改良的方法也并非不可能。

三 共同的生活和事业：乡村社会研究

> 吾人现今若欲窥察一个乡村社会的真相，作为将来改良人群事业的根据，我们不得不寻出一个乡村社会到底是什么？它的范围有多大，其中的居民，在共同生活事业上，有什么互相的关系？
>
> （乔启明，1926b）

在民国时期的中国社会科学界，农村研究应属聚集学者最多、取得成果也最大的领域，其中农村社区研究备受今天的学者关注。较普遍的看法是，这种研究由吴文藻作为"社会学中国化"的方法加以提倡，由费孝通等人实施和繁荣，并因此形成了马林诺夫斯基赞誉的"社会学的中国学派"，乃至部分国内学者所说的"燕京学派"。而吴门师徒的提倡和研究，主要是受到派克（R. E. Park）和布朗（Radcliffe - Brown）的影响，他们将芝加哥学派的人文区位理论和人类学的结构 - 功能主义理论结合到一起，研究"当代文明社会"，代表性成果是费孝通的《江村经济》（韩名谟，1997；李培林、渠敬东，2009；阎明，2010：172～177；朱安新，2010）。

的确，作为中国社会学的一个重要概念，"社区"一词是由费孝通或其同门所创译①。但是如果将它还原为其母语community，则会发现，中国

---

① 费孝通（1999/1948）曾提到：community最初被译成"地方社会"，但在面对Park的community和society两个不同概念时，感到"地方社会"的不当，大家谈到如何找一个贴切的翻法，偶然间我想到了"社区"两个字，后来慢慢流行。而据阎明（2010：173）考证，"社区"一词最早是由燕京大学社会学系学生黄兆临于1934年翻译发表。

最早的社区研究可以追溯到美籍学者葛学溥（Daniel Kulp）1918年在广东凤凰村的家族调查，只因作者是"业余人类学家"，其成果的学术反响不大（卢晖临，2005）。而在本土的乡村社会学家当中，乔启明最早于20世纪20年代前期就开始了相关研究，尽管他早期使用的名称并非"社区"，而是"乡村社会"或"农村社会"①。

乔启明的乡村社会研究最早见于1924年用英文发表的 *Mapping the Rural Community of YaoHuaMen*②，这是他亲手完成的四个"社区制图"之一。卜凯认为，此项研究"意在激励乡村领袖和牧师、教师等利用社区制图便于了解为人民提供更好的服务"，文中对尧化门宗教区域民宗教生活的描述，"显示了中国农民平等待人的基本性格"。朱甸余则认为，这项工作在中国的社区研究中是开创性的（卜凯，1991；朱甸余，2005）。到1934年发表关于江宁淳化镇的研究，乔启明先后在七篇文章中论述了认识和区划乡村社会的目的、重要性和方法。

作为金陵大学乡村社会学课程的主讲人，乔启明面对的首要问题当然是从学理上阐述何为"乡村社会"。但更重要的是，他把社区制图和区划乡村社会当作认识和服务乡村社会的起点，旨在准确理解乡村社会的共同生活、事业和利益，以改良乡村组织，提升农民生活。他强调，"吾人对于一个乡村社会，必须先将他内部的各种事业明了以后，方能根据事实发生见解，日后着手改革时方能措施裕如，程序方面不致弄误。无论是经济、教育、宗教、社交、政治各方面，都得须知道他的背景方可下手，这就是我们研究乡村社会事业的目的"（乔启明，1934b）。

那么如何认识乡村社会呢？在写于1926年的《怎样区划乡村社会》中，他引用康奈尔大学乡村社会学教授施特生（Dwight Sanderson）的定义说，乡村社会是指一处的居民居住在一块农业土地上，他们的各种共同生活和事业都聚集到一个中心点上去合作。虽然中国乡村的聚集形态与美国乡村的散居状态不同，但他认为仍可借鉴这种视角考察中国乡村。"惟各

---

① 进一步看，不应将社区研究看作"社会学中国化"的判定标准，"社会学的中国学派"的美誉也值得商榷。因为在中国之外，对应rural community的"村落共同体"或"村落社会"研究在日本更加盛行，日本社会学界20世纪60年代之前对其关注甚多，成果也甚丰硕，但不能据此说有"社会学的日本学派"。类似的过誉也出现在林顿（Ralph Linton）1945年为杨懋春的《一个中国村庄：山东台头》英文版撰写的序言中，他称该研究"代表了社区研究的本土人类学时代的来临"。

② 朱甸余（1996）将其译为"江苏江宁县尧化门社区制图"，并提及"金陵大学农学院又重印为第四号小册子并译为中文"。但笔者未能查阅到其中文版本，因此无法确认其中文版所用译词。

种共同生活和事业，都是关于经济、宗教、教育、交际和政治这几种事业，区划的根据也应按这几个项目分类出来。"其中他特别重视作为交易中心的市场或市镇的辐射范围，认为它代表着乡村共同生活和事业的范围，而强调不应单纯地用政治或行政标准理解乡村社会，因为政治区域的划分专为官厅收赋税的便利，与农民共同的生活和事业的范围不同。以尧化门区域为例，它被分为三个乡，"而人民的共同生活倒是一体"，如尧化门市镇属江乘乡，但北固乡的居民也前去赶集，而前往尧化门做买卖的村庄总计 70 多个；新式小学位于北固乡的边界，但江乘乡的学生也多往就学。

盖因政治范围是人造的，不是按一处人民的共同生活范围来规定的，故其区划，每多牵强。我国乡村社会不发达，这也是其中之一大原因。盖人民自然的团体生活，是发达乡村社会事业的根据。因政治区域牵强之故，往往引起纷争，人民自动的生活事业组织，每每受其牵制而不能举，这又何怪乡村社会之不发达呢？（乔启明，1926b）

在 1932 年发表的《乡村服务者应认识自己所在的乡村社会》一文中，他进一步辨析了共同的生活和事业范围的不同层次："人民生活上结合的单位有三，即单独村庄，联合村庄，和乡村社会。"联合村庄是指多个单独村庄基于共同的生活和利益需求（如祭祀、学校建设和治安防卫）而联合在一起的单位；乡村社会则包括单独村庄与联合村庄，范围较大，因人民的生活需要在单独或联合村庄里得不到满足，就聚集到一个中心点（市镇）上合作，这个中心点也是乡村社会的中心，周围所有到此合作事业、共享利益的村庄都属于其范围。"所以简单点说，乡村社会就是一个以上的村庄，因为生活上的需要自然组成的一个适当圆满的合作单位。"

而关于江宁县淳化镇的研究，就是要通过实地调查来寻找中国大地上"乡村社会"的具体范围、内涵和特征。他概述说，"乡村社会"的英文表述 Rural Community 含有永久的、自然的和地方的性质，有时也可译为"地方共同社会"。他引用白特飞（K. L. Butterfield）的见解，"一个真正的社会，就是包含着那个社会里边全部人民的共同生活"，并与施特生的主张加以综合，主张从两个方面把握：一是有具体范围而非漫无界限的地理单位，日常话语中的乡村、乡里等宽泛名词都不是乡村社会；二是指居民的共同生活都能聚集到一起合作，含有"自然共同社会"的意思，区、乡、镇等行政区域不是乡村社会，因为它未能兼顾居民的共同利益。至于具体的研究步骤，则分为两个阶段，一是利用区划法确定具体范围和中心点，把其自然范围和团体生活的范围画在图上，以代表该处居民的共同生活、事业和利益聚集到一个中心点合作的倾向，二是对不能以绘图法表示的风俗民情、日常生活、每种组织的性质和活动状况等用询问法详加记载，以补充该自然社会区域的质的方面的研究。这样，当地农民的一般组织状况和团体生活的情形就能清晰地呈现。

调查发现，淳化镇的乡村社会范围要比最低行政层级的乡镇大出许多，其中人口约比一个乡大6倍①。区域内共有单独村庄56个、祠堂63座、寺观庵庙46座、土地庙33座、碾坊39个、私塾34家、杂货店30个、公井24口、茶馆21个、官立小学4所。表明宗教和经济组织最为繁盛，其中拥有土地庙、寺观、私塾、祠堂及碾坊的村庄超过50%，拥有茶馆、公井、杂货店的超过20%。在乔启明看来，各种组织的多寡反映了乡民对各组织的需要程度，同时也与人口的多寡有密切关系，大村的经济社会生活需要大些，容易办理多种事业，而小村因人口较少、组织不经济，许多事业便附属到邻接的大村。

在此基础上，乔启明探讨了调查区域的经济、教育、宗教、社交和政治生活，结合乌江兴办水利成功和尧化门附近建立学校失败的例子说明，要改良乡村社会，必须充分注意所在区域的自然和人文环境因素，以免贸然改革造成农民的利益不增反减。他指出，影响改良乡村事业的基本条件有二，第一须看组织地理范围的大小，第二须看每种组织人口的数目。而就当时的"模范县"江宁县划分的乡镇自治单位而论，似乎太小，不合乎"适当人口"及"适宜土地"两项条件。在举办经济、教育、宗教等服务事业时，必须注重乡村的共同生活，改变政治区域与农民共同生活的自然区域不吻合的状况。进而，由于乡村社会共同生活的范围以市镇商业范围影响最大，所以其领域应以商业范围为准，这样便能使商业、教育、宗教和行政的范围相互交融、连为一体（乔启明，1934b）。

值得注意的是，到1937年发表《中国乡村建设问题的过去与将来》一文时，乔启明开始使用加了引号的"乡村社区"概念，而在《中国农村社会经济学》总论中则完全接受了"社区"的用法，认为"农村社会"一词"以称农村社区较为确当"，并界定了社会与社区的差异：普通所谓社会，乃是一种较抽象和概括的名称，系指人类社群，不仅为人类的集合，还包括文化、经济及组织等基础；社区则较具体实在，是一定区域的

---

① 乔启明在江宁县尧化门和西善桥两处所作的调查也同样显示这一倾向：尧化门自然区域内有12个乡镇，西善桥有6个乡镇。总之，在江宁县区划的"三个自然乡村社会"，面积都在10~15方里，户数有2000~3500户，人口有10000~18000人（乔启明，1934）。

人口居住较为密接，其日常生活具有密切联系。"故社区者，社会也，而社会者，未必皆为社区也。社会不含地域观念，仅代表具有交互作用与共同关系和表现交互与共同行为的一群人……一人更可同时隶属于数个社会，但仅能属于一个社区；盖社区之特质，一在有共同的地理区域，二在有共同的生活活动。"他进而强调，"社区实含有永久性、自然性及地方性"（乔启明，1947：2）。

将乔启明与费孝通进行比较可以发现，虽然同为 Rural Community 的研究，但两者的理解和分析重点明显不同。首先，乔眼中的"乡村社会"范围更大，属于"适当圆满的合作单位"。这当然是受到了美国乡村社会学的影响①，而后来在中国农村社会经济研究领域产生很大影响的施加雅的"市场圈"理论与之相同。与此相对，从20世纪30年代的"江村"到40年代的"云南三村"研究都表明，费孝通等人把社区看作一个单独的村庄，而这与日本农村社会学界的把握方式相同②。其次，与此相关，乔启明主要是从如何服务乡村社会这种功能的角度去研究，而费孝通关心的是"结构"，例如他在《乡土中国》后记中写道：社区分析的初步工作是在一定的时空坐落中描画一个地方人民赖以生活的社会结构；第二步是比较研究，在比较不同社区的社会结构时，发现各有其配合的原则，原则不同，表现结构的形式也不一样，这样就产生了"格式"（模式）的概念（费孝通，1985/1948）。

当然，不应将两者的差异对立起来。无论关注的是乡村"社会"还是"社区"，他们的研究都有着更加重要的共同指向：挽救中国农村的危机，改变中国农民的命运。背后当然是那个时代的社会学家共同拥有的一种紧迫感和焦虑。而这种紧迫感或焦虑在乔启明关于乡村组织的研究中更加突出。

---

① 这种把握方式肇始于嘉尔宾（C. J. Galpin）。这位威斯康星大学的前牧师对1910年美国乡村生活委员会的调查报告不以为然，在与泰勒（Henry C. Tayer）的切磋中另辟蹊径，于1915年发表了研究报告 *The Social Anatomy of an Agricultural Community*，提出了分析农业社区的社会生态学模式，认为经常到集镇交易的村民居住点构成的交易圈便是农村社区的边界。该研究不仅为 Sanderson 和 Butterfield 等乡村社会学家广泛应用，也影响到 Park 等城市社会学家。泰勒评价说，"嘉尔宾的研究完全来自于他的独创，不是他走向了社会学，而是社会学家走向了他所开创的乡村生活研究"。他也因此成为该校的教授并执掌农经系（森冈清美，1956；吴文藻，1935）。

② 但是到20世纪60年代，随着城市化的突飞猛进，村庄的流动性和对外依赖性加强，"村落"的功能萎缩，日本农村社会学开始强调"地域社会学"（莲见音彦，2007）。

四　乡村组织研究：为什么是"农会"？

> 当人类的生存发生问题，如一人能力不足，势必群策群力，以谋解决或适应之道。人类社会组织即因此而产生，社会文化亦因此而演进。普通所谓组织，即多人的结合以企求其事业的完成者。社会若有优良的组织，即易于进步，否则即不免呈现停滞之状态，散漫无归。
>
> （乔启明，1947：423）

考虑到严复将Sociology翻译为"群学"，而孙中山痛感中国人"一盘散沙"并将其看作中国积贫积弱的原因，"组织问题"可以说是社会学的核心和中国社会的要害。在民国时代的社会学界，关注这一问题的学者并不鲜见，如许仕廉、吴达、费孝通等人都有论及，但进行了系统和深入研究的，似乎只有乔启明和杨开道[①]二人。而与杨开道主要发掘传统资源不同，乔启明更多地从乡村社会的现实需要出发，基于实地调查而展开。自1925年发表《我理想中的一个乡村组织是什么》，到20世纪40年代末其学术生涯结束，他关于乡村组织的论述总计20余种，其中最系统的分析见于《中国农村社会经济学》第六编"农村组织"。上引文字即源自其中的开篇部分，它可以看作乔启明的组织观和社会观的理论基础。构成这一理论基础的还包括他对组织功能的如下归纳：增加社会力量，继承前人的经验，完成个人所不能办理的事业，促成社会观念，稳定人与人的关系（乔启明，1947：426）。

不过，与人类社会基于生存需要的一般原则相对的，却是中国乡村组织的缺失及其加剧的农民的不幸。他写道："今日我国农民生活状况低于水准，此固由于农村人口与土地失调，文化落后，要亦由于农村社会缺乏组织所致。我国农民思想散漫，只知耕田而食、织布而衣，不知注重组织，因此农民个人生活状况既无从改进，而社会事业尤难推行。""农民素如一盘散沙，缺乏粘性与组织。"继而，"我国农村无论在政治、经济、社会、文化方面均觉落伍。造成此种现象的原因固非一端，而农民本身缺乏

[①] 杨开道的相关著述集中于20世纪30年代初，主要包括《中国农村组织略史》（《社会学刊》1930年第4期）、由世界书局1930年推出的《农村组织》和《农村自治》、《乡约制度的研究》（《社会学界》1931年第5卷）及在此基础上扩展而成的《中国乡约制度》（山东省乡村服务人员训练处1937年刊印）。

组织乃为基本原因"（乔启明，1947：423，425）。

这种判断当然源于他的乡村建设实践。他在1933年写道："研究中国乡村问题者，莫不以改进乡村社会、发展乡村经济，为我国目前唯一之要务。但是环顾国内乡村各项事业，均无健全之组织，以致农业不振，生产落后，经济有破产之虞，社会呈不安之象，此所以不能不急图发展与改进也。"而在经过长期的农业推广之后，他又说："从事农业推广工作，最感困难的是农村社会缺乏健全的组织，以至一切良好的计划、方法及材料，农民皆无从接受；因之，在推进工作的时候，往往费多效少，事倍功半"（乔启明，1945）。

但是，"急图发展与改进"必须建立在对现实状况的真切把握之上。"乡村经济应如何发展，社会组织应如何改进，以何者定其标准，是则吾国乡村固有之组织，实有研究之必要。"基于此，他首先对全国乡村的组织现状进行了回顾（乔启明，1933），随后和姚颐一道于1934年夏天，在"青纱帐起，少数区域频闻匪警"的动荡中对安徽宿县进行了一个多月的实地调查，从而得以具体地描述当地各种组织的种类及分布、目的和功用、参加户数或人数、会员的经济地位、会费征收方式和组织运行状况，以及会员的评价和期望（乔启明、姚颐，1934）。调查发现，参加组织者多为自耕农和半自耕，而地主和佃农很少参加，前者多移居城镇以避匪患，而后者缺少时间和金钱。除合作社之外，大部分组织皆为原有社会经济团体，旨在解决农民自身面临的各种问题，其名称虽与近代各国乡村组织不同，但意义和功用则颇多相似，如小范围的鸡蛋会、灶君会、火神会等，功用与消费合作无异；而老人会和棺材会可谓民间人寿保险组合。"会员虽多清寒，未受教育，而信义昭著，由来已久。若吾人在举办乡村经济建设之前，对于有关系之组织，稍加研究，从而整理之，充实之，不仅能化阻力为助力，而其结果，事半功倍，可预卜焉。"

与此同时，宿县面临的最大问题在于缺少应对匪患和水灾的组织。针对匪患，虽有联庄会、红枪会等起而自卫，但组织之间缺乏联络，"而大多数农家，每届青帐起时，日须勤苦耕作，夜必小心看家，不得安眠，诚堪怜悯"。灌溉组织的缺乏也为一大缺陷，"闻该县每遇旱涝，则相率仰屋咨嗟，而无善策，如何使河畅其流，地受润泽，似为今后该县农民应注意之事项"。此外，当地的原有组织极少关注公共卫生问题，"是以每遇瘟疫发生，男女老幼，惟借求神问卜以治疾病，或只束手以待毙，毫无预防与补救之组织与设备"。

在乔启明看来，"仅有家族组织，而无社会观念"的中国农村属于

"散漫的社会",这在自给自足经济时代尚可勉强维持,但自近世以来,农村的封守状态被打破,交通发达,农产品商品化,农民与外界接触日多,"则非有组织不可"。当然,正如宿县调查表明的那样,中国乡村也存在一些组织,但植根于传统生产方式的组织通常范围狭小,功效单一,"仅有对内作用而无对外能力"(乔启明,1947:426~428)。总之,传统农村的散漫状态已经不能适应近世商业化的潮流,"中古式的"或"筋肉式的"农业生产方式与现代化的消费需求也相去太远,竞争不过欧美的资本主义农场式经营,因此导致小麦、大米和棉花等农产品入超日增、农村破产(乔启明,1937b)。"在现代的中国,要增进农民生活,必得先有良善的农村组织。"(乔启明,1934)到后来,他更加系统地论述了现代农村的组织需求:

> 盖现代农村已由自给自足经济状态,进而为城市经济状态。农民生产不仅为自己消费,且须寻求市场销售,其价格恒受世界求供状况的影响,而与货币价值的变动,亦有莫大关系。农产品质需要改进,始能在市场上竞争;农村教育需要改进,始能增进民智;他如农村卫生,农村娱乐等,无一不需改革,以谋适应现代生活。……譬如农民以前产品在市镇售予商贩,今予废除中间剥削,势必直接运销至大市场,农民焉有此种能力。再如农民以往向放债人借贷,现欲避免高利贷,必须向农民银行等告贷,但农民无组织,如何能与银行发生关系。其他种种事业亦莫不需要新兴组织,以为筹划与执行之机构。(乔启明,1947:428)

那么"良善的农村组织"是什么,又如何推行,方可发挥其功能而造福农民?这是他始终关注的。如上所述,他认为中国固有的乡村组织范围狭小,功能单一,不足以应对农民的生产和生活所需;而各地实验区建起的一些近代性质的组织如合作社、医院、妇女团体等,功能也太单纯,工作限于某一方面,缺乏系统和连贯性,即便定县的同学会、邹平的村学、镇平的自卫团,也"不过是被动局部的组织,而不是自动全民的组织"。他主张建立农民自发主动的综合组织,以推动其他单一组织,避免组织之间的冲突,融合政治、经济、社会建设为一体。而"这样的组织应该是农会",每一农村社区设一农会,联合各地的农会组织成一个总会(乔启明,1937b,1939a)。

说到"农会",当然并不新鲜。自从蒋黼、罗振玉等人1896年首倡,不同形式的农会已在中国存在了30余年,也广遭诟病,乔启明对此进行了具体论述。他将清末以降的农会统称为"冒牌农会",分阶段指陈其弊端。前清之农会或务农会,主要是官吏和文人团体,至多算是农业研究组织。进入民国,农商部曾颁布农会规程,一时上行下效,但大多由官厅发起,"挂起农会招牌,毫无工作表现,地方如有恶劣士绅,常常操纵农会,压制乡民,假借名义,接近官宪,奉承上司,更强迫农民缴纳会款捐款等,以饱私囊。他如包揽诉讼,籍端敲诈,更为常见"。此类农会非但不能造福于农民,反为农民之害。北伐时代的农民协会声势浩大,做的完全是农民运动的工作,由中央农民部特派员到各地鼓动包办,虽有帮助农民反抗官绅的功用,但"掺杂土匪流氓,假名活动以危害农民者亦甚多"。至于20世纪30年代初经由农会法和"训政"促成、由各级党部指导成立的农会,虽数目可观,"仍然是上行下的方式,农民缺乏自动能力,工作不似协会时代之激进,而农事建设工作亦鲜有成就,他如土豪劣绅操纵之事仍然很多"。而过去的农会所以失败,除行政包办和少数人把持之外,指导人才缺乏也是重要原因。如创议者只知引用外国名称,而不注意具体的实施办法;举办者也未认清农会之目的在于改进农村生产和农民生活,加以不谙农事,便只做政治工作,而不管改良生产、协助运销等建设事业(乔启明,1939a)。

但是"冒牌农会"的失败不足以成为反对建立真正的农会的理由。乔启明强调,他所提倡的农会乃是农村的全民组织,旨在集中农村各方面的力量,发展农村经济、增进农民知识、改善农民生活,并能成为"锻炼农民自治能力之熔炉,将来则是地方自治之基础"(乔启明,1939b)。农会必须由农民自己组织,脱离党部或行政的控制;组织系统应由下而上,下级组织单位应打破行政区划分割,以农村自然区域为范围;基于民主制体,由农民领袖管理,农业推广机构协助推行;办理切实的建设事业,谋求人力和财力的自给,以维持农民的信心。如此方能避免过去的积弊,使农会成为自有、自治、自享的农民团体(乔启明,1939a)。

作为"国内研究农会最有成绩的一个人"[①],乔启明同时也是组建农会的积极实践者和推动者。如前文所述,他自20世纪20年代后期即在安徽和县从事这方面的实际探索,在后来主持农业推广委员会期间,则在各实验县推动建立更多的农会组织,号召举办短期训练班,以培养一批既具农事经验、又懂民众组织办法的农会辅导员,还亲自编写了简明易懂的《农会组织须知》,供印行各地参考。他在推进实践的过程中反对由外来者越

---

① 语出《新经济》1939年第1卷第12期"编辑后记"。

俎代庖，而是强调农民的主动性，重视以农民本身的团结合作来谋求社会经济发展。针对各地乡村建设实验中不注重农民的训练和组织，因而导致人亡政息、不能持久的现象，他告诫说，"像我们这些人只可作为指导者，绝对不可以做工作的主角"（乔启明，1937b，1939a）。他的这些努力在当时受到了充分肯定。时人王达三（1947）在评价《中国农村社会经济学》一书时曾写道："著者不仅是我国有数的农村经济学家，而且是位农村社会运动的领导与工作者。现行以农会为农村组织的农业推广制度建立，即赖著者之发动与经营甚大。"

不过，由于客观上缺少相应的社会环境和制度条件，直到乔启明的研究历程终结，他所孜孜以求的"良善的农民组织"依然稀少。他曾经开列的诸多组织和改进农会的建议，要到20世纪50年代以后的台湾才见实施。

五 乔启明的学术贡献及其当下意义

在大约四分之一世纪的学术生涯中，乔启明总计留下了100多种、200多万字的研究著述。这些研究涵盖了乡村人口问题、土地问题和租佃关系、乡村社区和组织、农民生活，以及乡村建设和农业推广等多个领域，其中的绝大多数篇章都以广泛而深入的实地调查资料为基础，从而有别于中国传统"读书人"的坐而论道，显示了"用脚做学问"的实证研究特征。虽然实证研究在民国时代深受西方社会科学影响的社会学家当中较为普遍，但乔启明（以及他所在的学术共同体）在这方面无疑更加突出，甚至可以说是开风气之先。

就其具体的研究内容来看，他在本文重点介绍的四个领域都属于中国启动最早、贡献突出、特征也非常鲜明的一人。这种贡献和特征包括其体系的完整性、内容的丰富性和系统性、由多层次性和区域差异构成的立体图景和复杂性，以及分析论证的严谨和深入，当然也包括持论之"中庸"，也即作为"技术学派"的一员所具有的改良主义倾向。从这个意义上说，他不仅是中国农村社会学的开创者和代表性人物，也是范围更广的中国农村研究的开创者和代表性人物。这也就意味着，当我们要发掘和借鉴民国时代的相关学术遗产时，乔启明的研究是不可或缺、不容回避的。

当然，回顾乔启明的中国农村研究，从其时显质朴但的确宝贵而丰富的学术遗产中，能够吸取的不只是一般意义的认识价值。综合上述简略介绍，就浅见而言，他至少在如下三个方面给我们留下了较为深广的想象的空间和反思的空间。

第一，他的总体上甚为广博的研究，会大大拓展我们的视野，使我们对民国时期的乡村社会及其诸多问题有着更切实的了解与理解，从而扭转较为单一、静止、平面化的农村史观。

第二，他对乡村组织特别是"农会"问题的有关论述，使我们在面对目前因多重因素导致的乡村"治理危机"和因农民的"善分不善合"而加剧的诸多困境，探讨如何重建乡村政治、促进农民的合作问题时，能够确立更清晰的历史维度。

第三，他对乡村社会或"社区"的内在实质——共同的生活、事业和利益，以及"适当圆满的合作单位"——的把握，会使我们醒悟：重建以来的中国社会学对于"社会"和"社区"的理解原来是那么的空泛、抽象、缺少灵魂。而当我们更实在地领悟了"社区"的意义和价值，便会对今天处于解体过程的农村社区，以及陌生化、沙漠化的城市"社区"所存在的问题有着更透彻的理解，对"新农村建设""社区建设"的实践方式及其已经或将要导致的问题保持足够的警觉，进而看到应有的努力方向。

参考文献

卜凯，1991，《金陵大学农业经济系之发展（1920～1946）》，卢良俊译，载金陵大学农经系在宁校友联谊会编《金陵大学农学院农业经济系建系70周年纪念册》。
卜凯、乔启明，1928，《佃农纳租评议》，金陵大学农林丛刊第46号。
费孝通，1999/1948，《二十年来之中国社区研究》，载《费孝通文集》第五卷，北京：群言出版社。
——，1985/1948，《乡土中国》，北京：三联书店。
韩明谟，1997，《中国社会学调查研究方法和方法论发展的三个里程碑》，北京：《北京大学学报》第4期。
何炳棣，2000，《明初以降人口及其相关问题1368-1953》，葛剑雄译，上海：三联书店。
胡炼刚，2011，《杨开道对社会建设的探索——从现代农村社区到现代农业国家》，未刊稿。
侯建新，2000，《二十世纪二三十年代中国农村经济调查与研究评述》，开封：《史学月刊》第4期。
莲见音彦，2007，『講座社会学3 村落と地域』，東京大学出版会。
李培林、渠敬东，2009，《20世纪上半叶中国社会学学术史》，载李培林、渠敬东、杨雅彬编《中国社会学经典导读》（上册），北京：社会科学文献出版社。
刘海伦，2007，《乔启明事略》，九三学社山西省委员会网站 http：//www.sx93.gov.cn/Article/ShowInfo.asp？ID=145。

卢晖临，2005，《社区研究：源起、问题与新生》，广州：《开放时代》第4期。
罗俊，1991，《乔启明老师的一段经历》，载金陵大学农经系在宁校友联谊会编《金陵大学农学院农业经济系建系70周年纪念册》。
乔启明，1926a，《江苏昆山南通安徽宿县农佃制度之比较以及改良农佃问题之建议》，金陵大学农林丛刊第30号。
——，1926b，《乡村社会区划的方法》，《农林新报》总第70~71期。
——，1928，《中国乡村人口问题之研究》，《东方杂志》第25卷第21号。
——，1929，《农佃问题纲领》，《农林新报》总第162~163期。
——，1930a，《山西人口问题的分析研究》，《社会学刊》第2卷第2期。
——，1930b，《租佃问题》，《农业周报》第47号。
——，1932a，《山西清源县一百四十三农家人口调查之研究》，载中国社会学社编《中国人口问题》，世界书局。
——，1932b，《乡村服务者应认识自己所在的乡村社会》，《农林新报》第9卷第13~15期。
——，1933，《中国乡村经济组织及社会组织之概况》，《新农村》第5期。
——，1934a，《近六十年来中国农村人口增减之趋势》，《新农村》第13~14期。
——，1934b，《江宁县淳化镇乡村社会之研究》，金陵大学农学院。
——，1935，《中国农村人口之结构及其消长》，《东方杂志》第32卷第1号。
——，1937a，《中国今日应采之人口政策之商榷》，《现实生活》第1卷第1期。
——，1937b，《中国乡村建设问题的过去与将来》，《现代读物》一周年特大号。
——，1939a，《现阶段农会之认识与推行》，《新经济》第1卷第12期。
——，1939b，《农会与农业推广》，《农业推广通讯》第1卷第4期。
——，1944，《国农村社会之文化基础》，《农业推广通讯》第6卷第9期。
——，1947，《中国农村社会经济学》，（上海）商务印书馆/上海书店影印本。
乔启明、蒋杰主编，1942，《抗战以来各省地权变动概况》，农产促进委员会研究专刊第2号；
乔启明、姚颢，1934，《安徽宿县原有乡村组织之概况》，《实业统计》第2卷第5期。
乔启明、应廉耕，1937a，《豫鄂皖赣四省土地投资之报酬》，《农林新报》第14卷第13期。
——，1937b，《豫鄂皖赣四省之田租高度测验》，《农林新报》第14卷第7期。
——，1937c，《豫鄂皖赣四省十四地区之土地制度》，《农林新报》第14卷第19期。
森岡清美，1956，「アメリカ農村社会学におけるルーラル・コンミュニティ論の展開」，村落社会研究会編『村落共同体の構造分析』，（東京）時潮社。
盛邦跃，2008，《卜凯视野中的中国近代农业》，北京：社会科学文献出版社。
施坚雅，1998，《中国农村的市场和社会结构》，史建云、徐秀丽译，北京：中国社会科学出版社。
孙本文，1948，《当代中国社会学》，南京：胜利出版公司。
孙叔璠，1991，《乔映东（启明）教授晚年的生活片段》，载金陵大学农经系在宁校友联谊会编《金陵大学农学院农业经济系建系70周年纪念册》。
陶诚，1990，《30年代前后的中国农村调查》，《中国社会经济史研究》第3期。

王达三, 1947,《书评 中国农村社会经济学》,《农业通讯》第1卷第1期。
吴文藻, 1935,《西方社区研究的近今趋势》,《社会研究》第81期。
行龙、常利兵, 2007,《中国社会学的一份珍贵遗产乔启明, 乔启明及其农村社会学思想初探》, 社会学视野网: http://www.sociologyol.org/yanjiubankuai/xuejierenwu/qiaoqiming/2007-03-26/930.html。
阎明, 2010,《中国社会学史: 一门学科与一个时代》, 清华大学出版社。
杨开道, 1930,《农村社会学在中国大学的讲授》,《中国基督教教育季刊》第6卷第2期。
杨懋春, 2001,《一个中国村庄: 山东台头》, 江苏人民出版社。
殷晓岚, 2002,《卜凯与中国近代农业经济学的发展》, 南京:《南京农业大学学报》(社科版) 第2期。
於红, 2005,《水稻育种专家顾复档案解读》,《档案与建设》第4期。
郑大华, 2000,《民国乡村建设运动》, 社会科学文献出版社。
朱安新, 2010,《被遗忘的社区概念的维度乔启明, 费孝通的社区研究》,《社会理论论丛》第5辑。
朱甸余, 1991,《怀念我的老师乔启明先生》, 载金陵大学农经系在宁校友联谊会编《金陵大学农学院农业经济系建系70周年纪念册》。
——, 1996,《乔启明》,《中国科学技术专家传略》(农学编·综合卷Ⅰ), 北京: 中国农业科技出版社。
——, 2005,《著名的农村社会学家乔启明》, 光明网: http://www.gmw.cn/conet/2005-11/09/content_326586.htm。
朱甸余、乔玉润、刘子钦, 1999,《乔启明先生事略》, 载《山西文史资料》全编第4卷,《山西文史资料》编辑部。

(责任编辑: 周晓虹)

卫惠林民国时期思想研究

罗 敏*

摘 要：卫惠林是我国"五四"前后著名的无政府主义（安那祺主义）学人，但在抗战爆发后其学术思想渐转向了孙中山先生的"三民主义"，并少谈政治，专注于学术，积极创建中国民族学，关注边疆、建设边疆。

关键词：无政府主义 三民主义 民族学 边疆研究

卫惠林（1900~1992①），原名安仁，字惠林，以字行，山西省阳城人，我国著名的社会学家、人类学家和民族学家。"五四"前后，作为著名的无政府主义（安那祺主义）学人，他的学术及行动趋于"无政党化"，但在抗战爆发后他的思想渐转向了"三民主义"，而后积极投身中国民族学的创建以及边疆研究和建设中，尤使我们关注的是抗战后期的卫惠林少谈政治，专于学术，可见他对无政府主义的某种坚持和回归。本文拟在参阅文献资料基础上对卫惠林的思想转向做一详细阐述，在简要回顾他与无政府主义后，将重点讨论他对创建中国民族学所做的贡献，并以其边疆研究和边疆建设为基点，对边疆研究和民族学的关系进行

---

* 罗敏，南京大学社会学院社会人类学研究所硕士研究生（luomin0723@126.com）。

① 关于卫惠林先生的出生时间，学术界有两大分歧：第一，马甫平和散木认为是清光绪二十六年（1900年）二月十八日（马甫平，2004；散木，2001）；第二，高德增和《中国社会科学家辞典》（现代卷）的编委认为是1904年2月18日［高德增，1997；《中国社会科学家辞典》（现代卷）编委，1986］。据文献考证，卫惠林先生的侄儿卫记慰曾言"我的叔父卫惠林先生，原名安仁，字惠林，以字行，祖籍山西阳城县城内华源街尚朴巷。生于清光绪二十六年（1900）润二月十八日"（卫记慰，1987）。其他文章也有相同论述（卫记慰，1996）。

解读。

一 无政府主义

作为无政府主义在中国衰落时期的主要人物之一，卫惠林在艰难的困境中坚持着无政府主义思想，坚信只有无政府主义才是通往自由之路，成为我国无政府主义最后的捍卫者之一。1917 年，卫惠林考取山西省官费留日预备学校，并于1919 年进入早稻田大学学习社会哲学，1924 年获文学学士学位后回国。在东京他加入了中国安那祺主义小组，也结识了大杉荣[①]和山田等人。1927 年，卫惠林前往法国巴黎大学学习文科，后考上巴黎人类学院和法兰西书院的研究生，1929 年获得巴黎大学硕士学位，1930 年归国。在法期间，他与无政府主义友人、留学生和工人一起研读和谈论无政府主义的著述和思想，还与吴克刚等随同法国工人一齐上街游行抗议马萨诸塞州法庭谋杀意大利移民无政府主义者萨珂和万塞蒂。日法留学铸就了卫惠林坚定的无政府主义思想，回国后他积极宣导、传播无政府主义。

1924～1937 年的中国无政府主义渐于衰落，传播陷入困境，内部分化较大，部分已完全退出或已加入国民党，卫惠林、巴金等人却未形成一个政党或加入其他任何政党，有种真正信仰无政府主义和奉献于它的色彩。1923 年 5 月，卫惠林在南京资助并发起"民锋社"，以宣扬无政府主义为宗旨，同年 10 月，《民锋》改名为《黑澜》继续发刊，该刊是材料丰富、议论精辟的无政府主义思想刊物。1925 年，卫惠林与巴金、毛一波、卢剑波等 16 人合作创办《民众》半月刊，探求到达自由平等的理想社会之路。1930 年，卫惠林任教于福建晋江（泉州）[②] 黎明高级中学。这里集聚了吴克刚、陈范予、王鲁彦、丽尼等无政府主义者。1932 年，卫惠林辞去中央研究院助理研究员的职务[③]，到中央大学社会学系兼任教授。暑假，他与妻子高宛玉随冯紫刚，到河南南阳去创办一所地方自治干部学校，想把自卫自治运动扩展到南阳全境。

为引入西方无政府主义思想，卫惠林翻译了克鲁泡特金的《伦理学》（1924）、道图门兹的《世界合作运动》（1929）、《经济思想史》（1930）

[①] 大杉荣（1885～1923），近代日本著名的无政府主义者，又因在关东大地震的混乱中遭受宪兵惨杀而有名，著有《社会理想论》，卫惠林翻译引入中国。
[②] 泉州是闽南无政府主义三大基地之一，另外两个基地是厦门和漳州。
[③] 卫惠林于 1931 年年底应聘到南京中央研究院社会科学研究所民族学组任助理研究员。

以及卢梭的《民约论》（1944）和发表《克鲁泡特金之宇宙观与其社会哲学》（1924）等。此外他还发表了《无政府主义与实际问题》（1927）、《工团主义》（1927）、《最近暗杀事件的社会学的考察》（1932）、《法兰西大革命时代的社会思想》（1935）等以阐发其无政府主义思想。

1927年，一些无政府主义者加入了国民党，而卫惠林坚决反对，甚至不主张参加国民革命。"中国现在的问题决不是国民党的政治方法或武装行动可以解决的，我们决不能介入到他们的行动里去。"（卫惠林、巴金、吴克刚，1927：36）他主张：中国的无政府主义应摆脱国、共两党冷漠的态度，加入到实际的革命运动中，以这样的方式尽可能地去实现自己的理想，扩大平民的幸福和自由。不但要打倒外国帝国主义，还要去制止国内资本主义的发达，开辟一条人类完全解放的道路。而工联主义是通往理想的最佳途径，采取职工组合和直接行动的方式，消灭国家，使人类处于自由自在的联合体中。但无政府主义不能脱离民众，民众不仅仅指的是工人，同时还应包括广大的农民，民众自己的利益，需民众自己去谋。谋利的最佳途径就是联合，城市中的工人组织工会，乡村的农民组织农会。在农民方面提出"农民自治""农民管理土地"等口号；在工人运动方面，最重要的是鼓励工人直接监督工厂，废除工头制，工人与厂间的交涉由工会担任。

那时全世界都在滋生暗杀（政治暗杀）恐慌，卫惠林认为暗杀活动虽然是由个人去执行，但是人是社会中的人，社会指导着人们的行为。暗杀（政治暗杀）不完全是个人的，它的执行者几乎只是发展社会力的机械，暗杀这一社会行为是社会转变时期（经济萧条、战争刺激和法西斯运动的抬头）的现象，从暗杀执行者与被暗杀者所处的阶级属性来说，被暗杀者都是统治阶级，执行者大多为中等阶级及下等阶级，"可知其行为是处于对强权的政府的仇恨心"（卫惠林，1932：23），此时的人民公敌就成了暗杀的对象。因此，暗杀只是时代转变时期的一种结果而非原因。

二 创建中国民族学

早期的卫惠林积极宣传无政府主义思想，随着抗战救亡运动的爆发，国民政府和内地学术机构及学校纷纷向后方转移，卫惠林也随之举家辗转到重庆，而后便束装乘船东下武汉，以赴国难。此次东下，成为卫惠林学术研究和思想的转折点，使他的学术从介绍国外理论和宏大议题研究转向了边疆实地研究和边疆建设①。同时在这一时期由于抗战爆发、民族主义兴起,孙中山先生的"三民主义"更是对这民族独立、民族自觉的民族主义的最好诠释,并被社会民众所认可,成为社会主流思潮。因此当时的知识分子,都难免不受其影响,并积极参与到民主运动和社会改革中。卫惠林也开始少谈并逐渐淡化无政府主义思想,渐转向了"三民主义"。但卫惠林的"三民主义"思想并不像其前期思想那么清晰,也不像吴稚晖、黄文山等人的转向那样明显,也不像他们那样积极投入到政治运动和社会改革中,他更多地专注于民族学和边疆研究,甚至很少谈及政治,积极创建中国民族学。因此阐述他与"三民主义"的关系,主要探究他的民族学和边疆研究与"三民主义"内在的学术思想关联,而非个人政治思想倾向。

卫惠林深厚的人类学和民族学基础得益于早期留学经历,他东渡日本主修社会哲学,留法主攻人类学和民族学,并获硕士学位,回国后他积极倡导创建中国民族学。

1. 介绍国外民族学

回国后,卫惠林努力引进、传播西方人类学、民族学理论:1934年,发表《原始社会研究与现代社会学》《自然环境与民族文化》《人类、种族与心理分析》等文章以介绍早期人种学和民族学知识及理论;1935年,发表《社会制度之形成及其变迁的法则》和翻译《文化要素及其形态》(马塞尔·莫斯原著)等论文来阐述国外学者的社会制度形成、变迁及其法则思想和文化观;1936年,发表《民族学的对象领域及其关联的问题》,较为全面地介绍了民族学这一学科以及相关学者的理论;1938年,发表《民族自决与弱小民族联合自卫问题》,论述弱小民族联合自卫问题;1940年,发表《世界现代人种分类的研究》,以批评和再建视角介绍人种学。

2. 创建中国民族学会和期刊

中国民族学最早由蔡元培等人于1926年倡导,初具雏形。而中国民族学会则是卫惠林、黄文山、徐益棠等人于1934年夏发起,并于12月6日在南京中央大学中山院正式成立,卫惠林先后担任执行理事、理事会主席,学会以研究中国民族及其文化为宗旨。随后他们还创办了中国第一个民族学的专门刊物《民族学研究集刊》,卫惠林担任执行副主编,直到

---

① 如文章《法兰西大革命时代的社会思想》《论世界文化与民族关系之前途》《世界现代人种分类的研究》《论世界文化与民族关系之前途》《人类、种族与心理分析》等。

1949年。1941年1月,中国民族学会卫惠林、吕叔湘、徐益棠、凌纯声、芮逸夫等十余名理事、会员集聚成都,决定维持学会理事和监事会,并继续创办民族学会刊物《民族学报》,但因经费短缺,物价上涨,未能实现。1948年5月,中国民族学会西南分会《民族学刊》作为《广东日报》的副刊正式出版,该分会研究重点是西南(自福建、台湾、两广以至云贵等地),卫惠林是该刊主要撰稿者之一。

3. 边疆研究

1932年,上海"一·二八"事变爆发,卫惠林和巴金等人的无政府主义小团体也相继被查禁,无政府主义也走到了尽头。他"告别大革命",回归书斋,开始了边疆的实地研究,范围涉及西南、西北等广大区域,对中国民族学的创建和研究起到指引性的作用。丰富的田野实践造就了卫惠林出色的边疆研究成果,内容囊括颇广。

表1　卫惠林边疆研究论著(此表只对目前作者考证到的论著进行统计)

序号	年份	论题	主题	刊名和出版社
1	1934	中国经济危机与合作	经济建设	《新农村》
2	1935	《鄨都宗教习俗调查》(著作)	边疆文化	四川乡村建设学院研究实验部
3	1937	民族文化与战时文化工作	文化建设	中山文化教育馆
4	1937	战时民族文化教育运动	文化教育建设	《实事类编》第1特刊
5	1938	《边疆民族问题与战时民族教育》(著作)	边疆教育	中山文化教育馆
6	1938	战时文化工作纲领	文化建设	《战时之财政经济及教育文化》
7	1938	时评选辑:移植难民开发边疆:建设民族经济基础	经济建设	《闽政与公馀》非常时期合刊
8	1940	边疆青年训练问题	边疆教育	《中国青年(重庆)》第2期
9	1940	论建国工作中西北文化之建设	边疆文化建设	《青年中国》季刊
10	1942	民俗问题	边疆文化	《边疆研究通讯》第3期
11	1942	中国边疆研究的几个问题	边疆文化	《边疆研究通讯》第1期
12	1943	中国古代图腾制度论证	文化研究	《民族学研究集刊》第3期
13	1943	边疆文化建设区站制度拟议	边疆文化建设	《边政公论》第1、2期
14	1944	全国风俗调查问题	边疆文化	《中国民族学会十周年纪念论文集》

续表

序号	年份	论题	主题	刊名和出版社
15	1945	如何确立三民主义的边疆民族政策	边民建设	《边政公论》第1期
16	1946	青海土人的婚姻与亲族制度	边疆文化	《中国社会学讯》第5期
17	1946	边疆语文应用问题（蒙文、维文、藏文和汉文）	边疆教育	《中央边报》第5期
18	1947	论现阶段的边疆问题	边疆建设	《边政公论》第3期
19	1948	论边疆建设与中国前途	边疆建设	《中国边疆建设集刊》第1期
20	1948	论边疆学术与边疆大学设置问题	边疆教育	《边政公论》第7期

纵览卫惠林的论著，相较于同时期的其他学者，他更倾向于走民族群体文化研究和政策性拟议的边疆研究之路。卫惠林从群体的视角对民族学进行了界定：民族学是研究群体生活的，民族无疑是群体而不是个人。民族与种族不同，它不是由体质的特质所构成的概念，而是由心理的、文化的特质所构成的概念。文化是一个相当大的文化现象的总体，各民族得以相互区别在于其文化的个性或差异，民族学的主要研究对象是群体及其文化（卫惠林，1936：30）。此外，他多次提及边疆研究和建设应以边民群体的福祉为首要原则，而非个体意愿或是政府的介入和干预。故而反对国民政府和学者倡行的同化政策和统一主义①，"修正同化与统一政策为融合政策，区域主义，现代化运动。尊重各民族各区域文化之原始特质，使其尽量发挥其特长，适应时代精神，实现超越进步"（卫惠林，1945：680）。

那时，多名学者身兼政府职务，行政活动成了他们的主要职业，出现了，"民族学家身份政治化"的现象，如黄文山任广东省政府委员、立法院委员，凌纯声任教育部边疆教育司司长等（刘波儿，2011：74）。而卫惠林却专注学术，对边疆建设大多都是政策性的拟议，而非加入到真正的政治活动中，保持了学术上的"超脱感"。他对边疆政治、经济、文化教育等的改革和发展都提出具体的建议和拟议，如实行民族平等、自治改革政治原则，推行经济联合、合作主义，提倡文化互助主义（卫惠林，1943）。

---

① 如杨成志曾在关注保卫边疆时，直率地指出同化少数民族，培养他们对国家的认同感，因此人类学的知识要服务于国民政府的同化政策（杨成志，1938）。

三 边疆研究与边疆建设

边疆研究的第一次高潮始于晚清，一些仁人志士开始关注和研究中华帝国四周的一些地区和民族，从历史和地理的角度来认识边疆。外敌的入侵使边疆深陷危机，特别是"七·七"事变爆发，危机已至极点，中国的边疆和民族再一次引起中国朝野的重视，在全国正式形成第二次研究高潮。卫惠林也投身到这一热潮中，但他的边疆研究和边疆建设拟议有异于其他边疆研究者，因此有必要对其进行详细论述。

（一） 边疆、边疆问题和边疆建设

一般而言，边疆指国家的边界及其附近区域，这是从政治层面加以界定的。而卫惠林认为内陆和边疆并非简单地理区域划分，因为科技的进步已打破地理区域上的隔阂状态，两者更多是文化上的隔膜，因此他从文化的视角对"边疆"进行界定。"我国边疆的含义与其说是政治的，不妨说是文化的，乃由其文化的特殊性所构成的地理类型。凡是与内地纯中原文化异趣的特殊文化区域，即汉族本位文化圈以外，或与非汉族文化交错性较大的地域，我们普遍称之曰'边疆'。这是中国传统的政教推行方法与文化发展方式所形成的结果。"（卫惠林，1943：7）

关于边疆问题，卫惠林则认为，中国的边疆问题绝不单纯是内政问题的延长，也不单纯是外交问题现象，有其独特的构成因素与内质：其一，民族问题。北方边疆民族，除部分同化于汉族以外，其他各族都保持着其民族传统，故其民族感较为清晰，尤其是蒙古族和突厥民族其历史优越感强烈；西南边疆民族，除部分民族汉化较深外，各族的民族自觉感亦为清晰，西南民族中的藏缅系民族的向心性较弱。其二，政策与制度问题。传统封建帝国主义型的羁縻主义和扶绥主义，所谓树德立威的刚柔互济政策使政府在边疆未能树立积极的永久政策，边民未能通力合作于整个民族的各项事业建设和发展中。其三，文化教育问题。边疆文化多样，宗教、语言、生活方式等与内地有差异，其文化具有保守性和排他性，这可能有碍于边疆地区的社会改革。其四，经济问题。边疆经济发展处于停止状态，边民生活水平低于内地。

边疆问题的解决关乎抗战之胜败，迫需利用许久被忘而不提的边疆力量，"边疆建设"因抗战的实际需要，由言论推进行动，由一个政治口号，变成了政府的决策。那如何建设边疆呢？卫惠林对此提出了拟议：第一，

政治改革。根除不合时代的边疆封建制度,实行民主政治制度,创造"三民主义"的边疆政制。以平等合作的态度扶植边民自强自治,培植其自治能力,提高民族合作精神。第二,经济开发与发展。用现代科技合理开发边疆工农业等自然资源和民生资源,以及金融储备物资源(黄金)和动力资源(煤炭、石油和水利)。"边疆之经济建设者首应以推进边民利益为前提,'建设之首要在民生'之旨在边疆尤应充分应用。"(卫惠林,1945:681)推行经济联合、合作主义。第三,学术文化研究和建设。学者与政府对边民了解甚少,"中国边疆就是学术工作的处女地"(卫惠林,1948:5),应加快对边疆的研究,鼓励学者和官员深入边疆,进行实地调查研究。文化建设应包括:教育、语言、人才和国民训练等,提议实行边疆文化建设区站制度。

(二) 边疆文化建设思想

卫惠林强调文化建设乃边疆建设的核心和最后关键,只有解决了文化问题,政治和经济问题方可解决。"以文化建设为政治经济建设的基础——边疆建设的基本困难是语言的隔阂、文化特质的不同、风俗习惯的殊异等,欲打破此等苦难,非政治经济的措施所能有济。必赖于文化建设之基本努力,一方面是边民生活现代化,一方面是边疆与内地生活达成一片,故边疆建设的基本方法在于提高其文化水准,改良其生活习惯,树立其对新知识的信仰,然后政治经济之建设,乃为可能而有效。"(卫惠林,1943:9)故而他用了大量的篇幅来详释其文化建设思想。

1. 研究在先,建设在后

造成内陆与边疆隔阂,以及实行错误的边疆民族政策的主要原因是学者和政府对边民了解甚少,形成一种偏见。因此预想解决边疆问题和实施积极的边疆民族政策,应先充分了解边疆,以实地研究为建设之根据。"边疆民族教育非一蹴可就之事,第一须从实地研究了解整个民族的生活习惯、文化特质以及政治与经济问题之症结。""训练工作必须与研究实验工作相配合。"(卫惠林,1948:25)文化建设政策亦应以边疆社会之现实条件为基础,基于边疆文化之多元性,根据客观的实地研究,设计改进之方策,就固有文化特质,决定建设计划。此外,文化研究是边疆研究的核心,而学术研究工作是边疆文化建设最基本的工作,边疆民族研究应加快,以能配合边疆政治经济文化建设需要。

2. 边疆文化区站制度

《边疆文化建设区站制度拟议》一文完整地呈现了卫惠林的文化区站

制度理念，这一制度分为三个级别的工作组织关系：文化建设区、文化建设亚区和文化建设工作站。以学术上的文化区位所决定的文化区与文化中心为文化建设工作推行上的推广范围与工作中心。每一文化类型分布之广大地区范围，称之为"文化建设区站"。每一区内依民族分布与文化特质所决定的更统一的文化范围，称之为"文化建设亚区"。在每一个亚区内选定一个或数个工作中心，称之为"文化工作站"。全国边疆文化可分为七个区和二十六个亚区，划分如图1。

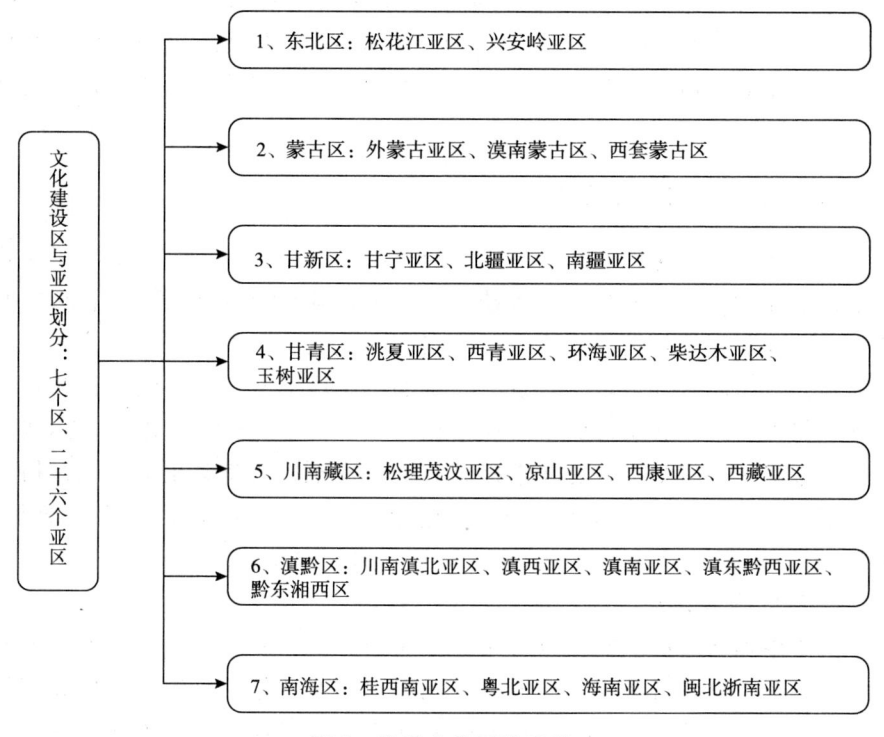

图1　边疆文化区站建设

以孙中山的"三大政策"为工作指导原则，文化建设工作区站的工作内容分为五个基本部门：第一，学术研究工作：史地、民族、语言、政治制度与经济建设几部分；第二，教育训练工作：国民训练、小学教育、中级干部训练和高级干部训练；第三，社会建设工作：文化宣传工作、风俗改良工作和社会福利工作；第四，经济技术指导工作：生产技术改良与推广和合作指导（合作社）；第五，医疗卫生服务工作：卫生教育和疾病治疗工作。

3. 教育是建设的关键

卫惠林认为文化建设是边疆建设的核心，而教育是文化建设，乃至经济和政治建设的关键。解决边疆民族问题和抗战团结边民的主要途径之一就是推行边疆民族教育。推行边疆教育，主要是为了加强边疆与内地间的联合和沟通，以促进边疆的发展。"边疆各地理埋藏着广大的富源，但因边疆民族保守其固有的生活方式，缺乏科学技术，不事开发，不能繁荣，应发展生产教育，提倡科学技术，扶助边疆民族从事富源开发的工作。"（卫惠林，1938：30）而边疆建设最紧缺的是人才，因此边疆工作干部和技术人才的培养和训练是边疆教育的核心内容，特别是年轻干部和技术人才的培养。为此他进行了专门的论述，"到边疆的……第三个感觉就是人才缺乏……唯边疆建设工作之推进，在人才缺乏的现状下是不能有何成就的，在边疆与方识字者颇不易得，曾受足够教育者更是罕见"（卫惠林，1941：30）。而内地人才大都对边疆戒怀，裹足不前，少数冒险者也因语言不通、生活环境之困等不适而返回内地。因此，他认为应该在边疆地区设置训练学校和培训点，实行双语教育，即汉语和边语教育，以边疆民族成员为主体，加快边疆干部和技术人才的训练和培养，以促边疆发展。

四　边疆研究与民族学的关系

1937 年抗战爆发，内地动乱不安，边疆危机四伏，中国的学术在国家存亡、全民动员、工农兵学商一起来救亡的背景下开始了边疆研究高潮，在学术上有了进步，有了贡献，而且边疆社会也确实得到了改进。1937 年成为我国学术研究的一大转折点（聚焦边疆），但王建民先生认为抗战爆发后的一段时间内，内地学术机构和大学纷纷向后方转移，用许多时间进行搬迁和安置工作，学者多数还没顾及民族学和边疆的调查和研究，所以根据学术开展的实际情况，认为以 1938 年为学术分期更为适宜（王建民，1997：35~36），本文亦采用此法。归国初期，卫惠林专注于民族学研究，而抗战爆发后，他致力于边疆研究和边疆建设，那么这两者有怎样的关联呢？

（一）1938 年前的中国民族学特征

中国民族学学科事业的发展，最重要的特征之一就是依托中国传统学术的历史学和历史地理学，借助中国传统的史学工具来研究中国民族，所以这时中国民族史的研究始终是中国民族学发展中的重要支柱之一。许多中国民族学家都经过较好的历史学训练，史学功底被视为民族学家的必备素质，进而能够运用史学的方法研究中国历史和民族。在田野调查时，他们注重历史资料的运用，并以历史文献和实地调查相互印证。许多中国民族学家同时也是出色的民族史学家，如林耀华、马长寿、凌纯声等，都曾在民族史研究中有较大的影响。

我国的民族学由西方舶入，由于西方民族学理论体系的基本建立，以及在特定的中国社会历史时期，民族学在中国的发展有了充足的条件，拿来西方的民族学成为当时学界的主流。"五四"前后，一些人在西方系统地学习了民族学知识并相继学成归国，把大量精力放在了介绍国外学术理论上面，把当时西方民族学中的进化论学派、传播论学派、历史学派、法国社会学年刊派、功能学派等的理论介绍到中国学术界。这从侧面反映出当时的中国人类学、民族学处于吸收和消化阶段。

尽管在理论上直接承接西方民族学理论，用西方民族学研究中国问题，但不少民族学前辈从一开始就身体力行地开展了中国的民族学研究，积极探索民族学的中国化之路。运用西方的理论来研究中国的实际，研究大多采用资料整理法，注意从整体和各个视角观察，较为准确地报告所见到的种种现象，写出了颇具影响力的民族志。但从总体上看，抗战前的中国民族学研究主要有三大区域：华东地区、华南地区和北方地区。而西南和西北等边疆地区的民族学研究还较为薄弱，是中国民族学研究的"盲荒之地"，只有少数学者的个别研究，官方介入甚少，大多是分散的个体知识传播和区域性的研究，没有形成有实力的研究队伍，也不足成为独立的研究区域或是中心（王建民，1997：162~166）。

（二）边疆研究与民族学的关系

抗战亦已牵至边疆，守护边疆、团结边疆、发展建设边疆成为当时社会的主潮。这一时期的民族学中国化努力的主要目标，就是要认识和研究各民族的历史与现状，解决抗战面临的一系列重要的边疆问题。大概从这一时期开始，中国的少数民族问题就引起了学者的深切关注。就这样，中国的民族学与人类学很快就突破了西方民族学与人类学只研究原始民族和殖民地民族的传统樊篱，逐渐地建立起以中国本土各民族的社会与文化为研究对象的学科观念（龙平平，1985）。那么边疆研究和民族学是怎样的关系呢？本文从卫惠林抗战前后两个时期的民族学和边疆研究来阐释其关系。

1. 人类学应用化的边疆研究不完全等同于民族学

抗战时期，边疆边防、物资供应的重要性，边疆民族问题之严重性日益突出，中华民族不仅仅是五族共和，还应当包括回、藏、苗夷等边疆各民族。不仅要团结边疆抗战，还要建设边疆，使其更具有向心力。此时的边疆研究就是把学术运用到实际当中来解决现实问题，与现实问题紧密结合。研究不在停留在书斋之中和讲台之上，开始了真正意义上的田野调查。因此它不可能像民族学、人类学那样去重视学理上的问题，而是要解决边疆现实问题。抗战时的边疆研究非常强调现实性和运用性，就算是关于边疆史、地方史的研究也很有现实针对性。因此，这一时期的边疆研究具有"经世致用"的治学特征，目的是为政府决策和民族抗战提供参考，其研究内容并不完全等同于比较学术的民族学研究。而这时能够形成这样一个边疆研究高潮，跟人类学、民族学亦有很大关系。其实此时的边疆研究与人类学、民族学是相通的，但也不完全是一回事，因为边疆研究涉及范围更广，实用性较强。比较学术的民族学主要从历史的、宏观的角度来研究中国历史和民族，而边疆研究主要关注现实的和具体的实际问题，研究采用微观的研究视角，问题涉及边疆各少数民族的政治、经济、教育、宗教、文化、建设以及风俗习惯、民族关系、行政管理等几乎所有方面。

2. 边疆研究是民族学的延伸——"抗战民族学"

伴随着国家独立、领土完整和统一多民族的命运，中国人类学、民族学的"实用化"特征日渐明显。马长寿先生在倡导人类学应用于边疆政治研究时指出，中国的人类学，固然不能放弃人类共同的一方面，但尤须注重中国人独有的一方面（龙平平，1985）。而这独有的方面就是民族研究。早期中国民族学研究注重资料整理和收集，从整体的视角来记录所见所闻。而抗战之时的研究是为了解决实际问题，拟出方案和对策所做，故而边疆研究者慢慢地偏离了早期民族学的研究范式，但并没有完全脱离民族学研究，民族学的理论和方法依然贯穿于整个边疆研究中。在"抗战建国"的年代，不太需要学究式的调查研究，更多地要求学者与社会合作，把各种研究成果用于现实，这样才有价值，才不浪费。

此外，20世纪40年代中国出现了"边政学"，希望将民族学、人类学的研究直接应用于中国政治尤其是边疆少数民族地区的政治改良。"边政学"也正是中国民族学家试图将民族学运用到实际的政治建设中的尝试，民族学不再被看作是纯学理的学问，民族学与中国实践紧密地结合起来。边疆研究的对象更加具有实指性，包括民族地区的历史、语言、地理、经济、社会等多方面,并以民族学的理论与方法来解释和阐述其实质,以作为政府决策的参考。许多著作不仅对研究对象做了细致入微的描述,还针对种种现象提出了政治层面的建议和拟议,将学术研究致力于边疆社会的改革和进步。

因此,抗战时期的边疆研究是民族学的延伸,即"抗战民族学",在发展和延伸中有所保留和继承。但在这一演变过程中,卫惠林并不像其他边疆研究者,如李安宅、吴文藻等那样,他更倾向于走族群自己的文化建设之路,而不是政府的干预。这很大程度上受其早期无政府主义思想的影响,认为无政府主义才是通往自由之路。

五 结语

早期卫惠林把思想和行动倾注于无政府主义宣传和社会改革运动中,两次留学经历奠定了他无政府主义思想的基础,亲身力行,关注实际,并在艰难的困境中与中国最后一批坚定的信仰者捍卫着无政府主义。中国的无政府主义从20世纪20年代开始走向衰落,而卫惠林为何在这样艰难的困境中坚持着无政府主义?究其缘由可知,那是因为在内乱外患的中国,民不聊生,只有无政府主义才能使人们获得自由,不受强权压迫。对民众幸福的担忧,使他更加坚定了无政府主义思想,成为中国无政府主义者的最后捍卫者之一。

抗日战争爆发,爱国热情激发他深入边疆。在战时实践过程中,他认识到救中国并不仅仅是靠"主义"就能完成的。中国边疆问题日益严重,关系国家存亡、民族振兴,他的思想渐渐转向了孙中山先生的"三民主义",并以此为实践和研究的导向,以他的学术行动来实践"三民主义"。但在后期,他很少谈及政治,积极倡导创建中国民族学,关注边疆、建设边疆,为之做出了不懈的努力。此外,民族学家、人类学家存在的学以致用的应用性品格,在抗战建国时期得到充分体现,但这种品格使得学者在思考问题时容易丧失必要的超脱感,把学术问题和政治问题混淆起来(谢燕清,2008:124)。而此时的卫惠林却脱显出一种学术上的超脱感,这一超脱感深受早期无政府主义的影响。他专于学术,少谈政治,将抱负寄予边疆研究及建设拟议中,走的是族群自己的文化建设之路,而不是政府的干预。

参考文献

卫惠林、巴金、吴克刚，1927，《无政府主义与实际问题》，《上海"民钟"杂志》。
——，1935，《鄷都宗教习俗调查》，四川乡村建设学院研究实验部。
——，1937，《民族文化与战时文化工作》，南京中山文化教育馆，战时丛刊第六种。
——，1938，《边疆民族问题与战时民族教育》，南京中山文化教育馆编印。
《中国社会科学家辞典》（现代卷）编委，1986，《中国社会科学家辞典（现代卷）》，兰州：甘肃人民出版社。
高德增，1997，《鸿儒遍天涯》，武汉：湖北人民出版社。
李存光，2009，《无政府主义批判：克鲁泡特金在中国》，南昌：江西高校出版社。
王建民，1997，《中国民族学史》，昆明：云南教育出版社。
——，2009，《中国人类学民族学百年纪事》，北京：知识产权出版社。
卫惠林，1927，《克鲁泡特金之宇宙观与其社会哲学》，《上海"民钟"杂志》第1卷第8期。
——，1932，《最近世界暗杀事件的社会学考察》，《"大陆"杂志》第2期。
——，1935，《法兰西大革命时代的社会思想》，《中山文化教育馆季刊》第1~2期。
——，1936，《民族学的对象领域及其关联的问题》，《民族学研究集刊》第1期。
——，1941，《边疆青年训练问题》，《中国青年（重庆）》第5期。
——，1942，《中国边疆研究的几个问题》，《边疆研究通讯》第3期。
——，1943，《边疆文化建设区站制度拟议》，《边政公论》第1~2期。
——，1945，《如何确立三民主义的边疆民族政策》，《边政公论》第1期。
——，1946，《边疆语文运用问题》，《中央边报》第5期。
——，1947，《论现阶段的边疆问题》，《边政公论》第3期。
——，1948，《论边疆建设与中国前途》，《中国边疆建设集刊》第1期。
杨成志，1938，《民族学与中国西南民族》，载刘昭瑞编《杨成志文集》。
龙平平，1985，《从必然到自由的探索——中国民族学发展过程研究》，中央民族学院硕士论文。
周星，1990，《应用的民族学与人类学及其在中国的实践》，《社会科学战线（民族学）》第3期。
卫记慰，1987，《家叔卫惠林先生归国探亲的经历》，载阳城县文史资料研究委员会编《阳城文史资料 第1辑》，阳城县文史资料研究委员会出版。
——，1996，《台湾著名社会学家卫惠林先生》，《文史月刊》第4期。
散木，2001，《巴金的山西挚友——卫惠林》，《博览群书》第8期。
周宏，2003，《无政府主义：无根的社会学说》，《中国地质大学学报（社会科学版）》第6期。
马甫平，2004，《社会学家卫惠林》，《文史月刊》第8期。
散木，2001，《巴金的山西挚友——卫惠林（一）》，《博览群书》第10期。
梁华纬，2004，《浅析20世纪20年代中后期的无政府主义》，《首都师范大学学报（社会科学版）》第3期。

谢燕清，2008，《中国人类学的自我反思》，载王建民，汤芸主编《学科重建以来的中国人类学》，北京：中国民族大学出版社。

朱洪涛，2010，《试论近代中国的无政府主义》，《岱宗学刊》第 3 期。

刘波儿，2011，《"中国民族学会会员录"小考》，《广西民族大学学报（哲学社会科学版）》第 5 期。

Paul Avrich, *Anarchist Voices: An Oral History of Anarchism in America.* ISBN：1904859275. Oakland：AK Press. 在纽约 1975 年 1 月 11 日和 2 月 22 日赵京对卫惠林进行的采访。

（责任编辑：周晓虹）

China Studies
Spring 2012
No. 15

Table of Contents & Abstracts

Publication Statement and Editor's Words
Zhou Xiaohong / 1

Special Articles

Re-acknowledging Sun Benwen's Contributions to Chinese Sociology
Zheng Hangsheng / 3

Abstract: As a leading figure in the early phase of Chinese sociology, Sun Benwen played an irreplaceable role. He contributed to the development of Chinese sociology in three aspects. Firstly, as the founder of a comprehensive theoretical system and the representative of first-class theoretical researches of Chinese sociology, Sun gave expression to an invaluable theoretical consciousness. Secondly, through defining objects of study, advancing sociological indigenization and demonstrating its application value, Sun helped legitimize sociology as a discipline and was thus ranked among the most active who had advanced the disciplinary development of sociology prior to the foundation of the PRC. Thirdly, Sun was typical of Chinese social scholars in his concern for the country, the people and social progress, his freedom from sectarianism and his diligence in academic pursuit, all of which had made him an immortal example for contemporary Chinese sociologists.
Key words: Sun Benwen; the comprehensive school of sociology; theoretical sociology; theoretical consciousness; disciplinary spirit

Sun Benwen and the Academic School of Sociology
Li Peilin, Qu Jingdong / 12

Abstract: The first half of the twentieth century witnessed a boom of Chinese sociology. Various schools were formed in the period, among which the "academic school", represented by Sun Benwen, took an important place. Centered around Sun and the school he belonged to, this paper expounds on the four branches of the academic school, namely the "cultural comprehensive school" represented by Sun Benwen, the "demographic school" represented by Chen Da, the "rural school of sociology" represented by Yang Kaidao and the "eugenic research" represented by Pan Guangdan.

Key words: Sun Benwen; the academic school of sociology; the cultural comprehensive school

Psychologist, Culturalist, or Comprehensivist: On Sun Benwen's Sociological Orientation　　　　　　　　　　　　　　　　　　　　　　*Xie Lizhong* / 28

Abstract: As a sociologist, does Sun Benwen belong to the psychological school, or the cultural school, or the comprehensive school? Such a question has been raised on the premise that Sun was constant in his academic thoughts. However, a thorough reading of Sun's works would reveal a more changeable Sun. Although Sun had started from psychological sociology, his researches in the 1940s had transferred him to comprehensive sociology. Therefore, it is an inappropriate question to ask which school of sociology Sun belongs to.

Key words: Sun Benwen; the school of psychological sociology; the school of cultural sociology; the school of comprehensive sociology

Sun Benwen and Chinese Sociology in the First Half of the Twentieth Century
　　　　　　　　　　　　　　　　　　　　　　Zhou Xiaohong / 43

Abstract: As a representative of the comprehensive school of sociology, Sun Benwen occupied a mainstream position in the first half of the twentieth century, and contributed remarkably to the early development of Chinese sociology during his nearly three-decade research. Being directly influenced by his learning experiences in Columbia University and the University of Chicago, he started with cultural and psychological factors in his endeavor to establish the comprehensive school of sociology, which endowed his theories with a significant touch of cultural determinism and psychological reductionism. In an age plagued by turmoil and wars, Sun Benwen played the dual role of constructor and reviewer of Chinese sociology. He took the initiative to advance social construction in tribulated China with sociological theories and devoted himself to establishing a Sinicized system of sociological theory. All these efforts not only reflected the intellectuals' naivety and helplessness in the face of crises, but also the sociologists' willfulness and unreconciledness in intervening in social realities. Meanwhile, *Modern Chinese Sociology*, his monograph written prior to the foundation of the PRC in 1949, virtually became the closing speech of all those Chinese sociologists who had outlived the Republic of China and who would have to accept a gloomy collective withdrawal.

Key words: Sun Benwen; the first half of the twentieth century; Chinese sociology

Panel Discussions: Sun Benwen and the Historical Destiny of Chinese Sociology

Sun Benwen as a Leading Authority of Modern Sociology *Yang Yabin* / 69

Abstract: Sun Benwen's devotion to the development of Chinese sociology is expressed in his various works; among them four are introduced in this research. The four monographs deal respectively with fundamentals of sociology, social problems in China, and modern developments of social psychology and sociology. They expound on the disciplinary and theoretical construction of sociology, the application of sociology in China, the integration of culture and psychology in sociological study. Sun's works played an important part in guiding sociological study of his time. They demonstrate the author's concern with Chinese society, which remains an inspiration in our advancement of sociological research.

Key words: Sun Benwen; Chinese sociology; social problems; social psychology

Sun Benwen and the Chinese Sociological Society *Xu Miaofa* / 80

Abstract: Sun Benwen was the main founder and director of the Chinese Sociological Society. He proposed the goals of the Sinicization of sociology, which has been an impetus to the development of Chinese sociology. The eight annual symposiums organized by the Chinese Sociological Society have embodied persistent pursuit and exploration spirit of Chinese sociologists. These symposiums have been fruited with tremendous social historical data. They are an objective reflection of the academic outlook and change in Sun's era, among which have been Sun's persistent pioneering work and earnest industrious spirit.

Key words: Sun Benwen; the Southeast Sociological Society; the Chinese Sociological Society

Sun Benwen and the Disciplinary Construction of Chinese Sociology: Based on a Case Study of the Department of Sociology at National Central University *Xie Yanqing* / 88

Abstract: Sun Benwen's influence upon the disciplinary construction of Chinese sociology has been multi-dimensional. As a long-term director of the Department of Sociology at National Central University, he had affected in a unique and profound way its curricular arrangement, staff recruit and student education. In his endeavor to standardize and diversify curricula and the teaching staff, he inevitably endowed to the department his own style, marked by dominance of theory over practice, which could hardly be changed in his years as the dean of the Department of Sociology at National Central University.

Key words: Sun Benwen; Chinese sociology; National Central University

On Sun Benwen and the Localization of Chinese Sociology

Wen Jun, Wan Yan / 102

Abstract: Since the restoration and the reconstruction of Chinese sociology, the localization of Chinese sociology has stirred up research booms. As one of the pioneers and founders of Chinese sociology, Sun Benwen has made outstanding contributions to forming a sociological knowledge system with Chinese characteristics and pushing ahead the formation and organization of sociology as a new subject. Combined with the contemporary situation of social science development, the article aims at summarizing from a historical and realistic point of view Sun Benwen's efforts during the first period of localization of Chinese sociology, and reflecting on the academic research of localization of sociology in current days.

Key words: Sun Benwen; localization of Chinese sociology; comprehensive school

Sun Benwen's Social Construction Theory and Its Effect on Contemporary Research

Zong Yuanyuan, Liu Xin / 119

Abstract: In recent years, social construction theory has been drawing wide attention and causing much academic, especially sociological thinking. In as early as the 1930s and 1940s, Sun Benwen, a representative figure of the comprehensive school, proposed and developed a systematic theory of social construction. Moreover, he defined and expounded on the theory's implications, goals and ways to practice it. A retrospect of Sun's classic studies is of great inspiring value to advancing both the theory and practice of contemporary social construction. Meanwhile, on the base of borrowing from traditional theories, sociologists are expected to combine them with contemporary practical needs, further reconstruct and achieve new theoretical findings and better guide Chinese social construction.

Key words: Sun Benwen; the comprehensive school; social construction

Sun Benwen's Theory of Cultural Construction and Its Implication for China's Modernization

Xuan Chaoqing / 131

Abstract: Sun Benwen is a milestone figure in Chinese sociology. However, current studies on Sun have mostly been done from the perspective of disciplinary localization while his thoughts of cultural and social construction have not been paid due attention to. This article studies the theory of cultural construction, one of Sun's most important findings in the 1930s, and proposes that the theory embodies Chinese intellectuals' thinking about China's modernization, which has been expressed in three stands. Firstly, scientific research should be the base. Secondly, a rational attitude is required in dealing with Chinese and Western cultures; extremist cultural strategies such as wholesale westernization and cultural conservatism should be abandoned and Chinese culture should be reconstructed through borrowing from European and American strong points. Thirdly, nationalism should be advocated and cultural construction should serve national revival. Having been shaped by factors such as Confucianism, thoughts prevailing after the New Culture Movement of 1919, nationalistic passions and limitations in social networks, these cultural viewpoints, full of contradictions and tension, have been the product of a special historical period and are characteristic of the process of China's modernization.

Key words: Sun Benwen; cultural construction; cultural awareness; modernization; national revival

Sun Benwen's Sociology of Culture and the Chinese Society   *Zheng Zhen* / 150

Abstract: Sun Benwen's sociology of culture was profoundly influenced by the thought of western sociology, especially the cultural school of American sociology. It was also an active reaction to China's social change in the early stage of the 20th century. Although his ideas were influenced by objectivism, functionalism, positivism, determinism, realism etc. to varying degrees, his ideas of the culture and social change are heuristic for us to understand the reality of contemporary Chinese society.

Key words: Sun Benwen; culture; sociology of culture; social change; Chinese society

Papers

The Seeking for the Characteristics of Chinese Society: A Preliminary Study of Liang Qichao's Chinese Social Theory   *Tian Yipeng* / 164

Abstract: As one of the most important social ideologists in the 20th century, Liang Qichao borrowed the Western Evolutionary Theory, and attributed the differences between Chinese and Western society to their different social structures and mechanisms. He invented the Chinese characteristic concepts, such as "clan" "public and private interests" "family and state" and "peace and chaos", to study the special "group formation rules" and "structural principle" in Chinese traditional society, which formed the systematic Chinese social theory. His profound understanding of the characteristics of Chinese society has had a far-reaching effect on the analysis of the formation of Chinese "local tradition".

Key words: Chinese society; structural principle; group formation rules; local tradition

The Transition of Disciplinary System in the Early Phase of Chinese Sociology:
An Analysis Based on Six Historical Documents   *Lu Yuan* / 181

Abstract: From the late 1920s to the early 1950s, the disciplinary system of Chinese sociology underwent immense changes. In the aspect of the value of sociological research, the focus was shifted from "reflective value" to "instrumental value"; in the aspect of sociological methodology, the focus was shifted from academic connotation to applied utility; in the aspect of curricular arrangement, the focus was shifted from the "abstract" to the "concrete"; and in the aspect of talent training, the focus was shifted from "extensive" education to "professional" education. As far as the structure of disciplinary system was concerned, these shifts found expression in undue emphasis on practical sociological curricula, the weakening of methodological training, the declining of natural science curricula and the domination of ideological curricula since the 1950s. Meanwhile, as far as the spirit of disciplinary system is concerned, changes were reflected by the transition from elitism and macro perspective, which were characteristic of early missionary sociology, to an emphasis on the specialization and institutionalization of sociology by public universities represented by Qinghua University, and finally to the domination over sociological curricula by Marxism educational thoughts.

Key words: the history of Chinese sociology; disciplinary system; the structure of disciplinary system; the spirit of disciplinary system

The Social Logic of Clan Interests: Based on Sun Benwen's Exposition of Prestigious Clans   *Cheng Boqing* / 196

Abstract: Sun Benwen regarded the documentation of historical data of the Chinese society as highly important to the Sinicization of sociology. Besides, he endeavored to practice this notion in his own research. Based on Sun Benwen's exposition of social classes under the system of prestigious clans, this paper discusses the social mechanism of the formation of the clan system. Although the clan system may have been manifest only during the period of the Six Dynasty, this trend has always been latent in the dominant structure of traditional China and supported by an ideology that highlights patriarchal clan culture. Following an analysis of the ups and downs of clan power in Chinese history, this paper attempts to uncover the conditions of the latency and manifestation of the trend of clan orientation. Finally, it reflects on this tendency in contemporary China.

Key words: prestigious clan; patriarchal clan; political monopoly; moral discourse; economic privilege

Re – acknowledging the Position of Cultural Studies in Chinese Sociology: On Sun Benwen's Contribution to and Limitation in Cultural Sociology
Liu Shaojie / 209

Abstract: Sun Benwen, and other sociologists, paid much attention to cultural studies, which has been a fine tradition since early twentieth century. Despite the extensive cultural leaning in Sun's cultural sociology, it is nevertheless a positive orientation in sociological studies. Constrained by left – leaning political ideology, Chinese sociology was confined together with other cultural studies. Even after the initiation of reform and open – up, cultural studies has not been attached due importance to, which is rather unfavorable to avoiding the superficialization tendency of sociological studies. Fei Xiaotong's advocacy of enhancing the research of spiritual culture is of much significance to the reconstruction of Chinese cultural sociology. Besides, due to the value transitions in a society marked by the domination of the Internet and consumption, the position of cultural studies is to be lifted, which is the practical basis of the advancement of cultural sociology.
Key words: cultural sociology; values; Internet society; consumer society

Chord and Variation: A Comparison of cultural sociology between Sun Benwen and Huang Wenshan
Yang Yudong / 219

Abstract: This article discusses about the different standpoints of Sun Benwen's cultural sociology and Huang Wenshan's culturology during the Republic of China. The two scholar, with similar academic training, made their own choices according to the German and American schools of cultural sociology while facing the complicated situation of cultural disputes of their time. Nevertheless, due to the structural limitation, neither of them has surpassed the academic boundary of that era.
Key words: Sun Benwen; cultural sociology; Huang Wenshan; culturology

Studies on Rural China by Qiao Qiming and Their Pioneering Significance
Zhang Yulin / 235

Abstract: In the domain of Chinese rural sociology and rural studies, Qiao Qiming was a major pioneer. Based on field research and the practice of rural construction, he initiated rural studies on such issues as demography, land, tenancy relationship, community and organization, which demonstrate an inclination of positivism and reformism. His extensive studies, characterized by varied levels and regional differentiation, can help reverse conventional opinions about the history of rural Republic of China. His discussion about rural organizations, especially peasant associations, can deepen understanding of the origin of "governance crisis" that has remained till the present. His analysis of the essence of community can enhance comprehension of community and problems present in contemporary rural and urban communities. His practice of establishing an agricultural promotion system centered around peasant associations is of important reference value to the present movement of "new rural construction".

Key words: Qiao Qiming; rural sociology; rural studies; rural construction

On Wei Huilin and His Thoughts during the Republic of China

Luo Min / 262

Abstract: Wei Huilin, a renowned anarchic scholar around the May Fourth Movement, was converted on the outbreak of the anti-Japanese war to the Three People's Principles (Nationalism, Democracy and the People's Livelihood), proposed by Dr. Sun Yat-sen. Meanwhile, Lin shifted focus from politics to academics and played an active role in the foundation of Chinese ethnology, and much of his concern was paid to the construction of Chinese frontier.

Key words: anarchism; the Three People's Principles; ethnology; frontier research

Call for papers / 285

（英文责任编辑：秦晨）

稿 约

《中国研究》是以当代中国为研究对象、面向全球中国学界的社会科学类中文刊物,由南京大学社会学院和社会科学文献出版社联合编辑出版发行。它将努力办成面向全球中国学界的开放的学术园地,为促进全球中国研究的精进而努力。

《中国研究》坚持宏观视野和问题取向,推崇开放而又务实的精神。它注重学科的综合性,欢迎不同研究领域学者的广泛参与;提倡着眼于中国基层社会的经验性研究,但也鼓励深入的理论探讨;《中国研究》赞赏朴实平易的学风和文风,倡导平和的学术批评氛围。

《中国研究》每年春秋两季出版,出版时间为每年的5月和11月,春季卷截稿日期为3月31日,秋季卷截稿日期为9月30日;每期容量为20~25万字,设"专题研讨""学术论文"和"书评与随笔"等固定专栏。论文一般以1.5万字左右为宜,最长不超过2.5万字;书评一般不超过8000字。本刊坚持赐稿的唯一性,论文一经刊用,即按每千字人民币100元的标准支付稿酬(英文稿稿酬支付译者,稿酬标准每千字人民币80元)。

《中国研究》真诚地欢迎来自全球中国研究学界的赐稿和监督批评。投稿请将电子版直接发送至 cnstudy@ nju. edu. cn;或将文章打印稿并附加软盘寄:中国南京市仙林大道163号,南京大学仙林校区河仁楼南京大学社会学院《中国研究》编辑部 (邮编210046),编辑部电话/传真:86 - 25 - 89680961。文章格式如下:

(1) 稿件采用中文(在作者无法提供中文稿的情况下,其英文稿将由编辑部负责委托同行译成中文,稿酬由编辑部支付译者),并请附有英文或中文标题、各200字以内的中英文摘要、中英文关键词。

（2）文稿凡引用他人资料或观点，务必加注说明。在引文后加括弧注明作者、出版年度及页码，详细文献出处作为"参考文献"列于文末，以作者、出版时间、著作或论文名称、出版单位或期刊名称排序。文献按照作者姓氏的第一个字母顺序排列，中文在前、英文在后。作者本人的注释采用当页脚注。文中所用图表应达到出版标准。

《中国研究》编辑部
2012 年 5 月

图书在版编目（CIP）数据

中国研究.2012年.春季卷：总第15期/周晓虹，谢曙光主编.—北京：社会科学文献出版社，2013.4
ISBN 978-7-5097-4331-7

Ⅰ.①中… Ⅱ.①周…②谢… Ⅲ.①社会发展-研究-中国-现代-丛刊 Ⅳ.①D668-55

中国版本图书馆CIP数据核字（2013）第035630号

中国研究（2012年春季卷总第15期）

主　　编／周晓虹　谢曙光

出 版 人／谢寿光
出 版 者／社会科学文献出版社
地　　址／北京市西城区北三环中路甲29号院3号楼华龙大厦
邮政编码／100029

责任部门／社会政法分社（010）59367156　　责任编辑／刘　芳　崔晓璇　秦静花
电子信箱／shekebu@ssap.cn　　　　　　　　责任校对／徐兵臣
项目统筹／童根兴　　　　　　　　　　　　责任印制／岳　阳
经　　销／社会科学文献出版社市场营销中心（010）59367081　59367089
读者服务／读者服务中心（010）59367028

印　　装／北京季蜂印刷有限公司
开　　本／787mm×1092mm　1/16　　　　印　张／18.25
版　　次／2013年4月第1版　　　　　　　字　数／325千字
印　　次／2013年4月第1次印刷
书　　号／ISBN 978-7-5097-4331-7
定　　价／49.00元

本书如有破损、缺页、装订错误，请与本社读者服务中心联系更换
△ 版权所有　翻印必究